북한 연극을 읽다

: 김일성에서 김정은 시대까지

북한 연극을 읽다

: 김일성에서 김정은 시대까지

김정수 지음

뇌경색으로 인해 간혹 흐려지는 기억 속에서도
미욱한 딸을 위한 새벽기도를 단 하루도 잊지 않으시는
김혜숙 권사님께 바칩니다.

북한을 연구한 지 10년이 되는 해이다.

연극영화학으로 박사를 받고 첫 직장인 단국대학교 한국문화기술연구소에서 북한을 처음 접하게 되었다. 내가 맡은 일은 남북의 공연예술을 연구하는 것이다. 처음 접한 북한 원전은 생소함 그 자체였다. 띄어쓰기, 어휘, 표현이 우리와 달라 어색하기만 했던 북한 원전, 그러나 빠져들었던 이유는 북한 연극을 상상할 수 있었기 때문이다. 해방기, 한국전쟁기, 1960년대 북한 연극을 볼 수 없었기에, 문헌과 사진에 의존해서 상상할 수밖에 없었고, 상상했기에 북한 연극은 더 생생할 수 있었다.

상상의 재미단계를 지나 예술과 사회의 관계를 고민할 무렵, 북한 연극이 북한 정치와 분리될 수 없다는 생각이 확고해질 무렵, 나는 북한학 박사과정에 입학했다. 그다지 학문에 소질이 없다는 것은 잘 알지만, 즐거운 이 연구가 더 즐거워지기를 바라면서.

차근차근 북한 정치와 경제를 배우면서, 정치의 부침에 따라 올라가고 내려가는 예술인들의 인생을 보면서, '숙청'을 겪은 배우들을 안타까워하면서 북한 연극에 대한 애정은 더 깊어간 듯하다.

5

해방기 일본적 연기에서 벗어나고자 했던, 1950년대 폐허의 현실에서 인민들에게 용기를 주려 했던, 1960년대 소련에서 배운 연기와 연출법을 적용하고자 했던, 1970년대 김정일의 연극혁명을 이행하고자 했던, 1980년대 당의 민족주의 정책에 부응하고자 했던, 1990년대 '고난의 행군' 속에서도 선군정치를 반영하고자 했던, 2000년대 '새로운 사고'를 하려 했던, 2010년대 세계화에 발맞추고자 했던 모든 북한 연극인들은 우리와 다르면서 같았고, 같으면서 달랐다.

다르다고 해도, 같다고 해도, 난 연극을 연극으로 바라보고자 했다. 북한의 모든 예술이 북한 당국의 정책에 종속될 수밖에 없지만 북한 연극이 연극적 관점에서, 북한 연극인들이 연극인의 관점에서 읽혀지기를 바랐기 때문이다. 어떠한 체제이든 연극인들은 '연극'을 만들지 않는가? 이 때문에 나는 이 책이 북한 연극의 역사가 되기를 바라지 않는다. 내 능력과 무관하게, 나는 이 책이 의미 있는 연극을 만들려 했던, 더 나은 연기를 관객에게 보여주고자 했던, 이를 위해 고된 훈련을 거듭했던 사람들의 열정적 고백이 되기를 바란다.

북한 연극인들의 열정과 고백이 세상에 나오기까지는 여러분의 도움이 있었다. 무엇보다 세 분의 지도교수님이 떠오른다. 연극을 가르쳐주신 안민수 선생님, 정치를 가르쳐주신 최대석 선생님, 문학을 가르쳐주신 최민숙 선생님. 세 분 선생님의 가르침은 융합되어 나의 연구에 풍요로운 자양분이 되었다. 지면을 통해 감사와 사랑을 전해 드린다. 그리고 10년 전의 인연을 기억하고, 출판을 맡아주신 경진출판 양정섭 대표님께 감사를 드린다. 그 감사함을 '더 나은 좋은 책'으로 보답한다면 보답이 될까? 또한 같이 공부하는 '이화여대 북한연구회' 동료들에게도 감사를 전한다. 우리의 약속대로 '좋은 북한 여성연구자'의 길을 같이, 그리고 오래 걷기를 소망한다. 이 외에도 떠오르는 여러 분들을 어떻게 한 분 한 분 거명할 수 있을까? 북한 영화 연구의 큰 별이자 사랑하고 존경하는 친구 이명자는 하늘에서 이 책을 읽어 줄까? 북한 영화 연구에서, 북한 연극 연구에서 지존이 되자던 어린 시절 우리의 용감한 약속을 나는 조금이라도 지킨 것일까? 보이지 않는, 보이기도 하는 모든 분들의 응원과 격려에 그저 머리 숙여 감사할 뿐이다.

두 번째 직장
수유동 교수실에서

목차

2부 북한 연극의 실제

1부 북한 연극의 이론

1장 연극 나누기

1. 북한에서 연극은?

북한에서 연극은 어떻게 분류될까?

연극예술에 대한 북한의 분류는 독특하다. 무엇보다도 분류를 위한 기준을 뚜렷이 제시하기 때문이다. 1987년 정성무는 분류 기준을 묘사방식·묘사수단, 용량, 문체·형상구조·양상적 특성으로,[1] 1992년 한중모·김정웅·김준규는 묘사방식·형상수단·묘사대상의 성격과 용적·주제사상적 과제와 소재적 특성·사명과 기능으로,[2] 1996년 안희열은 묘사방식·형상수단·묘사대상·구성형식으로,[3] 2007년 리현순은 묘사방식, 형상수단, 작품의 규모와 용적, 소재와 생활내용의 특성, 작품의

---

1) 정성무, 『시대와 문학예술 형태』, 평양: 문예출판사, 1988.

2) 한중모·김정웅·김준규, 『주체적문예리론의 기본』 3, 평양: 문예출판사, 1992.

3) 안희열, 『주체적 문예이론 연구 22: 문학예술의 종류와 형태』, 평양: 문학예술종합출판사, 1996. 이하 이 책의 인용 시에는 쪽수만 표기하기로 한다.

정서적인 색깔인 양상, 작품의 구성형식과 문체의 특성으로[4] 제시한 바 있다. 특히 안희열은 각 문학예술을 가장 구체적으로 분류하고 각각에 대한 유형분류표까지 제시한다. 북한에서 "문학예술의 형태상 특성들을 옳게 밝히는 문제는 단순히 형식과 관련된 문제로만 되는 것이 아니라 문학예술의 전반적 발전에 관계되는 중요한 문제"[5]라는 것이다.

여기서 학문적 호기심을 가져오는 것은 기준의 세부 내용이 무엇인 가이다. 북한 문학예술의 종류와 형태의 이해가 중요하다면, 종류와 형태로 구분하는 기준에 대한 이해 역시 중요하지 않을까? 기준 없이 는 분류 자체가 불가능하기 때문이다. 물론 북한은 기준으로 묘사방 식, 형상수단, 묘사대상, 구성형식 등을 제시한 바 있다. 그렇다면 이 에 해당되는 구체적 내용은 무엇이며 그것은 모든 문학예술에 일괄적 으로 적용될까?

이 글은 연극의 유형에 대한 최근 북한 문헌을 간략히 살펴보고 이 중 안희열의 『주체적 문예이론 연구』 22를 중심으로 북한의 연극 분류에 관한 기준을 세밀히 탐구해 보고자 한다.

안희열은 연극예술을 ① 형상수단, ② 생활내용의 성격, ③ 생활내 용의 범위, 규모, ④ 대상, ⑤ 시대력사적 특성(228쪽)에 따라 1차 분류 하고, 1차로 분류한 항목들을 또 다시 2, 3차로 분류한다. 그런데 그는 1차 분류에는 명쾌히 기준을 제시한 반면, 2, 3차 분류에는 그 기준을 전혀 명시하지 않았다. 물론 분류표에 명시되지 않을 뿐 그의 저서를 면밀히 살펴보면 분류에 적용된 기준을 부분적으로 발견할 수 있다. 그러나 그 설명은 일부 항목에만 해당되며, 짧은 언급조차 지면의 여기저기에 흩어져 있어 체계적 이해를 어렵게 한다.

---

4) 리현순, 『문학형태론』, 평양: 문학예술출판사, 2007.

5) 한중모·김정웅·김준규, 『주체적문예리론의 기본』 3, 5쪽.

그렇다면 안희열이 다소 산발적으로 언급한 분류 기준을 체계화하는 한편, 미처 언급하지 않은 기준까지를 추론해 볼 필요가 있다.

남한 연구자로서 북한 문학예술이론가가 명쾌하게 제시하지 않은 분류 기준을 추론하는 작업은 한계를 안을 수밖에 없다. 기본적으로 남한에 생소한 연극 종류가 있고 기준의 일부는 통일성을 결여하기 때문이다. 그러나 북한의 사고체계를 따르고, 북한의 문헌을 통해 북한의 개념을 객관적으로 이해한다면 분류 기준의 추론은 충분히 가능하다. 뿐만 아니라 북한이 언급하지 않은 분류 기준을 구축하는 것은 북한이 언급하지 않았기에 역으로 더욱 흥미로운 작업이다.[6]

2. 연극의 기본 종류

1987년 정성무는 양상과 용량을 기준으로 연극예술을 분류했으며, 그가 분류한 연극의 종류는 〈표 1〉과 같다.[7]

정성무는 〈표 1〉과 같이 연극예술을 양상에 의해 정극·비극·희극으로, 용량에 의해 단막극·중막극·장막극으로 분류한다. 그런데 이것은 연극예술이 이 6가지 종류로만 구분된다는 것은 아니다.

정성무가 강조하는 것은 연극의 1차 분류와 2차 분류에 속하는 절대적 항목이 존재하는 것이 아니라, 분류 기준에 따라 1차 항목들이 2차 항목으로, 2차 항목들이 1차 항목으로 자리 옮김을 할 수 있다는

---

6) 본론에서 연극 종류의 개념을 위한 인용은 북한문헌인 『문학예술사전』을 참고하였다. 이후 각주를 따로 명시하지 않은 인용은 모두 『문학예술사전』(상), 평양: 과학백과사전종합출판사, 1988; 『문학예술사전』(하), 평양: 과학백과사전종합출판사, 1993에서 발췌한 글임을 밝혀 둔다. 또한 이 글은 논의를 전개하기 위해 안희열의 『주체적 문예이론연구』 22를 설정하였으므로 북한 문헌을 인용한 경우 북한식 맞춤법을 사용하기로 한다. 이외 분문이나 인용문헌에서의 고딕 강조된 부분은 필자의 표기이다.

7) 정성무, 『시대와 문학예술 형태』, 41쪽.

점이다.

유형 분류에 관한 북한의 상대적 개념을 잘 보여주는 사례이다.

〈표 1〉 양상과 용량을 기준으로 한 연극예술의 분류

대상	1차 분류: 양상에 따라	2차 분류: 용량에 따라
	정극	장막극
		중막극
		단막극
	비극	장막극
		중막극
		단막극
	희극	장막극
		중막극
		단막극
연극예술	**1차 분류: 용량에 따라**	**2차 분류: 양상에 따라**
	단막극	단막정극
		단막비극
		단막희극
	중막극	중막정극
		중막비극
		중막희극
	장막극	장막정극
		장막비극
		장막희극

한편 1992년 한중모·김정웅·김준규는 연극예술의 유형에 관해 보다 간략히 언급한다. 연극의 기본 종류가 정극, 비극, 희극임을 밝히고 있는데, 그 세부항목에 대한 설명을 표로 정리하면 다음과 같다.[8]

---

8) 한중모·김정웅·김준규, 『주체적문예리론의 기본』 3, 138~140쪽.

<표 2>

연극예술	정극	
	비극	
	희극	풍자극
		경희극

한중모·김정웅·김준규는 연극예술이 정극·비극·희극으로 나뉠 수 있다고 하는데, 정성무와의 차이점은 분류 기준에 대한 언급이 불명확하다는 것이다. 희극을 풍자극과 경희극으로 분류할 때의 기준이 '어떤 희극적 현상을 어떻게 형상하는가'라고 언급하지만, 이 역시 분류의 기준으로 간주하기에는 정확한 개념이 서지 않는다. 이같이 북한은 1990년대 초반까지 연극예술의 분류 기준보다는 연극예술의 종류와 개념의 이해에 보다 초점을 두었다.

문학예술의 유형과 분류 기준에 대한 본격적 연구는 1996년 안희열의 저서에서 나타난다. 그는 연극예술의 종류와 형태구분 표를 제시하면서 "극예술의 종류: 연극, 가극, 무용극, 음악무용극, 음악무용서사시극, 음악무용이야기"(228쪽)라는 글을 남긴다. 이 이상 더 구체적인 언술은 없지만 극예술의 종류에 영화가 포함되지 않는 것을 보면 극예술을 '무대를 전제로 하는' 예술로 정의함을 짐작할 수 있다. 그러나 '무대를 전제로' 한다는 것도 극예술의 정의로는 부정확하다.

안희열이 제시한 표를 그대로 옮겨보기로 한다(228쪽).

〈표 3〉 연극예술의 종류와 형태구분

극예술의 종류: 연극, 가극, 무용극, 음악무용극, 음악무용서사시극, 음악무용이야기

형상수단에 따라	가면극		
	탈극		
	인형극		
	화극		
	시극		
	무언극		
	방송극	련속방송극	
		회상기방송극	
		텔레비죤방송극	
	텔레비죤극		
생활내용의 성격에 따라	주제적내용	력사극	
		종교극	
		민속극	
		현대극	
		혁명극	
	정서적색갈	정극	선동극
			심리극
		희극	경희극
			풍자극
		비극	전통적비극
			혁명적비극
		정희극	
		희비극	
		서정극	
생활내용의 범위, 규모에 따라	장막극	장막정극	
		장막희극	
		장막비극	
	중막극	중막정극	
		중막희극	
		중막비극	
	단막극	단막정극	
		단막희극	
		단막비극	
		촌극	
		사이극(막간극)	
		토막극	

대상에 따라	성인극		
	아동극	동화극	
		우화극	
		인형극	손인형
			종대인형
			줄인형
시대력사적 특성에 따라	민간극	두레놀이	
		탈놀이	
		인형극	
	궁전극		
	도시극		
	종교극	수난극	
		기적극	
		신비극	
	신극		

이 표는 극예술에 대한 북한의 개념을 이해하는데 다소 혼란을 가져온다. 극예술의 하위 개념인 연극예술의 종류에 '방송극'과 '텔레비죤극'이 포함되어 있기 때문이다. 안희열은 연극예술의 특성을 1. 대사를 기본형상수단으로 하는 예술, 2. 인간생활을 극적으로 집중화하고 집약화하여 보여주는 예술, 3. 무대를 전제로 하고 배우와 관중의 산 교제를 실현하는 예술, 4. 무대종합예술로 정의한다(211~216쪽 참조). 연극예술이 무대를 전제로 하는 예술이라고 하면서 그는 왜 '방송극'과 '텔레비죤극'을 연극예술에 포함시켰을까? 북한에서 '텔레비죤극'에 대한 다른 정의가 있는 것일까? 『문학예술사전』의 정의를 보기로 한다.

대사를 기본수단으로 하여 형상한 적은 생활을 텔레비죤의 예술수단을 통하여 보여주는 텔레비죤문예편집물. 텔레비죤방송예술이 발전하면서 무대극의 중계와는 다른 텔레비죤의 특성에 맞는 텔레비죤극이 발생하였다.

『문학예술사전』에서도 텔레비죤극은 '텔레비죤이라는 수단을 통해서 보여주는 예술'이며 분명 무대극과는 다른 예술로 설명된다. 그렇다면 왜 텔레비죤극을 연극예술의 종류로 분류했을까? 안희열의 사고체계를 따라 이해하려 해도 이 부분은 분류의 타당한 근거를 찾을 수 없으며 모순으로 볼 수밖에 없다. 남한이나 서구의 정의가 아닌, 북한의 정의에 따랐을 때 결함이 발견되기 때문이다. 방송극 역시 동일하다. 『문학예술사전』에 의하면 방송극은 "방송을 목적으로 하여 창조된 극예술종류"로 "등장인물의 생활과 무대장치를 눈으로 직접 보여주는 무대극과는 달리 배우들의 말과 해설, 음악과 음향 등을 라지오를 통하여 들려주는 방법으로 생활과 인물의 성격을 재현한다". 방송극 역시 무대를 전제로 하며, 배우와 산 교제를 하는 연극예술과는 근본적으로 다른 것이다. 그런데도 불구하고 방송극은 연극예술의 종류에 포함된다.

이같이 안희열의 분류표는 기본적으로 몇 가지의 모순을 안고 있다. 그러나 그 이유를 명쾌하게 밝혀주는 후속 설명은 북한 문헌 어디에서도 찾아보기 힘들다. 그렇다면 현재로서는 모순을 안은 채, 안희열의 분류표를 따라 분류를 위한 기준을 탐색하는 것이 최선이다. 곧 3장에서 다섯 가지로 제시된 분류 기준과 그에 따른 세부내용을 면밀히 살펴보겠지만, 이 표 자체가 완벽하지 않음을 먼저 밝혀 둔다.

3. 연극 분류를 위한 기준의 특성과 내용

3.1. 기준의 상대성

안희열은 문학예술을 가장 상위에 놓고, 그것을 소설문학, 시문학, 극문학, 영화, 연극, 음악, 무용, 가극, 미술, 교예로 분류한다. 그는 이 각각을 다시 세분화하는데, 주목할 것은 세분화를 위한 기준이 통일적이지 않다는 점이다. 표를 통해 알아보기로 하자. 다음은 안희열이 제시한 분류 기준을 모두 종합하여 작성한 것이다.[9]

〈표 4〉

소설문학	생활내용의 범위와 용적에 따라			주제와 생활내용의 성격에 따라	문체 및 구성상 특성에 따라	독자대상에 따라	실현수단에 따라	시대력사적 특성에 따라	창작방법과 사조에 따라
시문학		묘사대상에 따라	묘사방식에 따라		문체 및 서정구조에 따라	독자대상에 따라		시대력사적 특성에 따라	
극문학		묘사대상 및 수법에 따라		생활내용의 정서적색채에 따라			형상수단리용에 따라	시대적 특성에 따라	작품의 용적과 규모에 따라
영화예술		형상대상 및 수단, 수법에 따라			화면의 색깔, 규격에 따라				용적 및 규모에 따라
연극예술	생활내용의 범위, 규모에 따라	대상에 따라		생활내용의 성격에 따라			형상수단에 따라	시대력사적 특성에 따라	
음악예술	가창형식에 따라	악기편성에 따라	연주형식에 따라	내용적 성격에 따라			표현수단과 수법에 따라		
무용예술			형상창조과정의 특성에 따라				형상수단수법상 특성에 따라	시대력사적 특성에 따라	규모에 따라

---

9) 안희열은 소설문학, 시문학, 극문학의 분류표를 173~175쪽에, 영화예술은 201쪽에, 연극예술은 228쪽에, 음악예술은 287~288쪽에, 무용예술은 333쪽에, 미술은 361~362쪽에, 교예는 389쪽에 제시했으며 가극에 대해서는 분류표를 제시하지 않았다.

미술		묘사대상에 따라	공예기법에 따라	내용적 성격에 따라	형식에 따라	재료에 따라		
		대상 및 사명에 따라		색갈에 따라	미술형식에 따라	재료 리용에 따라		
					예술형태에 따라	재료 및 색채에 따라		
교예	조형형식에 따라	조형인원에 따라						

이 표는 안희열이 언급한 분류 기준을 유사한 내용으로(세로줄) 묶어본 것이다. 표에서 알 수 있듯이 북한이 각 예술을 세분화하기 위해 적용한 기준은 일률적이지 않다. 소설문학이나 시문학은 분류의 기준에 '독자대상'이 포함되고 연극의 경우도 '대상에 따라'가 적용된 반면, 다른 예술들은 '독자(관객)에 따라' 분류되지 않는다. 안희열은 문학예술의 세분화를 위해 전체적으로 형상수단, 묘사방식, 묘사대상, 구성형식이라는 네 가지 기준을 제시했지만(72~107쪽), 실제 그는 각 분류에 있어서 네 가지 이상의 복잡한 기준을 세웠다. 또한 그 기준들을 각 예술에 일정하게 적용하지 않고 선택적으로 적용하고, 각 예술만의 새로운 기준을 제시한다. 예를 들면 분류 기준에 '조형인원'을 적용한 것은 교예예술뿐이며, '형상창조과정의 특성'이라는 기준은 '무용예술'에만 적용한다. 그뿐 아니라 유사한 내용으로 보이는 분류 기준이 다른 언어로 표현되기도 한다. '형상수단'이 기준일 경우 소설문학에는 '실현수단'으로, 극문학에는 '형상수단의 리용'으로, 음악예술에는 '표현수단과 수법'으로 서술된다. 이 모두가 아리스토텔레스의 용어를 빌리면 '모방수단'인데 문자화에 있어서 달라지고 있다. 그렇다면 이 같은 현상을 어떻게 보아야 할까? 분류 기준의 일관성 결여로 해석해야 할까?

이에 대해서는 다음 글을 참고할 필요가 있다.

또한 개별적인 예술형태의 특성에 따라 종류와 형태가 아니라 종류와 형식, 종류와 양상, 형태와 양상으로 구분하거나 종류로만 구분할수도 있다. 음악을 연구하는 사람이 음악의 형태상특성에 맞게 그것을 종류와 형식, 종류와 양상의 체계로 구분하는가 하면 무용을 연구하는 사람이 무용의 특성을 고려하여 주로 종류와 형식만으로 구분하고 있는 것은 그 례로 된다. (71쪽)

이 글은 문학예술의 종류, 형태, 갈래에 관한 설명이다. 종류란 문학예술을 1차적으로 분류한 항목이며, 형태란 1차적으로 분류한 종류를 2차로 분류한 항목이며, 갈래란 2차적으로 분류한 형태를 다시 분류한 항목이다. 이 글의 핵심은 종류와 형태에 속하는 절대적인 항목은 존재하지 않는다는 것이다. 다시 말하면 절대적인 분류 기준이 있고, 그 분류 기준을 모든 문학예술에 적용하는 것이 아니라, 다양한 분류 기준이 있고, 그것을 각 문학예술에 선택적으로 적용하는 것이 북한의 사고체계이다. 따라서 〈표 4〉는 일관성 없는 분류 기준으로 보일 수 있지만, 북한의 사고체계에 따르면 이것은 각 문학예술에 적합하게 선정된 기준이다. 다소 산만한 이 같은 기준이 체계적 이해를 어렵게 하는 것은 사실이다. 그러나 절대성이 아닌 '상대성'이 북한 분류 기준의 기본 개념이라면, 그 사고체계는 존중될 필요가 있다. 북한이 문학예술의 분류를 위해 제시한 기준들의 특성은 '절대성'이 아닌 '상대성'인 것이다.

3.2. 기준의 세부내용

3.2.1. 형상수단에 따라

형상수단만을 기준으로 안희열이 분류한 연극의 종류는 〈표 5〉와 같다.

〈표 5〉

형상수단에 따라	① 가면극	
	② 탈극	
	③ 인형극	
	④ 화극	
	⑤ 시극	
	⑥ 무언극	
	⑦ 방송극	㉠ 련속방송극
		㉡ 회상기방송극
		㉢ 텔레비죤방송극
	⑧ 텔레비죤극	

〈표 5〉와 같이 안희열은 형상수단에 따라 연극을 ① 가면극, ② 탈극, ③ 인형극, ④ 화극, ⑤ 시극, ⑥ 무언극, ⑦ 방송극, ⑧ 텔레비죤극으로 구분하고, 이 중 ⑦ 방송극을 ㉠ 련속방송극, ㉡ 회상기방송극, ㉢ 텔레비죤방송극으로 재차 분류한다. 그는 이 분류가 형상수단에 따른 분류임만을 밝히고 구체적으로 그 형상수단이 무엇인지는 언급하지 않는다. 따라서 각 종류의 형상수단을 추론해보는 것은 북한 사고체계의 이해인 동시에 재미있는 작업이 될 것이다. 다음의 〈표 5-1〉은 필자의 추론작업임을 밝혀둔다.[10]

---

10) 북한은 연극을 분류하는데 상세한 분류를 기본으로 하기에, 이 글은 보다 효과적인 설명을 위해서 북한에서 제시한 각 종류에 번호를 붙이기로 한다.

〈표 5-1〉

분류 기준: 형상수단 (필자의 추론)	종류	분류 기준 (필자의 추론)	형태
머리를 포함하여 얼굴까지 쓰는 모든 탈	① 가면극		
얼굴을 포함하여 몸까지 쓰는 탈, 또는 몸에만 쓰는 탈	② 탈극		
인형	③ 인형극		
만담극 같이 동작보다는 말이 수단 (?)	④ 화극		
사랑송	⑤ 시극		
대사 없는 얼굴표정과 몸짓	⑥ 무언극		
라지오(라디오)	⑦ 방송극	〈형상방식〉 극의 내용을 나눔	㉠ 련속방송극
		〈형상대상 또는 내용〉 혁명투사들의 회상기	㉡ 회상기방송극
		〈형상수단〉 텔레비존	㉢ 텔레비존방송극
텔레비전	⑧ 텔레비존극		

〈표 5-1〉은 안희열이 제시한 분류표를 토대로 각 종류의 형상수단을 추론한 것이다. 『문학예술사전』은 ① 가면극을 "탈을 쓰고 연기하는 한 형태"로 탈에는 "얼굴만, 얼굴과 머리를, 얼굴과 뒷머리에 덧붙이는 것, 얼굴의 일정한 부분만 가리는 것이 있다"라고 정의한다. 이에 비해 ② 탈극은 따로 정의된 바가 없기에 실상 가면극과 탈극의 차이를 확실히 구분하는 것은 불가능하다. 또한 양주 및 서울 탈극 등을 대표적인 가면극으로 포함시키기에 가면극이 탈극을 포함하는 듯 보이기도 한다. 그러나 안희열은 분명 가면극과 탈극을 따로 구분한다. 가면극과 탈극이 구분된다는 전제하에 군이 그 차이를 찾아본다면, 가면극의 형상수단인 탈은 '머리를 포함하여 얼굴까지 쓰는 모든 탈'이며, 탈극에서 사용하는 탈은 '얼굴을 포함하여 몸에 쓰는 모든 탈' 또는 '몸에만 쓰는 탈'로 볼 수 있다. ③ 인형극은 '인형을 기본수단으

로 창조되는 연극'이므로 그 형상수단은 '인형'인데, ④ 화극에 대해서는 어떤 언급도 찾을 수 없다. 다만 화극의 한자가 '話劇'이라면 형상수단을 '말'이라 짐작해 볼 수는 있다. 물론 북한은 연극예술자체의 특성을 '대사'로 보기 때문에 '말'을 분류 기준이라고 따로 언급할 필요는 없다. 그러나 '말'로만 전개되는 '만담극'이 화극에 속한다면 이같이 따로 분류될 가능성도 높다. 이 부분에 대한 더 이상의 논의는 후속자료의 발굴 이후에 가능하다. 북한 자료의 발굴과 남한의 지속적 연구가 필요하다. 이에 비해 ⑤ 시극은 주의를 기울일 필요가 있다. 먼저 시극(詩劇)이 떠오를 수 있는데, 『문학예술사전』은 시극의 형상수단을 시(詩)가 아닌 사랑송으로 보기 때문이다.

극적 방식과 사랑송형식으로 생활을 반영하는 극형식, 시극에서 기본 형상수단은 사랑송이다. 사랑송은 역인물들 사이에 주고받는 감정과 행동에 기초하여 등장인물들의 격동적인 사상과 감정세계를 직접적으로 표현하는 시적 형상을 창조한다. 연기자들의 말과 동작은 보통 시적 감정을 불러 일으킬수 있는 생활환경과 정황을 제시하는데 이바지함으로써 내용을 보충하고 풍부하게 해준다.

이같이 북한은 시극의 기본형상수단을 '사랑송'이라고 뚜렷이 명시한다. 흥미로운 것은 북한은 사랑송에 연인들 사이에서 부르는 시또는 노래뿐 아니라 등장인물의 사상과 감정세계까지 포함시킨다는 점이다. 여기서 사상이란 당 정책에 대한 흠모와 정책을 수행하려는 기백과 연관된다. 따라서 형상수단인 '사랑송'의 내용은 개인의 사적인 감정과 당 정책에 대한 강렬한 수행의지를 포함하는 것이다.

⑥ 무언극은 남한에서 익숙한 용어인 팬터마임과 같이 대사 없이 배우의 표정과 몸동작을 수단으로, ⑧ 텔레비죤극은 텔레비죤을 형상

수단으로 하는 예술이다. ㉠ 방송극은『문학예술사전』에 의하면 무대극과는 달리 배우들의 말과 해설, 음악과 음향 등을 라지오라는 수단을 통하여 들려주는" 예술이다. 앞에서 언급했듯이 북한이 연극을 '무대'를 전제로 한 예술로 정의하면서 텔레비죤극과 방송극을 연극의 종류로 포함하는 것은 분명 모순이다. 만약 북한이 연극의 종류로 무대예술과 전파를 통한 예술 모두를 포함시킨다고 해도, 영화를 연극예술과 별도로 구분하기에 이 역시 모순이다.

이제 ㉠ 련속방송극, ㉡ 회상기방송극, ㉢ 텔레비죤방송극을 보기로 한다.『문학예술사전』은 ㉠ 련속방송극을 "극의 내용을 여러 번 나누어서 내보내는 방송극의 한 형식"으로 ㉡ 회상기방송극을 "항일혁명투사들의 회상기를 각색한 방송극"으로 정의한다. 그런데 이 같은 정의는 형상수단이라기보다는 형상방식과 형상대상에 더 가깝다. '극의 내용을 여러 번 나누어서 내보낸다는 것'은 극을 보여주는 하나의 방식이며, '투사들이 회상한 과거의 사실을 각색한 형식'은 형상의 대상이기 때문이다. 안희열은 연극예술을 형상수단에 의해 1차적으로 분류한 이후, 2차 분류를 시도했을 때에는 분류 기준을 형상수단으로 통일하지 않고, 형상방식이나 형상대상으로까지 확대한 것이다.

마지막으로 방송극의 종류로 언급되는 ㉢ 텔레비죤방송극을 보기로 하자. ㉢ 텔레비죤방송극은 그 개념이나 형상수단을 추론하기가 가장 어렵다.『문학예술사전』은 '방송극'을 '라디오'를 통해서 전개되는 극예술로 정의하는데 '텔레비죤'과 '라디오'는 매체 자체가 전혀 상이하기 때문이다. 또한 '텔레비죤극'과 '텔레비죤 방송극'의 차이에 대한 어떤 언급도 찾아볼 수 없다. 그렇지만 안희열은 '텔레비죤극'과 '텔레비죤 방송극'을 〈표 5〉에서와 같이 뚜렷이 구분하고 있다. 무리한 짐작을 하면, 텔레비죤극을 다시 라디오로 방송하는 극예술이 '텔레비죤방송극'이라 하겠다. 텔레비죤극은 텔레비죤을 통해서, 방송극은 라디오를 통해서 전달되는 예술이기 때문이다. 그러나 이 같은 정의는 짐작일 뿐이다.

그렇다면 방송예술을 연극예술에서 독립시킨다면 혼선을 피할 수 있지 않을까?

〈표 5-2〉

방송예술	라지오방송예술	방송문예
		방송음악
		방송극
		방송재담
	텔레비죤방송예술	영화예술
		음악
		무용
		연극
		곡예
		조형예술
		텔레비죤극

이 표는 방송예술을 연극예술에서 독립시켜 본 것이다. 이 분류는 방송예술에 대한 『문학예술사전』의 다음 정의를 참고했다.

방송을 통하여 실현되는 예술. 라지오방송예술과 텔레비죤방송예술로 갈라진다. 라지오방송예술에는 방송문예, 방송음악, 방송극, 방송재담 등이 있다. 라지오방송예술에서는 연기자나 배우는 직접 볼수 없고 음향을 통하여 작품의 주제사상적 내용이 예술적으로 표현되고 전달된다. 따라서 라지오방송예술에서는 화술이나 음향효과가 중요한 의의를 가진다. 라지오방송예술에서는 특히 배우들의 화술이 청취자로 하여금 등장인물들의 내면세계는 물론 행동까지도 그려볼수 있게 개성화되여야 한다. 텔레비죤방송예술의 특성은 모든 형태와 종류의 예술을 방영할수 있다는데 있다. 텔레비죤방송예술에서는 영화예술과 음악, 무용, 연극, 곡예 등 무대예술, 조형예술을 다 방영할수 있을 뿐아니라 그 형상수법과 표현수단들을 종합적으로 자유로이 리용할수 있다. 그러므로 텔레비죤방송예술이 포괄하는 범위는 아주 넓고 그 내용은 매우 다양하다. 텔레비죤방송예술의 특성은 또한 작은 화면에 내용을 담는다는데 있다. 따라서 여기서는 등장인물을 될수록 많이 설정한지 않으며 화면구도에서 인물을 크게 두드러지게 비치는 방법을 많이 쓰게 된다. 텔레비죤방송예술에는 텔레비죤극, 텔레비죤예술영화, 텔레비죤음악, 텔레비죤선전화, 시와 소설을 비롯한 텔레비죤문예 등 각종 문학예술작품들과 그것을 소재로 하여 만든 편집물들이 있다.

『문학예술사전』은 '방송예술'을 '방송을 통하여 실현되는 예술'이라고 정의하며, 이 방송예술에 라지오방송예술과 텔레비죤방송예술이 포함된다고 설명한다. 그리고 분명 텔레비죤방송예술에 텔레비죤극을 포함시킨다. 그렇다면 안희열은 왜 텔레비죤극을 연극예술에 포함시켰을까? 연극예술에 대한 안희열의 개념이 남한과 다를 수도 있지만, 앞에서 밝혔듯이 북한에서도 연극예술은 무대를 전제로 하는 예술이다. 따라서 연극예술, 방송극, 텔레비죤극, 텔레비죤방송극에 대한 북한의 명쾌한 개념설명이 재시도되거나 방송예술을 연극예술에서 독립시키는 것을 제안한다.

3.2.2. 생활내용의 성격에 따라

안희열은 '생활내용의 성격'이라는 기준으로 연극을 다시 주제적 내용과 정서적 색깔로 나눈다. '생활내용의 성격'에 대해 명백히 언급하지는 않았지만, 다음의 글에서 그 개념을 읽어낼 수 있다.

> 작품에 반영되는 생활내용의 령역이나 범위가 묘사대상을 주로 량적
> 측면, 다면성과 풍부성의 측면에서 특징짓는 것이라면 작품의 주제사상
> 적 내용은 묘사대상을 생활내용의 성격적 측면, 시대력사적 및 사회계
> 급적 측면에서 특징짓는 것이다. (95쪽)

생활내용의 성격이란 주제 또는 사상과 관련된다는 설명이다. 환언
하면 '생활내용의 성격'에 의한 분류는 곧 작품을 주제에 따라 분류한
다는 의미이다. 안희열의 설명에 따르면 "작품의 주제 사상적 내용은
작품에 반영되는 생활내용과는 다른 측면에서 작품 전반을 관통하고
있는 기본문제 즉 작가가 제기하는 인간문제"(95쪽)이다. 남한에서 일
반적으로 생각하는 주제 개념과 거의 유사하다. 이에 비해 양상은
"묘사대상의 미학적 성질에 바탕을 두고 있는 것으로서 문학예술형태
의 정서적 색깔을 다채롭게 해주는 요소"(97쪽)로 정의된다. 따라서
"정서적 색깔에는 위대하고 숭엄하고 숭고한 것이 있는가 하면 하면
우아하고 아름답고 고상한 것, 겸손하고 소박한 것, 인정 심리적이며
애상적인 것, 무겁고 가벼운 것, 생기발랄한 것"(98쪽)이 있다. 연극을
이같이 분류하면 그 종류에는 어떠한 것이 있을까?

다음 생활내용의 성격에 따라 연극예술을 분류한 안희열의 〈표 6〉
을 보기로 한다.

〈표 6〉 생활내용의 성격에 따른 연극예술의 분류

주제적 내용	① 력사극	
	② 종교극	
	③ 민속극	
	④ 현대극	
	⑤ 혁명극	
정서적색갈	⑥ 정극	㉠ 선동극 ㉡ 심리극
	⑦ 희극	㉢ 경희극 ㉣ 풍자극
	⑧ 비극	㉤ 전통적비극 ㉥ 혁명적비극
	⑨ 정희극	
	⑩ 희비극	
	⑪ 서정극	

안희열은 연극을 생활내용의 성격으로 나누면서 주제를 기준으로 ① 력사극, ② 종교극, ③ 민속극, ④ 현대극, ⑤ 혁명극으로 분류한다. 일면 이 같은 분류는 주제라기보다는 소재에 따른 분류로 보인다. 일반적으로 ① 력사극은 역사가 소재인, ② 종교극은 종교가 소재인 극이기 때문이다. 그런데 안희열은 분명 주제란 '작품 전반을 관통하고 있는 기본문제, 즉 작가가 제기하는 인간문제'로 정의한다. 분류 기준과 분류된 항목이 다소 모순을 빚는다. 또한 그는 "작품의 주제사상적 내용은 묘사대상을 생활내용의 성격적측면, 시대력사적및 사회계급적 성격의 측면에서 특징짓는 것"(95쪽)이라고 설명한다. 그렇다면 북한에서의 주제란 작가가 제기하는 문제뿐 아니라 소재와 내용 모두를 포함하는 포괄적인 개념이라고 보는 것이 그들의 사고체계를 이해하는 최선이다. 또한 안희열은 작품의 분위기에 따라 연극예술을 ⑥ 정극, ⑦ 희극, ⑧ 비극, ⑨ 정희극, ⑩ 희비극, ⑪ 서정극으로 나누는데, 그 분류 기준에 대해서는 더 이상 설명하지 않는다. 그렇다면

그가 언급하지 않은 기준들을 추론할 필요가 있다.

주제, 소재, 내용과 관련시킨다면 ① 역사극은 '역사적 사건이나 인물', ② 종교극은 '종교적인 신념이나 의식', ③ 민속극은 '우리 민족에게 전해오는 전설, 설화 등'으로 그 소재나 내용을 어렵지 않게 추측할 수 있다. 다소 주의를 기울여야 하는 것은 ② 종교극이다. 일반적으로 종교극의 주 내용은 '종교적인 신념'이다. 하지만 북한의 경우 개인의 종교적 신념을 주제로 하는 연극공연은 실상 불가능하다. 해방 이전에는 북한에서도 각 종교의 신자들의 수가 상당했지만, 기본적으로 사회주의 국가에서 종교는 억압되기 때문이다. 그렇다면 ② 종교극이란 개인의 종교적 신념보다는 긍정적이든 부정적이든 불교, 기독교 등과 관련된 내용, 또는 애국적 활동을 전개한 우리 역사의 종교적 인물과 관련되는 것으로 이해하는 것이 타당하다.

이외 북한은 연극을 ④ 현대극과 ⑤ 혁명극으로 분류한다. ⑤ 혁명극은 '새로운 시대적 지향을 반영하는 극'으로 정의된다(96쪽). 혁명연극의 모델인 〈성황당〉이 운명을 개척하는 인간을, 〈딸에게서 온 편지〉가 '인간은 알아야 자주적 인간으로 설 수 있다'는 내용을 주 골자로 함은 이를 잘 말해 준다. 과거의 관습적 삶에서 벗어나 새로운 가치가 전개될 미래로 나아가는 인간의 삶이 곧 혁명극의 내용인 것이다. ④ 현대극에 대해서는 안희열의 설명이나 『문학예술사전』의 언급이 없기에 추론이 필요한데, 과학기술의 발전으로 '새로운 생활내용'을 담게 되었다는 다음 글은 미약하나마 단서가 될 수 있다.

지난 력사적시기 그 어떤 신화적 인물이나 초자연적현상, 신비롭고 몽롱한 생활세계를 주관화하여 그리거나 신변잡사적이며 생활세태적인 내용을 흥미본위주의적으로 그려내던 낡은 형상방법에서 벗어나 자연과 사회, 인간생활에 대한 과학적인 리해에 기초하여 현실적인 생활,

과학적인 내용을 사실주의적으로 진실하게 그렸다. (51쪽)

과거의 극이 내용에 있어서 초자연적이고 신비한 것을 그려냈다면 과학이 발전한 이후에는 현상을 과학적으로 이해하면서 현실적인 생활을 내용으로 담아내었다는 설명이다. 굳이 다른 연극종류와 비교한다면 ③ 민속극이 과거의 전설이나 민담을 내용으로 한다면, ④ 현대극은 현재 벌어지고 있는, 즉 현실적인 삶이 그 내용이다.

이어서 '정서적색갈'로 분류한 연극의 종류를 보기로 한다. 안희열은 정서적 색깔로 연극을 ⑥ 정극, ⑦ 희극, ⑧ 비극, ⑨ 정희극, ⑩ 희비극, ⑪ 서정극으로 구분한다. 정서적 색깔은 작품 전체의 분위기를 의미하는데, 각 종류의 분위기를 살펴보면 ⑥ 정극은 '숭엄하고 영웅적인 것, 심각하고 사색적인 것, 인정심리적인 것', ⑦ 희극은 '해학적이고 조소적이며 경멸적인 것', ⑧ 비극은 '슬프고 비장한 것'이다. 이 설명은 명쾌한 듯 보이지만 실제로는 ⑥ 정극과 ⑧ 비극이 어떠한 차이를 갖는지를 다소 모호하게 한다. '심각하고 사색적인 분위기'와 '비장한 분위기'가 크게 구분된다고 볼 수 없기 때문이다. 굳이 차이를 말하자면 ⑧ 비극이 '슬픔'을 강조한 반면, ⑥ 정극은 '숭엄함'을 강조한다는 것이다. 그렇다면 정극은 비극에 비해 주인공의 영웅성을 표나게 부각시키는 내용, 새로운 시대로 나가자는 교조적 내용을 한층 더 강조하면서 사색성을 내재한 연극이라 할 수 있다. 이외 언급되는 ⑨ 정희극은 정극과 희극, ⑩ 희비극은 희극과 비극, '두 종류의 특성을 결합한 분위기'로 해석하면 무리가 없다. 따라서 ⑨ 정희극은 '숭엄하면서 해학적'인 분위기, ⑩ 희비극은 '해학적이면서 슬픈' 분위기로 정리할 수 있다. 마지막 ⑪ 서정극은 일반적 의미에서와 같이 '정서를 듬뿍 담고 있는 분위기'라 하겠다.

다음으로 1차 분류를 다시 2차적으로 분류한 항목들을 살펴보기로 한다. ⑥ 정극은 ㉠ 선동극과 ㉡ 심리극으로, ⑦ 희극은 ㉢ 경희극과 ㉣ 풍자극으로, ⑧ 비극은 ㉤ 전통적 비극과 ㉥ 혁명적 비극으로 나뉜다. ㉠ 선동극과 ㉡ 심리극은 그 분류 기준이 애매하지만 ㉠ 선동극은 일반적으로 '선동을 위한 극'이므로 분류 기준은 작품의 내용이라기보다는 공연목적과 관련된다는 인상을 준다. 만약 내용과 관련하여 정의하면 '선동하는 내용을 담은 극'이어야 하기에 '영웅적 주인공이 주변인들의 의식을 일깨우고 이상적 미래를 향해 전진하는 내용'에 가까울 것이다. ㉡ 심리극 역시 일반적으로 접근할 수밖에 없다. 심리극이란 일반적으로 '주인공의 내면심리를 묘사한 극'으로 통용된다. 그런데 ⑥ 정극이 '숭엄하고 영웅적인 것'을 내용으로 한다면 ⑥ 정극의 하위종류인 ㉡ 심리극은 '영웅적인 인물의 심리'를 묘사한 작품일 것이다. 또는 '의식이 성장하는 인물의 심리'가 주 내용일 수도 있다. 물론 여기서 의식이란 주인공의 정서적 측면이라기보다는 시대와 맞물린 갈등을 의미한다. 예를 들면, 관습적 사고방식과 진보적 사고방식 사이에서의 갈등이 주 내용일 수 있다.

그러나 이것은 북한의 개념이라기보다는 일반적 개념을 토대로 추측하였다는 한계가 있다. ㉠ 선동극과 ㉡ 심리극에 대한 북한의 후속연구를 기대한다.

마지막은 ㉤ 전통적 비극과 ㉥ 혁명적 비극인데,[11] 안희열은 그 개념에 대해 명백히 설명한다.

혁명적비극은 주인공의 진보적리상이 실현되지 못하고 희생됨으로써 슬픔을 자아내고 동정을 불러일으키는 지난 시기의 전통적비극형태와는

---

11) 『문학예술사전』은 ㉢ 경희극의 양상을 "해학과 과장으로 인한 생활락천적은 웃음"으로, ㉣ 풍자극의 양상은 "날카로우며 폭로규탄"으로 정의하며 구체적으로 설명하고 있다. 따라서 본문에서는 ㉢ 경희극과 ㉣ 풍자극에 대한 논의는 생략하기로 한다.

달리 주인공이 조국과 인민을 위하여 영웅적으로 투쟁하다가 희생됨으로써 비분강개한 정서를 자아내게 하는 새형의 비극형태이다. (226쪽)

ⓜ 전통적 비극의 내용이 '진보적 이상을 실현하지 못하고 희생당하는' 것이며 그 분위기가 '슬픔'이라면, ⓗ 혁명적 비극의 내용은 '조국과 인민을 위해서 주인공이 투쟁하는' 것으로 분위기는 '비분강개'이다. 그렇다면 전통적 비극과 혁명적 비극은 분위기에서는 변별성을 갖지만 내용면에서는 크게 다르지 않다. 미세하나마 차이라면, ⓜ 전통적 비극에 비해 ⓗ 혁명적 비극의 주인공이 '조국과 인민'을 위해 헌신하는 인물이므로, 보다 정치성을 띠며 당 정책을 실현하기 위해 분투하는 점이다.

지금까지 북한이 연극을 분류하는 데 있어서 그 분류 기준이 무엇인지에 대한 추론작업을 진행하였다.

분류의 기준을 보다 명백히 드러내기 위해 안희열의 표에 추론작업을 더하여 새로운 표를 작성하면 〈표 6-1〉과 같다.

〈표 6-1〉

생활내용의 성격에 따라	분류 기준: 주 내용 (필자의 추론)		분류 기준: 주 내용과 정서 (필자의 추론)	
주제적 내용	우리의 역사적 사건사실과 관련된 내용	① 력사극		
	종교와 관련된 내용 종교적 인물의 애국적 행위	② 종교극		
	우리 민족의 전설, 설화	③ 민속극		
	현실적(동시대의)인 생활의 내용	④ 현대극		
	새로운 시대로의 지향과 관련된 내용	⑤ 혁명극		

생활내용의 성격에 따라	분류 기준: 주 내용 (필자의 추론)		분류 기준: 주 내용과 정서 (필자의 추론)	
정서적색갈	숭엄하고 심각한 분위기 사색적 분위기	⑥ 정극	〈내용〉 영웅적 주인공이 주변 인들의 의식을 일깨우고 이상적 미래를 향해 전진하는 내용(?) 〈분위기〉 선동적, 흥분적	㉠ 선동극
			〈내용〉 영웅적인 인물의 심리(?) 〈분위기〉 후속연구 필요	㉡ 심리극
	해학성, 락천성	⑦ 희극	생활락천적인 웃음	㉢ 경희극
			날카로우며 폭로규탄적	㉣ 풍자극
	슬프면서 비장한 분위기	⑧ 비극	〈내용〉 주인공의 진보적 리상이 실현되지 못하고 희생됨 〈정서적 색채〉 슬픔과 동정	㉤ 전통적 비극
			〈내용〉 주인공이 조국과 인민을 위하여 영웅적으로 투쟁하다가 희생됨 〈정서적 색채〉 비분강개	㉥ 혁명적 비극
	숭엄하면서 락천적 분위기	⑨ 정희극		
	란천적이면서 비장한 분위기	⑩ 희비극		
	정서를 듬뿍담고 있는 분위기	⑪ 서정극		

　　북한에서 '생활내용의 성격에 따라' 연극의 종류를 분류하는 기준과 그 개념은 위의 표와 같이 정리할 수 있다. 〈표 6-1〉에서 드러나듯이 분류를 위한 기준의 내용과 분위기는 상당부분 추측이 가능했다. 그러나 ㉠ 선동극과 ㉡ 심리극은 무엇을 기준으로 하였는지 문헌에 명백히 명시되지 않았고, 『문학예술사전』에서도 그 항목을 찾을 수가 없기에 물음표를 표기해 두었다. 가능성은 제시했지만, ㉠ 선동극과 ㉡ 심리극에 대한 북한의 후속연구와 이에 대한 남한 연구자의 관심이 요청된다.

3.2.3. 생활내용의 범위, 규모에 따라

안희열은 연극을 분류하는 세 번째 기준으로 '생활내용의 범위, 규모'를 언급한다. 그런데 그가 범위와 규모를 다른 개념으로 인식하면서, 범위가 규모를 규정한다고 보는 것이 흥미롭다. 다음은 '범위'에 대한 설명이다.

> 생활내용의 범위는 생활내용의 령역과는 다른 측면으로서 작품에 반영되는 력사적인 사건과 인간관계, 인물들의 운명선, 성격발전과정 등의 다양성, 풍부성, 복잡성을 포괄하면서 문학예술작품의 용적과 규모를 특징짓게 된다. (94쪽)

이와 같이 북한에서 언급하는 '범위'란 무엇을 묘사의 대상으로 놓는가와 관련 있다. '범위'에는 역사적 사건, 개인적인 사건, 인간들과의 관계 모두가 포함될 수 있는데, 주목할 것은 무엇을 범위로 설정하느냐에 따라 작품의 규모가 결정된다는 점이다.

> 문학예술이 형상대상으로 삼는 인간생활은 포괄되는 시대와 인물관계, 운명선에 따라 력사적인 사변과 같은 큰 규모의 사건일수도 있고 생활반전의 한 계기에서 발생한 작은 토막사건일수도 있으며 일정한 시기에 벌어진 크지도 작지도 않은 아담한 사건일수도 있다. 다양한 크기와 형식으로 존재하는 사건과 생활내용은 그것을 담는 그릇을 요구하게 되며 따라서 작품의 용적문제가 제기된다. (94쪽)

이 글은 범위와 규모의 관련성을 잘 말해 준다. 작품이 장시간에 걸친 역사적인 사건이나 한 인물의 일생을 다루었다면 큰 규모이며,

특정 시기의 사건이나 성장하는 인간의 한 단면을 다룬다면 북한의 표현을 빌려 '토막' 규모이고, 일정한 시기이지만 크지도 작지도 않다면 '아담'한 규모이다. 규모는 '용적'이라는 용어와 치환되기도 하는데, 곧 언급하겠지만 규모나 용적은 막의 수와 긴밀한 관련이 있다. 그런데 실상 특정 시기의 사건을 다룬 연극이라 해도 막의 수는 얼마든지 확대될 수 있기에 이 같은 주장은 보편성을 획득하기 어렵다. 인간의 단면을 다룬 연극이 한 인간의 일생을 다룬 연극과 동일한 또는 그 이상의 긴 막으로 구성되는 경우가 드물지 않기 때문이다. 이 같은 견해는 다소 북한만의 도식적인 분류방식으로 보인다. 다만 북한에서는 범위가 규모를 결정한다는 점을 기억하기로 하고, 생활내용의 범위와 규모에 따른 안희열의 분류표를 보기로 한다.

〈표 7〉 생활내용의 범위 규모에 따른 연극종류

생활내용의 범위 규모에 따라	① 장막극	장막정극 장막희극 장막비극
	② 중막극	중막정극 중막희극 중막비극
	③ 단막극	단막정극 단막희극 단막비극 ㉠ 촌극 ㉡ 사이극(막간극) ㉢ 토막극

〈표 7〉에서와 같이 규모를 기준으로 분류한 연극종류는 비교적 단순하다. ① 장막극, ② 중막극, ③ 단막극으로 구분되며 이 중 ③ 단막극이 다시 ㉠ 촌극, ㉡ 사이극, ㉢ 토막극으로 구분된다. 물론 각 종류

[사진 1] 단막극 〈우리가정〉(출처: 『조선예술』, 1994.1.)

는 다시 정극·희극·비극으로 나누어지지만, 정극·희극·비극에 대해서는 앞에서 살펴보았기에, 여기에서는 장막·중막·단막과 촌극·사이극·토막극으로 구분되는 기준만을 살펴보기로 한다.

북한에서 연극예술을 장막·중막·단막으로 나누는 기준은 막의 수이다. 먼저 ③ 단막극을 보면, 『문학예술사전』은 단막극을 "하나의 막으로 된 극"으로 "본질적이고 특징적인 생활의 한 측면을 극적계기속에서 집약적으로 형상하는 짧은 형식의 극"으로 설명한다. 북한에서는 '막'의 수적 개념이 장막·중막·단막을 구분하는 중요요소이다. 그렇다면 막에 대해 알아보는 것이 북한의 사고체계를 이해하는 데 도움이 될 것이다. 다음은 막과 관련된 『문학예술사전』의 정의이다.

한 개의 막으로 구성된 극을 단막극, 2막으로 구성된 극을 중막극, 3막이상으로 구성된 극을 장막극이라고 부른다. 막은 작품의 내용과 형상적 특성에 따라 다시 장이나 경으로 나눌수 있다. 막안에서 장은 막을 구성하는 부분으로서 막에서 제기된 사건을 한 장소에서 시간적으로 지속하여 보여줄 수 없는 경우에 막을 다시 구분한 것이다.

이 글은 장막극은 3막 이상, 중막극은 2막 구성, 단막극은 1막 구성

[사진 2] 중막극 〈포구로 온 청년〉(국립연극단): 제대군인들이 군복은 벗었지만 사회에 나와서도 군인정신 그대로 계속 혁신하고 있는 투쟁모습을 형상한 작품이다. (출처: 『조선예술』, 1994.1.)

임을 확실히 알려준다. 북한에서 희곡 구성은 막 〉 장 〉 경의 순서이 기에 하나의 막 안에 몇 개의 장이, 하나의 장 안에 몇 개의 경이 있을 수 있다. 실제로 1막의 분량이나 공연시간이 어느 정도인지는 알 수 없지만, 막의 수가 장막·중막·단막을 구분하는 중요 요소임은 분명하다.

그 다음으로 ㉠ 촌극, ㉡ 사이극, ㉢ 토막극을 보기로 한다. 먼저 ㉡ 사이극은 단막극의 일종으로 '예술공연을 진행할 때 종목과 종목사 이에 하는 짧은 극'이다. "대체로 중막극이나 단막극을 공연할 때 공 연종목을 다양하게 편성하는데서 효과적으로 리용된다"는 것이 『문 학예술사전』의 설명이다. 이외 ㉡ 사이극이 몇 막으로 구성되어 있는 지는 밝히지 않았지만, ㉡ 사이극이 단막극의 일종임을 고려하면, 사 이극 역시 1막을 넘지 않는 극임은 분명하며, 종목과 종목 사이에 하는 짧은 극이라면 공연시간은 30분 내외일 것으로 짐작된다. 다음 ㉢ 토막극은 '극적인 생활의 한 토막을 형상한 가장 짧은 형식의 극' 이다. '흔히 한 장소에서 벌어지는 생활의 한 단면이 반영되어 등장인 물도 3~5명이 설정되고 인간관계도 극히 단순하게 얽혀'지는 극이라 면 공연시간은 ㉡ 사이극보다 더 짧은 20분 내외일 가능성이 크다.

㉠촌극에 대해서는 실제로 북한의 설명을 찾을 수 없다. 그러나 남한 연구자 민병욱은 간략하나마 다음과 같이 설명한 바 있다.

　촌극은 가장 짧은 극, 곧 마디극으로서 생활의 어느 한 계기를 집중적으로 보여주면서 그 성격을 밝히는 극이다.12)

　주의할 것은 북한은 『문학예술사전』을 통해 가장 짧은 극을 ㉡토막극으로 정의하는데, 민병욱은 촌극을 가장 짧은 극으로 정의한다는 점이다. 그는 북한 연극이 용적에 의해서 촌극, 단막극, 중막극, 장막극으로 구분된다고 기술하면서 이 중 촌극이 가장 짧은 극이라고 전한다. 이 같은 민병욱의 설명은 일면 옳을 수 있다. 촌극·단막극·중막극·장막극만을 본다면 이 4개의 연극종류에서 규모가 가장 작은 극, 공연시간이 가장 짧은 극은 촌극일 수 있다.

　그러나 안희열의 분류를 따르면 촌극은 사이극, 토막극과 함께 단막극의 일종이므로 촌극·사이극·토막극에서 비교하는 것이 보다 타당하다. 확실성을 기하기 위해서는 ㉠촌극을 규모와 관련시킨 북한의 자료가 발견되어야 한다. 아쉽게도 현재까지는 이 이상의 언술을 찾을 수 없기에 규모와 관련된 ㉠촌극의 보다 정확한 개념과 기준은 후속연구로 남겨둘 수밖에 없다.

　이제 안희열의 기본분류표에 추론한 분류 기준을 더하여 표를 작성해보고자 한다.

---

12) 민병욱, 『북한연극의 이해』, 삼영사, 2001, 17쪽.

〈표 7-1〉

분류 기준: 규모 (필자의 추론)		분류 기준: 규모 (필자의 추론)	
3막 이상	① 장막극	3막 이상의 정극	장막정극
		3막 이상의 희극	장막희극
		3막 이상의 비극	장막비극
2막 구성	② 중막극	2막의 정극	중막정극
		2막의 희극	중막희극
		2막의 비극	중막비극
1막 구성	③ 단막극	1막의 정극	단막정극
		1막의 희극	단막희극
		1막의 비극	단막비극
		후속연구 필요	㉠ 촌극
		1막, 공연시간은 30분 내외로 추정(?)	㉡ 사이극 (막간극)
		1막, 가장 짧은 극, 공연시간은 20분 내외로 추정(?)	㉢ 토막극

이상과 같이 연극을 규모에 따라 분류했을 때 그 분류의 기준을
밝혀보는 작업은 크게 어려움이 없다. 북한이 분류의 기준으로 막의

주체형의 새세대들의 빛나는 형상

손님들이 와요

안돼요, 가지 마세요

아버지도 막아서고

[사진 3] 단막극 〈우리 새세대〉의 장면들(출처: 『조선예술』, 1990.6.)

구체적인 숫자를 제시하였기 때문이다. 그러나 ⊙촌극에 대해서는 앞에서 설명한 바와 구체적 자료가 미비하므로 이에 대한 구명은 유보한다. 또한 ⓛ 사이극과 ⓒ 토막극에 대해서도 공연시간과 관련된 북한 자료의 발굴과 후속 연구가 필요하다.

3.2.4. 대상에 따라

연극을 분류하는 네 번째 기준은 '대상'이며, '대상'이란 어떤 관객층을 지향하는가에 따른 분류이다. 안희열의 분류를 보기로 한다.

〈표 8〉

대상에 따라	① 성인극		
	② 아동극	⊙ 동화극	
		ⓛ 우화극	
		ⓒ 인형극	ⓐ 손 인 형
			ⓑ 종대인형
			ⓒ 줄 인 형

이같이 안희열은 관객층을 기준으로 연극을 성인극과 아동극으로 분류한다. ① 성인극에 대한 개념은 명시되지 않았기에 ② 아동극에 대한 정의를 보기로 한다.

어린이들의 생활을 반영하며 아동교양을 목적으로 창조 공연되는 연극, 넓은 의미에서는 어린이들을 위한 인형극, 그림극, 동화극등이 모두 속한다. 아동극에서는 주로 어린이들의 생활을 반영하며 어린이들을 기본대상으로 한다. 아동극은 어린이들의 나이와 심리적 특성에 맞게 주제사상이 뚜렷하고 등장인물의 호상관계가 비교적 단순하며 줄거리가 흥미있게 꾸며진다.

이 글에서 알 수 있듯이 대상에 의한 분류는 기준을 따로 명시하지 않아도 될 만큼 분명하다. 성인과 아동이 분류 기준이기 때문이다. 따라서 ② 아동극을 다시 분류한 ㉠ 동화극, ㉡ 우화극, ㉢ 인형극의 기준과 ㉢ 인형극을 다시 분류한 ⓐ 손인형, ⓑ 종대인형, ⓒ 줄인형의 기준을 살펴보고자 한다. 다음은 ㉠ 동화극에 대한 『문학예술사전』의 정의이다.

> 동화를 내용으로 하는 아동극의 한 형태. 환상과 의인화의 수법이 많이 리용되며 환상적인 인물도 등장한다. 동화극에서의 환상적인 사건들과 인물들은 작가의 미학적리상에 의하여 창조된 것들로서 그 기초에는 항상 당대시기의 인간들의 실제생활과 인민들의 지향 및 념원이 반영된다. 동화극에 등장하는 의인화된 동식물이나 초현실적인 인물들의 형상은 반드시 인간을 상징하거나 인간생활과 결부된 것이며 인간의 리상과 생활에 깊이 뿌리박은 것이다.

북한은 동화극의 등장인물로 의인화된 동식물, 초현실적인 인물 (산신) 등을 들고 있는데 여기에서 인간을 제외한다는 언급은 없다. 『문학예술사전』의 연이은 '아동들 자신이 등장인물로 나오는'이라는 설명은 성인은 아닐 수 있지만 인간, 특히 아동이 분명 등장할 수 있음을 알려준다. 따라서 동화극의 등장인물은 인간, 의인화된 동식물, 초현실적인 인물이라 하겠다. 그렇다면 동화극과 우화극의 차이는 무엇일까? 북한이 우화극에 대해 따로 정의한 바가 없기에 잠시 남한의 보편적 정의를 빌려보면, 우화(寓話)는 '인간 이외의 동물 또는 식물에 인간의 감정을 부여하여 사람과 똑 같이 행동하게 함으로써 그들이 빚는 유머를 통해 교훈을 주려는 설화', '인격화한 동식물이나 사물을 주인공으로 하여 그들의 행동 속에 풍자와 교훈의 뜻을 나타내는 이야기'이다. 만약 북한이 우화극을 남한과 동일하게 본다면, 동화극과 우화극을 나누는 기준은 등장인물에 인간이 포함되는가 아닌가이다. 그런데 이 기준은 '관객대상'이 아니라 '묘사대상'에 더 가까움을 밝혀둔다.

이에 비해 인형극은 형상수단이 인형임을 쉽게 짐작할 수 있으며 인형극을 다시 분류한 ⓐ 손인형, ⓑ 종대인형, ⓒ 줄인형의 분류 기준 역시 어렵지 않게 추론할 수 있다. 『문학예술사전』에서 북한은 ⓐ 손인형을 '손가락으로 조종하는 극', ⓑ 종대인형을 '가는 쇠로 조종하는 인형', ⓒ 줄인형을 '줄을 가지고 조종하는 인형'으로 명쾌히 밝혀놓기 때문이다. 이에 따라 안희열의 분류표에 분류 기준을 추가하면 〈표 8-1〉과 같다.

〈표 8-1〉

분류 기준 (필자의 추론)		분류 기준 (필자의 추론)		분류 기준 (필자의 추론)	
성인관객을 대상으로	① 성인극				
아동관객을 대상으로	② 아동극	〈묘사대상〉 인간, 동식물, 초현실적 형상	㉠ 동화극		
		〈묘사대상〉 인간을 제외한 의인화된 동식물 또는 사물(?)	㉡ 우화극		
		〈형상수단〉 인형	㉢ 인형극	형상수단 : 손가락	ⓐ 손인형
				형상수단 : 쇠	ⓑ 종대인형
				형상수단 : 줄	ⓒ 줄인형

이와 같이 '대상'을 기준으로 한 분류에서는 '대상'의 내용을 추론

하는 작업이 한층 명료하기 때문에 다른 부연설명은 필요하지 않다. 다만 ④ 우화극에 대해서는 보다 상세한 북한의 후속 연구가 필요하다.

3.2.5. 시대력사적 특성에 따라

연극 분류의 다섯 번째 기준은 '시대력사적 특성'이다. 안희열은 시대력사적 특징에 대해 '그 형태가 형성발전되어 온 시대력사적 특성'으로만 설명하므로 다소 개념을 파악하기가 어렵다. 그러나 다음의 글은 단서를 제공한다.

연극예술형태를 고대극, 중세극, 근대극, 현대극 등으로 구분하고 도시극, 서민극, 부녀극, 년대기극 등으로 구분하며 궁전극, 종교극, 기적극, 수난극, 기사극 등으로 구분하는 것은 연극이 창조발전된 시대력사적특성을 기준으로 한 것이다. (219쪽)

이 글은 고대극, 중세극 등의 구분은 그 연극이 어느 시대에 발생한 것인지에 따른 구분임을 말해준다. 일반적 언급이기에 기준이라고 보기도 어렵지만 궁전극과 도시극, 서민극과 종교극은 다소 그 양상이 다르다. 특정 시기에 발생한 연극일 수도 있지만 주제에 의한 분류, 공연 장소에 의한 분류, 향유주체에 의한 분류로도 볼 수 있기 때문이다. 안희열이 시대력사적 특성을 기준으로 분류한 표를 먼저 보기로 한다.

〈표 9〉

시대력사적 특성에 따라	① 민간극	⊙ 두레놀이 ⓛ 탈놀이 ⓒ 인형극
	② 궁전극	
	③ 도시극	
	④ 종교극	② 수난극 ⑩ 기적극 ⑭ 신비극
	⑤ 신극	

　안희열은 이같이 연극을 ① 민간극, ② 궁전극, ③ 도시극, ④ 종교극, ⑤ 신극으로 구분한다. 그렇다면 이 기준은 그가 명시했듯이 '특정 시기'가 분류의 기준이 되어야 한다. 그러나 민간극, 궁전극, 도시극을 '시기'로 구분한다면, 어떤 시기가 되어야 하는지 짐작 불가능해진다. 다음은 민간극에 대한 설명이다.

　착취사회에서 민간극은 인민들의 집체적지혜와 재능에 의하여 창조되었다. 매 력사적시기의 민간극들에는 해당 시기 인민대중의 사상감정과 념원, 민속, 풍습 등이 반영되여있다. 우리나라 민간극은 유구한 력사를 가지고 있으며, 탈놀이, 인형극, 산대극 등 여러 가지 종류가 있다.

　『문학예술사전』은 ① 민간극을 모든 역사적 시기에 대중들에 의해서 공연된 예술이라고 설명한다. 그렇다면 ① 민간극의 분류 기준은 '모든 시기'일까? '모든'이 기준이 될 수는 없을 것이다. 그렇다면 향유주체를 고려해서 '대중'이라고 해야 할까? 실상 어느 쪽으로도 방점을 얹기가 어렵다. 또한 ② 궁전극, ③ 도시극, ④ 종교극, ⑤ 신극은 짧은 언급조차 없기에 기준을 규정하는 것이 더 어렵다. 서양 연극사에서 ② 궁전극은 매 시기 궁전에서 공연되는 연극을 의미한다. 도식적으로 적용하면 ② 궁전극과 ③ 도시극의 차이는 '특정 시기의 특정 장소'이다. 그렇다면 북한의 시대력사적 특징이라는 기준은 특정 시기뿐 아니라 장소도 포함하는 것일까? 그렇게 본다면 ④ 종교극도 특정 시기의 특정 장소에서 공연된 연극예술로 보아야 한다. 여기에서 잠시 혼선이 일어날 수 있다. 종교극은 앞에서 '생활내용의 성격'을 기준으로 분류했을 때 연극예술의 하위 개념으로 언급된 항목이며 분류 기준은 '종교적 내용'이었다. 그런데 여기에서의 종교극은 분류 기준 자체가 '시대력사적 특성'이다. 따라서 시대력사적 특성에 따라 연극예술을 분류했을 때 종교극이라는 항목이 등장할 수 있는 기준은 '특정 시기'와 '특정 장소'가 되는 것이다. 분류의 기준이 처음 무엇이냐에 따라 각 항목들의 이후 기준들이 달라지는 것이다. 그런데 안희열이 ④ 종교극의 하위 개념을 ㄹ 수난극, ㅁ 기적극, ㅂ 신비극으로 규정한 것을 보면, 여기에서의 종교극은 일반적 종교극이 아니라, 서양의 중세시대에 교회라는 장소에서 공연된 연극을 의미하는 것이다.

그러나 기준에 장소 개념을 일괄적으로 적용하는 것도 무리가 있다. 왜냐하면 ⑤ 신극은 1910년대의 구극과 반대 개념이므로 장소와는 무관하기 때문이다. 만약 시대력사적 특징만을 적용한다면 "1900년대 구극에 반대되는 개념의 연극"일 수는 있다. 이와 같이 '시대력사적 특징'이라는 기준은 지금까지 언급된 5가지의 기준 중 가장 그 개념이 모호하다. 그러나 북한의 분류 기준을 최대한 밝혀보기 위해 시대 또는 장소를 적용하여 표를 만들어보기로 한다.

〈표 9-1〉

분류 기준 (필자의 추론)		분류 기준 (필자의 추론)	
각 시대	① 민간극	형상수단: 민속놀이	㉠ 두레놀이
		형상수단: 탈	㉡ 탈놀이
		형상수단: 인형	㉢ 인형극
근대이전 궁전(?)	② 궁전극		
후속연구 필요.	③ 도시극		
중세시대 교회중심으로 전개된 극(?)	④ 종교극	주제: 성자의 수난	㉣ 수난극
		주제: 성경에서 언급되는 초월적인 사건	㉤ 기적극
		주제: ?	㉥ 신비극
우리나라의 1900년대	⑤ 신극		

이와 같이 ① 민간극, ② 궁전극, ③ 도시극, ④ 종교극, ⑤ 신극은 역사적 시기가 분류의 기준일 수 있다. 그렇지만 역사적 시기를 기준으로 놓는다고 해도 ② 궁전극은 서양의 궁전극을 의미하는지 동양의 궁전극을 의미하는지, 또는 근대 이전을 의미하는지 명백하지가 않다. 또한 ③ 도시극, ④ 종교극, ⑤ 신극 역시 역사적 시기를 기준으로 설정하였을 경우 그 경계가 모호하다. 연극예술을 5가지 기준으로 분류하였을 때 이 '시대력사적 특성'이라는 기준은 그 개념을 파악하기 가장 모호하므로 이에 대한 북한의 보완설명이 필요하다.

4. 북한 분류 기준의 의미는?

지금까지 안희열이 분류한 연극의 종류를 하나씩 거론하면서 각각에 적용된 기준을 면밀히 살펴보았다. 북한문헌을 중심으로 탐색하며 최대한 그들의 사고체계를 따른 이후 발견된 것들을 정리해보기로 한다.

첫째, 분류를 위한 기준들은 모든 항목에 일률적으로 적용되는 것이 아니다. 예를 들면 소설문학은 기준 자체가 7가지인 반면, 미술은 11가지이다. 물론 소설문학의 분류 기준들이 모두 미술에 적용되는 것도 아니다. 북한은 각 문학예술의 특성에 따라 분류 기준 자체를 다르게 설정한다. 이 같은 양상은 북한의 분류 기준이 통일성을 결여한다는 인상을 줄 수도 있다. 그러나 이것은 통일성의 결여라기보다는 분류 기준의 상대성으로 보는 것이 더 타당하다. 북한은 기준뿐 아니라 분류에 있어서도 1차 분류인 종류가 2차 분류인 형태의 항목으로, 2차 분류인 형태의 항목이 1차 분류인 종류의 항목으로 옮겨갈 수 있음을 거듭 밝히기 때문이다. 북한의 분류 기준 역시 유형 분류에서와 같이 '상대적'인 것이다. 둘째, 안희열이 전체적으로 제시한 연극예술의 분류표 자체는 다소 모순을 안고 있다. 연극예술을 분명 '무대를 전제로 하는 예술'로 정의하면서 연극예술의 하위항목에 '방송극'과 '텔레비죤극'을 포함시키기 때문이다. 북한에 의하면 방송극은 라디오를 통해서 전달되는 예술이며, 텔레비죤극은 텔레비죤을 통해서 전달되는 예술이다. 따라서 분류표에 대한 북한 학자들의 재검토가 필요하다. 한 가지 제안을 하면 방송예술을 연극예술에서 독립시키는 것이다. 그렇다면 분류가 보다 명확해질 것이다. 이에 대한 북한의 후속연구가 요청된다. 셋째, 생활내용의 성격에 따라 연극예술을 분류했을 때, 분류 기준과 그 기준을 적용하여 세분화한 항목들 간에 다소 모순이 발견된다. 안희열은 주제를 "작가가 제기하는 인간문제"라고 정의하면서, 이를 기준으로 분류한 항목에 역사극, 종교극, 민속극, 현대극, 혁명극을 두었다. 그런데 이 항목들의 분류 기준은 '작가가 제기한 인간문제'일 수도 있지만 소재나 내용이 될 수도 있다. 예를 들면 '민속극'은 '우리 민족에게 전해오는 전설, 설화 등'을 극화한 것으로 그 기준이 소재나 내용이라 할 수 있다. 북한의 명료한 설명이 필요하다.

넷째, '생활 내용의 범위, 규모'를 기준으로 연극예술을 분류했을 경우 촌극, 사이극, 토막극의 구체적 공연시간이 밝혀진다면 이 항목들을 이해하는 데 도움이 될 것이다. 촌극, 토막극, 사이극은 모두 단막극에 속하므로 1막 구성임은 쉽게 알 수 있다. 그러나 '토막극'에 대해서는 '가장 짧은 극'이라는 설명만이 있을 뿐 '가장 짧다는 것'이 구체적으로 어느 정도의 시간인지는 명시되지 않았다. '짧다'는 개념을 시간적으로 명시하는 것이 보다 북한의 연극예술을 이해하는데 도움이 될 것이다. 다섯째, '대상에 따라' 연극예술을 분류했을 때 모든 항목들의 기준을 이해하는 것은 무리가 없었다. 다만 '우화극'에 대해서는 전혀 언급이 없으므로 이에 대한 북한의 구체적 설명이 필요하다. 여섯째, '시대력사적 특성'은 가장 이해하기 모호한 기준이었다. 세분화된 항목들을 특정 시기만을 기준으로 이해하려 할 때 도시극, 종교극, 신극은 어떤 시기로 보아야 하는지 가늠하기 어렵기 때문이다. 5가지의 기준 중 '시대력사적 특성'이라는 기준에 대해서는 북한의 구체적 해명이 가장 필요하다.

북한의 이 같은 분류 기준은 분명 세밀하지만 동시에 혼란스러운 것은 사실이다. 1차 분류의 기준만을 명시하고 2, 3차로 구분할 때는 기준을 밝히지 않기 때문이다. 물론 『문학예술사전』과 안희열의 부분적 언급을 참고하면 2, 3차 구분의 기준을 어느 정도 추론할 수는 있다. 추론의 과정에서 북한의 사고체계에 대한 이해가 확장되는 것도 사실이다. 그러나 추론이 명쾌한 이해와 동의로 전환되기 위해서는 결국 북한의 후속연구와 이에 대한 남한 연구자의 지속적 관심이 뒷받침되어야 한다.

이외 아쉬운 것은 분류를 위한 북한의 기준과 남한의 기준을 비교할 수 없다는 점이다. 아직 남한에서는 연극예술을 분류하는 기준이 부재하기 때문이다. 그로 인해 현장작업에서 다소 혼란이 발생하기도 한다. 예를 들면 '사실주의적 연극'을 작업현장에서는 '정극'이라 말하는 경우가 많다. 학교에서 연극을 배운 후 처음 작업 현장에 나갈 때 이 같은 용어는 작업 초보자를 당황스럽게 한다. 정극이 한자로 '正劇'이라면, '바른 극'이라는 의미인데, 사실주의적 연극이 '바른 극'이라면 실험극을 포함한 비사실주의적 연극은 '바르지 못한 극'으로 이해되기 때문이다. 현장 작업자는 현장에서 통용되는 용어를, 학자는 학계에서 통용되는 용어를 사용하므로 현장과 학계를 아우르는 용어와 기준의 부재가 이 같은 혼선을 가져오는 것이다.

이것이 연극예술에 대한 북한의 분류가 우리에게 주는 의미가 아닐까? 학계와 현장의 소통, 이론가와 현장 작업자와의 소통을 위해서는 연극종류에 대한 명쾌한 개념과 분류를 위한 명료한 기준이 필요하다. 살펴보았듯이 연극예술 분류를 위한 북한의 기준이 여러 가지 모순을 안고 있으며 다소 혼란스러운 것은 사실이다. 그럼에도 불구하고 분류 기준에 대한 북한의 연구는 남한 연극계에 시사하는 바가 크다. 이론가와 작업자가 소통하고 이론과 실천이 접목되기 위해서는 용어와 용어를 위한 기준 정립이 그 첫걸음이기 때문이다.

2장 극문학사(劇文學史) 만들기 40년

1. 외면을 넘어서

북한은 남한과 상이한 문학예술 개념을 갖고 있으며 개념의 차이에서 배태된 상이성은 연극사 서술에서도 표면화된다. 체제논리가 우선이기 때문이다. 이 같은 북한 문학계의 변주는 북한 연극사를 연구하려는 남한 학자의 열정을 감소시킨다. 정치에 종속되는 학문은 분야가 무엇이든 한계가 예측되기 때문이다.

그러나 우리 연극사 연구는 북한 연극사 연구와 병행될 때 완성되므로 북한 문학사 연구는 진행되어야 한다. 개별 작품을 통한 분석은 북한 연극사의 또 다른 지형도를 보여주지 않을까? 비록 북한이 사회주의적 조합주의 국가, 유격대 국가, 수령제국가,[1] 정규군국가,[2] 극장국가, "나쁜, 미친, 그래서 서글픈 합리적 배우"[3]국가로 명명될 정도

---

1) 이종석, 『새로 쓴 현대북한의 이해』, 역사비평사, 2005, 23쪽.
2) 와다 하루키, 서동만·남기정 옮김, 『북조선』, 돌베개, 2002, 306쪽.

로 특별하고 예외적인 국가일 수 있으나, 위로부터의 통제가 완벽히 실현되는 국가는 존재하지 않는다. 또한 위로부터의 지침을 각 분야에서 행위자들이 실현할 때 최소한 다양한 양상일 수 있다. 따라서이 글은 미시적 접근, 즉 개별 작품 분석을 통해 북한 극문학사 40년사의 '차이'와 '동일'을 드러내고 그 원인까지 접근해보고자 한다. 이 과정에서 항일혁명투쟁 시기의 연극은 제외한다.

연구대상 문헌은 『조선문학통사』(1959), 『조선문학사』(1981), 『조선문학개관』 2(1986), 『조선문학사』 7(2000), 『조선문학사』 9(1995)에서 서술된 '극문학'이며, 연구대상 시기는 일제강점기로 한정한다. 연구대상 작품으로는 이 4종류의 『문학사』에서 공통적으로 언급된 희곡을 일차적으로 선택했으며, 선택한 희곡 중 비교적 중요시 설명된 작품을 다시 선택하였다. 특히 『조선문학사』(1981)와 『조선문학사』 7(2000), 『조선문학사』 9(1995)에 서술된 작품이 중심 연구대상임을 밝혀둔다. 『조선문학통사』(1959)는 극문학에 관한 서술 자체가 극히 미약하며, 『조선문학개관』 2(1986)은 '개관'의 성격으로 희곡에 관한 서술이 간략하기 때문이다. 이외에 연극사 관련 단행본으로 한효의 『조선연극사개요』(1956)가 있으나, 이 글은 '문학사' 서술에서의 극문학사 서술을 연구대상으로 하기에, 한효의 저서는 후속연구로 다루고자 한다.

연구방법은 현상을 설명하기 위해 저자가 선택한 용어·어감 등을 통해 문헌을 분석하는 서지학에, 제도와 행위 간의 일치/불일치를 읽어내는 문화–심리적 접근법에 닿아 있다. 개별 작품으로 접근하는 이 글이 북한 극문학사 서술 전체의 해석이 아니라, 해석할 수 있는 기초가 되기를 기대한다.[4]

---

3) Hazel Smith, "Bad, mad, sad or rational actor?: Why the securitization paradigm makes for poor policy analysis of north Korea", *International Affairs*, Vol. 76, No. 1, 2000.

2. 극문학 서술 지면과 기술대상의 확대

먼저 『문학사A』와 『문학사B』의 목차를 비교해보기로 한다. 다음은 극문학 부분을 중심으로 두 문학사의 목차를 정리한 것이다.

〈표 1〉 극문학 부문을 중심으로 한 『문학사A』와 『문학사B』의 목차 비교

조선문학사 (19세기 말~1925년)	조선문학사 7
『문학사A』	『문학사B』
제2편 1910년~1925년의 문학 제1장 (…중략…) 제2장 일제식민지통치 하의 사회현실과 무산계급의 이익을 반영한 문학 　제1절 (…중략…) 　제2절 무산계급의 이익을 반영한 프로레타리아문학 　　1. 프로레타리아문학의 발전정형 　　2. 부르죠아 반동문예주류들을 반대하는 프로레타리아문학의 투쟁 　　　1) 프로레타리아 문학의 발전정형 　　　2) 부르죠아반동문학을 반대하여 투쟁한 프로레타리아문예평론 　　3. 초기프로레타리아문학 　　　1) 소설문학 　　　2) 시문학 　　　**3) 극문학**	제2편 1910년대~1926년 문학(1) 제1장 문학발전의 사회력사적 환경과 일반적 정형 　제1절 문학발전의 사회력사적환경 　제2절 문학발전의 일반적정형 제2장 일제식민지통치하의 사회현실을 비판하고 애국독립에 대한 지향을 반영한 문학 　제1절 시문학 　제2절 소설문학 　**제3절 극문학** 제3장 무산대중의 요구와 리익을 반영한 초기 프로레타리아문학 　제1절 시문학 　제2절 소설문학 　**제3절 극문학**

---

4) 본문에서 『조선문학사』(1981)는 『문학사A』로, 『조선문학사』 7(2000), 『조선문학사』 9(1995)는 통합해서 『문학사B』로 표기하기로 한다. 이외 『조선문학통사』(1959)는 『문학사1959』로, 『조선문학개관』 2(1986)는 『문학사1986』로 표기한다.

조선문학사 (1926~1945년)	조선문학사 9
『문학사A』	『문학사B』
제1편 김일성의 지도 밑에 항일혁명투쟁 과정에서 창조된 혁명적 문학예술	1920년대 후반기~1940년대 전반기 사회력사적 환경과 문학창작의 일반적 과정
제1장 (…중략…)	(…중략…)
제2장 (…중략…)	**제1편 1920년대 후반기~1930년대 중엽 문학**
제3장 항일혁명투쟁의 첫 시기에 창조된 혁명연극	제1장 무산대중의 계급의식과 민족의식을 반영한 시문학
제1절 이 시기 혁명연극의 창조발전	제2장 무산대중의 계급적 각성과 대중적투쟁을 반영한 단편소설
제2절 고전적 명작 「안중근 이등박문을 쏘다」	제3장 무산대중의 투쟁과 생활. 애국적지향을 폭넓게 반영한 중장편소설
제3절 고전적 명작 「성황당」	제4장 무산대중의 생활과 투쟁을 반영하고 착취사회의 모순을 폭로조소한 극문학
제4절 근로인민대중의 민족적 및 계급적 각성과정과 반제혁명투쟁을 반영한 혁명연극	제1절 프로레타리아연극운동과 극문학창작
제4장 (…중략…)	제2절 무산대중의 생활과 투쟁에 대한 극적형상
제5장 (…중략…)	제3절 풍자극의 창작과 송영의 풍자극
제6장 항일무장투쟁 시기에 창조된 혁명연극	**제2편 1930년대 중엽~1940년대 전반기 문학**
제1절 이 시기 혁명연극의 창조발전	제1장 (…중략…)
제2절 주체적인 항일무장투쟁 노선의 관철을 위한 투쟁을 반영한 혁명연극	제1절 (…중략…)
제3절 각계각층 인민들의 계급적 각성과정과 투쟁을 반영한 혁명연극	제2절 (…중략…)
제4절 조선인민혁명군 대원들과 인민대중의 필승의 신념, 혁명적 낙관주의와 백절불굴의 투쟁정신을 반영한 혁명연극	제3절 (…중략…)
제5절 혁명적 인민들의 반제공동투쟁을 반영한 혁명연극	제4절 (…중략…)
제6절 고전적 명작 「피바다」	제2장 (…중략…)
제7절 고전적 명작 「한 자위단원의 운명」	제1절 (…중략…)
제7장 (…중략…)	제2절 (…중략…)
제8장 (…중략…)	제3절 (…중략…)
제2편 항일혁명투쟁의 영향 밑에 발전한 진보적 문학	제4절 (…중략…)
제1장 항일혁명투쟁의 영향에 의한 노동자, 농민들의 대중적 투쟁의 앙양과 진보적 문학의 발전정형	제3장 세태생활과 력사적사실에 대한 극적형상
제2장 소설문학	제1절 이 시기 극문학창작정형
제3장 신문학	제2절 세태생활과 력사적사실의 극적형상
제4장 극문학	

　　『문학사A』와 『문학사B』의 목차는 이와 같이 구성되어 있다. 19세기 말에서 20세기 초를 비교해보면, 〈표 1〉에서 알 수 있듯이 『문학사A』는 "제2편 1910년에서 1925년까지의 문학"에서 제2절의 3. 초기프

로레타리아문학 부분에서 극히 작은 지면을 할애하여 '극문학'을 다루고 있다. 물론 '극문학' 이외의 부분에서도 극문학에 대해 간혹 서술하고 있지만 목차의 구성으로만 본다면 극문학은 전체 지면의 2.7% 정도를 차지하는 것이다. 이에 비해『문학사B』는 그 양상을 달리한다.『문학사B』는 1910년대~1926년 문학을 모두 3부분으로 나누었는데 그 중 제2장과 제3장에서 각각 극문학에 대해 서술한다. 서술을 위해 할애한 지면은 적다고 할 수 있지만 전체 지면의 4.8% 정도인바,『문학사A』에 비해 지면이 증가한 것은 사실이다.

그 다음 1926년에서 1945년까지의 서술 역시 유사한 양상이다.『문학사A』는 상당한 부분을 항일혁명 시기 연극서술에 할애하면서 극문학에 대해서는 간략히 언급한다. 극문학사를 위한 지면은 전체의 5.6% 정도를 차지하는데 미약한 것은 분명하지만 1926년 이전의 서술이 2.7%인 것에 비하면 비중이 2배 이상 올라갔다고 할 수 있다. 이에 비해『문학사B』는 극문학사 서술에 보다 지면을 배분한다. "1920년대 후반기~1940년대 전반기"를 둘로 나누어 "제1편 1920년대 후반기~1930년대 중엽 문학"에서 극문학사를, "제2편 1930년대 중엽~1940년대 전반기 문학"에서 극문학사를 각각 언급하고 있다. 전체에 대한 비율은 14.7%로『문학사B』는 이전에 비해 한층 극문학사에 대해 지면을 할애했다.

〈표 2〉『문학사A』와『문학사B』의 지면 비율

시기 구분	『문학사A』	『문학사B』
19세기 후반~20세기 초	2.7%	4.8%
1920년대 후반~1940년대 초반	5.6%	14.7%

〈표 2〉와 같이 지면의 할애는 증가하고 있는데, 이것은 단순히 물리

적 양의 증가만을 의미하지는 않는다. 서술대상의 확대와 맥이 닿아 있기 때문이다. 박영정의 분석과 같이『문학사B』는 김영팔·리기영· 송영·채만식에 국한되었던 이전의 극문학사 서술과 달리, 김영팔·리 기영·송영·라운규·리서향·한태천·주영섭·채만식·여심·남궁만·박 아지를 다룬다.[5] 물론『문학사B』역시 김영팔·리기영·송영·채만식에 초점을 두어 서술하는 것은 사실이지만, 그 외의 희곡작가가 추가되 었다는 것은 희곡작가에 대한 판단 기준이 유연해졌다는 것과 서술된 작품 수가 증가했다는 것을 보여준다. 따라서『문학사B』가 이전 문학 사에 비해 극문학사 서술에 있어서 한층 작가와 작품의 확대가 이루 어진 것은 분명할 터, 보다 구체적 사항에 대해서는 곧 살펴보기로 한다.

3. 청산대상 신파극에의 새로운 조명

『문학사1959』부터 『문학사B』까지 언급된 작품을 면밀히 살펴볼 때, 가장 먼저 눈에 띄는 것은 1910년대의 작품이 추가되었다는 점이 며, 특히 1959년부터 1990년까지 단 한 번도 언급되지 않았던 신파극 〈눈물〉과 〈쌍옥루〉가 『문학사B』에서 언급되었다는 점이다. 〈표 3〉을 참고하기로 한다.[6]

---

5) 박영정,『북한 연극/희곡의 분석과 전망』, 연극과인간, 130쪽.
6) 표에서 *표시는 서술의 구체성 정도이다. 즉, *은 단순서술, ‡은 다소 구체적 서술, **은 상세한 서술을 의미한다.

〈표 3〉 신파극 언급에 대한 비교

『문학사1959』	『문학사A』	『문학사1986』	『문학사B』
			병자3인(12. 조일재)
			수전노(12)
			눈물(13)
			쌍옥루(16)
			2전반(16. 라운규 등 학생)
			김영일의 죽음*(21.조명회)

이 표는 4종류의 문학사에서 언급한 1910년대 희곡을 정리한 것이다. 〈표 3〉에서 확인할 수 있듯이 『문학사B』에서 6작품이 추가되었는데, 여기에 신파극 〈눈물〉과 〈쌍옥루〉가 포함된 것이다. 물론 이 중 〈병자3인〉, 〈수전노〉, 〈2전반〉, 〈김영일의 죽음〉도 1990년까지 거론되지 않은 작품이기에 주목할 수 있다. 그러나 〈눈물〉과 〈쌍옥루〉의 추가를 다른 무게로 포착할 수밖에 없는 것은 과거 '신파극'에 대한 북한의 입장 때문이다. 신파극은 해방 직후부터 북한에서 청산되어야 할 1순위의 희곡·연극이었다.

'신파'는 현실에 대한 진실한 묘사 곧 현실의 혁명적 발전을 통하여 묘사한 대신에 비현실적 우연적 '사건성'과 '연극성'을 요구한다. 그러므로 '신파'는 현실성과 예술성과는 아무런 인연도 없으며 사상성에 대하여는 돌아보지 않는다. '신파'에는 예술적 과장이 아니라 내용 없는 형식적 과장이 지배적이며 심각한 예술적 형상이 아니라 기교적 판박이가 지배적인 것이다.[7]

---

7) 신고송, 「연극에 있어서 형식주의 및 자연주의적 잔재와의 투쟁」, 『문학예술』, 1952.1; 이선영·김병민·김재용 편, 『현대문학비평자료집 2: 북한편』, 태학사, 1993.

19세기말 일본에서 이른바 '구극'인 〈가부끼〉에 대치하여 나온 현대 극 형식의 형식주의적 연극. 〈가부끼〉는 16세기말 일본에서 나온 민족 극형식으로서 음악적 요소와 무용적 요소, 극적 요소가 결합된 종합예 술형식이다. 〈가부끼〉에서 배우들의 연기는 일정한 격식과 틀에 박힌 도식화된 것이었다. 신파극은 〈가부끼〉의 격식화된 틀에 박힌 도식화된 것이였다. 신파극은 〈가부끼〉의 격식화된 틀을 반대하여 새로운 형식의 극을 창조한다고 하였지만 신파극제창자들 대부분이 〈가부끼〉배우들 에게서 교육을 받은 사정으로 하여 〈가부끼〉의 제한성에서 완전히 벗어 나지 못하고 그의 격식화된 틀을 그대로 답습하였다. 신파극 배우들은 인물의 내면세계를 떠나 외적인 기교 일면만을 포구함으로써 류형화, 도식화된 신파연기의 틀을 만들어냈다. 신파극에서는 등장인물들의 초 상, 말투, 몸짓, 걸음새, 소리색갈, 웃음소리, 울음소리등이 그의 성별과 년령, 신분과 직위에 따라 일정하게 격식화되여 있었다. (…중략…) 신파 극의 형식적인 경향은 우리 나라에서의 사실주의 연극예술발전에 오랜 기간에 걸쳐 적지 않은 저애를 주었다. 우리 배우들의 화술형상에서 오 래동안 내려오던 신파적인 낡은 틀은8)

북한에서 해방 직후부터 신파극은 사상을 담고 있지 않기에 내용이 없는 극이며, 예술적 형식이 결여된, 기교만이 난무하는 극이기에 청 산의 대상이었다. 더구나 신파극 배우들의 말투, 걸음걸이, 웃음, 울음 소리는 가부끼의 형식을 답습한 것이므로 북한은 신파극을 더욱 용납 할 수 없었다.9) 그 신파극이 『문학사B』에 수용된 것은 북한으로서는

---

8) 과학백과사전종합출판사, 『문학예술사전』(상)/(하), 평양: 과학백과사전종합출판사, (상) 1988/(하)1993.

9) 김정수, 「북한 연극계에서 제기된 청산(淸算)대상 연기(演技)에 관한 연구: 해방직후부터 한국전쟁 이전까지를 중심으로」, 『정신문화연구』 제33권 제2호, 한국학중앙연구원, 2010 참조.

'표나는' 변화이다. 아쉬운 점은 신파극에 대한『문학사B』의 서술이
극히 간략하다는 것이다.

남존녀비사상과 착취사회에서의 무지와 라태, 게으름을 풍자적으로
조소비판한 희곡 〈병자3인〉(1912년 조일재), 황금만능의 자본주의사회
를 폭로하면서 돈보다 인간의 량심과 정의가 더 귀중하다는 것을 보여
준 희곡 〈수전노〉(1912년) 등은 근대적극운동의 초기에 창작된 작품들
이다. 그후 〈눈물〉(1913년), 〈쌍옥루〉(1916년)가 창작되고 주체5(1916)
년에는 라운규 등 학생들에 의하여 〈2전 반〉을 비롯한 극작품들이 창작
되었다. (『문학사B』, 154쪽)

『문학사B』는 이와 같이 '〈눈물〉과 〈쌍옥루〉가 창작되었다'고 기술
할 뿐이다. 이 한 줄의 서술로 북한이 신파극에 대해 새로운 관점을
가졌다고 보는 것은 무리일 수 있다. 그러나 문학사는 아니지만 2001
년에 출판된『민족수난기의 연극』1은 신파극 〈눈물〉의 내용을 3쪽에
걸쳐 상세히 서술한다.[10] 최창호는 〈눈물〉이 갖는 결함을 작가가 "민
족의 주체성이 서 있지 못한탓으로 일본의 침략군을 '구세군'으로 묘
사하였고 그에 의하여 기생 평양집이 개조"된 것으로 정리하면서 신
파극 〈눈물〉의 의미를 다음과 같이 말한다.

이 연극은 본처를 박대하면 죄가 된다는 것을 보여주면서 불의와 비
덕은 일시적으로 흥할 듯 하나 선앞에서는 언제나 무릎을 꿇기마련이라
는 것을 깨우쳐준다. 아울러 사람이 주색에 빠지고 부화방탕하면 자신
을 망치게 된다는 교훈적내용도 담고 있다.[11]

---

10) 최창호,『민족수난기의 연극』1, 평양: 평양출판사, 2001, 50~53쪽.
11) 위의 책, 50~53쪽.

이와 같이 최창호는 해방기부터 북한에서 '어떠한 사상도 담지 못하는'으로 평가되었던 신파극이 교훈적 내용을 담고 있다고 평가한다. 북한의 모든 문헌은 철저한 검열을 거쳐 출판되기에, 최창호의 글과 『문학사B』를 놓고 종합적으로 판단할 때, 2000년에 들어서 북한 문학계가 신파극을 새롭게 조명한다는 해석에는 무리가 없을 것이다. 그렇다면 청산대상이었던 신파극이 새롭게 조명 받은 이유는 무엇일까? 그 원인으로 문학계에 가장 긴밀한 영향을 주는 김정일의 『주체문학론』(1992)을 꼽을 필요가 있다.

김정일은 '민족문화유산'에 대해 "민족의 선행세대들이 력사적으로 내려오면서 창조하여 후세에 물려주는 정신적 및 물질적 재부"라고 개념 규정을 한 후, 거기에는 "사회주의, 공산주의를 위한 혁명투쟁 속에서 창조된 혁명적 문화유산도 있고 그 이전 시기 선조들이 이룩한 고전문화유산"이 있는데, 고전문화 유산만 민족문화 유산에 넣는다든지 또는 혁명적 문화 유산이 중요하다고 하여 그것을 민족문화 유산의 범주에서 벗어난 다른 개념으로 취급하는 편향을 지적하고 있다.[12]

박영정의 분석과 같이 김정일은 『주체문학론』에서 '혁명전통'도 중요하지만, 그 이전에 선조들이 이룩한 고전문화유산을 배제하는 것은 옳지 않음을 지적한다. 따라서 『주체문학론』의 특징을 다음 4가지로 정리하는 것은 타당하다.

---

12) 박영정은 『주체문학론』의 제2장 「유산과 전통」에 제시된 '유산과 전통'론을 중심으로 논의를 전개하면서 김정일이 ① 유산이 있고 전통이 있다, ② 혁명적 문학예술 전통을 빛나게 계승 발전시켜야 한다, ③민족문학예술 유산을 주체적 립장에서 바로 평가하여야 한다는 세 항목으로 나누어 '유산과 전통'에 관해 서술하고 있다고 설명한다. 박영정, 『북한 연극/희곡의 분석과 전망』, 112~113쪽.

① 문학예술의 기본 목표를 북한 주민을 주체사상으로 무장시키는데 두고 있다.

② 문예이론으로서 '주체사실주의'를 강조하고 있다.

③ 문학예술에서 민족주의적 경향이 더욱 강화되었다.

④ 기존의 다양한 문화조류를 포괄하고 있다.[13]

박영정은 이같이 이우영의 연구를 토대로 『주체문학론』의 핵심을 정리하고 있는데, 이 중 주목할 것은 "④ 기존의 다양한 문화조류를 포괄하고 있다"는 대목이다. 실상 이 부분의 해석은 그 외연이 무한할 수 있다. 다양한 문화조류라면 기존에 북한이 거부했던 형식주의와 유미주의도 기술대상의 후보에 오를 수 있는 것이다. 물론 북한의 극문학사 저자들이 형식주의와 유미주의를 포함시키지는 않았지만, '다양한 문화조류'와 '선조들이 이룩한 고전문화유산'의 교집합에 '신파극'을 위치시키는 것은 충분히 가능하다. 북한의 관점에서 신파극은 '사상이 없는 극'임에는 분명하지만 그 내용은 '권선징악과 방탕하면 자신을 망친다' 등과 같이 북한이 받아들이기에 무난한 교훈을 담고 있기 때문이다. 문학계에 포함될 대상에 대한 김정일의 완화적 지침이 '신파극'에 대한 새로운 조명을 가능케 했던 것이다.

4. 표현과 정치사상 강조의 연성화(軟性化)

북한의 극문학사 서술 40년의 흐름을 파악하기 위해서는 개별 작품의 분석이 필수적이다. 이를 위해서 먼저 『문학사1959』부터 『문학사B』

---

13) 박영정, 위의 책, 114쪽.

까지 4종류의 문학사에서 공통으로 언급된 작품을 살펴보기로 한다. 다음 〈표 4〉는 1921년부터 1945까지 창작된 희곡 중 2회 이상 언급된 작품을 정리한 것이다.

〈표 4〉 네 종류의 문학사에서 2회 이상 언급된 희곡(1921~1945년)

『문학사1959』	『문학사A』	『문학사1986』	『문학사B』
백양화(22, 송영)	백양화(송영)		백양화*(22, 송영, 풍자극)
	파사*(조명희)		파사*(23, 조명희)
	모기가 없어지는 까닭 (25, 송영)		모기가 없어지는 까닭* (23, 송영)
	구가정의 끝날* (진우촌, 25)		구가정의 끝날* (25, 진우촌)
	싸움(26.3)*	싸움(26, 김영팔)*	싸움(26, 김영팔)*
	불이야(26.5)	불이야(26. 김영팔)	불이야(26. 김영팔)
	산돼지(김수산, 26)*		산돼지(26. 김수산)*
	부음*(27. 김영팔)	부음*(27. 김영팔)	부음*(27. 김영팔, 공연)
	어떤 무대감독의 이야기 (27. 김영팔)	어떤 무대감독의 이야기 (27. 김영팔)	어떤 무대감독의 이야기 (27. 김영팔)
		녀성(27. 김영팔)	녀성*(26, 27. 김영팔)
	김영팔: 아버지와 딸(28)	김영팔: 아버지와 딸(28)	
	김영팔: 곱창칼(29)*	김영팔: 곱창칼(29)*	곱창칼(27. 김영팔)*
	리기영: 월희(29)*	리기영: 월희(29)*	월희(29. 리기영)*
	김영팔: 세식구(30)	김영팔: 세식구(30)	
일체 면회를 거절하 라(1931)*	일체 면회를 거절하라* (30, 송영)	일체면회를 거절하라* (30, 송영)	일체 면회를 거절하라* (31. 송영)
	인신교주* (33, 리기영)	인신교주*(33, 리기영)*	인신교주(33. 리기영)
신임리사장* (1932, 송영)	신임 이사장*(34, 송영)	신임리사장*(34, 송영)	신임리사장*(33. 송영)
황금산* (1934, 송영)	황금산*(37. 송영)	황금산*(37. 송영)	황금산*(37. 송영)
	윤씨일가*(39, 송영)	윤씨일가*(37, 송영)	윤씨일가*(39, 송영)
	김삿갓*(38, 송영)	김삿갓*(38, 송영)	김삿갓*(38, 송영)
	제향날(37, 채만식)*	제향날(37, 채만식)*	제향날(37, 채만식)*

〈표 4〉에서 알 수 있듯이 4종류의 『문학사』 모두가 언급한 희곡은

총 3작품으로 송영의 〈일체 면회를 거절하라〉, 〈신임리사장〉, 〈황금산〉이다. 이 3작품이 가장 빈도수 높게 언급되었으므로 이 희곡을 중심으로 분석하는 것이 합리적이겠지만, 실상은 작품명만을 기술하고 작품 자체에 대한 설명을 생략한 경우도 있기에 언급횟수만을 기준으로 삼는 것은 무리가 있다. 따라서 언급횟수가 높은 작품을 중심으로 하되, 2회 언급된 작품이 3회 언급된 작품보다 서술이 상세할 경우 2회 언급된 작품을 분석대상으로 삼기로 한다.

먼저 〈일체면회를 거절하라〉(1931)를 살펴보기로 한다. 『문학사1959』는 1/2쪽의 지면을 할애하여 희곡의 줄거리를 요약하고 이후의 문학사는 보다 상세한 내용을 서술하는데 그 내용은 4종류의 문학사가 전체적으로 유사하다. 그런데 주목할 것은 『문학사A』와 『문학사B』에서 표현의 차이가 발견된다는 점이다. 먼저 『문학사A』의 서술을 보기로 한다.

"작품의 기본인물인 방직회사 사장은… 제놈의 이익을 위하여서는… 이놈은… 희곡은 사장놈의… 이놈은…"(『문학사A』, 459쪽)

이같이 『문학사A』는 〈일체면회를 거절하라〉의 등장인물인 '사장'을 '사장놈·제놈'이라고 칭하며 독자의 적개심을 불러일으킨다. 그들의 표현을 빌려 '부르죠아지' 인물은 인민의 적이며 북한에서 적은 타도할 대상이기 때문이다. 흥미로운 것은 『문학사B』는 동일한 등장인물인 사장에 대해 '사장놈·제놈·이놈'이라고 표현하지 않고 단지 '사장'으로 일관한다는 점이다. 1990년대에도 북한에서 '부르조아지'는 여전히 타도할 대상임에도 불구하고, 서술은 보다 객관적이며 증오심·적개심을 유도하는 표현이 사라진 것이다. 또 다른 부분을 보기로 한다. 다음은 이 작품이 웃음을 자아내고 있는 이유를 서술한 부분이다.

작품에서는 이렇게 한편으로는 일제경찰을 등에 업고, 그 어떤 추악한 모략책동도 꺼리지 않으며 이윤추구에 피눈이 되어 날뛰는 그 더러운 속심과 신문사며 시인이며 심지어 기생까지도 동원하여 자신을 사회의 '명사', '애국자'로 가장하려는 '선량'한 외형과의 불일치에서 웃음을 자아내고 있다. (『문학사A』, 451쪽)

〈일체면회를 거절하라〉는 북한에서 풍자극으로 평가되며, 위의 인용은 '웃음'을 일으키는 원인에 대한 설명이다. 웃음을 발생한 요인의 핵심은 인물의 이중성이다. 그리고 그 이중성의 설명에 있어서 '추악한 모략책동'이나 '피눈이 되어 날뛰는', '그 더러운 속심'과 같이 격렬한 용어를 선택한다. 그런데 『문학사B』의 서술은 이와는 분위기가 사뭇 다르다.

이 작품에서의 풍자적형상은 주로 겉과 속의 불일치, 목적과 결과간의 불일치에 의하여 실현되고 있다. 이와 함께 작품에서는 그 결말에서 보는바와 같이…. (『문학사B』, 178쪽)

같은 현상을 설명하는 데 있어서 『문학사B』는 이와 같이 간략히 설명한다. 독자의 증오심이나 적개심을 불러일으키기 위한 의식적 노력은 보이지 않는 것이다. 물론 이 변화는 극히 미세하기에 '변화'로 간주하는 것은 무리가 있을 수 있다. 그러나 특정언어는 각자의 세계관을 상징하고 전파한다는 것을 기억할 필요가 있다. '사회의 문화적 특징과 관습은 언어에 내재되어 있는 것'이라는 주장에 동의한다면,[14] 독자의 적개심을 끌어내기 위한 의도가 1990년대에 들어서 '사라진다'는 해석은 무리일 수 있지만, '연성화(軟性化)'된다는 해석은 가능하다. 이외 정치사상을 강조했던 서술의 미묘한 약화 역시 주목할 필요가 있다. 1923년 작 〈파사〉에 대해서 『문학사A』는 다음과 같이 아쉬움을 표한다.

물론 여기에는 린과 구희는 비록 인간의 선과 의리를 표현하고 그것을 짓밟는 왕비와 충돌하나 그것은 어디까지나 정복자에 대한 피정복자의 반항에 불과하며 따라서 무산계급인 근로대중을 한편으로 하고 착취자인 왕가를 다른 한편으로 하는 적대적 갈등을 해결하는 데는 직접적인 영향을 주지 못하고 있다. (『문학사A』, 175쪽)

그리고 희곡에서는 그 속에 등장하는 인물들에게서 표현된 종교 신비주의적이며 회의적인 사상요소들에 대한 작가의 비판이 정확하게 주어져 있지 않다. (『문학사A』, 177쪽)

『문학사A』는 작가 조명희가 설정한 등장인물의 행동이 적대적 갈등을 해결하는데 직접적인 영향을 주지 못함을 강조한다. 등장인물들이 종교 신비주의적·회의적 사상을 갖고 있는데도 작가가 그들을 정확하게 비판하지 못하는 오류를 범하고 있다는 것이다. 그런데 이 평가가 『문학사B』에서 삭제되었다는 점이 흥미롭다. 『문학사B』에서 작가 조명희와 관련된 부분을 모아보기로 한다.

작가는 이 작품에서 고대노예사회의 사건을 통하여 일제식민지통치의 죄악상을 우회적방법으로 규탄하였다. (『문학사B』, 155쪽)

---

14) Elgin F. Hunt & David D. Colander, *Social Science*, Allyn & Bacon, 2011, pp. 79~81.

희곡 〈파사〉의 이러한 형상세계는 창작초기 고독과 허무의 관념세계에서 방황하던 작가의 세계관적 발전을 보여주고있으며 진보적랑만주의문학발전에 대한 의의있는 기여로 된다. (『문학사B』, 157쪽)

이 글에서는 작가에 대한 오류 지적을 찾아보기 어렵다. 등장인물에 대해서 '어떠한 갈등을 해결하는데 직접적인 영향을 주지 못했다'는 서술은 없으며, 작가에 대해서도 '이전에는 방황했으나 발전함으로써 문학발전에 기여 했다'고 평가할 뿐이다. 작가에 대한 평가가 관대해진 것일까? 또는 '정치사상의 강조'라는 강박에서 다소 자유로워진 것일까? 이에 대해서는 다른 작품을 통해 답을 찾아보기로 한다. 다음은 〈싸움〉(1926)에 관한 『문학사A』와 『문학사B』의 설명이다.

이렇듯 학수는 신문기사에 대한 아내의 입장을 사상정치적 문제로 보면서 자신의 계급적 입장과는 양립할 수 없는 아내의 소부르죠아적 허영심을 비판할 뿐 아니라 부르죠아사회의 부귀와 영화를 동경하고 있는 그와 결별하고 집을 뛰쳐나오기까지 한다. (『문학사A』, 228쪽)

이렇듯 학수는 신문기사에 대한 아내의 입장을 사상적인 문제로 보면서 자신의 계급적 입장과는 양립할 수 없는 안해의 소부르죠아적 허영심을 비판하면서 그와 결별하고 집을 뛰쳐나오기까지 한다. (『문학사B』, 198쪽)

굳이 이 서술의 차이를 표로 정리하면 다음과 같다.

〈표 5〉『문학사A』와 『문학사B』의 서술 차이

『문학사A』	『문학사B』
사상정치적 문제로 보면서	사상적인 문제로 보면서
허영심을 비판할 뿐 아니라 부르죠아사회의 부귀와 영화를 동경하고 있는 그와 결별하고	허영심을 비판하면서 그와 결별하고

'사상정치적'문제가 '사상적'문제로 축약되고, '부르죠아 사회의 부귀와 영화…'는 생략된 것이다. 조금 더 과장해서 본다면 '정치사상'의 강조가 약화된다는 짐작이 가능한데, 1930년대에 창작된 희곡에 대한 서술의 차이는 이러한 짐작에 무게감을 실어준다. 1932년 송영작 〈신임 리사장〉에 대해『문학사A』는 줄거리를 소개하기에 앞서서 작가의 계급의식과 사회주의건설의 투쟁이 이 작품에 반영되었음을 강조한다.

송영의 희곡「신임 이사장」(1막, 1934)도 일제놈들에게 빌붙어 수단과 방법을 가리지 않고 인민들에 대한 착취와 약탈을 감행한 지주, 자본가계급의 반동적 본질과 정신도적적 저열성을 풍자적으로 예리하게 폭로단죄하고 있다.

희곡은 어느 한 지방도시의 산림조합 설립기념행사 놀음을 기본사건으로 하고 (…중략…) 산림조합의 약탈기구로서의 정체를 폭로하고 있으며 지주 자본가들이 날로 더욱 민족반역의 길로 줄달음쳐간 당대현실의 한 측면을 진실하게 반영하였다.

작품의 주제사상적 과제는 주로 신임 이사장의 풍자적 형상을 통하여 실현되고 있다. (…중략…) 인민들의 반대와 항의를 받으면서 일제관권의 힘으로 억지로 꾸며놓은 것인가를 자체 폭로하고 있다. (『문학사A』, 451쪽)

『문학사A』는 희곡 소개에 있어서 먼저 '주제사상'을 강조한다. 이 작품이 자본가 계급의 반동적 본질을 폭로한다는 사실이 중요한 것이다. 이 주제는 1990년대에도 중요했을 터, 주목할 것은『문학사B』는 비교적 평이하게 "희곡의 사건은 어느 한 지방도시의 산림조합설립 기념행사놀음을 계기로 벌어지고 있다"(179쪽)고 시작한다는 점이다. 주제사상보다는 무대의 배경을 먼저 설명하는 것이다. 이러한 현상은 1937년에 창작된 송영의 〈황금산〉에서도 발견된다.『문학사1959』는 1/2쪽을 할애하여 〈황금산〉에 대해 다음과 같이 설명한다.

작가는 희극에서 웃음 속에 일체 악덕, 저렬, 가면 등에 대한 가차없는 폭로의 기능을 체현시켰다. 이 작품에 있어서의 웃음은 결코 단순한 오락에로 떨어지지 않고 심각한 인민적, 계급적 목적을 추구하고 있다. 작가는 이 작품에서 중요한 현실적 갈등을 취급하였으며, 작가가 풍자적으로 조소하고 있는 낡은 것만은 아니라 언어의 척후(脊候)에서 새로운 것도 감촉할 수 있게끔 형상하였다.

이리하여 이 작품은 자본주의사회에서는 사랑의 감정, 결혼 등을 포함한 생활과 인간에 대한 견해가 어떻게 타락하고 있는가를 웃음을 통하여 폭로하면서 동시에 고귀한 그 웃음을 통하여 사람들을 참다운 사랑의 감정으로 일체의 속물을 반대하는 고귀한 정신으로 교양한다. (『문학사1959』, 147쪽)

『문학사1959』는 〈황금산〉이 인민적·계급적 목적을 추구한 점, 자본주의 사회에서 인간에 대한 견해가 타락한 점, 그로 인해 사람들을 고귀한 정신으로 교양한 점을 이 작품의 의의로 포착한다. 그런데 이 서술 역시『문학사B』에서는 약화되어 있다. 물론 자본주의 사회의 병폐가 전혀 언급되지 않는 것은 아니다.『문학사1959』에서 인용한 부분과 유사한 부분을 『문학사B』에서 찾아보기로 한다.

> 이 작품은 주로 가정륜리문제를 둘러싸고 벌어지는 돈많은자들의 황금
> 만능의 인생관, 저렬한 인간적 추악성을 폭로조소하고 있다. (『문학사B』,
> 181쪽)
>
> (…중략…)
>
> 작품에서는 무엇보다도 돈에 환장한 부요한자들의 현실도피적이며 저
> 속한 황금만능주의적생활관을 예리한 풍자적필치로 발가놓고있다. (『문
> 학사B』, 182쪽)
>
> (…중략…)
>
> 이처럼 작품은 착취사회에서 낡고 반동적인것의 추악성. 저렬성, 멸
> 망의 불가피성을 새것에 대한 지향과의 련관속에서 락인하면서 그 전과
> 정에 풍자적형상의 예리화를 보여주었다. (『문학사B』, 183쪽)

『문학사B』 역시 작품에 대한 기본적 해석은 『문학사1959』와 유사
하다. 그러나 주의를 요하는 것은 유사한 가운데에서도 차이가 존재
한다는 점이다. 『문학사1959』는 '자본주의 사회'라고 분명히 명시하
면서, 자본주의 사회의 병폐를 지적하고 있다. 그런데 『문학사B』는
'자본주의'라는 용어를 사용하지 않고 '돈많은 자들', '돈에 환장한
부요한 자', '황금만능주의적 생활관'이라는 용어를 사용한다는 점이
다. 『문학사B』는 더 이상 '자본가/노동자'의 갈등뿐 아니라 '돈많은
자들/가난한 자들'에 대한 갈등으로도 이 작품을 해석하는 것이다.
그렇다면 『문학사B』의 특징은 ① 표현의 연성화, ② 정치사상 강조의
약화, ③ '자본가/노동자의 갈등'의 '돈많은 자들/가난한 자들의 갈등'
으로의 전환이라 하겠다. 이 같은 변화의 이유는 무엇일까?
김정일의 『주체문학론』은 앞에서 거론했기에 여기에서는 생략한

다면 1990년대 북한사회의 분위기 변화를 들 수 있다.[15] 1990년대 북한은 변화의 진동으로 출발했다.[16] 1990년 1월 1일 김일성의 '자유왕래와 전면개방을 실현하기 위한 남북한 최고위급이 참가하는 당국 및 정당수뇌 협상회의' 제의 이후, 북한은 1991년 함경북도 나진선봉 지역을 자유경제무역지대로 설정했다. 북한사회에 전반적으로 개방의 물결이 일었던 것이다. 정치적 상이성에서 비롯되는 공격적 언술은 경제적 실익 앞에서 다소 소리를 낮추어야 했을 터, 1990년대 문학사 서술에서 '정치사상강조'가 약화된 것은 자연스러운 현상일 것이다. 동시에 개방과 시장의 확대는 예기치 못한 변화를 몰고 왔다. 1970년대에 '핵심계층·동요계층·적대계층'의 구분이 확립되어 1980년대까지 확실히 구분된 북한 주민의 성분이 1990년대에 흔들렸기 때문이다. 북한 이탈주민의 증언과 같이 '1990년대 중후반에 들어서서 시장의 확대로 출신 성분과 관련 없이 경제를 기준으로 상류층·중류층·하류층이라는 새로운 성분이 형성'되었던 것이다.[17] 북한에서 빈부의 갈등은 더 이상 자본주의/사회주의에 관한 문제가 아니라 북한 내부의

---

15) 1988년 7.7선언에서 적극적인 남북대화 추진의사가 천명되었고, 이것은 6공화국 정부의 남북관계 개선 정책의 중요한 근거로 작용하였다. 곧이어 1989년 9월 「한민족공동체 통일방안」에서는 '남북연합'의 결성이 제안되어, 1990년 9월 분단이상 처음으로 남북고위급 회담을 야기한 바 있다. 이후 1990년 1월 1일 김일성은 '자유왕래와 전면개방을 실현하기 위한 남북한 최고위급이 참가하는 당국 및 정당수뇌 협상회의'를 제의했고, 1991년 함경북도 나진선봉지역은 자유경제무역지대로 설정되었다. 또한 1998년 김대중 정부가 출범하면서 대북정책 목표로 '평화와 화해협력을 통한 남북관계 개선'을 설정하면서 1998년 남북경협이 재개의 기회를 맞이했고, 2000년 남북 정상회담이 성사된다. 이어 2000년 8월 현대아산과 김정일은 공업지구 건설을 합의하면서 사업을 추진하기 시작한다. 개성 지역을 중국의 선전이나 푸둥 경제특구와 같은 국제자유경제지대로 지정한 것은 개방을 기대하기에 충분한 요인이다.

16) 김정수, 「〈조선예술〉로 본 1990년대 북한연극의 핵심코드」, 『북한연구학회보』 제15권 제1호, 북한연구학회, 2011 참조.

17) 북한 이탈주민 김지영(가명)과의 개인 인터뷰, 이화여자대학교 포스코관, 2012.6.13. (김지영은 프로젝트를 수행하며, 1990년 이후 탈북한 북한 주민들을 대상으로 인터뷰를 진행하고 있다. 김지영은 그 과정에서 수렴된 결과를 PPT로 발표했으며, 발표 이후 필자의 몇 가지 질문에 답하여 주었다.)

문제였기에, 문학사 서술 역시 '자본가/노동자'의 갈등이 아닌, '돈 많은 자들/가난한 자들'에 대한 갈등으로 전환된 것이다.

5. 감정적 서술의 상대적 약화

1921년부터 1945까지 언급된 희곡을 또 다른 각도에서 보기로 하자. 희곡 〈백양화〉는 3종류의 문학사 모두에서, 〈모기가 없어지는 까닭〉은 2종류의 문학사에서 언급된 작품이지만 실제로 비교분석이 불가능하다. 『문학사A』에서는 작품명만이 거론되었고, 『문학사B』에서는 작품의 창작년도와 줄거리만이 간략히 서술되어 있기 때문이다. 그런데 〈구가정의 끝날〉은 양상이 다소 다르다. 『문학사A』와 『문학사B』가 공통적으로 비교적 자세히 기술하기 때문이다. 그런데 두 종류의 문학사를 면밀히 살펴보면 동일한 작품에 대해 『문학사A』보다 『문학사B』가 줄거리를 한층 간결하게 기술함을 알 수 있다.

희곡의 여주인공 김씨는 언제나 (…중략…) 살아왔었다. 그는 이러한 구속된 생활과정에 여자로서의 자신의 처지에 대한 서러움과 불만을 통절히 느끼는 때가 많았으나 그때마다 그것을 여자에게 차례진 피치못할 운명으로 알고 그에 순종하였다. 그러나 뒤늦게나마 빼앗겼던 여성들의 권리와 자유를 자각한 그는 (『문학사A』, 157쪽)

희곡의 여주인공 김씨는 언제나 (…중략…) 살아왔다. 그러나 뒤늦게나마 빼앗겼던 녀성들의 권리와 자유를 자각한 그는 (『문학사B』, 157~158쪽)

『문학사B』의 서술은 『문학사A』에서 인용한 부분의 고딕 강조된 부분이 삭제되어 있다. 단순한 생략에 불과한 것으로 볼 수 있지만 '단순 생략'으로만 단정하기에 어려운 부분이 있다. 생략된 부분은 '자기의 처지에 대한 서러움과 불만을 통절히', '피치못할 운명으로 알고' 등 등장인물의 정서적·감정적 측면이라는 공통점이 있기 때문이다. 『문학사B』는 다소 건조하게 사건의 전개에 따라 서술하는데, 이 같은 양상은 지속적으로 발견된다. 또 다른 부분을 비교해 보기로 한다.

> 이 사회는 정의를 부르짖는 사람에 대하여 누를랴고만 하니까요. 그러나 그럴수록 정의를 부르짖는 이의 마음은 더욱 굳어지고, 그의 피는 더욱더 끓습니다. 누를수록 한번 깨달은 그 마음은 없어지지 않고 더욱더 팽창하여지는 것이 진리입니다. 그러므로 저만 하드래도 수십년 동안을 두고 종과 같이 일하며 멋없이 지내왔습니다. 그러자 얼마 전 당신이 다른 가정을 이룬 그때부터 저는 극단으로 당신과 같은 태도를 취하려고도 했습니다. 그러나 그것보다도 우리 사회에 그같이 숨은 설움이 많을 것을 깨닫고 그를 구원해 보랴고 결심했습니다. 그래서 그때부터 저는 그의 무기로 먼저 배우려고 집을 나섰습니다. (『문학사A』, 158쪽)

> 이 사회는 정의를 부르짖는 사람에 대하여 누를랴고만 하니까요. 그러나 그럴수록 정의를 부르짖는 이의 마음은 더욱 굳어지고, 그의 피는 더욱더 끓습니다. 누를수록 한번 깨달은 그 마음은 없어지지 않고 더욱더 팽창하여지는 것이 진리입니다. (『문학사B』, 158쪽)

『문학사B』에서는 이같이 『문학사A』의 고딕 강조된 부분을 삭제했는데, 이 부분 역시 '종과 같이 지냈다', '숨은 설움이 있었다'는 감정이 고양된 부분이다. 일면 〈구가정의 끝날〉의 경우에만 해당한다고 볼 수 있지만 흥미로운 것은 이 현상이 〈부음〉(1927)에서도 발견된다는 점이다. 『문학사A』는 〈부음〉을 초기 프로레타리아 희곡문학을 대표하는 작품의 하나로 자리매김한다. 1쪽에 걸쳐서 저자는 〈부음〉의 줄거리를 기술하는데, 이 역시 전체적으로 보면 『문학사B』가 『문학사A』에 비해 한층 축약적인 서술을 전개하고, 보다 사건전개에 초점을 맞추었음이 확인된다.

이것은 주인공 경수에게 심각한 정신적 고통을 안겨준다. 앓는 어머니를 두고 기약없는 길을 떠나려는 그의 심정은 아프고 괴로웠다. 그러나 그는 가정일에 파묻힘으로써 보다 큰 계급의 이익을 저버릴 수는 없었다.
언제 다시 만날지 모를 괴로운 작별을 앞두고 그는 같은 계급적 이해관계로 하여 함께 손잡고 싸워온 정숙이로부터 사랑의 언약까지 받게 된다.
개인과 가정의 운명문제와 연결되고 있는 이러한 극적 관계를 통하여 주인공 경수가 체험하는 심리적 복잡성과 정신적 고통은 어머니의 사망에 대한 비보에 의하여 조선되는 새로운 국면에 부닥침으로써 더욱 심각화된다. (『문학사A』, 228~229쪽)

그런데 이 서술이 『문학사B』에서는 다음과 같이 간략히 서술된다.

이것은 주인공 경수에게 심각한 정신적고통을 안겨준다. 그러나 그는 가정일로 하여 보다 큰 계급의 리익을 저버릴수 없었다. 이러한 경수에게 또 다시 어머니의 사망에 대한 비보가 전해진다. (『문학사B』, 119쪽)

『문학사A』는 주인공 경수의 정신적 고통을 상세히 서술한다. 어머니를 떠날 때의 심정, 떠나야 하는 이유, 그 과정에서 사랑하는 여인과의 이별 등을 감정적 측면에서 포착한다. 그런데 『문학사 B』는 '심정이 아프고 괴로웠다', '체험하는 심리적 복잡성과 정신적 고통' 등 등장인물의 정서적·감정적 고통의 서술 부분을 삭제·생략하고, 인물의 움직임과 사건전개에 초점을 맞춘다. 전체적으로 볼 때『문학사B』가『문학사A』에 비해 한층 간결한 서술을, 특히 감정적 서술을 자제하고 있음은 확실하다.

이 같은 변화는 김정일의 지침과 연관된다기보다는 사회의 분위기와 저자, 대중의 욕망, 무의식에 관련된 문제이다. 1994년 7월 김일성의 사망은 분명 북한사회의 큰 이변이었을 것이다. 그런데 김일성 사망 1년 후 북한연극계는 '전국웃음극경연대회'를 개최했다. '태양의 죽음'과 '웃음극 경연'은 모순일 수 있지만, '웃음'은 국가적 위기 속에서 그들이 선택할 수 있는 최선이었던 것이다. 특히 국립희극단은 희극소품들을 공연하는데, 이는 본격적인 고난의 행군 시기를 '웃음'으로 극복하고자 하는 국가기획이었다. 김일성 사망 이후 위기에 대한 대응, 내부 불만의 외부 전환, 희극에 대한 김정일의 격려로 '웃음'은 연극계에서 공식코드로 자리 잡은 것이다.[18] 이 같은 맥락에서 본다면『문학사B』가 이전의 서술에서 극중 인물의 고통을 상세히 서술하는 것을 피하고 즉, 감정적 부분을 삭제하고 보다 건조하게 사건전개에 초점을 두는 것은 일면 사회적 분위기와 관련된 변화라 하겠다.

6. 합류하는 지류(支流)

북한 극문학사 서술에서 '정치와 사상'은 변함없이 가장 중요한 요

---

18) 김정수, 「〈조선예술〉로 본 1990년대 북한연극의 핵심코드」, 175~178쪽.

소이다. 1990년대에 들어 정치사상 강조는 약화되었지만 상대적 약화이기에 '정치와 사상'은 북한 문학사에서 작품을 평가하고, 의미를 부여하는 독보적인 기준임에는 분명하다.

그러나 분명 주목할 것이 있다. 살펴본 바와 같이 미세한 변화가 발견된다는 점이다. 특히 이 변화는 1990년대 서술에서 포착된다. 먼저 해방 직후부터 1990년까지 청산대상이었던 신파극이 포함되었다는 점을 주목해야 한다. 이 변화의 가장 주요 원인은 김정일의 『주체문학론』이다. 1992년 김정일은 『주체문학론』을 통해 '그 이전 시기 선조들이 이룩한 고전문화유산'을 민족의 유산에 포함시켜야 한다는 지침을 내렸고, 이로 인해 기존에 청산대상 1순위였던 신파극이 문학사 서술에 포함된 것이다. 그 다음으로 주목할 것은 1990년대에 들어 표현이 연성화되고 정치사상 강조가 상대적으로 약화된 점이다. 이 역시 김정일의 『주체문학론』이 제1의 원인으로 작용했음은 쉽게 짐작할 수 있다. 그러나 1990년 북한사회의 개방 분위기 역시 중요한 요소로 작용했음을 기억할 필요가 있다. 살펴보았듯이 정치적 상이성에서 비롯된 공격성은 경제적 실익 앞에서 소리를 낮추었고, 개방과 시장의 확대는 '상류층/중류층/하류층'이라는 새로운 성분을 탄생시켰다. 이에 따라 '자본가/노동자의 갈등'은 북한 내부의 '돈 많은 자/가난한 자'의 갈등으로 전환되면서, 문학사 서술에서의 변화를 가져온 것이다. 마지막으로는 감정적 서술이 상대적으로 약화되었다는 점이다. 1990년대 중반 북한사회는 위기를 극복해야 했고, 그 핵심코드는 '웃음'이었다. 이전 등장인물의 슬픔·고통 등을 강조한 서술은 현실에서 대중들이 겪는 고통을 더욱 증가시키기에 자연 약화될 수밖에 없는 것이다. 서술은 미세하게 감정적 서술을 약화하고 사건전개에 초점을 맞추는 방식으로 수렴된 것이다.

다시 정리하면, 북한 극문학사 서술 40년사에서의 변화는 청산대상 신파극에의 새로운 조명, 표현과 정치사상 강조의 연성화, 감정적 서술의 상대적 약화로 수렴된다. 이 같은 변화에 영향을 미치는 가장 큰 본류(本流)는 분명 정치문화와 문예정책이다. 그러나 경제문화 역시 무게 있는 지류(支流)로, 저자와 대중의 욕망·무의식 역시 미세한 지류(支流)로 본류에 합류하고 있음을 기억하고자 한다.

부록: 1959년판부터 2000년판까지 북한 『문학사』에 언급된 희곡작품

1. 1910~1925

1959 조선문학통사	1981 조선문학사 19세기 말~1925년	1986 조선문학사개관 2	1991~2000 조선문학사 7, 8, 9
			병자3인(12. 조일재)
			수전노(12)
			눈물(13)
			쌍옥루(16)
			2전반(16. 라운규 등 학생)
			김영일의 죽음*(21.조명희)
백양화 (22, 송영)	백양화(송영)		백양화*(22, 송영, 풍자극)
	파사‡(조명희)		파사‡(23, 조명희)
	모기가 없어지는 까닭 (25, 송영)		희곡 15분간(23, 김운정)
	구가정의 끝날‡ (진우촌, 25)		모기가 없어지는 까닭*(23, 송영)
			미쳐가는 처녀‡(24, 김영팔)
			복어알(25, 임영빈)
			구가정의 끝날‡(25, 진우촌)

주: *기술, ‡다소 구체적 기술, ⁎⁎상세한 기술

2. 1926~1935

1959 조선문학통사	1981 조선문학사 (1926~1945)	1986 조선문학사개관 2	1991~2000 조선문학사 7, 8, 9
	싸움(26.3)꙳	싸움(26, 김영팔)꙳	싸움(26, 김영팔)꙳
	불이야(26.5)	불이야(26. 김영팔)	불이야(26. 김영팔)
	산돼지(김수산, 26)꙳		산돼지(26. 김수산)꙳
			걸인의 꿈(26. 김두용)
	부음꙳(27. 김영팔)	부음*(27. 김영팔)	부음꙳(27. 김영팔, 공연)
	어떤 무대감독의 이야기(27. 김영팔)	어떤 무대감독의 이야기(27. 김영팔)	어떤 무대감독의 이야기(27. 김영팔)
		녀성(27. 김영팔)	녀성꙳(26, 27. 김영팔)
			긴밤(27. 여심)꙳
어린소제부꙳(28, 박세영) 동요극			
	김영팔: 아버지와 딸(28)	김영팔: 아버지와 딸(28)	
	김영팔: 곱창칼(29)꙳	김영팔: 곱창칼(29)*	곱창칼(27. 김영팔)꙳
	리기영: 월희(29)꙳	리기영: 월희(29)*	월희(29. 리기영) *
	김영팔: 세식구(30)	김영팔: 세식구(30)	
			철도공부의 죽음(30. 라운규)꙳
총공회꙳(30, 한설야)			
			호신술(31, 공연)꙳
일체 면회를 거절하라(1931)꙳	일체 면회를 거절하라(30, 송영)꙳	일체면회를 거절하라(30, 송영)꙳	일체 면회를 거절하라(31. 송영)꙳
	인신교주(33. 리기영)꙳	인신교주(33. 리기영)*	인신교주(33. 리기영)
신임리사장 (1932, 송영)꙳	신임 이사장(34, 송영)꙳	신임리사장(34, 송영)*	신임리사장(33. 송영)꙳
			제방을 넘는곳(33. 리서향)
황금산(1934, 송영)꙳			황금산(34, 송영)꙳
			인테리와 빈대떡(34. 채만식)꙳
			토성랑(35. 한태천)꙳
			나루(35. 주영섭)꙳
			미쳐가는 처녀꙳

주: *기술, ꙳다소 구체적 기술, ꙳꙳상세한 기술

3. 1936~1945

1959 조선문학통사	1981 조선문학사 19세기 말~1925년	1986 조선문학사개관 2	1991~2000 조선문학사 7, 8, 9
			어머니(36, 리서향)
			청춘∴(36, 남궁만)
			어머니와 딸(36, 박아지의 시극)
황금산∴(37. 송영)	황금산∴(37. 송영)		황금산∴(37. 송영)
윤씨일가∴(39, 송영)	윤씨일가∴(37, 송영)		윤씨일가∴(39, 송영)
김삿갓∴(38, 송영)	김삿갓∴(38, 송영)		김삿갓∴(38, 송영)
제향날(37, 채만식)∴	제향날(37, 채만식)∴		제향날(37, 채만식)∴
			예수나 안믿었다면(37. 채만식, 풍자극)
			초련기(37, 리서향)
			월파선생(37, 송영)
			흘러간 고향∴(37, 채만식)
			남자폐업(39, 송영)
			다리목∴(39, 리서향)

주: *기술, ‡다소 구체적 기술, ∴상세한 기술

3장 해방기 대중을 위한 연극제작론

1. 예술 생산의 공유

예술 장르가 다양한 만큼이나 예술의 본질과 기능에 대한 의견도 다양하다. 예술은 '인간 정신의 고양 수단'이기도, 그 '자체가 존재이유'이기도, '이데올로기의 대리물'이기도 하다. 그런데 이 모든 의견들이 공통적으로 합의하는 것은, 예술이란 인간에게 무언가 '의미' 있는 것이며, 그로 인해 예술은 종사해볼 가치가 있으며, 그것이 미와 관련되든 사상과 관련되든 존재해야 한다는 것이다. 그렇다면 예술 창작은 소수의 천재뿐 아니라 비(非)천재들과도 공유되어야 한다. 주목할 것은 이 같은 관점, 즉 예술의 창작이나 향유가 전문가뿐 아니라 일반인들과 공유되어야 한다는 관점이 해방기 북한 연극계에서 발견된다는 점이다. 해방기 북한은 연극창작에서 신비주의와 엘리트주의를 경계했다.[1] 예술은 타고난 천재성으로가 아니라, 정확하고 과학적인 방법에 의하여 구현된다고 보았기 때문이다. 일반대중, 농민, 노동자라도 올바른 창작방법을 숙지한다면 창작 주체가 될 수 있다는 것이다.

이 글이 집중하는 것은 연극예술에 대한 이 같은 북한 연극계의 '믿음'이다. 일반 대중도 기회가 주어지고 창작방법만 공유한다면 예술의 생산자가 될 수 있다는 신념, 그 신념을 따라 그들이 제시한 제작법은 일반인과 전문예술인과의 거리를 얼마만큼 좁힐 수 있을까? 또한 그 방법론은 연극창작에 있어서 어느 정도의 실현가능성을 담보하며, 예술적 완성도에 어떻게 기여할까? 이 같은 질문을 염두에 두고 해방기 북한이 대중매체를 통해 비(非)전문가, 특히 농민과 노동자를 위해 제시한 연극 제작법을 탐색하고, 그 의미를 당시와 현재의 시선으로 읽어내고자 한다. 주요 분석대상은 『인민희곡집』의 「직장연극을 위하야」(1947), 『군중문화총서: 연극써-클원의 수첩』(1949), 『농촌 써-클 운영법』(1949)이며, 이외 『문학예술』, 『문화전선』, 『조쏘문화』 등을 참고하고자 한다. 또한 연구과정에서는 해방기 북한의 국가 정책이나 이데올로기적 논의는 가능한 제외하고, 연극 창작에 관한 구체적 방법에 초점을 두고자 한다. 잘 알려진 바와 같이 '예술(art)'이란 표현이 라틴어 '아르스'에서 유래했고, '아르스'는 그리스어 '테크네'의 번역이며, 그리스 시대의 '테크네'는 르네상스 시대까지 '기술(skill)'을 의미했다.[2] 이 글은 예술의 어원과 그 문법에 따라 제작법을 탐구함으로써 북한 연극 관련 연구가 정치·사회적 관점에서 예술·기술적 관점까지 확장되는데 보탬이 되고자 한다.

---

1) "작가, 예술인들 속에서 예술신비주의와 신인 작가, 예술인들을 홀시하는 경향을 철저히 없애고 신인들을 더 많이 육성하기 위하여 적극 노력하여야 하겠습니다." 김일성, 「문학예술을 발전시키며 군중문화사업을 활발히 전개할데 대하여: 북조선로동당 중앙위원회 상무위원회에서 한 결론」, 『김일성저작집』 3, 평양: 조선로동당출판사, 1979, 437쪽.

2) 블라디슬로프 타타르키비츠, 이용대 옮김, 『여섯가지 개념의 역사』, 이론과실천사, 1998, 21쪽.

2. 희곡의 사상, 구조, 리듬분석

일반적으로 공연준비를 위한 기본 설계는 희곡이 존재할 경우 선택한 희곡을 이해하는 것에서 출발한다. 남한의 연출, 배우, 무대, 의상 등 각 분야의 전문가들이 '모든 것은 작품 안에 있다'고 믿을 만큼 희곡분석은 창작에 있어서 중요한 비중을 차지한다. 사실주의적 취향을 가진 창작가에게 "희곡이란 연극의 가장 중요한 요소로서 마치 피아노 악보와 같은 역할"[3]이기 때문이다. 재미있는 것은 이 같은 관점 자체가 아니라, 이 관점이 일반대중을 위해 북한이 제시한 연극제작법에서도 발견된다는 점이다.

이것이 만일 전문극단인 경우에는 약 1개월전에 연출자에게 작품을 연구하고 공부하도록 시일을 줍니다. 그러나 써-클에서는 대략 1주일동안 연출자한테 연구하는 시간을 주면됩니다. 그리하여 이 시일동안 연출자는 작가이상으로 작품에 대한 예술적 감흥을 가져야 합니다. 작가가 이 작품을 쓰던때와 마찬가지로 작품의 세계를 알아야 하고 또 이 동안에 무대에다 올리기 위한 구상을 하여야 합니다. 이렇게 몇 번이고 읽는동안에 떠오르는 것을 노-트에 필기하여둡니다. 적어도 1주일동안에 단막물인 경우에는 20번은 읽어야 합니다.[4]

북한은 전문극단에게는 1개월의 분석기간을, 써-클 공연에서는 한층 짧은 1주일의 분석을 권한다. 비(非)전문가들에 대한 관대한 시선이 발견되는데, 중요한 것은 어떤 경우든 연출가뿐 아니라 '연극을

---

3) 김균형, 『연극제작 이렇게 한다』, 예니, 1998, 15쪽.
4) 북조선직업총동맹 군중문화부, 『군중문화총서: 연극써-클원의 수첩』, 평양: 북조선직업총동맹 군중문화부, 1949, 65쪽.

하려고 하면 문화부문에서 일하는 동무들이나 또는 관계동무들이 모두 모여앉아서 희곡을 정치적으로나 예술적으로나 충분히 검토' 할 것을 권한다는 점이다. 연극의 목표를 '표현의 즐거움'이 아닌 '대중의 교양'에 두기 때문이다. 특히 새 국가의 건설이 지상과제로 천명되고, 모든 문학 예술인들이 '입과 붓으로 애국주의와 민주주의 정신으로 교양할 책임'[5]이 있었던 해방기였기에 연극 창작 역시 일종의 정치· 사상 투쟁으로 간주되었다. 일반대중들에게 연극을 위해 주제 분석을 우선 하라는 다음의 지도는 대중을 교육하고자 하는 국가적 의도를 대변한다.

희곡작가가 그 각본을 통하여 관객에게 무엇을 주려고 뜻하였는가를 틀림없이 똑바로 파악하여야 한다. 만약 그것을 옳게 파악하지 못한다면 강조하여야 할 데를 강조하지 못하고 쓸데없는데 지엽적인데 힘을 드려 상연하는 전체적 목적을 뒤바꾸어 버릴 수도 있다. 가령 현물세 완납운동을 취재한 각본을 상연하는데 그 가운데 나오는 부분적인 청년 남녀의 연애사건에 힘을 드려 연출하였거나 강조한다면 그 각본을 상연하는 목적은 달성하지 못하고 관객들의 인상에는 다만 그 연애사건만이 머리에 남을 것이다. 이는 부분적인 사실을 전체적인 또는 기본적인 사실 같이 잘못 본 결과에서 나오는 실패이다.[6]

창작인은 희곡을 분석하는 데 있어서 작가의 메시지를 최우선으로 파악하라는 주장이다. 신고송이 친절하게 예를 들었듯이 작품에서 개인의 취향에 따라 어느 한 지점이 매혹적이라고 해도 그 유혹에

5) 김일성, 「문화인들은 문화전선의 투사로 되어야 한다(1946.5.24)」, 『김일성저작집』 2, 평양: 조선로동당출판사, 1979.
6) 신고송, 『농촌연극써클운영법』, 평양: 국립인민출판사, 1949, 27쪽.

빠지지 말고 작가가 무엇을 말하려고 하는가를 항상 유념해야 하는 것이다. 남한에서 장려되는 연습과정에서의 즉흥성, 즉흥성에 따른 변주는 허용되지 않는다. 작품의 사상성에서의 출발과 그 성취가 창작인의 취향과 개성의 위에 위치하는 것이다. 작가 연구의 필요성도 '작품을 좀 더 근본적으로 구하기 위해서', '작품이 가지는 사상성과 표현양식을 더 명확히 알기 위해서'이며, '작가의 출신성분과 그 사상성을 아는 것이 작품을 연구하고 분석하는 데 큰 도움이 되기 때문'이다.7) 굳이 현재의 시선에서 바라보면 희곡에 대한 시청각적 접근이 아닌 주제적 접근이기에 연극적 분석이라기보다는 문학적 분석에 가까워보인다. 그런데 북한이 문학적 분석만을 중요시하는 것은 아니다. 구체적인 장면분석을 보기로 한다.

① 관구와 희순이가 기쁘게 논다.
② 아버지가 들어오면서 관구와 희순에게 다시 기쁨을 준다.
③ 아랫동리서 현물세를 바치러가는 풍악소리에 자기들의 현물세관계를 안다.8)

북한이 제시한 장면분석법을 자세히 살펴보면 각 장의 주제는 연극적, 다시 말하면 '배우가 역동적으로 움직일 근거'를 제시해주는 분석임을 알 수 있다. 북한의 해석에 의하면 희곡 〈장가가는 날〉의 주제는 "현물세를 바치는 농민들의 아름다운 경쟁심"9)이고, 이 중 장면 1은

---

7) 북한은 작가분석을 위해 "1. 이 작품을 쓴 작가는 어느시대 사람인가, 1. 어디서 이 작가는 성장하엿는가, 1. 어느 나라 사람인가, 1. 언제부터 작품을 쓰기 시작하엿으며 이 작품은 어떠한 사회적 환경속에서 어떤 과정을 통하여 나왓는가, 1. 과거에는 어떠한 경향의 작품을 썻는가, 1. 현재 이 작가의 생활은 어떠한가, 1. 과거에 쓴 유명한 작품들은 무엇인가, 1. 8.15 전부터 글을 썼는가 그렇지 않으면 8.15 이후에 나온 신인인가"를 탐구할 것을 제시한다. 북조선직업총동맹 군중문화부, 『군중문화총서: 연극써-클원의 수첩』, 67~68쪽.
8) 북조선직업총동맹 군중문화부, 위의 책, 73~74쪽.

"관구와 희순이가 기쁘게 논다", 장면 2는 "아버지가 들어오면서 관구와 희순이에게 기쁨을 준다"이다. 장면분석은 사상에 입각한 분석이 아니라, 안민수의 표현을 빌리면 "연극의 전체적인 목표 아래서 해야 할 역할을 따로 가지고 있"음을 의식한 연극적 분석인 것이다.[10] 또한 희곡의 초점을 연구하라는 다음 신고송의 제시는 그가 표현하지는 않았지만 연극적 리듬을 의식하는 일면을 잘 말해준다.

각본의 사건이 진행되는 그 과정을 자세히 연구하면 여러 가지 굴곡이 있는 것을 알 것이다. 즉 사건은 처음에 발단(發端)이 있다. 이 발단은 낮은데서 시작한다. 발단된 사건은 점점 발전하여 감정과 투쟁이 고조로 올라가는 클라이막스(초점 또는 최고초점이라고 한다)에 도달한다. 클라이막스에 도달한 사건은 다음으로 해결에로 들어가 끝을 막는다.
발단에서 발전하여 클라이막스로 옮아가서 해결로 끝막는 각본은 가장 일반적인 간단한 사건의 진행이다. 좀 복잡한 각본은 사건이 발단하여 발전하는 과정에 몇 개의 작은 클라이막스가 만들어져 있다. 이런 각본은 사건의 진행가운데 전변(轉變)을 만들어 둔 것이다.[11]

신고송은 장면분석에서 평면적인 분석을 경계한다. 사건이 진행되는 것을 자세히 연구하여 인물의 감정과 사상이 어떠한 지점을 향해서 달려가는가를 반드시 찾아야 한다는 것이다. 이 같은 기·승·전·결의 구조탐색은 희곡의 사상전달뿐 아니라 보는 재미와 관객을 극으로 끌어들이는 역할을 한다. 구조분석이 이루어질 때 각 장면의 강약, 높낮이, 완급 등을 결정할 수 있으며, 이로써 작품은 하나의 음악과

---

9) 위의 책, 68쪽.
10) 안민수, 『연극연출: 원리와 기술』, 집문당, 1998, 124쪽.
11) 신고송, 『농촌연극써클운영법』, 27~28쪽.

같이 리듬과 템포를 타면서 전개되기 때문이다. 북한의 이 같은 설명은 아리스토텔레스적 구조를 전제로 한 듯이 보인다. 각 에피소드가 병렬적으로 나열되어 고리를 이루며 수평으로 진행되는 서사적 구조, 또는 순환적인 부조리적 구조에 대한 개념은 보이지 않는바, 해방기 북한이 연극구조에 대해 일면 협소한 시각을 가지고 있는 것은 사실이라 하겠다. 그들의 분석법은 남한의 익숙한 용어로 치환하면 '프렌치 씬(french scene) 나누기'[12]라는 여러 분석법 중의 하나이다. 그런데 흥미로운 것은 프렌치 씬 구조만 주장하는 그들의 글에서 프렌치 씬 분석의 본질에 대한 통찰이 발견된다는 점이다. 희곡분석을 인체에 비유하는 다음의 짧은 글은 주목을 요한다.

그렇기 때문에 인체구성을 해부하는데 있어서 머리 팔 다리 목 이렇게 명칭을 붙여서 해부를 하지만 결국은 이런 모든 것이 합쳐서 사람이란 형체가 구성되는 것입니다.[13]

북한은 인간을 해부하면 머리·팔·다리·목 등이며, 결국 이것이 다 합해져서 '인간'이라는 구조물이 완성된다고 주장한다. 이 문법을 장면분석에 적용하면 각 장면은 독립적으로 자기만의 색깔로 존재하지만 동시에 전체와 유기적인 관계 속에서 존재한다는 의미이다. 물론 여기서는 팔이 인간이 아니듯이 각 장면이 유기적으로 전체와 연결될 뿐 전체가 아니라는 의미를 포함하는 것이다. 남한 연출가 안민수가 주장하듯 장면분석이란 "어떤 장면은 노란색, 다른 장면은 푸른색, 또는 붉은색으로 만들어 전체적으로 하얀색을 만들어야 하는 것이지 극의 목표가 하얀색이라 하여 모든 장면을 하얀색으로 만들려고 해서

---

12) John E. Dietrich, Ralph W. Duckwall, *Play Direction*, Prentice-Hall, 1983, p. 33.
13) 북조선직업총동맹 군중문화부, 『군중문화총서: 연극써-클원의 수첩』, 73~74쪽.

는 안되는 이치"14)와 맞닿아 있는 것이다. 해방기 일반대중을 위해 북한이 제시한 희곡 분석법은 작가의 사상탐구가 우선인 것은 분명하다. 그러나 연극성을 잃지 않고 있다는 점을 주목할 필요가 있다. 유기적·극적으로 희곡을 분석하여 가상의 시공간을 살아야 하는 배우에게 구체적으로 움직일 근거를 제시하는 것이다. 북한의 방법론은 전문적 관점에서 본다면 소박하고 협소하지만, 그 원리 자체는 현재 전문가들에게도 중요시되며 일반적으로 통용되고 있다.

3. 체계적 계획에 따른 교사로서의 연출

써클에서 연출자는 "마치 한 대의 자동차를 만드는데 설계도를 작성하고 그 설계도에 의하여 만들어진 부분품들을 어루만지어 움직이는 자동차로 꾸며 내놓고 그자동차가 잘 움직이는지 혹은 그렇지 못한 데가 있는가를 검열하는 기사의 역할"과도 같다고 설명된다.15) 전체를 아우르는 통솔가로서의 역할이 강조되는 것이다. 북한은 이를 위한 연출의 일차적 작업으로 희곡에 대한 연구를 요구한다. 희곡이 '무엇을 어떻게 보고, 이것을 표현하기 위해서 어떤 방법을 썼는가'를 탐구하라고 강조하는데, 이에 대해서는 앞에서 살펴보았기에 여기에서는 연습진행과 관련된 사항을 중점적으로 살펴보기로 한다. 다음은 『인민희곡집』16)과 『군중문화총서』17)에서 연출가에게 권유한 일정표이다.

---

14) 안민수, 『연극연출: 원리와 기술』, 124쪽.

15) 신고송, 『농촌연극써클운영법』, 21쪽.

16) 국립예술극단편, 『인민희곡집』, 평양: 문화전선사, 1947, 198~199쪽.

17) 북조선직업총동맹 군중문화부, 『군중문화총서: 연극써-클원의 수첩』, 81~82쪽.

〈표 1〉 연습일정표

『인민희곡집』(1947)			『군중문화총서』(1949)				
연습과정			일수	월 일	연기	연출	비고
1. 책읽기	연출의도 (1일간)		1	4월 1일	책읽기	연출프랜발표	예 산 서 제 출
2. 책읽어보기	성격분석	장치 의상 데자인 (3일~5일간)	2	2일	읽어맞춤		
3. 말연습		조명 효과 프랜 (4일~6일간)	3	3일	읽어맞춤	연기프랜제출	
4. 동작		(8일~13일간)	4	4일	읽어맞춤	장치프랜제출	
5. 개별연습	동작연습일정 중 이용		5	5일	읽어맞춤	의상소도구 프랜제출	
6. 전체연습	2일~3일간		6	6일	기본위치 설정	조명효과 프랜제출	
7. 무대연습	1회~2회		7	7일	동작련습		
	1일간 휴식		8	8일	동작련습	부분련습	
8. 상연			9	9일	동작련습		
			10	10일	동작련습		
			11	11일	동작련습		
			12	12일	전체련습		
			13	13일	무대련습		일체 검열
			14	14일	시연회		
			15	15일	초일		

　이 표는 당시 국립극장에서 상연한 한민작 〈장가가는 날〉의 연습일
정표이다. 북한은 써클 연극에 있어서 15일 정도의 연습 일을 제시하
는데, 이때 연출가는 연기자들 앞에서 연출플랜을 발표하며 개괄적인
설명을 한다. 일반적으로 남한에서 권유되는 연습일은 60일 정도이지
만, 실상 이것은 권유일 뿐 연출가의 스타일에 따라 연습기간은 2주에
서 6개월까지 다양하다. 연습기간만을 놓고 본다면 해방기 북한의
일정표는 현재 남한과 비교할 때 큰 차이가 없다. 주목할 것은 연출계
획표뿐 아니라 계획표가 장려된 이유이다. 라웅의 글이다.

연출가는 (…중략…) 어떠한 방법과 수단을 채택할까 하는 희곡과 상연의 관련한 복잡한 문제해결을 위한 과학적 계획을 세울줄 알아야 하며 그것을 세울 뿐만 아니라 그 결정을 정확히 실천할 수 있는 능수가 되어야 한다. 그러므로 연출계획은 실현가능한 구체성가운데서 현실과 유리되지 안은 정치적 경제적 극장조건을 반드시 고려하여야 하며 (…중략…) 아모런 플란이 없는 즉흥적 연출식인 경험주의도 극복하여야 한다.18)

당시 북한 연극계에서는 계획을 세운 '체계적' 연습이 장려된 것이다. 현재에도 공연날짜를 정해놓고 연습을 시작하는 연극예술에서 연출가의 현실 가능한 계획은 생명과도 같다. 정확한 시기에 무대가 완성되고 의상, 조명, 음향 등이 구비되어야 차질 없이 관객을 만날 수 있기 때문이다. 이는 무대를 전제로 하는 예술의 특징이다. 북한 역시 이에 대해서 동일해 보이는데, 그들이 또 다른 이유로 '계획'을 강조하였다는 점이 흥미롭다. 계획이 중요한 이유는 연극이 '연출가의 주관적 자기 취미에 떨어지는 수단이 되어서는 아니되'기 때문이라는 것이다. 해방기 북한에서 연극으로 구현된 세계는 공적인 시공간이었다. 연극은 개인의 관점을 전개하는 가상의 시공간이 아닌, 행위자와 관람자의 유익을 위해 존재하는 공적인 시공간이며, 이를 위해 플랜이 필요했던 것이다. 조금 더 확대 해석하면 북한에서 '플랜'은 개인의 독단을 막는 장치이기도 했다.

이외에 연습기간에서 또한 중요한 것은 연습의 내용인바, 그 구체적 내용을 살펴보기로 한다.19) 다음은 '책읽기'에 대한 북한의 설명이다.

---

18) 라웅, 「사실주의 연출 연기 수립을 위하여」, 『문학예술』 9, 1949.4.
19) 연습의 구체적 내용은 『군중문화총서: 연극써-클원의 수첩』에서 발췌한 것이다. 『군중문화총서: 연극써-클원의 수첩』은 국립극장 예술지도부가 책임편집하고, 집필자에 황철,

이책읽는동안에(책읽는 동안이라는것은 대본을 각자 가지고서 모여 앉아서 조용조용 읽습니다. 이때 무대에서 연극하는식으로 감정이든지 억양을 부치고 큰소리치면 안됩니다. 대화의 부분 부분에서 강약고저와 부자연스러운 부분을 정정하고 음색을 실천하여봅니다. 물론이때에 성격의 특징을 명확히 알아야 하고 또 무대에서 자기의 위치와 동작의 일부로써 표정의 초보로 출발하여야됩니다. 표정이라는것은 얼굴씨주는 것인데 눈알 눈썹 입술 코 입빨 볼 등 감정의 표현에서 가장 중요합니다. 그리고 이책읽는동안에(合樻) 서로 대화와 대화사이의 호흡이 정리되고 적당한 사이가 약속되어야합니다. 무대에서는 서로 각인물들이 대화를 주고 받고 하는데 감정의 변화 고저 강약에 따라 대화가 그와같이 변하는것입니다.

북한은 책읽기 단계에서 배우가 감정을 개입하지 않고 자연스럽게 말하기를 강조한다. 재미있는 것은 남한과의 공통점과 차이점이다. 대본읽기 첫 단계에서 감정을 배제하는 것은 현재 남한도 입장이 동일하다. 일찍부터 정형화된 감정이 그 이상의 발전을 가로막는 기제로 작용할 가능성이 크기 때문이다. 그런데 이 단계에서 '성격의 특징을 명확히 알아야 한다'는 주장은 남한과의 차이점이라 할 수 있다. 일반적으로 남한에서 연출가는 초반연습에서 인물 분석에 대한 의견을 아껴두는 편이다. 물론 이것은 절대적인 것은 아니다. 연출가는 자신의 개성에 따라 첫 모임이 지난 다음날부터 배우가 바로 움직이기를 요구하기도, 책읽기 작업을 진행하면서 배우와의 개별만남을 마련해 인물의 성격과 목표를 제시하기도 한다. 따라서 굳이 남한과 비교한다면 북한에서는 배우들의 창의력보다는 연출가의 교사적 기

김일영, 한진섭, 주영섭, 신고송 등이 포진되어 있기에 해방기 북한 연극제작법의 결정판이라 할 수 있다. 이후 연습의 내용에 대해서는 각주를 생략하기로 한다.

능이 강조되었다고 하겠다. 이 같은 맥락은 이후 진행되는 '선연습'에서도 동일하게 적용된다.

선연습에 들어가서 몇일동안은 대본을 한쪽손에 쥐고 등퇴장의 결정과 또는 대체적인 기본동작위치등을 결정합니다. 이사이에 연출자는 연기자들에게 확실한 행동을 가르키고 감정을 완전히 표현하게 하고 대사는 벌서 동작과 완전히 유기적으로 통일을 가지게 하여야합니다. 그러면 이 시기를 걸처서 다음은 대본을 손에서 떼어야하며 대사를 연기자는 완전히 암송하여야합니다. 대사를 완전히 암송하지 않고는 표정동작과 감정에서 나오는 대사와 일치되지 않습니다. 우선 연습때에는 모든 갈등이 뚜렷하게 정면에 나와야 합니다.

'서기 연습'이란 배우의 위치를 정하고 행동선을 포함한 모든 움직임을 만드는 과정이다. 일반적으로 남한에서 연출가는 배우들을 자유롭게 움직이도록 하면서 거점만을 제시한다. 물론 불필요한 시간낭비를 없애기 위해 등퇴장의 위치는 미리 정해놓지만 구체적으로 행동선까지 제시하는 경우는 특별한 상황이 아니면 드물다. 이에 비해 서기연습에서 북한의 연극 연출가는 교사로서의 역할을 담당해야 했음을 읽어낼 수 있다. 물론 이것은 '지배'나 '통제'와는 구분된다. 북한 써클연극의 연출자는 구체적으로 배우의 제스처와 비즈니스까지 가르치는 것은 삼가도록 요구받았기 때문이다. 다음의 글을 참고한다.

연출자는 원칙적으로 연출자자신이 동작을하면서 연기자에게 가르켜서는 안됩니다. 연출자는 그가 느끼지못하는점을 설명하여주고 암시를 주고 연기자의 창의성을 발휘하도록 하여야됩니다. 요새 써-클에서는 아직 초보적인 연기들이기 때문에 대개 그지도에 있어서 직접동작을 하여보이면서 지도하는 경향이 있는데 이것은 결코 정상적인 것은 아닙니다.

이같이 연출자는 배우에게 직접적인 시연을 통한 연기지도를 삼가야 했다. 이것은 이 글 앞에서 인용된 글과 마찰을 일으키는 것으로 보일 수 있다. 앞 글에서는 분명 '확실한 행동을 가르치고'라고 명시되어 있기 때문이다. 그런데 면밀히 글을 살펴보면, 앞 글은 등퇴장과 관련된 언급이며, 위 글에서 말하는 "동작을 하면서 연기자에게 가르쳐서는 안됩니다"라는 의미는 배우의 제스처와 비즈니스에 관련된 것임을 알 수 있다. 북한이 행동선과 행동에 대한 개념을 명백히 밝히지는 않지만, 문맥상으로 볼 때 이 둘을 구분하고 있음이 확실하다. 써클 연극의 연출가는 등퇴장의 결정과 기본위치는 확실하게, 그 다음 디테일 작업에 해당하는 제스처와 비즈니스는 암시를 통해 지도해야 하는 것이다. 이 역시 교사로서의 연출법이다. 이같이 대중을 위해 북한이 제시한 연출 작업을 순서적으로 나열하면 배우 화술의 교정, 움직임의 근거 찾기, 제스처와 비즈니스 찾기가 된다. 먼저 큰 틀의 거시 형상화에서 미시 형상화의 단계를 밟는 것이다. 즉 부분에서 전체로의 이행이 아니라 전체에서 단계적으로 미시적 부분을 완성하는 방법이다. 사회주의든 자본주의든 모든 연출가에게 강조되는 '전체에 대한 통찰'과 상당히 맞닿아 있다. 차이점이라면 북한이 "연극 써-클의 연출가는 배우에게 의식관념 감정 감각 등 세세하게 분석시키고 이것을 대사로서 즉 몸색 동장 표정을 통하여 표현할 수 있도록 방향을 가르쳐 주어야 한다"고 주장하듯 교사적 기능을 한층 강조한다는 점이다.

4. 전형(典型)에 기초한 사실적 연기

연극예술의 3요소는 무대·배우·관객이며 연극의 본질적 요소는 현존하는 관객 앞에서 현존하는 배우가 전개하는 행위, 즉 연기(演技)이다. 북한 역시 배우를 "연극에 있어서 가장 중요한 역할을 노는사람"[20]으로 간주하며 연기의 중요성을 강조한다. 배우의 연기는 인물구축이 그 첫걸음인데, 북한에서 배우는 인물구축을 위해 일차적으로 인간의 '보편성'에 의존한다. 신고송의 "육체가 비대(肥大)한 사람가운데는 흔히 성격이 너그럽고 온순하며 또는 무딘데가 있는 사람들이 많고 육체가 가늘고 야윈사람 가운데는 성격이 괄괄하고 성급한 사람이 많은 례가 있다"는 설명은 인물구축에서 보편적 관찰을 배제하지 않음을 잘 말해준다. 그런데 그 다음에 이어지는 글이 재미있다.

> 이 육체적 조건보다 성격에 더 결정적 영향을 주는것은 생활환경과 처지 이생활환경과 처지라는것은 그사람이 처하여있는 사회(社會)의 경제적 조건과 자연적 조건을 말하는것이다. 크게는 부란(腐爛)해 가는 자본주의국가인 아메리카사람들이 대체로 거만하고 향락적이고 부르죠아적 자유주의에 젖어 있는 그런성격이라면 쏘베트 사람들은 건실하고 건전하며 강인하고 신축(伸縮)있는 성격이며 친숙하기에 쉽고 명랑한 성격을 가졌다.[21]

신고송에 의하면 육체적 조건보다 성격에 더욱 결정적 영향을 주는 것은 한 인간이 처해 있는 사회·경제적 조건이다. 이 주장은 일면 타당하게 들리지만 그 다음의 '자본주의 국가의 사람들이 거만하고,

---

20) 신고송, 『농촌연극써클운영법』, 37쪽.
21) 위의 책, 40~41쪽.

쏘베트 사람들이 건전하고 명랑한 성격'이라는 연이은 설명은 다소 동의하기 어렵다. 인간 자체에 대한 집중이라기보다는 자본주의·사회주의라는 두 개의 축 안에서 고정된 이미지를 확대·재생산하기 때문이다. 물론 이것은 해방기에 북한의 국가정책이었던 '소련 이미지 만들기'와 맞물리는 것이다. 국가 정책이 연극계에 반영된 일면이다. 그렇다면 어떠한 경우든 미국인은 거만하게, 소련인은 밝고 명랑하게 연기해야 했을 것이다. 일종의 법칙이, 그들의 표현을 빌리면 '전형'의 생성이다. 그런데 주목할 것은 이 같은 전형화는 미국인·소련인에 한정되는 것이 아니라 일반 노동자 연기에도 적용된다는 점이다. 다음은 노동자 역에 대한 북한의 지침이다.

오늘의 전형적인 로동자들의 심리를 파악함으로써 명랑하고 건설적인 타잎을 무대위에 표현(表現)해야 될 것이다. 왕왕 우리는 로동자역을 맞게 되면 제국주의 시대의 불균형적이던 모습을그대로 표현하기 쉬운 것이다. 왜냐하면 우리의 머릿속에 아직도 일제 잔재가 남아있기 때문이다. 실례를들어 말한다면 탄광에서 일하는 로동자라고해서 얼굴을 검둥이로 만든다든지 또한 굴속에서 일한다고해서 햇볕을 못보고 일하기 때문에 얼굴이 창백하리라는 추측밑에서 오늘의 현실을 망각하고 영양부족의 모습을 표현한다는것은 가장 옳지 못한 표현방법일것이다. 즉 다시 말하면 오늘 로동자들의 리념은 그러한 협소한 부정적면에서 흐르는것이 아니라 씩씩하고 단련된 로동속에서 날로 석탄채굴량을 제고시키는 애국심을 표현하는것이 가장 중대한 과업일것이다.[22]

북한에서 노동자 인물을 구축할 때, 노동자가 석탄채굴 과정에서

---

22) 북조선직업총동맹 군중문화부, 『군중문화총서: 연극써-클원의 수첩』, 105~106쪽.

얼굴이 검게 된 것이 실제라고 해도 그것은 표현에서 금지되었다. 노동은 신성한 것이기에 노동자는 항상 명랑하고 건설적인 모습으로 구축되어야 했기 때문이다. 인물의 표현에서 '명랑함'과 '건설적'이라는 전형이 생성되는 대목이다. 이 전형은 곧 모든 역할구축에 적용된다. 청년에 대한 북한의 또 다른 지침은 이를 재확인해준다.

첫째로 육체적으로 발육되었으며 청년이외의 인간들보다 적극성과 헌신성이 있고 사회사업을 체험하며 여러환경에서 시련받는다. 둘째로 그는 사상적으로 정의와 진리를 탐구하여 생활에대한 희망체 차있으며 자기 리상을 실천하려는 의욕으로 충만된 단순한 심리를 가지는 것이다. 셋째로 청년은 인새에 있어서 꽃피려는시절이며 발전과 향상에대한 많은 꿈을 가지는 그런시기의 인간이다.[23]

이같이 청년 인물에 대해서도 일정한 전형이 이미 구축되었다. 반드시 청년은 적극적이고, 희망에 가득차서 의욕적인 자세로 꿈을 꾸어야 한다. 더 나아가 북한은 청년을 구축할 경우 나약하게 표현하는 것은 '일제하 상업극단들에서의 전통적 악습'이라고 하면서, '객석에 아첨하며 개인주의적 연기를 하며 연극예술의 집단성을 파괴하며 사회생활을 진실히 예술적으로 보여주는 것이 아니라 노름꺼리로 상품으로 파는 것'이라고 단호히 비판한다. 상업 극단에서 보여준 인물은 그들의 표현을 옮기면 "공화국 연극계에서 완전히 숙청"[24]할 대상인 것이다. 이같이 전형에 대한 강력한 추종은 자칫 인물의 유형화를 가져올 가능성이 크다. 그러나 북한은 전형과 유형을 뚜렷이 구분한다. 다음은 신고송의 글이다.

---

23) 위의 책, 110~111쪽.
24) 위의 책, 113쪽.

우리가 지주를 생각할 때 의례히 바지춤이 허리에까지 미끄러져 내려오는 굵다란 배꼽이 달린 배를 노상 내놓고 머리에는 탕근을 쓰고 손에는 긴맏뱃대를 든 것으로 생각한다. 그러나 지주들가운데는 그렇지않은 지주도 있을 것이다. 옷맵시는 가장 야무지게 차리고 행신머리도 가장 조심스러운 태도를 가진 그런지주도있다.

우리가 하나의 자본가를 생각할 때 남조선에 있는 친일파 매국노를 생각할 때 의례히 그인물은 뚱뚱한 몸과에 기름낀 뱃대기를 내밀고있고 코는 주독이올라 새빨갛게되고 옷은 검은빛 레복을 입고 손에는 단장을 짚고 입에는 요송연을 무는 것으로 생각한다. 그러나 자본가나 남조선 반동파가운데는 이와는 아주 다른 류(類)의 인물도 많이 있는것이다.

이와같이 연기자가 한사람의 인물을 형상하는데 보통으로있는 형태라하여 판에박은 그런 인물을 만들어 낸다면 이것은 유형적(類型的)이 되고 마는 것이다. 그러므로 연기자는 한 인물이 가질수있는 특징(特徵)을 잘 나타내어 형상하는데 주의하여야 할것이다.[25]

이 글은 당시 북한이 간주하는 유형적 인물과 전형적 인물의 구체적 모습을 잘 보여주는 중요 자료이다. 당시 북한에서는 배우가 지주를 형상화할 때 일반적으로 바지춤이 허리에까지 내려오고 불룩 튀어난 배를 늘상 내놓는 모습으로 구축한 듯이 보인다. 또한 자본가나 매국노는 기본적으로 뚱뚱하고, 손에 항상 단장을 짚고, 코는 술로 항상 새빨간 모습으로 나타난 듯하다. 그런데 신고송은 이 같은 인물구축은 전형이 아니라 유형임을 강조하며 판에 박은 인물구축을 삼갈것을 주장한다. 북한은 유형과 전형을 구분하며 유형적 연기의 탈피를 중요시 한 것이다. 써클의 배우들은 연기에 있어서 최소한 "'아!

---

25) 신고송, 『농촌연극써클운영법』, 43~45쪽.

저런 인물은 어느동네에나 보통으로 있는 인물이다' 하는 느낌을 주지 않도록, '어느곳에든지 보편적으로 있다하지마는 그성격이나 행동이 판에 박은듯이 동일하지는 아니하'게 인물을 구축하도록" 지도받은 것이다.26) 새로운 인물창조와 살아 있는 개성적 인물의 구현은 모든 배우들의 열망이다. 이에 대해서는 북한 역시 같은 맥락임이 읽혀지지만 1950년대 중반까지 북한 전문 극단의 연기에서도 '진실감이 부족하'고 '작위적'이라는 비평이 발견되는바,27) 해방기 써클 연극에서 인물의 '전형'은 의도는 되었지만 성공에 도달하지는 못했다고 하겠다.

5. 실용적·경제적 무대와 음향

일반대중이 생산의 주체인 연극 써클에서 무대장치 기술이나 제작비는 한계를 갖는다. 연극 연습은 농민·노동자들이 본업을 유지하는 가운데 이루어지므로 연극제작을 위해 투자되는 시간 역시 절대적으로 부족할 수밖에 없다. 간략한 무대장치가 권유되었을 것이 자연스럽게 짐작되는데, 흑막장치법을 권하는 다음의 글은 짐작을 사실로 전환시킨다.

무대의 배후에 커다란 검정막을 치고 그 막 앞에서 모든 연극을 하는 것이다. 물론 여기에 소도구 같은 것은 손쉽게 구할 수 있는 신문들을 차려놓으나 그 무대가 각본에서 방안이라고 지정되었거나 들 밖이라고 지정되었거나를 불문하고 모든 등퇴장은 무대의 오른편과 왼편의 두 옆

---

26) 위의 책, 42~43쪽.

27) 박림 외, 『문학예술과 계급성』, 평양: 국립출판사, 1955, 53쪽.

구리에서 하게된다. (…중략…) 검정막을 치고 연극을 할때 더욱 효과를 내는 방법은 그 검정막 위에다 테이프(흰 종이를 길다랗게 자른 것)로 간단한 그림을 그리는 것이다. 가령 무대가 실내일 때는 검정막 위에 극히 생략된 몇 개의 선을 그어서 들창 하나만 그려둔대도 그것이 방안 이라는 기분을 뚜렷이 나타날 것이다.[28]

이같이 북한은 무대를 위해 플랫의 사용이 아닌 천의 사용을 권한 다. 뒷막을 천으로 처리할 경우 연극계에서는 일반적으로 검은 색을 선택한다. 관객의 시선을 배우에게 집중시키고, 배우의 의상이 어떠 한 색이든 배경색에 묻혀 흐려지는 경우를 방지할 수 있기 때문이다. 신고송은 방이나 문을 표현할 때 보다 효과적인 방법으로 흰 테이프 를 사용할 것을 권하는데, 그의 지침에 따라 무대를 그래픽으로 작업 하면 다음과 같다.[29]

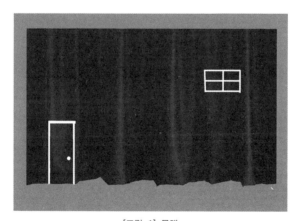

[그림 1] 무대

---

28) 신고송, 『농촌연극써클운영법』, 77~78쪽.
29) 김정수, 「한국전쟁시기 북한 연극의 공연양상 연구: 인물과 연기를 중심으로」, 『북한연구 학회보』 제14권 제1호, 2010.8, 141쪽 참조.

이 같은 무대는 인형극에서 쉽게 볼 수 있는 무대로 제작이 간편하고 경제적이며 다음 공연에도 활용할 수 있는 장점이 있다. 흑막은 남한에서는 아마추어 또는 비전문 연극인들이 즐겨 사용하는 장치이이다. 물론 북한에서 이 같은 무대만이 권유된 것은 아니다. 경우에 따라 플랫을 제작하지만, 이 경우에도 간소함은 제작의 기본이다. 플랫의 뒷면을 제시한 그림이 있기에 옮겨보기로 한다.30)

해방기 일반대중에게 플랫제작은 이와 같은 방법으로 권유되었다. 일반적으로 플랫을 제작하는 것 자체는 비전문극단일 경우에도 복잡한 장식이 들어가지 않는다면 큰 무리는 없다. 다만 무대에의 고정이 어려운 것이다. 해방기라면 일반적으로는 바닥과 천장에 못을 박았을 것이다. 그런데 무대가 좁을 경우에는 고정시키기 위해 각목을 사용하게 된다. 간혹 무대가 협소할 경우, 연기공간까지 플랫이 밀려나와 실제 배우가 움직일 공간

[그림 2] 플랫의 뒷면

이 극히 협소해지기도 한다. 그런데 [그림 2]와 같이 의자 위에 무거운 돌을 놓아 플랫을 고정시킨다면, 기본적으로 플랫이 연기공간을 침범하는 경우는 피할 수 있다. 해방기 비전문극단의 현실을 배려한 제작법이라고 하겠다. 물론 배우의 움직임에 따라 플랫이 흔들릴 수 있다는 점에서 우려되는 무대이기도 하다. 그러나 이 점을 해결한다면,

30) 북조선직업총동맹 군중문화부, 『군중문화총서: 연극써-클원의 수첩』, 201쪽.

무대 자체는 제작에서의 간소함과 경제성을 충분히 살리는 무대라 하겠다. 기본적으로 무대장치의 기본은 '간소함과 경제성'이라 할 수 있는데, 이 같은 관점은 곧 다른 장치에도 이어진다. 음향에 대한 글을 보기로 한다.

> 빗소리: 대달린 부채의 량편에 콩을 실로 꿰서 많이 달아가지고 손으로 흔든다. 부채는 하나뿐만 아니라 여러 개를 만들고 여러 사람들의 손으로 비의 대소(大小)에 따라 조절한다.
> 파도소리: 버들상자나 키에다 콩이나 팥을 두어 되 넣어 가지고 좌우로 흔든다.
> 기우: 날알이 쏟아지는 소리와 들추는 소리로 표현한다.
> 말달리는소리: 나무로 만든 공기(그릇)를 량손에 들고 벽이나 마루바닥에 대고 말발굽소리의 박자(拍子)를 투닥그리면된다. 벽과 마루는 세멘트나 회벽일 때 더욱 실제 소리와 가깝다.
> 벌레소리: 깨어진 자기(磁器)의 쪽을 둘 가지고 그 깨여진 면을 서로 갈면 벌레소리가 난다.[31]

북한은 이같이 음향에서도 복잡한 장치물보다는 일상생활에서 쉽게 접할 수 있는 도구들을 이용하도록 권유한다. 물론 이 방법은 북한만의 또는 비(非)전문가 극단만의 방법은 아니다. 최소 1960년대까지 남한의 전문극단에서도 출연하지 않는 배우들은 무대 뒤에서 이와 같은 도구를 이용하여 음향을 담당했다. 음향에서도 실용성과 경제성이 기본임이 확인되는데, 동시에 주목할 것은 또 다른 장점이다. 연극은 재생된 필름의 반복이 아니라 현장에서 배우들이 전개하는 예술이

---

31) 신고송, 『농촌연극써클운영법』, 91~92쪽.

다. 모든 공연은 같은 시간으로 진행되지는 않는다. 배우들이 갖는 그날의 리듬에 따라 극의 리듬과 템포는 늘어지기도 빨라진다. 이 경우에는 오히려 그 리듬과 템포를 읽고 그에 따라 즉각적으로 반응하는 음향이 더 중요하다. 해방기 북한이 일반대중을 위해 제시한 무대와 음향 장치법은 실용과 경제라는 면에서, 그리고 극의 리듬에 즉각적으로 반응한다는 점에서 장점이 있는 것이다.

6. 창작 주체의 경계 허물기

해방기 북한은 예술창작이 소수의 엘리트나 천재에 의해 창조되는 생산물이 아니라 일반대중 역시 정확한 방법을 숙지한다면 예술생산의 주체가 될 수 있다고 믿었다. 지금까지 살펴본 바를 요약해보고자 한다.

먼저 희곡부분에서는 작품의 주제와 작가의 사상을 깊이 탐구한다. 연극인을 비롯한 모든 예술인들은 일종의 투사이며, 무대는 개인의 세계를 펼치는 것이 아니라 인민을 위해 미래를 제시하는 공적 시공간이기 때문이다. 그러나 그들이 '사상'탐구에만 함몰된 것은 분명 아니다. 문학적 관점뿐 아니라 연극적 관점에서 장면의 역동적 주제를 찾고, 각개의 장면과 전체의 유기성을 인식하고 그에 따른 장면분석을 시도했기 때문이다. 한편 연출에 있어서는 체계적 계획에 따른 진행이 가장 중요하다. 연출가는 15일 정도의 시간에서 먼저 배우 개인이 갖고 있는 화술습관을 조절한다. 이후 행동선(블록킹)에 대해 연출가가 사전 분석을 하여 현장에서 배우들을 지도한다. 연출가는 강력한 권리로 지도하며, 이후 세부작업인 제스처·비즈니스 단계에서는 배우의 창조성을 자극한다. 연출가의 다양한 역할 중 교사로서의 역할이 강조되는 것이다. 연기에 있어서는 자연스러움과 사실성이 강조된다. 그러나 그들의 '사실적 인물구축'은 실제 존재하는 인물이라기보다는 해방기 인민들에게 모범으로 제시된 모습, 예를 들면 노동자일 경우 고된 노동에 시든 모습이 아닌 강건하고 명랑한 모습이며 전형화된 것이다. 북한은 전형화에 따른 유형적 인물구축은 삼갈 것을 강조하지만, 비(非)전문가 극단의 배우들은 연기미숙으로 인해 일정부분 유형화된 인물구축을 벗어나기 어려웠을 것으로 판단된다. 무대와 음향에 있어서의 기본은 실용성과 경제성이다. 무대는 쉽게 구할 수 있는 검정천으로 막을 치고, 플랫을 사용할 경우에는 의자 위에 무거운 돌을 놓아 설치와 제거를 용이하게 한다. 음향은 일상에서 쉽게 구할 수 있는 소재를 활용하여 배우가 직접 소리 내는데, 이는 실용적일 뿐 아니라 극적 리듬을 같이 탄다는 장점이 있다.

해방기 북한 연극계가 일반대중을 위해 제시한 연극 창작법은 비전문적이기도, 전문적이기도 하다. 특히 무대제작에 있어서는 비(非)전문인의 한계를 벗어날 수 없었다. 또한 희곡분석에서 연극적 분석을 병행하지만, 문학적 분석을 우위에 둔 것도 연극적 관점에서 본다면 비전문적이라 할 수 있다. 그러나 연출과 연기는 다소 다른 양상이다. 거시적 관점에서 미시적 관점으로의 이동과 인물의 입체적 구현은 현재의 연기법과도 유사한, 연극예술의 본질에 상당히 근접한 방법론이기 때문이다. 이 같은 방법론을 통해 해방기 북한의 일반대중은 예술의 소비자가 아닌 생산자로 그 위치를 변화시킬 수 있었을 것이다. 동시에 비(非)전문가 배우들은 가상의 시공간 속에서 다른 인물로 화(化)하여 의식의 확장을 체험했을 것이다. 북한 당국이 의도한 것도 이 점이었다. 연극을 통해 대중을 교육시키며, 새로운 사회에 맞는 인간으로의 변화가 예술의 최종적 목표였기 때문이다.

그렇다면 해방기 북한 연극의 제작법, 이를 통해 '예술생산의 공유'

를 꿈꾸었던 북한 연극에는 어떤 의미를 부여할 것인가? 그들이 주장하듯 해방기에 지배계급과 피지배계급의 문화가 분리되어 존재했다면, 또한 전문 예술가와 일반인이 '전문성'에 의해 서로 분리되었다면 그것은 현재에도 동일하다. 예술은 '직관'과 '기술'이 뒷받침되어야 하고 장시간의 전문적 훈련을 요구하기 때문이다. 그러나 방법론·제작법의 공유는 그 분리의 벽을 허무는, 적어도 마모시키는 기제가 될 수 있다. 북한에서 예술대중화 정책이 대중을 통제하고 지배하기 위한 국가차원의 전략이었다고 해도, 전문 예술가와 비전문가들 사이의 경계를 허무는 시작임은 분명하다. 따라서 해방기 비(非)천재들을 위한 북한의 연극 제작법에 '창작 주체의 경계 허물기'라는 의미를 부여하고자 한다.

4장 인민배우 황철의 무대화술론

배우의 지식은
읽고 보고 아는 것보다는
말하고 움직이고 서보는 것이 중요하며
머릿속에만 간직하여 둘 것이 아니라 피부로
알고 근육으로 움직이고 가슴으로 느껴야 하는 것이다.

– 황철

1. 예술이란?

연극은 예술이며, 예술은 '창조적 행위'이다. 이로 인해 예술가는 '직관'과 '영감'이라는 신비의 영역에서 유영하는 존재로 인식되곤 한다. "'천재'가 아니면 배우가 될 생각을 말라"는 황철의 선언은 재능 있는 배우에게는 무한한 자부심을, 재능 없는 배우에게는 원초적 좌절감을 안겨준다. 반향은 다양할 것이다. 예술가에게 가장 중요한 것은 타고난 재능일 수도, 후천적 노력일 수도 있다. 그러나 재능이든 노력이든 '지속'될 때 '창조'에 도달할 수 있으며, '지속'을 위해서는 체계적 훈련이 필수이다. 연기훈련에 대한 드니 디드로(Denis Diderot), 콘스탄틴 스타니슬랍스키(Constantin Stanislavski), 필립 자릴리(Phillip Zarilli)의 천착과 예술의 어원이 기술(arte)임을 기억할 때, '훈련'이 창조의 필수조건이라는 주장은 낯설지 않다.

그런데 이 같은 관점이 북한 연극계에서 일찍 발견된다. 북한 연극계는 해방 직후부터 현재까지 연극창작에서 신비주의와 엘리트주의를 경계했다. 예술은 정확하고 과학적인 방법에 의해 구현된다고 보았기 때문이다. 과학적 연기법에 대한 그들의 믿음은 곧 스타니슬라브스키를 비롯한 다양한 연기 관련문헌의 출판으로 이어졌다.1) 한국전쟁 이후 남한에서 연기 관련서적이 1967년에 출판된 사실을 참고할 때, 북한은 남한보다 10여 년 전 출판을 통해 연기 훈련의 대중화를 실천한 것이다. 그렇다면 그들이 주장하는 '체계적 훈련'의 내용은 구체적으로 무엇이며, 그것은 배우에게 어떤 도움을 주었을까? 북한의 배우 훈련법은 남한·서구와 어떤 유사성·차이성이 있을까? 이 질문에 집중하며, 북한의 인민배우 황철을 주목한다.

황철(1912~1961)은 1950년대 북한에서 국립극장 총장직을 맡고, 연극영화대학에 출강하며 북한 배우들의 연기지도에 있어서 대부로 자리를 점했다.2) 일제강점기 대중극의 주역배우로서 여성 팬들의 우상

---

1) 북한은 한국전쟁 이후 『배우수업: 체험과정』(상·하)(1954), 『연습에 있어서의 쓰따니쓸라브스끼』(상)(1954), 『극장윤리학』(1955), 『체험의 예술 (1), 직업적 연기』(1956), 『체험의 예술 (2), 재현의 연기』(1956), 『에츄드에 의한 배우수업 과정』(1957), 『역에 대한 배우의 수업』(1958), 『배우수업 강의록』(1958), 『쓰따니스랍스끼의 체계와 쏘베트 연극』(1958), 『연출가와 무대장치』(1960) 등을 출판한 바 있다.

2) 최근의 북한 문헌에서 설명되는 황철의 생애는 다음과 같다. "1912년 1월 11일 충청남도 청양군 비봉면 강정리의 가난한 가정에서 출생하여 보통학교를 거쳐 1928년경에 서울 배재고보 2년 중퇴, 학비사정으로 충청남도 춘천고등보통학교로 전학하여 1929년경에 3학년에서 중퇴하였다. (…중략…) 1948년 4월 위대한 수령님께서 남북조선 정당, 사회단체대표자련석회의에 불러 주시는 초청장을 받고 공화국분반부로 입북하여 영광스럽게도 어버이수령님을 모시고 진행되는 이 회의에 참석하였다. 그는 이 회의에 참석한후 평양에 영주하여 당시 국립연극극장 배우로 활동하였으며 1949년에는 연극 〈을지문덕〉에서 주인공으로 출연하였고 번역극 〈어느 한 나라〉에서와 조기천의 서사시를 각색한 연극 〈백두산〉에도 출연하였다. 1950년 조국해방전쟁이 일어나자 종군예술가로 서울에 나가 전선공연활동을 진행하였으며 적들의 폭격으로 오른팔을 잃고 육체적으로 어려운 조건에서도 공연활동을 계속하였다. 전후에는 오늘의 국립연극단의 전신인 국립연극극장 배우로 활동하였다. 그는 오른팔을 잃은 상태에서 1953년에 송영 작 연극 〈내 집에 돌아오다〉와 조령출 작 연극 〈리순신장군〉에 출연하여 손색없는 연기를 보여 주었다. 1955년 8월 13일에 인민배우칭호를 수여 받았다. 1960년에는 〈우리는 행복해요〉를 연출하였으며 이외에 예술영화 〈춘향전〉, 소설랑독 〈범의 꾸중〉(연암 박지원 작), 소설랑독 〈원보〉, 시 〈백두산〉 등을 랑송하여 방송으로 내보내는 한편 예술리론집필활동도 벌렸다. (…중략…) 그는 국립연극

이었듯이, "어떻게 해도 관객이 빨려들어가는 배우로써의 마력"이 있었기에 월북 이후에도 그의 위치는 견고했다.[3] 1952년 김일성의 배려로 받은 공훈배우 칭호와 1955년 인민배우칭호는 이를 다시 한 번 입증하는데, 이 같은 황철의 위상은 1950년대에 제한되지 않는다. 북한의 대표 예술잡지인 『조선예술』이 1996년 국립연극단 50돌을 맞이하여 3개월에 걸쳐 게재한 황철 관련의 글, 사후(死後) 1996년 그에게 주어진 '조국통일상', '조선인민이 낳은 천재적 예술가'라는 묘비의 문구,[4] 『민족수난기의 연극』(2002)에 '황철'이 포함 된 것 등은 북한 내 그의 위상이 현재까지 유효함을 보여준다. 비록 김정일의 『연극예술에 대하여』(1988)가 현재 북한 연극계의 성서이자 정전이라고 해도, 북한 연극사에서 황철은 분명 존재감을 갖는다.

이 글은 황철의 '무대화술법' 자체에 집중하여, 그의 저서 『무대화술』을 중심으로 연구를 진행하고자 한다.[5] 연기에 관한 그의 글은 단행본, 『조선예술』 등에도 남아 있지만, 연기론 일반보다는 연기 훈련을 위한 '교과서'에 집중하고자 함이다. 이와 함께 북한 연극계의 현장 교육에 보다 구체적으로 접근하기 위하여 1960년대 북한 전문극단에서 주연급 배우로 활동한 이탈주민 연극인과의 인터뷰를 교차시킬 것이다.[6] 주지하다시피 북한은 남한에 비해 일찍 스타니슬라브스키의 저서를 번역하였고, 스타니슬라브스키는 연극계의 공적 '선생'

극장 총장으로, 당시 교육문화성 부상으로, 평양연극영화대학 겸임교원으로 사업하면서 정력적인 예술활동을 벌리다가 1961년 6월 9일에 서거하였다."(최창호, 『민족수난기의 연극』 2, 평양: 평양출판사, 2002, 228~230쪽)

3) 이원경, 필자와의 전화 인터뷰, 2007.1.10.

4) 「연극배우 황철의 예술활동과 받아안은 크나큰 사랑 (1), (2), (3)」, 『조선예술』, 1996.8~1996.10.

5) 황철, 『무대화술』, 평양: 조선예술사, 1959. 황철의 『무대화술』을 인용할 경우 쪽수만 표기하고, 북한의 문헌은 북한식 맞춤법에 맞추어 원문 그대로 옮기기로 한다.

6) 인터뷰는 객관성을 담보하기 위해 화자의 언어 그대로 옮김을 밝혀둔다.

으로 추앙되었다. 보다 온전한 연구를 위해서는 이와 맞물리는 해석이 병행되어야 하지만 이에 대해서는 후속연구로 남겨두고자 한다. 이 글은 북한 배우 황철의 '화술법'에 초점을 두어, 그가 무엇을 어떻게 북한 '연극인의 언어'로, 그들의 표현을 빌려 '과학적'으로 제시하였는가에, 현장의 배우들을 위한 그의 구체적·실제적 훈련법이 무엇이었는지에, 그리고 그것이 남한·서양의 일반적 화술훈련법과 어떠한 유사성·차이점을 갖는지에 초점을 두고자 한다.

2. 발성을 위한 기초훈련

2.1. 호흡과 발음

황철은 배우들이 본격적 연기훈련에 들어가기 이전 발성기관에 대한 생리학적 이해를 요구한다. 그는 "호흡에 있어서 무엇보다도 횡격막의 작용을 알 것과 횡격막을 훈련하라"(105쪽)고 권한다. 소리 훈련에서 호흡훈련은 기본이므로, 올바른 신체 훈련을 위한 신체의 생리적 지식의 습득을 필수로 여긴 것이다.

숨을 쉴때는 횡격막이 아래로 작용을 하여 코나 입을 통하여 숨이 폐장으로 들어 가고 다시 횡격막이 우로 작용을 하면 숨이 밖으로 배출되는 것인데 말을 하기 위하여는 그 숨을 조절할 필요가 있다. 그러므로 호흡을 훈련한다는 것은 곧 횡격막의 운동과 조절을 훈련하는 것으로 된다. (105쪽)

호흡할 때 신체기관의 움직임을 설명하는 글인데, 그 과정은 숨을 들이쉴 때 횡격막이 아래로 확장하며, 숨을 내쉴 때 횡격막이 위로 올라온다는 것이다. 생리학적으로 설명하면 코나 입으로 들어온 공기는 일차적으로 폐로 들어간다. 폐에 공기가 채워지기 때문에 폐 바로 아래에 있는 횡격막이 아래로 내려가고, 갈비뼈는 벌어지면서 위로 들린다. 이때 다량의 공기가 더 들어올수록 횡격막은 더욱 확장되고 그에 따라 횡격막 아래에 있는 기관들이 아래쪽으로 밀려나는 것이다.[7] 황철의 글이 흥미로운 것은 그가 호흡의 생리학적 작용을 옳게 설명하면서 '공기가 폐로 들어오기 때문에 횡격막이 아래로 내려간다'고 설명하지 않고, 순서를 바꾸어 먼저 '횡격막이 아래로 작용'하여 공기가 '폐에 들어간다'고 설명한다는 점이다. 일면 그가 호흡과 관련된 신체작용에 대해 정밀하게 인식하지 못한 것으로 볼 수 있지만, 다음 글에서 횡격막의 작용을 강조하려는 그의 의도를 읽을 수 있다.

호흡법을 그 형태로 보아서 다음과 같은 세 가지로 구분할 수 있다고 본다.

　　1. 어깨로 쉬는 호흡

　　2. 가슴으로 쉬는 호흡

　　3. 배로 쉬는 호흡

어깨로 쉬는 호흡은 격렬한 운동을 한 직후나 또는 과식을 하였을 때와 같이 횡격막이 작용을 정상적으로 할 수 없을 때 나타나게 되는 것이고 가슴으로 쉬는 호흡은 가슴만을 무리하게 벌려서 호흡하는 것을 말함인데 이것은 무리한 방법이며 또 다량의 공기를 폐속에 놓지 못한다. 그리고 배로 쉬는 호흡법은 아래'배에 힘을 주며 배를 불려 횡격막을 하부로 끌면서 자연스럽게 숨을 마시고 또 아래'배를 우그리어 횡격막

---

7) 한명희, 『연기자를 위한 발성훈련 핸드북』, 예니, 2004, 25~26쪽.

을 우로 밀면서 폐속의 숨을 밖으로 배출하는 방법이다. 우에서 말한 세 가지 호흡법 중에서 세 번째의 방법을 기본으로 하고 두 번째의 가슴을 벌리는 힘을 첨가하는 것이 리상적이다. (106쪽)

황철은 호흡법을 크게 어깨·가슴·배로 나누는데, 실제 이 세 가지는 호흡법이라기보다는 우리가 일상생활에서 호흡할 때 쉽게 나타나는 하나의 현상이며, 이 현상은 공기가 어느 정도 몸속 깊이 들어오고 나가는가에 따른 것이다. 공기의 배출 없이 소리는 나올 수 없기 때문에, 배우는 긴 대사를 소화하며 안정감 있는 화술을 전개하기 위해서는, 기본적으로 다량의 공기를 들이마시고 저장하였다가 배출해야 한다. 시슬리 베리의 설명을 빌리면 "가슴 위쪽으로 숨을 쉬면 흉곽의 전체가 움직여야 하므로 힘을 많이 들인다고 해도 아주 작은 호흡만을 얻"기 때문이며 "상당수의 운동선수들이 빠르고 짧은 호흡을 얻기 위해 이 같은 호흡을 훈련하기도 하지만 그와 같은 호흡은 가슴과 어깨의 긴장을 가져오므로 소리에는 아주 잘못된 호흡"이기 때문이다.[8] 이와 같은 맥락에서 황철 역시 '어린애가 잠을 잘 때 가슴이 불렀다 낮았다 하는 것이 아니라 배가 불렀다 낮았다 하면서 호흡'하는 것을 보면 '정상적인 호흡은 가슴의 작용이 아니라 배의 작용 즉 횡경막의 작용임을 알 수 있다'고 주장한다. 그의 설명은 신체기관에 대한 면밀한 탐구라기보다 경험과 생활에서 체득된 주장이라는 인상을 주지만, 배우가 '다량의 공기'를 흡입하는 것을 유도하는 방법제시이다. 또한 신체에 횡경막이 있다는 의식 그 자체는 "가슴 위쪽이 움직이는 것을 점차 줄임으로 배우를 자유롭게"[9] 함으로써 무대에 선 배우의 필수조건인 이완을 가능케 하는 방법이다.

---

8) Cicely Cerry, *Voice and the Actor*, London: George G. harrap & Co. Ltd., 1973, p. 21.
9) Cicely Cerry, *Ibid.*, p. 23.

2.2. 공명·프로젝션 훈련

호흡훈련 이후 황철은 공명·공명강에 대해 언급한다. '인간에게 있
는 공명강이 목소리를 확대시킬 뿐만 아니라 음의 질을 다양하게 하
고 특이하게 아름답게' 한다는 그의 설명은 모든 화술 연출가들과
동일하다. 공명은 "발생된 소리를 더 풍성하게 하고 울림을 증폭"10)시
키고 이것이 곧 소리의 성질과 이어지기 때문이다. 황철은 공명강을
다섯 구역으로 나눈다.

> 해부학상으로 본다면 인간의 공명강은 비강, 인두강, 구강 뿐이라고
> 하는데 목소리에 공명되는 부분은 결코 이뿐이 아니다. 성대의 우 아래
> 의 체강 속의 공기는 모두 진동한다. 즉 흉강, 비강, 인두강, 구강, 두개강
> 등에서 공명된다. (111쪽)

이 부분은 주목을 요한다. 1960년대 황철이 어떤 해부학 문헌을
참고했는지 확인할 수 없지만, 당시 해부학적 관점에서 인간의 공명
강은 비강, 인두강, 구강 3곳으로 제시된 듯하다. 그런데 황철은 근거
를 제시하지는 않지만, 인간의 공명강은 결코 이뿐만이 아니라며 흉
강, 비강, 인두강, 구강, 두개강 등 최소 5곳을 주장한다. 이 차이는
어디에서 기인했을까? 생리학적 관점과 연기훈련의 관점을 구분할
필요가 있다. 생리학적으로 공명강은 '인두강, 구강, 비강'이며 여기
에 '순강'이 추가되기도 하고11) 인두강, 비강, 구강으로만 구분되기도
한다.12) 그러나 링클레이터를 비롯한 화술연출가들은 공명강에 비

---

10) 한명희, 『연기자를 위한 발성훈련 핸드북』, 127쪽.

11) 이현복, 『한국어의 표준발음』, 교육과학사, 1998, 125~129쪽.

12) 한국예술종합학교 연극원, 『발성연구와 그 활용』, 한국예술종합학교, 2000, 30~32쪽.

강, 인두강, 구강은 물론 가슴강과 두강을 포함시키기도 한다.[13] 성대를 진동해서 만들어지는 소리는 일반적으로 비강, 인두강, 구강에서 울림을 만들 수 있지만, 보다 풍성하고 다채로운 소리를 필요로 하는 성악가와 배우들은 이에 더해 가슴과 머리울림까지 활용한다. 황철 역시 생리학적 관점보다는 화술 연출가의 관점을 갖는 것으로 확인된다.

그렇다면 공명강 훈련을 위해 황철이 제시하는 방법은 무엇일까? 황철은 흉성과 두성[14]에 대해서만 언급하는데, 구체적인 방법 제시는 흉성에 한정되어 있으므로 흉성·흉강을 살펴보기로 하겠다.

> 후두에서 만든 진동을 기관이 흉강으로 보낸다. (…중략…) 가령 후두의 위치를 아래로 낮추고 가락지와 같은 관을 오그리면 그만큼 연골의 동그라미가 접근하며 기관 전체가 견고한 탄력적인 것으로 되면서 음의 진동을 흉강으로 보내기 편리하게 된다. 인두의 위치가 아래로 움직이는 거리는 조금 밖에는 안 되지만 진동을 전달하기에는 충분하다.
>
> 그러니까 후두의 위치가 아래로 움직이면 흉강 공명의 발생을 촉진시키며 때로는 무조건으로 필요한 음까지 낼 수 있는 것을 우리는 알 수 있다. 그러므로 "흉강 공명을 제고하려면 후두의 위치를 낮추라"라는 결론이 나오게 된다. (112쪽)

황철은 흉강을 울리기 위해 후두의 위치를 낮추라고 말한다. 그런

---

13) Kristin Linklater, *Freeing The natural Voice*, NY: Drama Book Publishjers, 1976, pp. 85~90; 한명희, 『연기자를 위한 발성훈련 핸드북』, 127~146쪽.

14) 황철은 두강 공명을 이후는 중요한 공명강으로 구강, 인두강, 비강, 전두강 등을 들고 있다. 즉 구강, 인두강, 비강, 전두강을 모두 합해서 '두강'이라고 칭하는 것이다. 따라서 '두강'은 '두개강'과 구분되는 것으로 판단할 수 있는데, 두개강에 대한 구체적인 설명이 생략되어 있으므로 확신하기에는 무리가 따른다.

데 이와 같은 방법은 다소 위험해 보인다. 의식적으로 후두를 내린다는 것 자체가 자칫 목의 긴장을 유발할 수 있기 때문이다. 그는 '심할 때에는 후두부를 따라 턱까지 아래로 내려가는 때도 있다'라고 첨언하는데, 이 역시 경우에 따라 목을 압박할 수도 있다. 가슴공명을 위한 링클레이터의 훈련법을 참고하기로 한다.

목을 자유롭게 하는 훈련을 하면서 머리를 뒤로 떨어뜨려라. 그리고 그 결과 넓어지는 통로를 가슴까지 내려오도록 하라. 이번에는 늑골까지 넓어지도록 하라. 마치 하나의 거대한 빈 동굴처럼 (…중략…) 그리고 턱의 어떤 근육도 강하게 사용하지 말며 위의 근육도 전혀 긴장하기 않도록 하라.15)

이것은 가슴공명을 위한 훈련법인데, 이와 같이 발성에 관한 어떤 훈련이든 근육의 긴장은 최대한 피해야 한다. 황철이 턱을 당기라고 제안한 반면, 링클레이터는 고개를 뒤로 젖혀 입부터 가슴까지 하나의 관이 형성되도록 하여 가슴공명이 울리는 것을 느끼라는 것이다. 발성훈련에서 이완이 기본인 것을 기억할 때, 이 부분에 있어서 황철이 제시한 방법은 다소 긴장을 유발할 수 있다. 그런데 발성에 대한 이원경의 구술이 흥미롭다.

이원경: 그때는(해방기부터 1950~60년대 – 필자) 이런 식으로 했어. 턱을 당겨. 그럼 이렇게 목이 눌리거든. 그럼 소리가 굵게, 뭔가 다르게 나. 그렇게 했지.
필　자: 네…그런데 선생님, 제가 알기로 목을 누르는게 좋은 발성은

---

15) Kristin Linklater, *Op. cit.*, p. 85.

아닌거 같은데요. 좋은 발성이었을까요?

이원경: 그게 좋은 거겠어? 그래도 안하는거 보단 나. 그럴듯하게 들릴때
　　　　가 있거든. 그래서 그렇게들 했지. 그냥 스스로 터득한거지.16)

황철이 제시한 방법은 해방기부터 우리 배우들이 간혹 사용했던
발성법으로 보인다. 바람직한 발성법은 아니지만 "간혹 관객에게 '그
럴듯하게' 들렸다"는 이원경의 증언이 재미있다. 실제로 1930년대 연
극화술은 복원되어 들을 수 있다. 음반에 녹음된 황철의 화술은 다른
배우에 비해 한층 발음이 정확하고 탄력 있게 느껴진다. 목을 누르면
서 발성하는 화술은 기본적으로 목의 긴장을 가져와 부자연스럽게
들려야 하는데, 실제 그의 화술에는 긴장이 느껴지지 않으며, 소리는
막힘이 없다. 그렇다면 그가 제시한 방법은 글로만 본다면 위험한
발성일 수 있으나, 실제 그의 화술은 정확한 화술이라고 할 수 있다.
황철이 올바른 발성을 하면서도 생리학적으로 그 방법을 치밀하게
설명하지 못한 것은 아닐까 짐작된다.

이외 발성훈련에서 중요한 것은 프로젝션이다. 프로젝션은 '듣는
사람이나 먼 거리에서 들릴 수 있는 충분한 음성적 힘'으로 정의된
다.17) 이것은 소리의 힘뿐 아니라 강도를 포함한다. 황철은 소리의
힘과 강도를 위한 훈련을 제시하지는 않지만, 황철의 동료와 그 이후
세대들에게 연기훈련을 받은 바 있는 박경애는 북한에서 어떤 방식으
로 프로젝션 훈련이 진행되었는지를 명확하게 증언한다.

배우는 무대에 서니까, 저 끝까지 들려야 하지 안갔어? 그러니 바닷가

---

16) 이원경, 필자와의 개인 인터뷰, 용인자택, 2006.12.

17) Jeffrey C. Hahner, Martin A. Sokoloff, Sadra L. Salisch, *Speaking Clearly: improving Voice
　　and Diction*, Mcgraw-Hill, Inc, 1993, p. 312.

에서나, 밤에 (숙소에서-필자) 나와서 '아'(1미터 거리의 사람에게 들리도록-필자), 그리고 좀 더 크게 '아'(10미터 거리의 사람에게 들리도록-필자), 그리고 저 끝까지 '아'(30미터 거리의 사람에게 들리도록-필자) 하는 훈련을 했지. 우리는 그러니까 그때 황철 선생님(의-필자) 그 다음세대들한테 다 배웠지. 난 특히 소리가 좋았어. 그랬지, 그때… 소리도 안쉬고.18)

박경애가 회고하는 북한의 프로젝션 훈련은 배우가 거리감을 느끼면서 거리에 따라 소리의 음량을 조절하는 훈련방법의 하나이다. 그리고 이같이 배우가 거리감을 느끼면서 소리를 보내는 것은 현재 남한에서도 일반적으로 진행되는 프로젝션 훈련이다. 가까운 거리부터 먼 거리까지 그에 적합하게 소리를 내는 것이다. 소리를 모아 밀도 있게 보내는 구체적 훈련법을 예로 들면 다음과 같은 방식이 있다.

1. 한 사람이 당신한테 5피트 정도 떨어져 앞에 서도록 하라. 그 사람의 오른 손이 어깨 정도의 높이여야 하며 오목하게 굽도록 해서 당시의 얼굴에 직면하도록 하라.

2. 5피트 정도 위치에서 떨어져 5가지 세라. 다른 사람의 손 안에 말을 하도록 하라. (…중략…) 소리를 던지도록 하라. 그러나 그 사람의 손 안에 던져야 한다.

3. 그 사람이 한 발짝 물러나게 하라. (…중략…) 40피트 정도 될때까지 이 과정을 반복하라.

(…중략…)

4. 다음은 문장을 크게 읽도록 하라. 파트너가 가까이 오고 멀리 가게

---

18) 박경애, 필자와의 개인 인터뷰, 2011.4.2. 대학로 오솔길 북카페, 2시 30분~5시, 보이스레코더 녹음.

하면서 그의 손안에 소리를 던지도록 하라.[19]

   이 훈련법은 소리의 크기뿐 아니라 강도를 의식한 것이다. 파트너를 정하고 그 파트너의 손 안에 소리를 던진다는 의식은 소리의 크기와 강도 모두를 증가시켜 준다. 굳이 비교하면 북한의 프로젝션 훈련은 소리의 강도보다는 크기에 초점을 두어 전개되었다고 하겠다. 그러나 공연을 위해 "방방곡곡을 다니면서 남이 보면 흉하니까 입을 가리고 아, 에, 이, 오, 우를 버스 안이든, 기차 안이든, 이동하는 과정에서도 연습"[20]했다는 박경애의 구술을 참고하면, 강도훈련이 따로 이루어지지 않았지만, 소리의 크기로 인해 현장의 표현을 빌려 '발음이 뭉개지는' 현상은 드물었을 것이다.

3. 대사창조를 위한 연기훈련

3.1. 다양한 정서담기와 에쮸드

   황철은 글과 말이 다름을 강조하면서 말은 글을 입체적으로 만드는 것이라고 설명한다. 이를 위해서 '강조법'을 제시하는데, 그에 의하면 "음성 강조법은 '푸로미넨쓰'라고 하여 물리학적으로 보아 말중에 주안점을 강조하여 음을 높이고 또 강하게 하는 것을 말"한다. 흥미로운 것은 그가 여기에 보다 복잡한 정서를 투영한 훈련법을 제안했다는 점이다.

---

19) Jeffrey C. Hahner, Martin A. Sokoloff, Sadra L. Salisch, *Op. cit.*, pp. 292~295.
20) 박경애, 필자와의 개인 인터뷰.

1. 춘식이가 말했다.(다른 사람이 말할 줄 알았더니…)

2. 춘식이가 말했다.(그 사람은 당분간 말 못할 줄 알았더니 역시 말했구나)

3. 춘식이가 말했다.(쉬-평양으로 오겠다구…)

4. 춘식이가 말했다.(그러나 그의 부인은 달리 말할런지도 모르다)

5. 춘식이가 말했다!(그것은 내 힘이다) (86쪽)

황철은 '춘식이가 말했다'라는 하나의 대사를 다양한 의도로 말하는 훈련을 제시한다. '다양한 정서와 의욕이 살아 있는 억양'을 만들어 말을 입체화한다는 것이다. 그는 특히 말에 있어서 억양의 중요성을 강조한다. "대사에 있어서 억양은 둘도 없이 소중한 것"이며 "말의 의미를 옳게 전달하는 것도 정확한 억양을 통하여서이고 말 속의 감정을 전달하는 것도 억양을 통하여서이며 음악적인 말, 다양한 말, 단순한 표현에서 복잡한 내용을 담은 말 등 모든 말의 변화가 억양을 통해서 표현"(39쪽)된다는 것이다. 그가 말하는 '억양'은 단순한 악센트가 아니라, "단어의 고저와 장단과 강약을 련결시키고 언어의 목적에 따라 단어의 배렬과 악센트의 조절을 정확하고 세밀하게 하면서 언어로서의 미와 인상을 만드는 중심"(39쪽)이다. 다시 말하면 고저, 장단, 강약을 포함한 문장 전체의 흐름이라 할 수 있는데, 주목할 것은 그가 억양이란 '말을 하는 의도'에서 비롯된다고 본 점이다. 말을 하는 화자의 의도에 따라 억양이 생성되는데, 말은 그 "억양이 있음으로 하여 같은 말이 부드럽게도 들리고 딱딱하게도 들리며 때로는 따뜻한 애정을 풍기기도 하고 복쑤에 불타는 증오를 나타내기도"(39쪽) 한다. 따라서 그는 다양한 화자의 의도를 제시하고, 그 의도에 따라 동일한 대사를 배우가 말하게 함으로써 배우가 '말의 입체화'에 도달하도록 유도한다.

일면 관점에 따라 도식적 훈련법으로 보일 수 있지만, 북한이 정해진 규칙에 따른 훈련법만을 강조한 것은 아니다. 에쮸드 훈련이 병행되었기 때문이다. 북한 문헌에서 에쮸드에 관한 기록은 1956년에 발견된다. 당시 북한은 재능 있는 청년들을 선발하여 모스크바와 레닌그라드 연극대학으로 유학을 보냈으며,[21] 공부를 마치고 돌아온 청년들은 현장작업에 참여할 수 있었다. 다음은 러시아 유학을 마치고 돌아온 연출가 김덕인과 관련된 기록이다.

> 무대련습으로 들어가면서부터는 잡다한 출입을 금하기 위해 전체 문들을 다 닫아 걸고 오직 연기자들의 출입을 위한 문만 열어 놓고 련습에 돌입했다. 그리고 련습 과정에는 연출가로부터 생생한 상상력의 발동을 위해 풍부한 생활 자료들을 제공받았으며 끊임없는 에츄드를 통하여 체험하는 연기들의 련마를 부단히 할 수 있었다.[22]

이와 같이 1960년대 이전부터 북한에서는 연습과정에서 에쮸드가 적용되었다. 에쮸드는 기본적으로 정해진 대본에 따라 움직이는 것이 아니라 배우의 즉흥성과 상상력에 기초한 연기훈련이다. 에쮸드는 즉흥성을 담보하는바, 실제 에쮸드를 활용한 연기훈련법은 세밀하고 다채롭다. 그렇다면 실제로 북한에서는 어떠한 에쮸드 훈련이 진행되었을까? 황철의 저서에서 이에 대한 설명은 실려 있지 않지만, 이탈주민 박경애 배우는 에쮸드 훈련을 직접 받은 바 있다고 증언한다.

> 이렇게 했지, 극장에서 거 객석에 연출가랑 모든 배우들이 다 모였는데, 나보고 무대위에 올라가라 그래. 그래 올라갔지. 그랬더니 연출가가 '잔디밭이다, 걸어라' 그래서 걷고, 그 다음엔 뭐 '나비다, 나비를 잡아라'

---

21) 신고송, 『연극이란 무엇인가』, 평양: 국립출판사, 1956, 85쪽.
22) 연기 및 연출연구회, 『생활과 무대』, 평양: 국립출판사, 1956, 117쪽.

120

그래서 금새 나비를 잡고 (···중략···) 내 다 받아먹었어. 주는 대사 다 받아먹어서 거기 모인 배우들 다들 놀랬지.23)

북한의 에쮸드 훈련은 이와 같은 방식으로 전개되었다. 1950년대에 연출가 김덕인이 배우들의 집중을 위해 모든 극장 문을 닫고 집중된 상태에서 에쮸드 훈련을 시도했듯이, 1960년대의 에쮸드 훈련 역시 다소 엄격하게 진행되었다. 기본적으로 연출이 모든 배우들을 극장으로 부르고, 한 배우를 지명하여 무대 위에 올라가게 한 후, 즉석에서 상황을 주고, 무대 위에 올라간 배우는 주는 상황에서 상상력을 발휘해 움직인다. 이 같은 즉흥훈련은 쏘냐 무어의 주장과 같이 배우가 "논리적인 사고를 하게 만들고 그럼으로써 상상력을 발달시킨다".24) 물론 북한의 에쮸드 훈련은 활용에 있어서 단순한 면이 있는 것은 사실이다. 일례로 스타니슬라브스키의 시스템에서의 에쮸드는 제시된 상황과 인물의 목표, 그리고 사건의 발전과 결말 등 구체적으로 짜여진 극구성 안에서 배우의 즉흥을 요구하기도 한다. 이에 비한다면 북한의 에쮸드는 즉흥성·순발력의 훈련에 다소 치중되어 있다고 하겠다. 그러나 북한의 에쮸드는 에쮸드의 본질, 즉 배우가 미리 인물의 움직임, 변화, 대사를 정하지 않고 주어진 상황과 사건에 자신으로서 반응함으로써 표현과 잠재의식의 폭을 넓히는 첫 훈련임은 분명하다.

3.2. 사건·감정분할과 속대사의 탐색

본격적으로 연기에 들어가기 이전 대사를 분석하는 것은 모든 배우의 기본이다. 북한 역시 연기를 위해 배우의 대사분석을 강조하는데,

23) 박경애, 필자와의 개인 인터뷰.

24) 쏘냐 무어, 한은주 옮김, 『쏘냐 무어의 스타니슬랍스키 연기수업』, 예니출판사, 2005, 118쪽.

그들은 이것을 대사의 '분할'이라고 설명한다. 분할의 원리를 설명하는 다음 글을 보기로 한다.

분할의 원리를 어떻게 할 것인가? 첫째로 지엽적인 문제나 또는 인상적인 세부분에 매달리지 말고 희곡 전체의 내용을 붙잡아야 한다. 즉 그 내용의 핵심, 말하는 사람이 도달하여야 할 최종 목표를 잡아야 한다는 것이고 그것은 곧 말하는 사람의 내면적 정서를 지배하는 감정의 충동의 초점을 붙들어야 하는 것으로도 된다. (116쪽)

분할에서 우선적으로 중요한 것은 대사 전체의 내용을 포착하는 것이다. 황철은 "희곡전체의 내용을 붙잡아야 한다."고 설명하지만, 이후 그의 설명을 면밀히 살펴보면, '희곡'은 개별 대사를 의미하고 있음을 알 수 있다. 그가 '분할'을 "말의 옳은 나열을 위한 작업"이라고 부언설명하면서, 대사의 목적이 사상 전달에 있는지 감정에 있는지를 파악하라고 하기 때문이다. 그렇다면 분할의 단위는 남한의 용어로 치환하면 '극적인 동기가 유지되는 상태'이며, 그 안에서 파악할 것은 인물이 갖는 '마음의 움직임'이다. 다시 말하면 '분할'의 작업이란 대사의 내적 동기를 기준으로 장면이나 대사를 나누는 일이다. 다음은 황철이 제시한 분할의 예이다.

-제2단계-
(ㄱ) "준식아!"
　　동필의 입에서 묵철 같은 소리가 튀여 나왔다.
　　"왜 대답이 없느냐."
　　말의 무게와 깊이를 더하는 침묵의 잠간 사이가 지나 간 다음 동필은 다시 이렇게 웨쳤으나 준식은 여전히 잠자코 있었다.

"너희들 용감한 전사가 큼직한 관을 메고 너희들의 입으로 만들어 놓은 한 개의 배신자를 담으러 오는 줄 알았더니 암만 기다려도 오지 않기에 산 송장이 스스로 걸어 왔다. 말해봐라."

동필은 두 주먹을 뿔근 쥐고 황소와 같이 준식을 노려 보았다. 아무 반응이 보이지 않는 준식이의 태도가 몹시 미웁게 보였다.

(ㄴ) "비겁한 꼴을 하지 말고 말해 보아라."

"………"

"침묵이 모든 문제를 해결해 줄줄 믿느냐? 싱싱한 사람에게 -옛 동무에게 온갖 누명을 씌워 논 자는 장애서 침묵할 수 있을걸세 나는 그렇게 잠자코 죽을 수는 없다. 말을 해 봐라."

(ㄷ) 그래도 준식은 여전히 네 할말을 죄다 해 봐라 하는 듯이 아직도 침묵을 깨지 않으려는 상이였다.

(ㄹ) "경계란 무슨 소리냐. 어따 쓰는게냐."

"………"

"나를 최동필을 경계할 필요가 어디 있느냐 왜 말이 없느냐."

"………"

"네 쉬파리 떼를 내게다 잔득 붙여 놓니 대체 무슨 냄새를 맡으려는 거냐? 또 맡은게 있건 말해봐라."

연기훈련을 위해서 황철이 한설야의 소설 〈황혼〉을 예로 들어 분석한 것은 북한에서 낯설지 않은 풍경이다. 북한은 현재까지도 소설을 연극, 가극, 영화 등 각 장르로 옮겨 문학과 예술이 유기적 연관을 맺도록 하기 때문이다. 이 글은 황철이 〈황혼〉을 4단계로 나눈 것 중 2단계만을 옮긴 것이다. 그는 〈황혼〉의 일부를 사건을 기준으로 모두 4단계로 나누고, 그것을 다시 세분화하여 감정을 기준으로 28개의 단위로 나눈다. 2단계는 모두 9개의 단위로 나누었으며, 인용문은 이 중 (ㄱ), (ㄴ), (ㄷ), (ㄹ)인 4개의 단위만을 옮긴 것이다. 그에 의하면 2단계는 동철이 준식에게 일방적으로 도전하는 단위이며, 동필이 준식을 찾아와 왜 자신에게 누명을 씌웠는지를 따지는 장면이다. (ㄱ)부터 (ㄹ)까지는 황철의 표현대로 동필이 준식을 일방적으로 공격하는 장면이다. 하나의 사건이 유지된다고 할 수 있는데, 황철이 (ㄱ)부터 (ㄹ)까지 나눈 것은 감정·정서의 변화와 상승으로 해석된다. 그 자신도 감정에 따라 대사를 분할한다고 설명하는바, 굳이 (ㄱ)부터 (ㄹ)까지의 핵심을 찾아보면 (ㄱ)동필의 분노, (ㄴ)동필의 원망, (ㄷ)준식의 침묵, (ㄹ)동필의 항의로 볼 수 있다. 조금 더 나가 남한 연출가 안민수의 표현대로 연극적인 목표를 찾아보면 (ㄱ)준식에게 따진다, (ㄴ)이유를 알아낸다, (ㄷ)변명을 찾는다, (ㄹ)묻는다 등이 될 수 있다. 물론 이것은 황철의 제시에 따라 필자가 인물의 감정·정서·목표로 핵심을 찾은 것이므로 또 다른 핵심이 제시될 수 있다. 중요한 것은 1960년대 북한에서 소설이나 희곡을 연습용으로 선택하여 사건을 기준으로 단계를 나눈 후, 하나의 단계 안에서 인물의 감정·정서에 따라 대사를 크게 나누는 방법이 제시되었다는 것이다. 현재 남한의 연극 현장이나 연기수업에서 일반적으로 이루어지는 방법의 거친·초보적 수준의, 그러나 본질에 있어서는 동일한 방법이라고 하겠다.

그렇다면 대사 분할 이후의 훈련은 무엇일까? 황철은 그 다음으로 '속대사' 작업을 제시한다.

속대사라는 것은 대사 뒤에 또는 그 속에 잠재하여 있는 것인바 '쓰따니쓸랍쓰끼'는 다음과 같이 말하였다. "그것은 역에 있어서의 인간을 내면적으로 감득할 수 있는 명확한 표현인바 대사의 말 밑으로 간단없이 흐르며 그것에 생명과 존재의 근본을 부여하는 것이다." (133쪽)

이 글은 번역에 의존한 듯 다소 뜻이 모호하지만, 찬찬히 살펴보면 '속대사'란 남한의 용어로 치환하면 인물의 '내적 동기/서브텍스트'인 것을 알 수 있다. 대사의 표면이 아니라 '왜 그런 말을 하는지', 즉 말을 하게 된 '동기'가 속대사인 것이다. 다음 〈심청전〉의 한 장면을 들어 황철이 설명한 예는 북한의 속대사 탐색방법을 보다 구체적으로 말해준다.

> 심봉사: 애 심청아 내 어제부터 밥먹는 소리를 못 들었으니 너 나만 주
> 고 너는 굶는게 아니야!?
> 심　청: 아니예요 아버지 저는 먼저 먹었어요. 걱정말고 어서 잡수세요.
> （하며 아버지의 숟가락을 밥 그릇에 대여 준다.）
> 이런 한 짧은 장면을 떼여 놓고 심청이의 "아니예요 아버지 저는 먼저
> 먹었어요 걱정말고 어서 잡수세요" 하는 대사의 속을 흐르고 있는 속대
> 사가 무엇일까? 대개 아래와 같은 서너개의 설정이 가능할 것이다.
> 1. 나는 배고프지 않다.
> 2. 내가 굶는 것을 아버지에게 알리지 말자.
> 3. 배가 고프지 않은체 하자. (134~135쪽)

심청이 아버지에게 "걱정말고 잡수세요."라고 한 대사는 배우가 아무 목표 없이 전개하는 대사가 아니어야 한다. 배우는 짧은 대사라도 반드시 어떠한 의도·목표를 가져야 한다. 황철은 분석 중에서 ①은 너무 지나쳐서 연극적 요소가 너무 결핍되고, ③은 너무 연극적이고, ②가 가장 적당하다고 말한다. ①은 대사 그대로이므로 상황에 적합하지 않고, ③은 지나치게 정직하지 못한 심청이를 보여줌으로 진실성이 결여되고, ②가 아버지에 대한 심청의 진실한 효심을 가장 일관되게 보여준다는 것이다. 이와 같은 속대사의 탐색 역시 현재 남한에서

도 일반적으로 행해지는 방법이다. 안민수의 연기훈련법을 보기로
한다.

「소」에서 유자나무집 딸이 개똥이에게 돈을 건네주며 "누가 쉽게 준
돈이니까 그냥 가져. 꿔써도 괜찮지."라고 말한다. 여기서 유자나무집
딸이 개똥이에게 주는 돈은 액면 그대로 누가 준 것도 아니며 실제로
개똥이에게 꾸어주려는 것도 아니다. 개똥이를 사랑하는 유자나무집 딸
로서는 자기가 희생하더라도 개똥이가 부담없이 돈을 받게 하고 싶은
절실함이 담겨 있는 것이다.[25]

안민수 역시 속대사, 내적 동기의 탐색을 제안한다. 대사의 내적
동기를 찾아야 그것을 근거로 배우는 말을 하고, 그에 따라 억양·어
조·음색이 결정되며 움직임의 근거도 찾아지기 때문이다. 1960년대
북한의 배우들이 대사분석에 있어서 '속대사의 연구'를 중요시했다는
다음 박경애의 증언은 남북 연기에서 공통점이 있다는 것, 황철의
방법론이 1960년대 북한에서 일반화된 방법이라는 것을 다시 한 번
확인시켜 준다.

거럼. 그러니까 배우가 속대사가 중요한 거지. 그걸 연구해야지. 이
말을 왜 하는지, 그냥 말하는게 아니라 뭣땜에 말하는지를 알아야지,
그래야 연기를 하는거지. 그게 연기지. 우리는 황철 선생님한테 직접
배우지는 않고, 그 다음 세대들한테 배웠는데, 그분들이 다 황철 선생님
한테 배운거지.[26]

---

25) 안민수, 『연극연출: 원리와기술』, 집문당, 1998, 127쪽.
26) 박경애, 필자와의 인터뷰.

이같이 박경애는 1960년대 속대사의 탐색은 배우의 기본이었다고 강조하며, 그를 위해 지방공연에서도 시간이 날 때 마다 대사연구를 했다고 회고한다. 연기를 위해 대사를 외적 행동으로 나타낼 수 있도록 분석하는 것은 모든 배우들의 공통점인 것이다. "대사를 어떻게 분석하느냐에 따라 인물의 내면 세계, 인물간의 갈등 그리고 사건의 발전 방향 등이 드러나고, 행동선이나 움직임, 짓거리 등을 구체적으로 만들어낼 수 있"는바,27) 이 중요성에 대한 인식이 북한에서는 속대사의 탐색으로 이어졌다.

4. 신비의 거부

살펴본 바와 같이 예술에서의 신비를 거부했던 황철은 체계적인 방법에 입각한 배우훈련법을 제시했다. 그의 화술훈련법을 발성훈련과 대사훈련으로 나누어 보기로 한다.

먼저 그는 발성훈련에서 호흡의 중요성을 강조한다. 이를 위해 그는 배우가 숨을 들이쉰다는 의식을 버리고 횡격막에 집중하여 횡격막을 늘리면서 공기가 저절로 들어오게 하는 훈련을 제시한다. 모든 연기에서 깊은 호흡은 장대사를 소화하기 위한 필수조건이기 때문이다. 이 같은 훈련법은 일면 호흡의 기능적 측면만을 강조한 듯 보일 수 있다. 최근 서구의 화술연출가들은 깊은 호흡의 기능적 측면뿐 아니라 철학적 측면을 강조하기도 한다. 그들은 인간 배우의 깊은 중심에서 발현되는 대사가 타인의 깊은 중심과 만난다는 철학적 해석을 더하고 있다. 이 관점에서 본다면 황철의 훈련법이 기능적 측면을

---

27) 안민수, 『연극연출: 원리와기술』, 127쪽.

더 강조하는 것은 사실이다. 그러나 그것은 '철학의 부재'라기보다는 예술적 신비주의에서 벗어나고자 하는 실천이며, 북한과 황철의 표현을 빌려 '과학만에 의거한 훈련법'을 구축하려는 시도일 수 있다. 증명할 수 없는 신비는 그들에게 무의미했기 때문이다. 황철은 객관적으로 누구나 인정할 수 있는 사실, 그에 따른 훈련 방법이 배우 연기에 실질적으로 도움이 된다고 믿었던 것이다.

다음으로 황철은 대사훈련을 위해 하나의 대사에 다양한 정서담기와 에쮸드 훈련을 적용한다. 이 훈련은 다양한 정서를(분노·슬픔) 동일한 단어로 표현함으로써 억양, 음색, 고저 등을 이용하여 화자의 의도를 표현하는 것으로 그의 표현에 따르면 '입체적 말'의 훈련이다. 또한 그는 배우가 미리 준비하지 않고 상황에 적응하는 에쮸드 훈련을 통해 배우의 상상력을 확장시켜 배우가 표현의 폭을 넓히도록 유도한다. 에쮸드 훈련의 초보적 수준이라 할 수 있지만 '자유로운 표현 유도'라는 에쮸드의 본질은 충분히 반영된다. 이외 그는 속대사 탐색훈련 역시 제시한다. 이것은 남한의 용어로 말하면 내적 동기의 탐색으로 배우가 표면적인 대사 전달에서 벗어나 마음의 움직임을 외면화시키도록 하는 훈련이다.

황철의 무대화술법은 발성에 있어서는 다소 초보적인 수준이라고 말할 수 있다. 또한 대사창조를 위한 훈련 역시 현재 서구와 남한에서 실행되는 다양한 훈련에 비하면 협소한 측면이 발견되는 것도 사실이다. 그러나 이 같은 훈련법들이 가진 본질적 장점에 대한 그들의 인식은 서구/남한과 동일하다. 진실한 대사의 전달과 표현의 다양성은 예술의 기본인바, 황철의 훈련법은 연기의 본질에 기초하고 있다. 현재 북한의 연극에 대한 일반적 평가는 '유형'과 '도식'이다. 1970년대부터 시작된 연극혁명과 유형화된 연극양식이 현재까지도 모범이 되고 있으며, 그로 인해 북한 연극은 자기검열과 외부검열이라는 이중의 망을 거쳐 무대 위에 존재하기 때문이다. 그러나 살펴본 바와 같이 북한 연극사에서 한 획을 긋는 황철은 연극예술 자체에 대한 진지한 고민과 함께 구체적 배우훈련법을 연극적 문법에 따라 제시하였으며, 그의 훈련법은 연기 훈련의 본질과 맞닿아 있음을 기억하고자 한다.

5장 사실주의 연극의 창작방법론

1. 사실주의를 향하여

우리 연극계는 1947년 12월을 기점으로 좌익과 우익으로, 1950년 한국전쟁과 휴전을 기점으로 남북으로 나누어졌다. 우리 연극사에 있어서 단절의 시작인 것이다. 단절은 소통과 교류를 불가능하게 했기에 해방과 분단을 체험한 연극인들의 언술은 이 시기 좌익 또는 북한 연극 연구에 1차 통로이다. 최근의 북한 공연예술 자료는 일반인들에게도 개방되어 주관적 감상과 객관적 비평이 가능하지만, 60년 전 북한 연극의 연구는 원로 연극인들의 증언 검토가 필수적이다.

그런데 북한에 대한 원로 연극인들의 증언에 균열이 가해졌다. 먼저 북한에 대한 부정적 언급을 보기로 한다. 1946년 김진수는 북한 연극인들에게 "문화인다운 프라이드를 사수하라"고 역설하였으며,[1]

---

[1] 김진수, 「연극수난기」, 『영화시대』 1, 1946.4.

1948년 이해랑은 북한 연극인들이 "협소한 사상 속에 칩거하여 예술에 대한 명민한 비판정신을 상실"하여 "연극과는 따로 존재하고 오히려 연극의 진실을 침해하는 각도에서 연극예술을 조종하는 정당적인 정치적 진실을 수립"하면서 "헛되이 예술가로서 자기의 천분을 희생시키고 있는 딱한 형편을 인식하지 못한다"며 안타까워했다.[2] 그는 1년 후에는 그러한 북한 연극에 "대항하야 연극으로 하여금 연극의 길을 걷게" 하는 것이 남한의 연극이라고 천명했다.[3] 1978년 이진순 역시 북한 연극이 "민중선동에 안간힘을" 쓰며 "좌익선전에 광분"하였다고 힘주어 전한다.[4] 이 같은 관점에 가해진 균열은 1977년 차범석의 글에서 발견된다. 그는 한국전쟁 시기 관람한 북한 연극에 대해 "그들의 연극솜씨는 솔직히 말해서 그 당시 우리가 하던 연극에 비해 웃돌고 있는 것 같았다"는 짧고도 조심스러운 회고를 남겼다.[5] 이후 2002년 차범석은 보다 적극적으로 '잘못된 역사를 바로 잡기' 위해 해방기 좌익 연극에 대한 '솔직하고 정직한 기록'을 시도했다.[6] 이 같은 연구는 1950년대 북한 연극계에 체계적인 창작방법이 존재했으며, 공연은 일정수준에 올랐다는 통념을 가져왔다. 그렇다면 이 일반적 통념은 실증적 자료를 근거로 증명될 필요가 있다.

현재 이 시기 북한 연극에 관한 실증적 연구를 가능케 하는 북한의 담론은 상당수 발견된다. 일례로 월북 이후 신고송은 문학과 연극의 장에서 활발한 글을 발표했고,[7] 주영섭과 라웅은 북한 연출가로 활동

---

2) 이해랑, 「연극의 순수성」, 『예술조선』 2, 1948.2.

3) 이해랑, 「몇 가지의 제언」, 『민성』 5, 1949.9.

4) 이진순. 「한국연극사 제3기」, 『한국연극』, 1978.1.

5) 차범석. 「특별기획, 6.25와 나. 별은 밤마다」, 『한국연극』, 1977.6.

6) 차범석, 「한국의 공연예술사는 다시 써야 한다: 해방공간의 연극·무용을 중심으로」, 『예술논문집』 제41집, 2002, 307~339쪽.

7) 김봉희 편저, 『신고송 문학전집』 2, 소명출판, 2008 참조.

하면서 『문학예술』과 『문학신문』을 통해 연출법과 연기법에 대한 구체적인 글을 남겼다.[8] 윤두헌과 박태영 역시 그들의 저서와 『문학신문』을 통해 희곡에 관련된, 김일영은 무대에 관련된 담론을 전개했다. 이외 1949년에 출판된 『군중문화총서: 연극써-클원의 수첩』은 북한 연극의 교과서 역할을 하며 연기법, 연출법, 화장법등을 구체적으로 설명한다. 저자진에는 황철, 김일영, 주영섭, 신고송 등이 포진하고 있는데 잘 알려진 바와 같이 '신고송, 김일영, 황철은 북한 연극계에서 자리를 잡은 연극인'으로 이들 모두는 해방 직후부터 최소 1950년대까지 북한 연극계의 핵심적 위치를 점했다. 특히 신고송은 1951년 북조선 국립극장총장, 1958년 '조소친선협의회 위원장'과 '조선노동당중앙위원회' 선전선동부 본부장, 1959년 국립연극학교 교장을 역임했고 1960년 민족예술극장을 관장했으며 1962년 '최고인민회' 제3기 대의원, 1963년 '조선월맹 인민투쟁지지위' 부위원장에 선출되는 등 정치적으로도 입지를 굳혔다.[9] 이 같은 사실은 신고송의 연극 담론이 당시 북한 연극계에 강력한 영향력을 행사했음을 분명 시사한다. 따라서 신고송의 글을 중심으로 주영섭, 라웅, 박태영, 윤두헌의 논의를 같이 살펴보고, 이에 더하여 북한의 연극교과서 역할을 하고 있는 『군중문화총서: 연극써-클원의 수첩』을 구체적으로 살펴본다면, 이 시기 북한 연극계에서 제기된 창작방법의 윤곽은 뚜렷해질 것이다.

---

8) 라웅은 〈인민은 조국을 지킨다〉(1945), 〈흑인소년 눈송이〉(1947), 〈로씨야 사람들〉(1948), 〈원동력〉(1948), 〈제2전선의 배후〉(1951~1952), 〈강화도〉(1953), 〈백두산은 어데서나 보인다〉(1956) 등을, 주영섭은 〈투쟁의 노래〉(1948) 등을 연출했다. 또한 주영섭은 「진실성은 무대예술의 생명」, 『문학신문』, 1960.1.15; 「지상토론: 뚜렷하게 발현된 연출적 개성 〈한지대장의 이야기〉」, 『문학신문』, 1966.6.10; 「연출에서의 독창적인 언어구사」, 『문학신문』, 1967.3.28 등 1960년대까지 지면에서 활발히 글을 발표했다. 라웅과 주영섭의 연출활동은 『조선중앙년감』, 평양: 조선중앙통신사, 1949~1960; 리령 외, 『빛나는 우리예술』, 평양: 조선예술사, 1960; 신고송, 『연극이란 무엇인가』, 평양: 국립출판사, 1956; 박림 외, 『문학예술과 계급성』, 평양: 국립출판사, 1955 등을 참조했다.

9) 김봉희, 『신고송 문학전집』 2, 799~802쪽.

이 글은 해방 이후부터 1950년대까지 연극창작에 관한 북한의 문헌을 면밀히 검토함으로 이 시기 북한에서 주류로 진입한 창작방법과 현장에서의 실천을 발견하고자 하며, 조금 더 나아가 이를 토대로 북한 연극의 창작방법을 이론화해보고자 한다. 남한 연구자로서, 자료의 한계까지 안고 있는 북한 연극에 대한 이론화는 어려운 작업일 수 있다. 특히 1953년 제1차 작가예술가대회와 1956년 제2차 작가대회, 1957년 작가예술가 열성자 대회를 계기로 문예방침의 재편성이 이루어진 북한 연극 창작방법의 이론화 작업은 무리일 수 있다. 그러나 필자는 연극예술의 문예이론 종속화에서 한 발 빗겨선다. 이 시기 창작방법은 각종 예술가 대회로 인한 이전과의 '단절'과 '급변'이라기보다는, 하나의 큰 흐름 속에서의 '수정'과 '보완'이다. 각 시기의 조직 개편과 미학적 강조점의 이동에도 불구하고 이 시기를 관통하는 연극론은 분명 존재한다. 희곡의 주제는 문예방침에 민감할 수 있지만, 연기와 연출 등 공연과 관련된 창작방법은 무대경험을 토대로 발전하고 축적되기 때문이다. 해방 이후부터 1950년대까지 흩어져 있는 북한의 희곡·언어·연기·연출에 관한 글들을 종합분석하면서 공연 기록들과 교차한다면, 1950년대 북한 연극의 주된 창작방법은 충분히 이론화될 수 있다.

이 글이 초점을 두는 것은 공연과 관련되어 논의된 실질적이고 구체적인 방법들이다. 즉 등장인물의 기본 조건과 언어 선택의 기준, 지향된 연기법과 연출법에 관한 연구이다. 연구의 결과로 도출된 북한 연극의 창작방법론에 대한 가치평가는 열어두고자 한다. 아직 우리 학계에서 북한 연극에 대한 연극적 관점의 연구는 시작점에 있다. 일정 시기 연극론의 의미 도출은 전체적 조망과 병행될 때 가능할 것이다.

2. 긍정적 전형의 인물: 유형에서 입체로

주인공의 기본 조건은 먼저 김일성의 교시에서 발견된다. 그는 1947년에 "새 조국에 일떠선 우리 인민의 보람찬 투쟁모습이라든지, 조국 보위에 떨쳐나선 우리 군대 용사들의 슬기로운 투쟁모습들을 형상한 새로운 현실주제작품들을 창작"[10]하라고 지시한 바 있다. 연극의 주제가 '보통사람들의 투쟁모습'이라면, 주인공의 조건은 '슬기로움'인 것이다. 이 '슬기로운 보통사람들'의 구체적 모습을 안막의 글에서 찾아보기로 한다.

새로운 긍정적 전형은 국가와 인민을 진심으로 사랑하는 민주주의 조국 건설을 위하여 헌신적으로 투쟁하는 모든 낡은 구습과 침체성에서 벗어난 높은 민족적 자신과 민족적 자각을 가진 고상한 목표를 향하여 만난을 극복할 줄 아는 모든 문제를 해결하는데 있어서 높은 창의와 재능을 발양하는 고독치 않고 배타적이 아닌, 다른 사람들을 이끌고 용감하게 나아가는 그야말로 김일성 장군께서 말씀하신 생기발랄한 민족적 특성을 가진 그런 조선 사람의 형상을 말하는 것이다.[11]

이 글은 해방기에 제시된 연극 주인공의 필수 조건을 정확히 말해 준다. 주인공은 ① 조국과 민족을 진심으로 사랑하고, ② 어떠한 고난에도 굴복하지 않고, ③ 난관 타개의 능력이 있는, ④ 그러나 독단적이지 않은 인물이다. 동시에 이 주인공들은 전설에 등장하는 인간이 아니라 어제의 로동자, 농민, 사무원, 학생들이며 그들의 자제여야

---

10) 김일성, 「혁명군대의 참다운 문예전사가 되라」, 『김일성저작집』 3, 평양: 조선로동당출판사, 1979, 261쪽.

11) 안막, 「민족문학과 민족예술 건설의 고상한 수준을 위하여」, 『문화전선』, 1947.8.

했다.[12] 현실의 인간들이 극중 인물인 것이다. 교시는 곧 공연으로 이어졌다. 작품 "「푸른신호」「고지의 별」에서 작가들이 인민의 평범한 보통사람의 자제들이 그들의 의무를 수행하는 것을 아무런 허식 과장 없이 형상화"하였고, "비범한 인간이 묘사되어 있지 않고 오직 애국적이며 낙천적인 보통 인간의 풍부한 감정과 생활이 묘사"되었던 "연극 〈탄광사람들〉에서 작가가 인민과 인민군대가 발휘한 애국주의 정신 영웅성 낙관주의 등을 묘사하여 인민의 교과서가 되어야 할 예술작품의 역할을 높"였다는 신고송의 회고는 정책과 공연 간의 긴밀성을 잘 말해준다.[13]

그런데 사회적 계급이 '보통'인 인물이라도, 비범하고 비현실적인 능력의 소유자라면 일정한 유형으로 구축되었을 가능성이 크다. 특히 연극의 주제가 '투쟁모습'으로 이미 고정되었다면 극중 인물들의 입체적 구현 가능성은 더욱 낮다. 이에 대한 윤두헌의 글이다.

갈등 없이 극작품이 정립될 수 없다는 것은 상식으로 된 오늘, 갈등을 현실의 전진 운동속에서 필연적으로 발생하는 모순에서 찾아 낼 대신 얼토당토 않은 대립을 조작해 내는 따위의 작품들도 거기서 오는 것이다. 또한 전형을 창조한다면서 그것을 사회적 본질적인 기초에서 개성적으로 형상화 대신 습관화된 유형을 만들어 내는 것이라든지 작품 구성들이 새 경지를 개척하여 청신하고 예리한 성격을 가질 대신 천편일률성을 띠게 되는 폐단도 또한 현실 인식 능력이 부족하여 대담하게 현실에 뛰어들지 못하는 데서 오는 것이다.[14]

---

12) 김일성, 「우리 문학예술의 몇가지 문제에 대하여」, 『김일성저작집』 6, 평양: 조선로동당출판사, 1980, 402쪽.
13) 신고송, 「연극에 있어서 형식주의 및 자연주의적 잔재와의 투쟁」, 『문학예술』, 1952.1.
14) 윤두헌, 「극문학 상의 몇 가지 문제」, 『조선문학』, 1954.3.

이같이 인물의 유형성을 염려하는 윤두헌의 글은, 북한에서 극중 인물이 1950년대 중반까지 유형적으로 구축되었음을 확인해준다. 주인공의 조건 자체가 이상화된 인간이기에, 인물 역시 '천편 일률성'을 벗어나기 힘든 것이다. 오창은의 지적과 같이 개성을 잃은 이상화된 인물은 "'완성형의 인간'이기에 '결여형의 인간'보다 덜 매력적일 수밖에 없다".15) 이 '일률적' 인물들을 설명한 박태영의 글이 재미있다.

여기서 대부분의 긍정적 주인공들이 모두 제대 군인이며, 독신자이며, 생산에서의 애로를 타개하기 위하여 무엇인가 창의 고안에 열중하고 있으며, 또한 그는 반드시 과부의 아들이다. 그에게는 반드시 새로운 기술자가 방조를 주고 있으며 같은 직장에 있는 애인이 위로하고 격려한다. 그에게는 물론 대립되는 인물이 있는데 그는 반드시 일제 시대부터의 낡은 기술자이다. 그는 적당히 악역을 놀다가 적당한 시기에 깨닫고 개진하기를 맹세한다. 지배인은 대체로 애매한 원만주의작이며 당위원장은 호인형으로 적당한 정치적 제스처를 계속하다가 해결이 가까워지자 갑자기 예리해지며 사건의 재판관으로 자기 역할을 마친다.16)

이 글은 1955년 전후까지 존재했던 유형적 인물들의 모습을 구체적으로 알려준다. 필수등장인물은 주인공과 주인공의 격려자, 그리고 적대인물이다. 주인공의 조국애는 '모두 제대군인출신'이라는 배경으로 암시된다. 또한 '과부의 아들'과 같은 어려운 환경은 동시대 인민과의 동질성을 획득한다. 따라서 그가 '창의적인 것에 몰두'한다는 것은 곧 북한 인민이 나아갈 바를 제시하는 것이다. 한편 적대적 인물은

---

15) 오창은, 「전후복구시기 북한 노동계급의 성격화 양상: 윤세중의 〈시련속에서〉(1957)를 중심으로」, 『한국어문학』 제107집, 한국어문학회, 2010, 281쪽.
16) 박태영, 「희곡의 흥미에 대하여」, 『조선문학』 3, 1955.3.

반드시 '장해' 그 자체가 되어야 했다. 주인공의 진취적 이상을 방해하는 그는 북한 인민의 모든 장해를 상징하며 개과천선의 의무를 갖는다. 북한의 낙관적 미래관을 반영해야 하기 때문이다. 결과적으로 인물은 일정한 유형으로 고정화될 수밖에 없다. 교시의 실천을 위해 '긍정적'이라는 추상적 개념으로 인물에 접근함으로써 다양성이 상실되는 것이다. 주목하고자 하는 것은 이를 지양하고 북한이 나아가고자 한 방향이다.

우리들 극작가들에게 관객이 기대하는 것은 비판할 것이 없는 이상화된 주인공이 아니라, 청산유수로 목소리를 높여 말 잘하는 말 공부쟁이가 아니라, 새 세계를 반대하는 적대적 세력을 극복할 뿐만 아니라 매사람에게 어느 정도 존재하는 인간의 약점을 자기에게서 극복하는 투사, 공산주의의 광명한 이상을 위해 싸우는 투사를 기대한다.[17]

이와 같이 새롭게 제시된 연극의 주인공은 완전무결한 이상화된 인간이 아닌, 약점을 갖는 있음직한 인간이다. 연이어 박태영은 극중인물은 '자기에게 만일 결함이 있는 경우에도 그것을 미화하는 것'이 아니라 '극복하는 사람이면 충분'하다는 과감한 주장까지 펼친다. 입체적 인물구현은 주인공에만 한정되는 것이 아니다. 그는 다수의 작가가 주인공의 장해역할을 하는 인물에게 "이러저러한 부정적 요소들을 한 사람의 형상에 잡다하게 들씌우고 강조함으로써 우리 사회에서는 도저히 찾아 볼 수도 없고 믿어지지도 않는 인간을 만들어 내"었다고 지적하면서 "그 결과는 긍정 인물을 추악한 것과 투쟁하는 형상으로보다 다만 그 추악성들을 증명하고 해설하는 인물로 뵈여주고 있으

---

17) 위의 글.

며 따라서 긍정인물의 활동을 왜소하고 품성의 높이가 덜 발양되게 만들고 있"을 뿐이라고 비판한다.[18] 유형적으로 구축된 주변인물은 오히려 긍정적 주인공을 축소시킨다는 지적이다. 그는 인물구축에 대한 성찰을 촉구하는 한편, 자신의 주장을 곧 극작으로 옮겼다.

> 『우리나라 청년들』에서는 얼마나 많은 사랑스러운 당과 조국의 아들 딸이 그려져 있는가! 중대장 김석기, 장치 부중대장 장일형, 습격조장이며 사공 박로인의 손녀 선옥을 사랑하면서도 수집이 숨기기만 하는 김기주, 습격조원이며 세포 위원장인 강태와, '창고'란 별명을 듣고, '창고'와 같은 배낭 속에 항상 탄환과 수류탄과 식량의 예비를 떨구지 않는 습격조원 최만호, 대학생 출신으로 생리적 겁을 청산 못한 습격조원 리강, 귀여운 꼬마 력란원 명길복, 련대 군의소 준의며 강의한 처녀의 서탄실, 그리고 박로인과 선옥, 누가 이 청년들을 사랑하지 않으며 누가 이 청년들에게 조국의 장래 운명을 맡기지 않겠는가?[19]

박태영 작 〈우리나라 청년들〉에 대한 신고송의 비평은 북한 연극에서 도식적 인물들이 점차 입체적으로 변해가고 있음을 알려준다. 선옥을 사랑하지만 수줍음이 많은 김기주, 지식인이면서 겁이 많은 청년, 귀여운 꼬마, 강인한 처녀 등은 유형적이었던 과부의 아들, 새로운 것의 창안에 몰두하는 인물, 주인공을 위로하는 애인과 구분된다. 따라서 이 작품에 대해 같은 글에서 "많은 청년 영웅들의 군상을 도식과 류형에 빠지지 않고 생동하고 특징적으로 그리였다"는 신고송의 비평은 축소해석해도 객관성을 획득한다. 이 입체적 인물구축이 주된 창작 방법으로 굳어졌음을 다음 글을 통해 다시 한 번 확인하기로 한다.

---

18) 박태영, 『희곡 창작을 위하여』, 평양: 국립출판사, 1956, 9쪽.
19) 신고송, 「청년들에게 주는 훌륭한 선물: 박태영 희곡집에 대하여」, 『조선문학』, 1958.3.

지금 우리 창작사업에서 문제성에 관한 문제, 도식주의를 반대하는 문제는 가장 긴요한 관심사로 되고 있다. (…중략…) 〈한 가정의 이야기〉는 (…중략…) 각이한 인간 성격들의 다양한 예술적 형상을 위한 작가의 비상한 노력은 도식주의를 반대하며 예술적 기교를 가일층 련마할 데 대한 제2차 작가대회의 호소에 대하여 작가가 심오한 관심을 기울였다는 것을 말하는 것이다 (…중략…) 노력을 기울였음에도 불구하고 문제성의 제시와 예술적 기교에 대한 문제 및 도식주의를 극복하는 문제에 있어서 적지 않게 불만스러운 점이 있다는 것을 이야기 하지 않을 수 없다.[20]

　　김승구는 〈한 가정의 이야기〉에서 개연성 없는 주인공의 고집스러운 성격은 설득력이 없다고 지적한다. 주인공은 있음직한, 즉 개연성 있게 창조되어야 한다는 것이다. 동시에 그는 인물 성격의 단순화를 단연 배격한다고 역설하면서 단순한 인물구축은 작가의 현실인식의 부족과 안이함에서 기인된다고 첨언한다. 같은 맥락에서 박태영은 한 발 더 나가 "긍정적 주인공의 전형 창조에 대해 주의를 기울이지 않고 부정적 인물들만 비현실적으로 확대하는 현상은 작가가 엽기적인 자기 취미를 만족시키려는 거짓 꾸밈에 지나지 않다"고 주장한다.[21] 1950년대 중반 이후 인물창조에서 유형의 극복은 필수조건이었던 것이다. 그러나 유형의 극복이 1950년대를 대표하는 인물구축 방법론이라 단정하는 것은 다소 무리가 있다. 살펴보았듯이 1950년대 중반 이전까지 인물에서 유형성은 강하게 나타났고, 그 극복에 관한 적극적 담론은 중반 이후에 발견되기 때문이다. 따라서 이 시기 북한 연극의 인물은 긍정적 전형이면서, 유형에서 입체로의 전환이라고

---

20) 김승구, 「〈한 가정의 이야기〉에 대하여」, 『문학신문』, 1957년 2월 28일자.
21) 박태영, 「드라마뚜르기야는 현실 생활에서 찾아야 한다」, 『조선문학』, 1958.1.

보는 것이 타당하다.

3. 소박한 대중적 언어의 선택적 사용

언어는 북한에서 희곡의 구성요소 중 가장 중요한 위치를 점한다. 신고송의 "언어형식을 초월한 희곡은 불가능하며, 언어는 사상이며 형상이며 생활"이라는 글은 이를 입증한다.[22] 김일성 역시 언어에 대해 특별한 관심을 표했다.

동무들이 대중 속에 들어가서 대중이 알아들을 수 있는 말로 이야기하며 대중이 원하는 글을 써야 하겠다는 것입니다. 대중을 위하여 일하며 대중의 심리를 잘 알고 대중의 말로 말하며 대중이 요구하는 글을 쓰며 (…중략…) 알기 쉬운 말과 알기 쉬운 글로…[23]

이 교시는 연극뿐 아니라 북한 문학예술인 모두가 창작에 있어서 가져야 할 기본태도였다. 작가는 "군중 속에 들어가 먼저 군중을 알아야 하며 군중의 모든 것을 리해"하여 '대중의 말'을 찾도록 권유받았다.[24] 북한에서는 "아무리 예술성과 사상성이 높은 작품이라 하더라도 인민대중이 소화하지 못하고 인민 대중 속에 침투되지 못하면 아무 소용이 없"[25]는 것, "예술인들에게 무대를 주는 것은 개인의 명성

22) 신고송, 「희곡창작과 언어문제」, 『문학예술』, 1952.10.

23) 김일성, 「문화인들은 문화전선의 투사로 되어야 한다」, 『김일성저작집』 2, 평양: 조선로동당출판사, 1979, 231쪽.

24) 위의 책, 460~461쪽.

25) 김일성, 「문학예술을 발전시키며 군중문화사업을 활발히 전개할데 대하여」, 『김일성저작집』 3, 평양: 조선로동당출판사, 1979, 440쪽.

이나 떨치라고 주는 것이 아니라 예술인들이 군인들과 인민들을 위한 예술 활동을 하라고 주는 것"이었다.[26] 여기서 '대중의 말'에 대한 구체적 실례를 알아보기로 하자.

"이게 꿈도아닌 - 어- 꿈도 아닌 사실이다? 핫... 그래 여보게 그 김장 군님은 어디 김씨인가? 우리 어머니는 연안김씨인데 그분은 어디 김씨 인가 응 하하..." 눈물고인 얼굴에 빛난 웃음으로 어깨를 들먹어리며 웃는 박노인의 모습은 과연 가슴을 찌른다.[27]

한효는 백문환의 〈성장〉에서 박노인의 언어에 주목한다.[28] 그는 김일성에 대한 고마움의 표현이 이전에는 "김장군님의 은해는 태산같다, 김장군님의 은해를 어떻게 갚나, 참 이렇게도 고마울데라고…" 등이었다고 하며, 백문환이 이러한 언어에서 벗어난 점을 극찬한다. 한효의 관점을 빌리면 기존의 언어는 작가가 '상식(常識)과 임무의 상 상세계에서 배회'하였기에 생산된 언어였다. 이 때문에 그는 "봉건시 대의 오랜 습성을 가진 조선의 보통 사람들이 진심으로 존경하는 이 의 이야기를 하게 될 때에는 으레 그 본관을 찾"는 경향이 있는 것을 포착하여, 김일성에 대한 감사 언어를 신선하게 구축한 백문환을 '비 범'하게 평가했다.[29] 북한의 작가는 "대중이 현실에서 사용하고 있는 소박한 언어를 적극적으로 연구"하고 "우리 조선말의 고유한 아름다 움에 심각한 주의를 돌리어 빈약한 어휘와 조경한 대화들 속에서 헤 매"지 말아야 했던 것이다.[30] 이 같은 양상은 북한 연극계가 선전적이

26) 김일성, 「혁명군대의 참다운 문예전사가 되라」, 264쪽.
27) 한효, 「예술축전의 희곡들」, 『문학예술』 1, 1949.
28) 김정수, 「해방기 북한연극의 공연미학」, 『공연문화연구』 제20집, 공연문화학회, 2010 참조.
29) 한효, 「예술축전의 희곡들」.

거나 의무적인 문구들의 나열을 경계했음을 시사한다. 연극에서 구현되어야 할 언어는 소박한 인간들의 정서가 묻어나는, 사실적 측면이 돋보이는 '말'이다. 그렇다면 '소박한 실제 인간들의 말'은 언어를 위한 충분조건이었을까? 이에 대해서는 다음 글을 면밀히 살펴볼 필요가 있다.

쏘베트 극작계에서는 우수한 쏘베트적 희곡이 다수 창작된 반면에 무미건조하고 생명 없는 말로 쓰이어진 때로는 깨끗하지 못한 통속적인 말과 또는 류창하지 못하여 문학적 표준성이 빈곤한 작품'들도 적지 않게 나왔던 것이다. (…중략…) 희곡들에서 그 등장인물들의 말에 있어서 아직도 많은 협잡물이 있고 말의 찌꺼기가 적지 아니 함에도 불구하고 전 인민적 언어의 신선미가 감특 된다는 것이 일반적으로 인정되고 있다. (…중략…) 쉑스피어는 매기 그의 등장인물이 산지혜와 사상의 풍부성이 충만하여 있기 때문에 아·므·고리끼의 마음에 들었던 것이다. "쉑스피어의 임이의 히곡에서 당신들은 아무 익살재이나 또는 하인을 가져와 보십시오. 그게 얼마나 현란합니까! 얼마나 깊은 지혜의 심연이 있습니까!"라고 아·므·고리끼는 말하였다.[31]

이 글에서 지적하는 '협잡물'과 '말의 찌꺼기'는 더 이상의 부연설명이 없기에 실상 그 정확한 의미를 파악하기는 어렵다. 그러나 이 글을 통해 북한이 지향하는 언어를 크게 두 가지로 가늠할 수 있다. 언어는 첫째 일상적이되 주제를 드러내기 위해 사상성과 문학성이 내재되어야 한다. 신고송이 이 글에서 "셰익스피어의 희곡에 등장하는 익살꾼이나 하인들은 대중인 것은 분명하지만, 그들의 언어에 깊은 심연이

---

30) 위의 글.
31) 신고송, 「희곡창작과 언어문제」.

담겨있었다"는 글을 인용했듯이 북한은 의미가 내재된 정제적 일상 언어, 즉 함축적이고 압축적인 언어를 지향한 것이다. "시대적 감정을 조직적이고 선율적인 언어로 관객에게 호소하는 함축적" 말은 일상 언어와는 분명히 구분된다.[32] 1950년대 중반 이후에도 이러한 관점은 연극계에 나타난다.

'생활적 소재', '생활적 갈등', '생활적 언어' 등 그 자체는 물론 정당한 말들이다. 그러나 여기서 결론부터 말한다면 생활적이란 것은 즉 일면적 진실을 담고 산재해있는 생활적인 단편들은 그것이 아무리 많고 작품 속에 널려 있어도 생활의 진실이 될 수 없다는 것이다. 바꾸어 말한다면 작품의 중심적 갈등에 관계되거나 복종되지 않는 생활적인 단편들은 결코 현실의 진수를 반영하는 것으로 되지 못하는 것이다.[33]

이같이 북한에서 '생활의 언어'가 의미를 갖는 것은 작품을 관통하는 주제와 긴밀히 연결될 때이다. 현실적인 언어라도 작품의 주제와 갈등에 기여하지 않는 언어는 재고되었다. "특이하거나 기발한 언어라 해도 갈등을 바로 보지 못하게 한다면 희곡의 본질까지 흐려놓을 가능성"이 있기 때문이다.[34] '대중의 소박한 말'인 동시에 '작품의 주된 갈등과 주제에 기여하는' 언어가 북한이 지향하는 언어이다.

언어에 대한 두 번째 단서는 "언어가 깨끗하지 못한, 통속적인, 류창하지 못하여"라는 글이다. '깨끗하지 못한 말, 통속적인 말'은 그 기준이 모호하지만 같은 글에서 다시 찾아보면, '후미고나 뒷골목패들의

---

32) 신고송, 『청년문학』, 1953.8.

33) 신고송, 「극문학 발전을 위한 중심문제」, 『제2회 조선작가대회 문헌집』, 평양: 조선작가동맹출판사, 1956.

34) 위의 글.

특수한 사투리에 정통하거나 따기꾼의 언어에 정통' 한 작가들이 '자기 작품의 표현의 명료성과 전 인민적 공통적 언어의 질을 손상하던' 언어와 가장 밀접하다. 대중의 말을 사용하는 것이 원칙이지만, 대중에 포함된다고 해도 뒷골목패들의 은어를 사용하는 것은 인민언어의 품위를 훼손한다고 본 것이다. 뿐만 아니라 북한은 지나친 방언의 사용 역시 '깨끗하지 못한 말'에 포함시켰다.

> 우리 극작가들 사이에는 지방 사투리의 사용에 대한 가부를 론의한다. 어런 작가는 작중 인물이 지방 사투리를 씀으로 하여 일층 그 성격적 특징을 선명하게 할 수 있음에도 불구하고 지방적 사투리는 표준어가 아니라는 것을 유려하여 쓰지 않는다. 심지어는 어떤 작가는 '언어 교육적'견지에서 지방 사투리의 대사에의 인입을 삼간다. 이 량자는 모두가 지나친 겸손이며 작가의 겸손을 보이고 있는 것이다.[35]

이 글은 북한에서 장려하는 언어와 경계해야 할 언어가 무엇인지 알려준다. 1950년대 초반 북한 작가들은 지방 사투리의 사용을 일반적으로 피해 왔다. '표준어가 아니기에, 또는 대중의 교양에 지장이 있기에 사투리를 피했다'는 신고송의 회고는 그러한 사실을 입증한다. 유연하게 해석해도 사투리는 북한에서 주의를 기울여 사용해야 할 언어였음은 분명하다. 그런데 신고송의 부언이 주목된다. 그는 이 글에서 '함경도, 경상도, 전라도 사투리 등은 모두 우리의 말임이 분명하기에 표준어가 아니라는 이유로 사용하지 않는 것은 옳지 않'으며, '지나치게 무대의 언어를 표준어로 사용하는 것은 인물에 대한 믿음과 사실성을 훼손하기에 그 역시 경계해야 한다'는 입장이기 때문이

---

35) 신고송, 「희곡창작과 언어문제」.

다. 한층 사투리 사용에 대해 관대해진 일면을 보여준다. 물론 현재의 시각에서 이 주장은 특별한 창작법이 아닐 수 있다. 그러나 당시 북한 연극계의 상황은 다음과 같다.

> 지방에 있는 어떤 극작가의 호소에 의하면 (…중략…) "옛날부터 산비둘기가 울면 풍년이 든다고 했으니 올해 우리 조합은 풍년이 틀림없네"라는 대사를 썼다고 한다. 그런데 그 도 당의 선전부 일꾼들은 이것은 비과학적인 미신 사상이기 때문에 안된다고 수정을 강요하여 끝내 그 생활적인 대사를 깎아 버리게 하였다. (…중략…) 또한 어떤 군대내 어떤 써클원은 대사에서 "재수없다"는 말을 썼다고 하여 비맑스주의 사상이라고 상급에게서 비판을 받은 실례도 있다.[36]

이와 같이 1950년 중반까지 북한 연극에서 언어 사용에 대한 기준은 엄격했다. 미신과 관련될 가능성이 있다면 '산비둘기가 울면 풍년이 든다'는 대사나, 과학적 근거가 없다면 '재수없다'는 대사는 비판의 대상이었다. 이것은 최소한 1956년까지 북한 연극계에서 언어에 대한 작가들의 자기검열이 엄격했다는 근거가 된다. 그렇다면 1952년 신고송의 사투리 사용론은 분명 새로운 주장이다. 그는 1950년 중반 이후에는 연극의 언어사용에 대해 더욱 유연한 입장을 취한다. 그는 같은 글에서 '비과학적인 과학의 신봉자가 다른 부문을 지도함에 있어서는 능수일 수 있으나 예술을 지도함에 있어서는 매우 유해로운 존재라는 것이 명백'하다며, '지도를 자신 있게 하는 사람들이 우리 민족의 전통적인 인민적 생활감정과 미신과의 차이를 혼돈'하고 있다고 날카롭게 대응한다. 더 나가 그는 '지도'가 연극계에서 지

---

36) 신고송, 「극문학 발전을 위한 중심문제」.

배적이거나 절대적인 것이 아니며, 역량이 부족한 '지도'는 오히려 북한 극문학 발전에 저해를 줄 뿐이라고 강변한다. 이것은 북한에서 1950년대에 언어에 대한 다각도의 논의가 자유롭고 과감하게 전개되었음을 잘 말해준다. 물론 담론과 실천은 별개이다. 또한 현재로서는 자료의 한계로 '사투리 사용'의 실천 문제를 아직 확인할 수가 없다. 따라서 1950년대 북한에서 연극의 언어로 제시된 조건은 ① 소박한 대중의, ② 사상성과 문학성을 창조적으로 담는, ③ 작품의 주제와 갈등에 기여하는, ④ 인민의 정서를 반영하는(미신과 관련되거나 비과학적인 경우 포함) 것이라 하겠다.

4. 체험과 관찰을 통한 정제적(淨濟的) 연기의 지향

북한에서 해방 직후부터 문학과 예술에 통용되는 중요한 원칙 중 하나는 일제 잔재의 청산이다.[37] 연극계는 "먼저 말과 행동에서부터 일본제국주의의 냄새와 틀을 완전히 없"앨 것을 강력하게 요구받았다.[38] 연기에서 일본의 냄새란 일본의 가부키적 연기를 의미한다.[39]

---

37) '문학, 예술 및 과학 분야에서 일본제국주의의 낡은 사상잔재를 철저히 없애버려야 한다', '문학예술부문에서 일제사상잔재를 철저히 뿌리 빼고', '지금 예술분야에는 일본제국주의의 낡은 사상 잔재가 많이 남아있는데 그것을 뿌리빼기 위한 투쟁을 힘있게 벌려야 한다', '작가, 예술인들 속에 남아있는 일제의 낡은 사상 잔재는 우리의 문학예술발전에 이러저러하게 나쁜 영향을 미치고 있다'는 김일성의 교시는 북한이 해방 직후부터 일제잔재의 청산을 무엇보다도 시급한 과제로 인식하였음을 입증한다.
김일성, 「문화인들은 문화전선의 투사로 되어야 한다」(1946.5.24), 『김일성저작집』 2; 김일성, 「음악예술인들은 새 민주조선 건설에 적극 이바지하여야 한다」(1946.8.8), 『김일성저작집』 2; 김일성, 「혁명군대의 참다운 문예전사가 되라」(1947.4.30), 『김일성저작집』 3; 김일성, 「문학예술을 발전시키며 군중문화사업을 활발히 전개할데 대하여」(1947. 9.16), 『김일성저작집』 3.

38) 김일성, 「혁명군대의 참다운 문예전사가 되라」, 261쪽.

39) 김정수, 「북한 연극계에서 제기된 청산(淸算)대상 연기(演技)에 관한 연구: 해방직후부터

이 연기는 북한에서 신파적 연기로 통칭되었고 신파극의 청산 담론은 1950년대까지 일관성 있게 이어졌다.[40] 이외 형식주의 연기 역시 시급히 극복되어야 할 대상으로 간주됐다. 형식주의 연기는 "작품의 내용을 무시하고 형식에 치우"쳐 "일정한 틀이 있는 공식화된 연기"이므로 극적 믿음을 상실하기 때문이다.[41]

그 대안으로 대두된 연기는 사실주의 또는 사실주의적 연기였다. 북한에서의 '사실'은 '현실' 또는 '체험'과 밀접한 관련이 있다. 배우에게 생활현장에 직접 들어가 인민의 생활을 '체험'하라고 한 지시는 이를 잘 말해준다.[42] 북한에서는 배우가 '자신이 창조하려는 인간의 감정과 생활을 직접 감독하고 경험하지 않고는 인간형상의 정당한 창조는 불가능'한 것이다.[43] 현실과 현실인물의 직·간접적 체험이 연기를 위한 기본 조건이었다. 그런데 북한이 배우에게 현실 인물의 체험을 요구하면서 객관 그 자체의 연기를 경계했다는 점 역시 주목되어야 한다. 북한은 "단순히 객관적 사실을 모사하는 예술은 레알리즘과는 거리가 먼 것"이며 "공허한 『객관주의』는 자연주의로 연출 연기에 있어서는 기계적 형식주의로 전락"한다고 보았다.[44] 라웅은 배우가 객관적 현실을 관찰하고 그에 근거하여 연기 할 것을 분명 주장한다. 그러나 단순히 사실만을 묘사하는 연기는 자연주의적 연

한국전쟁 이전까지를 중심으로」, 『정신문화연구』 제119집, 한국학중앙연구원, 2010, 48~72쪽 참조.

40) 주영섭은 연출가가 청산해야 할 5가지 요소 중 하나로 신파적 잔재의 청산을 요구했고, 신고송은 신파연기를 "형식적으로 내용적으로 일본 제국주의적 잔재"로 간주하면서 하루속히 청산해야 할 연기라고 역설한 바 있다.
주영섭, 「연출과 사실주의」, 『문학예술』 2, 1949; 신고송, 「연극에 있어서 형식주의 및 자연주의적 잔재와의 투쟁」, 『문학예술』, 1952.1(『현대문학비평자료집』 2) 참조.

41) 주영섭, 「스따니쓸라흐스끼와 그의 배우수업」.

42) 김일성, 「문학예술을 발전시키며 군중문화사업을 활발히 전개할데 대하여」, 437~438쪽.

43) 주영섭, 「스따니쓸라흐스끼와 그의 배우수업」.

44) 라웅, 「사실주의 연출 연기 수립을 위하여」, 『문학예술』 9, 1949.4.

기, 기계적 형식주의라고 또 다시 경고한다. 그렇다면 자연주의적 연기란 무엇일까? 다음 글을 보기로 한다.

> 자연주의는 레알리즘과 적대(敵對)되는 것이다. 이것은 처음 보이거나 떠오르는 현상들과 사실들을 그 배후에 숨은 진실과 논리를 구명(究明)함이 없든가 의식적으로 예술적 선택과 정리를 회피하든가 하여 제시하므로 거기에는 중요한 것과 중요치 않은 것이 동일한 평판 위에 놓여있으며 뿐만 아니라 이 류파의 대다수는 인간생활을 동물생활과 차이 없는 것으로 보며.[45]

라웅에 따르면 자연주의 연기는 배우가 현실 인물의 움직임과 화술을 관찰하여 무대에 구현할 때, 관찰한 그대로를 여과 없이 보여주는 것이다. 자연주의 연기를 탈피하기 위해서는 중요한 것과 중요하지 않은 것을 구별하라는 것인데, 이 '구별'에 대해서는 다음의 글을 통해 알아보기로 한다.

> 나무에 결박당한 미국 놈의 형상은 마치 그가 하나의 영웅적인 인민같이 보였으며 마을 처녀를 농락하는 대목에 있어서 지나친 공간을 두는 연출적 조치와 방안에서의 여자의 비명소리를 들은 적에게 대한 적개심과 분노를 일으킬 대신에 추잡하고 에로틱한 인상을 관객에게 주었다.[46]

신고송은 김일성의 지적을 인용하면서, 배우가 현실에 있었던 모든 행동과 말을 그대로 무대에 옮기는 것은 오히려 역효과를 줄 수 있다고 설명한다. 방안에서 여자의 비명소리가 지나치게 현실적일 경우,

---

45) 위의 글.
46) 신고송, 「연극에 있어서 형식주의 및 자연주의적 잔재와의 투쟁」.

관객은 극의 몰입에서 벗어나 오히려 이 장면을 에로틱하게 감상할 위험이 있다는 것이다. 배우들은 현실을 묘사하되 정제시켜 전개해야 한다.

물론 이러한 연기가 움직임과 화술의 양적 감소를 의미하지는 않는다. 북한은 "외형적 대사의 에로큐숀과 동작의 과장을 기계적으로 절약만하면 사실주의 연기가 된다"는 것은 '그릇된 생각'으로 보았고 "산 인간감정과 내용의 진실성이 없이 외형적 모사만으로" 외형을 축소시키거나 확장시키는 것은 "아모리 돌려마처본댓자 결국 비속한 기계적 연기로 떨어"진다고 보았다.[47] 연기의 양적 줄임과 늘림이 아니라 내적 동인과 정서를 포함하는 정제된 외적연기가 최종목표였다.[48] 그렇다면 이 정제적 연기는 공연에서 실현되었을까? 주영섭의 글을 참고하기로 한다.

연기면에서 볼때 부분적으로 무대 언어에 진실감이 부족하다. 발성이 부자연하며 대사의 억양이 부자연하다. 대사의 인또나찌야는 만들 것이 아니라 인민의 말 속에서 찾아 내라고 쓰따니쓸라브스끼는 가르쳤다. 무대 언어를 아직도 '무대적'인 별개의 것으로 보려고 하는 경향이 부분적으로 남아있으며, 성격 표현에 있어서 '작위적'인 발성으로 해결하려고 하는 잔재가 완전히 청산되지 못하고 있다.[49]

1950년대 중반 사실적·정제적 연기의 실현은 만족할 수준에 도달

---

47) 라웅, 「사실주의 연출 연기 수립을 위하여」.

48) 라웅의 해석에 따르면 연극의 『액숀』은 『생활력의 발동』이었기에 '동작이란 외부적 형식에만 끝이는 것이 아니고 내부적 활동이란 정신적 내용에 그 근저를 가지고'있어야 했다. 결과적으로 북한은 연기란 '현상에서 그 우연성을 추리고 사실을 종합 포괄하며 창조함으로 현실보다 진실하고 박력있는 것'이 되어야 한다고 본 것이다(라웅, 위의 글).

49) 박림 외, 『문학예술과 계급성』, 평양: 국립출판사, 1955, 53~65쪽.

하지는 못했다. 특히 이 글에서 주영섭은 '진실성'이 결여된 연기를 지적하면서 배우들에게 자연스러운 발성과 억양을 보완하고, 무대의 화술을 별개의 것으로 보지 말 것을 당부한다. 체험과 정제가 연기의 방법으로 제시되었지만, 무대와의 연결은 어려움을 안고 있었던 것이다. 하지만 배우들의 변화를 주목할 필요가 있다. 1954년 같은 공연 작품들에 대한 긍정적인 평이다.

> –창조집단은 갑철이의 개성적 특질을 통하여 로동 계급의 전형적 성격
> 을 표현하는 데도 일정한 성과를 거두었다. (〈그립던 곳에서〉, 류기홍
> 작, 박찬규 연출, 자강도립예술극장)
> –등장인물들의 영웅적인 공통적 특징을 생생한 개성화를 통하여 감명
> 깊게 보여줌으로써 (…중략…) (〈우리를 기다려라〉, 한성 작, 한긍수
> 리병수 공동연출, 강원도립예술극장)
> –창조 집단은 아무런 허식과 과장도 없는 극히 평범한 생활적 언어와
> 행동을 통하여 (…중략…) (〈다시는 그렇게 살 수 없다〉, 리종순·최건
> 합작, 최건 연출, 강진 장치, 강익수 조명, 성시립극장)[50]

리령은 1954년 축전의 연극을 회고하면서 배우들이 인물을 생생하게 개성화하였다고 전한다. 특히 〈다시는 그렇게 살 수 없다〉에서의 연기를 '아무런 허식과 과장도 없이 평범한 생활의 언어와 행동'이라며 상찬한다. 이론가인 리령의 시각이 주영섭에 비해 다소 관대할 수는 있다. 그러나 무대 장치가 김일영 역시 1955년 〈유격대의 아들〉 (한설야 원작, 한태천 각색, 백민·박태홍 공동연출, 최태북 장치, 장석우 조명, 아동예술극장)에 대해 "연출자와 배우는 아동들의 일반적인 심리적 특

---

50) 리령 외, 『빛나는 우리예술』, 평양: 조선예술사, 1960, 74~78쪽.

성과 주인공 최영철의 고유한 사상 심리적 춘옥과의 유기적 결합 속에서 주인공을 생동적인 전형으로 형상하였다"고 전한다.[51] 같은 맥락으로 1956년 〈우리마을〉에 대한 평을 보기로 한다.

연출자는 이들의(등장인물의 – 필자) 개변을 표시하는 다음의 대사들이 가지는 내'적인 뉴안쓰를 명료한 색채로써 강조하엿다. 회의 마감에 관식이는 "지금은 말 못 하겠소 다음에 말하리다"라고 하는 가하면 조차석은 "난 자기 비판을 해야겠소. 야이 비료는 내가 사왔소". 또한 내춘이는 "내 나중에 조용히 좀 찾아 가리다"라고 말한다. 연출자는 전형적인 성격의 창조를 위하여 작가가 설정한 전통적인 인정 세계적 모찌브와 정황들을 옳게 살려 매개 인물의 성격을 더욱 진실하게 부각하였다. (〈우리마을〉, 황철연출, 국립연극극장)[52]

리령은 〈우리마을〉에서 배우들이 모두 개성 있게 인물을 구축하였다고 회고한다. 이 장면은 회의를 마친 동네 사람들의 각기 다른 반응을 담고 있다. 관식, 조차석, 내춘의 대사를 보면, 배우들은 각 인물의 성격에 따라 각각 그에 맞는 대사를 전개하여 모든 인물들을 개성 있게 구축하였음을 알 수 있다. 이 같은 현상은 〈우리마을〉만은 아니다. 같은 해 황북도립예술극장이 공연한 〈생명을 위하여〉에서도 배우들은 "작품의 스찔을 옳게 살려 주요 등장인물들의 성격을 깊은 철학성과 풍만한 시정의 호상 침투로써 부각하였으며 단역에 이르기까지 모든 등장인물들을 매우 개성적인 산 인간들로 보여"주었다는 고평을 받았다.[53]

---

51) 황철 외, 『생활과 무대』, 평양: 국립출판사, 1956, 95쪽.
52) 리령 외, 『빛나는 우리예술』, 92~94쪽.
53) 위의 책, 89~92쪽.

이러한 글은 1950년대 중반 이후 북한 배우들이 완전하지는 않지만 자연스러운 연기, 현실적인 연기로 옮겨가고 있음을 시사한다. 그러나 신중한 판단을 위해 보다 객관적 비평이 필요하다. 6.25 후에 월남한 전정근의 구술이다.

이북은 연극을 많이 하거든. 나도 많이 봤는데, 거기는 신파적인 그런 거는 발도 못 붙여. 내가 인신공격 하는 건 아니지만 우리나라 드라마는 그런게 좀 있지. 내가 젤 첨에 여기와서 보니까 신협극단이 제일 유명하거든. 시공관에서 〈뢰우〉라는 걸 한다고 그래, 가보니까 대한민국 최고 배우라는 김동원씨가 나와서 하는데, 하! 목소리가 그게 꾸며대는걸 그냥 하고 있드라고. 그걸 잘한다 그라는데 깜짝 놀랐어. 이북에서는 저건 명함도 못내미는데 하는 생각이 들드라고. 여기는 왜 그걸 시정하지 않고 몰랐느냐 이거야.[54]

신협의 〈뢰우〉는 1950년 6월에 공연된 작품이기에 이 구술은 주목을 요한다. 살펴본 바와 같이 1950년대 중반까지 북한의 배우들은 찬사와 비판을 동시에 받았다. 비판의 핵심은 '진실하지 못함', '자연스럽지 못함'이었다. 그런데 전정근은 1950년 남한 배우 김동원에 대해 북한 배우들도 받았던 '꾸며댄다'는 표현을 하며 그 '꾸며대는 연기는 북한에서는 발을 붙이지도 못하는 연기'라고 단언한다. 이는 북한 내의 비평만을 볼 때 북한의 배우들이 과장적 연기를 전개한 것으로 보이지만, 굳이 당시 남한 배우들과 비교한다면 상대적으로 한층 현실적인, 믿을 수 있는 연기를 전개했다는 근거가 된다. 북한에서 해방 이후부터 거론된 '체험과 관찰을 통한 정제적 연기'는 수많은 시행착

---

54) 한국영상자료원, 『한국영화를 말한다: 1950년대 한국영화』, 이채, 2004, 260~261쪽.

오와 노력을 통해 공연에서 상당부분 실현된 것이다.

5. 분석과 관찰에 기초한 배우의 창조력 자극

연출법과 관련된 언급은 1949년 주영섭과 라웅의 글에서 찾아볼 수 있다.[55] 주영섭은 역사적 현실과 관련하여 연출가의 의무를 언급한 반면 라웅은 공연적 관점에서 연출가의 기본 작업을 제시한다.[56]

연출가는 상연희곡을 작자와 동등한 수준에서 해석하고 분석할 줄 아려야 하며 희곡이 나온 현실에 대한 깊은 인식과 또 그 작품이 누구에게 무엇을 왜 보여주었는가 하는 상연의의를 천명할 줄 아려야 한다. 뿐만 아니라 그 표현을 위한 연기 미술 건축 조각 음악 등 모든 연극적 요소를 구사하는데 있어 어떠한 방법과 수단을 채택할까 하는 희곡과 상연의 관련한 복잡한 문제해결을 위한 과학적 계획을 세울줄 알아야 하며 (…중략…) 연출가의 개인 취미로 공중 누락을 짓는 형식주의에 빠지지 말아야 하며 또는 아모런 플랜이 없는 즉흥적 연출식인 경험주의도 극복하여야 한다.[57]

이 글은 북한 연출가들의 작업이 희곡과의 작업과 배우(스탭)와의 작업으로 나누어짐을 말해준다. "연극에 있어서 연출자나 배우나 그

---

55) 주영섭과 라웅 이외에 1948년 신고송이 〈연출에 대하여〉를 발표한 바 있는데, 이 글은 북한의 현실에 직접 영향을 미치는 연출법이라기보다는 연출자의 자질 일반에 보다 관련되어 있다(신고송, 「연출에 대하여」, 『문학예술』, 1948.4).
56) 라웅은 연출가가 과거의 낡은 연출법을 모두 정리하고 새로이 이루어야 할 의무를 1. 일제잔재의 청산, 2. 자연주의적 잔재의 청산, 3. 상업주의적 잔재의 청산, 4. 신파적 잔재의 청산, 5. 형식주의 청산으로 제시했다(라웅, 「사실주의 연출 연기 수립을 위하여」).
57) 라웅, 위의 글.

의 모든 창조적 일군들의 궁극적 목적은 작가가 희곡에서 말하려고 하는 사상성을 무대 우에서 구현하는 것"이라는 글 역시 희곡과의 작업이 1950년대 연출가의 기본 작업으로 공인되었음을 알려준다.[58] 그렇다면 희곡과의 작업에서 연출가의 과제는 무엇일까? 국립극장 예술지도부는 연출가는 작가에 대한 연구를 선행하고[59] 이후 작품분석에 들어갈 것을 제안한다. 작품분석이란 '작품이 말하려고 하는 바'의 탐구로 시작하는데, 이에 대한 예가 흥미롭다.

> 일제의 강압적인 비참한 식민지 경제 구속에서 해방된 북조선의 농촌은 지금 민주주의 인민공화국의 기치하에 행복하다. 현물세를 바치는 농민들의 아름다운 경쟁심을 주제로 표현하였다.[60]

이와 같이 북한에서 언급하는 작품의 주제는 안민수의 표현을 빌리면 '문학적 주제'와 뚜렷이 구분된다. 북한이 규정하는 연극의 주제는 일반적으로 초목표, 즉 "연극을 일어나게 하는 원인, 갈등의 과정, 결말을 포함하게 되어 한마디로 말하자면 연극을 관통하는 주된 동기"이다.[61] 이 '작품이 말하려고 하는 바'는 1950년대 중반에 오면 보다 전문적인 연극용어로 전환된다. 신고송은 스타니슬라브스키를 인용하며 "희곡의 초과제: 사상성과 관통적 행동을 확정하고 연습에

---

58) 신고송, 『연극이란 무엇인가』, 평양: 국립출판사, 1956, 164쪽.
59) 국립극장예술지도부는 작가에 대한 연구로 1. 이 작품을 쓴 작가는 어느 시대 사람인가, 2. 어디서 이 작가는 성장하였는가, 3. 어느 나라 사람인가, 4. 언제부터 작품을 쓰기 시작하였으며 이 작품은 어떠한 사회적 환경속에서 어떤 과정을 통하여 나왔는가, 5. 과거에는 어떠한 경향의 작품을 썼는가, 6. 현재 이 작가의 생활은 어떠한가, 6. 과거에 쓴 유명한 작품들은 무엇인가, 7. 8.15전부터 글을 썼는가 그렇지 않으면 8.15 후에 나온 신인인가 등을 들고 있다(북조선직업총동맹 군중문화부, 『군중문화총서: 연극써-클의 수첩』, 평양: 북조선직업총동맹 군중문화부, 1949, 67~68쪽).
60) 북조선직업총동맹 군중문화부, 위의 책, 68쪽.
61) 안민수, 『연극연출: 원리와 기술』, 123쪽.

들어가야 한다"고 기술하며 희곡의 초과제를 다시 '작가의 사상적 철학적 의도'라고 부언 설명한다.[62] 그의 견해는 다소 문학적이지만, 작품의 주제에 대한 근본적인 견해는 동일하다.

전체 주제를 설정한 다음 연출가가 해야 할 일은 희곡의 사건을 분석하는 것이다. 이를 위해 북한에서 권유하는 방법은 "한 대사 한 대사를 분석하면서 희곡을 토막 토막으로 나누는 것"으로,[63] 1950년 대에는 '단위와 목표의 설정'이라는 개념으로 이어졌다.[64] 북한의 장면분석작업을 구체적으로 알아보기로 한다.

1. 관구와 희순이가 기쁘게 논다.
2. 아버지가 들어오면서 관구와 희순에게 다시 기쁨을 준다.
3. 아랫동리서 현물세를 바치러가는 풍악소리에 자기들의 현물세 관계를 안다.
4. 동리리장이 배서방한테 배를 달라구 사정한다.
5. 배서방은 자기네 동리가 먼저 바칠계획으로 배를 빌려주지 않는다.[65]

이 같은 장면분석은 현재 남한에서 일반적으로 수행되는 연출가의 희곡분석 작업과 유사하다.[66] 장면분석의 기준은 북한의 표현을 따르면 '그 장면의 중심적인 것이 무엇인가'인데,[67] 이것을 남한의 용어로 치환하면 '극적 동기가 유지되는 상태의 한 단위'가 될 것이다. 이

---

62) 신고송, 『연극이란 무엇인가』, 174쪽.
63) 북조선직업총동맹 군중문화부, 『군중문화총서: 연극써-클의 수첩』, 72쪽.
64) 신고송, 『연극이란 무엇인가』, 175쪽.
65) 북조선직업총동맹 군중문화부, 『군중문화총서: 연극써-클의 수첩』, 73쪽.
66) 안민수, 『연극연출: 원리와 기술』, 124~127쪽; John E. Dietrich, Ralph W. Duckwall, *Play Direction*, Prentic-Hall, 1983, pp. 31~45 참조.
67) 북조선직업총동맹 군중문화부, 『군중문화총서: 연극써-클의 수첩』, 74쪽.

분석 이후 북한은 연출가에게 '어느 장면이 고조되고 어느 장면이 속도가 빨리되고 어느 장면이 조용하게 흐르는가'까지 계산할 것을 요구한다.[68] 연출가는 희곡과의 작업에서 연극적 관점으로 전체 목표를 설정하고 면밀한 장면분석과 목표설정을 통해 작품을 입체적으로 구축해야 했던 것이다.

두 번째 배우와의 작업을 살펴보기로 한다. 다음은 네미로비치 단체코의 말을 인용한 신고송의 글이다.

> 연출자의 표시가 배우의 모방이나 흉내의 대상으로 될 것이 아니라 씨가 되어 배우의 창작적인 개조에서 배우 자신의 것으로 싹이 터야 한다는 것을 말하고 있다. 만약 연출가가 배우에게 표시하여 준 것을 배우가 단지 잘 가억하기만 한다면 표시된 것에 깊이 침투하지도 못할 것은 물론이며 자기의 배우적 정서 가운데서 그것을 개조하지도 못할 것이다. 이는 다만 연기할 것만을 위하여 애쓰는 것으로 되며 또한 연출가에 의하여 표시된 것을 자기의 형상에 유기적으로 혼연하게 용합(溶合)하지 못한 것으로 된다. 이런 경우의 연출가의 표시는 도리어 유해로운 것으로 되고 마는 것이다.[69]

이 글은 북한에서 지시적이거나 시연(試演)적 연출법이 경계되었음을 말해준다. 연출자가 배우에게 특정한 움직임이나 화술을 보여주면서 권위적으로 그대로 따를 것을 요구한다면 배우는 단지 연출자가 보여준 것을 흉내 내기에 급급해진다는 것이다. 이 이론은 신고송에 의해 처음 제기된 것은 아니었다. 북한문헌을 탐색하면 최소 1949년부터 연출가는 시연을 삼가도록 권유받았음이 확인된다. 1949년 국립

---

68) 위의 책, 74쪽.
69) 신고송, 『연극이란 무엇인가』, 154쪽.

극장예술지도부 역시 "요새 써-클에서는 아직 초보적인 연기들이기 때문에 대개 그 지도에 있어서 직접동작을 하여 보이면서 지도하는 경향이 있었는데 이것은 결코 정상적인 것은 아닙니다"라고 밝히고 있다.[70] 물론 시연적 연기지도가 유해한 것으로만 인식된 것은 아니다. 같은 글에서 신고송은 만약 "연출가의 표시가 배우의 정신 속에 들어간 씨가 훌륭한 토양(土壤)속에 묻힌다면 거기서는 이외에도 가장 가치있는 반작용을 환기시킬 것이며 배우의 정서와 환따지아(환상)속에 새로운 형상들을 불러 일으"킬 수 있다고 부언하기 때문이다. 북한에서는 연출가가 시연으로 연기를 지도하거나 하지 않거나가 중요한 것이 아니라, 어떤 지도이든 그 지도는 강제성을 떠나 배우의 정신속에 마치 '씨앗'처럼 묻혀서 배우가 스스로 창조하도록 유도하는 것이 중요한 것이다. 연출의 연기지도에서 가장 우선되어야 하는 것은 '지시'가 아니라 배우의 창조력을 자극하고 발전시키는 것이다.[71]

그렇다면 배우의 창조력 자극 이외에 배우와 함께 진행되는 연출가의 구체적인 작업은 무엇이었을까? 인물구축과 관련된 라웅의 글이다.

예로 북조선에의 토지개혁 당시 농민위원회에 참석한 빈농의 역을 맡았다고 하자. 이 역은 극히 단역으로 그 회의에서 찬성거수하는 연기

---

70) 북조선직업총동맹 군중문화부, 『군중문화총서: 연극써-클의 수첩』, 86쪽.

71) "연출가는 배우의 일거 일동을 세밀히 장악하고 배우의 개성적 특징을 날카롭게 포착하면서 배우의 창조적 능력을 계발하는 것이 중요한 것이다. 배우는 아무리 사소한 동작이라도 놓치지 않고 자기를 비춰 주는 거울인 연출가의 앞에서 강박관념에 사로잡힘이 없이 창조가 굳어져 가야 할 것이다. 이러기 위하여 거울인 연출가는 『모욕적이 안되도록 인정있게, 친선적으로』대하여야 한다." 이와 같이 신고송은 연출자가 연습과정에서 배우의 모든 행동들을 자세히 관찰하면서 배우의 장점을 최대화하고 단점을 보완할 것을 강권한다. 배우가 다른 방향으로 연기할 경우에는 간혹 '모욕적이 안 되도록 친절하게 우의적으로 흉내도 내 보이면서 그래 당신은 어떤지요, 이것을 희망하는가요? 라고 하면서 배우가 거울 앞에서 자기를 보듯이 눈 앞에서 자기를 보도록 해야 하는 것'이라고 주장한다. 이 글은 배우와의 작업에서 가장 근본은 연출가가 배우를 존중하여 창조적 작업의 분위기를 조성하는 것임을 알 수 있게 한다(신고송, 『연극이란 무엇인가』, 155쪽).

밖에 없다. 그러나 이 배우가 이 단역에 논리적 일관성을 부여한다면 흥미를 갖게 되고 정서적 진실을 맛볼 수 있을 것이다. 즉 과거로부터 일제통치 36년간 억압과 착취에서 신음하면서 인권의 편린 조차 찾아오지 못하든 빈농이 찬동 거수 한번으로서 농민의 세기적 숙망인 토지가 발가리하는 자기에게 돌아온다는 엄숙한 사실을 생각한다면 거수하는 그 연기에서만에서도 커다란 감흥을 느끼게 될 것이다.72)

라웅은 인물구축을 위한 논리적 일관성의 관점에서 이 같은 예를 든다. 배우가 회의에서 거수만 하는 역을 맡았다고 해도, 그 회의 장소에 오게 된 상황과 회의장에 들어섰을 때의 정서를 생각해야 한다. 이 글은 인물구축에서 논리적 일관성뿐 아니라 '인물의 자서전'이 인물구축의 방법으로 도입되고 있음을 알려주기에 주목을 요한다. 라웅은 단순한 빈농이라고 해도 그 인물이 어떤 과거를 통해 살아왔는지에 대해 집중할 것을 주장한다. 인물의 과거는 10년이나 30년 이상으로 거슬러 올라갈 수 있으며, 이에 따라 특정 사건이나 주변인물들과의 관계역시 도출될 수 있다. 결과적으로 배우는 찬성을 위해 단순히 손을 드는 연기일 뿐이라도, 근거 있게 구축된 자서전의 힘으로 보다 믿을 수 있는 연기의 발판을 마련해야 하는 것이다.

인물구축을 위한 또 다른 방법으로는 연출가가 현실에서 관찰한 극중 인물의 외형을 배우에게 제시함으로 산파적 역할을 하는 것이다. 현실에 대한 관찰은 해방 직후부터 1950년대까지 지속적으로 연출가와 배우 모두에게 요구되는 창작방법이었다. 라웅은 연출가에게 '인간적 관계의 동태와 사회를 추진시키는 인간의 능동성에 대한 깊고 넓은 관찰이 있어야 할 것'을 일찍이 요구한 바 있다. 또한 신고송

---

72) 라웅, 「사실주의 연출 연기 수립을 위하여」.

역시 "연출가! 이는 생활을 관찰할 줄 알아야" 한다고 강조하면서 "관찰은 특히 희곡과 형상에 보탬을 줄 수도 있"으며 "이로써 연극예술의 탄생을 돕는 산파"임을 강조했다.73) 연출가는 '극장 내에서 현실에서 관찰한 것을 예술적으로 포괄하는 과학적 방법'으로 배우를 지도해야 한다.74) 이로 인해 연출가는 다음과 같은 인물구축을 삼가야 했다.

연출가가 무대에서 인물은 명확한 성격을 부여하며 과장한다는 것을 잘못 이해하고 왕왕히 연출자의 좁은 주관적 취미에서 그 연기자에게 한 가지 특징만을 허위에 가차울 만치 그 특징을 과장함으로써 현실적 인간이 아닌 기능적 기형적 인간을 만드는 수가 있다.75)

라웅은 인물의 명확한 성격부각을 위한 극적 과장을 분명 인정한다. 배우가 인물 형상화에 있어서 믿을 수 있게 과장하는 것은 필수요소라는 것이다. 그러나 인물의 한 가지 특징, 예를 들면 악한 사람이기에 '악하다'는 일면만을 거짓에 가까울 정도로 과장하는 것은 분명 피해야 할 연출법으로 단언한다. 인물이 살아 있는 인간이라기보다는 그의 표현을 따르면 '기형적 인간'이 되어 관객에게 믿음을 주지 못하기 때문이다. "연기에 있어서 소박한 자연주의-체계-사물의 본질을 보지 못하고 □말(末)적인 부분을 과장하는 것으로 일삼는 연기체계는 버려야" 할 연기인 것이다.76)

이같이 북한 연출가의 작업은 크게 희곡과의 작업과 배우와의 작업

---

73) 신고송, 『연극이란 무엇인가』, 157쪽.
74) 라웅, 「사실주의적 연출연기」, 1949.4.
75) 위의 글.
76) 주영섭, 「연출과 사실주의」.

으로 나누어진다. 다시 요약하면 먼저 연출가는 희곡과의 작업에서 작가에 대한 연구와 작품의 주제 연구를 병행해야 한다. 여기서 작품의 주제란 문학적 관점이 아닌 연극적 관점이다. 추상적이거나 관념적인 주제가 아니라 줄거리를 압축하여 역동적으로 무대에 구축할 수 있는 주제를 찾는 것이다. 이후 장면분석을 시작하는데, 이때 각 장면의 목표를 명확하게 구분하여 각 장면들이 서로 어떠한 관련을 맺고 어떤 리듬을 타야 할지를 정한다. 한편 배우와의 작업에서 무엇보다 중요한 것은 배우 창조력의 자극이다. 이를 위해 연출가는 시연적 연기지도를 삼가고 배우의 거울로써 배우 스스로가 자신을 객관적으로 관찰할 수 있도록 도와야 한다. 또한 인물구축에 있어서는 배우가 믿을 수 있는 연기를 전개하도록 인물의 자서전 구축 방법을 도입한다. 이 과정에서 연출가는 자신이 먼저 현실에서 관찰한 특정 인물의 움직임과 화술을 배우에게 창조의 재료로 제공해야 한다. 연출법의 기본은 논리와 관찰을 통해 배우의 창조력을 자극하며 거울과 산파의 역할을 수행하는 것이다.

6. 통념에서 연극사적 사실로

1950년대 북한 연극계에서 창작방법에 관한 논의는 다각도로 전개되었다. 살펴본 바를 토대로 인물, 언어, 연기, 연출에 관한 창작방법을 요약해보고자 한다.

첫째, 북한에서 희곡의 주인공은 비현실적 능력의 소유자, 조국과 인민을 위해 모든 것을 희생하는 영웅적 인물이다. 이로 인해 연극의 인물은 유형적으로 기울 수밖에 없었다. 그러나 1950년대 중반 인물의 유형화는 경계의 대상으로 지목되었고, 이후 인물구축의 기본은 한 인물의 일면을 극대화시키는 방식이 아닌, 일면을 포착하여 입체적으로 완성하는 방향으로 수렴되었다. 둘째, 언어의 조건은 대중의 소박한 말이 기본이다. 북한에서는 대중이 이해하지 못하는 예술은 아무 소용이 없기 때문이다. 여기에 첨가된 언어의 조건은 압축성과 함축성이다. 현장 체험을 바탕으로 실생활의 말을 사용하면서, 주제에 기여하는 언어의 선택을 중요시한 것이다. 셋째, 연기는 배우의 체험을 기본으로 한다. 현실 인물의 움직임과 화술의 면밀한 관찰이 창조의 바탕이다. 그러나 관찰한 그대로를 무대에 옮겨오는 것은 자연주의 연기로 경계의 대상이다. 관찰한 자료를 정제하고 선택하여 내적 동인과 정서를 포함하는 정제된 외적 연기가 최종 목표이다. 넷째, 연출가의 작업은, 희곡과의 작업과 배우와의 작업으로 나누어진다. 먼저 희곡 분석시에는 연극적 관점에서 주제를 분석한다. 여기서 주제란 연극을 관통하는 주된 동기, 역동적으로 무대에 구축할 수 있는 줄거리의 압축을 의미한다. 이후 장면분석에서는 단위와 목표를 설정하여 각 장면들의 유기적 관련성을 고려한다. 또한 배우와의 작업에서는 배우의 창조력 자극에 초점을 둔다. 이를 위해 연출가는 시연적 연기지도를 삼가고 연출가 자신이 관찰한 현실 인물의 움직임과 화술을 배우에게 창조의 재료로 제공한다. 연출가는 배우에게 거울과 산파의 역할을 수행해야 하는 것이다. 이 4가지의 구체적 방법들이 1950년대 북한 연극계의 주된 창작방법이라 하겠다. 한 번 더 압축하여 이론화하면, 1. 긍정적 전형의 인물: 유형에서 입체로, 2. 소박한 대중적 언어의 선택적 사용, 3. 체험과 관찰을 통한 정제적 연기, 4. 분석과 관찰에 기초한 배우 창조력의 자극이다.

이 같은 창작방법론에 대한 가치평가와 의미화는 유보하기로 하고, 여기에서는 남한 연극인들이 북한 연극에 대해 가져줄 태도를 요청한 북한 연극인의 말을 들어보기로 하자.

우파의 제군들은 (프로레타리아)라는 이 용어에 대해서 너무도 신경질적인 강박관념을 가지고 있지 아니한가. (프로레타리아)를 관사에 부칫기 때문에 또는 혁명적이기 때문에 도식주의적이요, 비예술적이요, 창작방법이 국한된다는 이론은 어디에서 도출했는가. 좌파의 제군들도 조선의 연극을 하여금 소동맹의 연극 이상으로 예술적 완성이 되기를 희구하고 있을 것이다.[77]

다시 한 번 이해랑의 표현을 빌려, 북한 연극인들이 '연극예술을 잡다한 세계로 몰아' 넣는 '정당의 끄나풀'이었다고 해도, 연극 창작방법에 대한 그들의 진지한 고민과 실천은 연극사적 사실로 확정되어야 한다.

---

77) 신고송, 「연극운동과 그 조직」, 1945.12.

6장 김정일의 연극론 읽기

: 과연 혁명인가?

1. 새로운 연극론: 「연극예술에 대하여」

북한의 사회체제는 독특하다. 한 나라의 문학예술인 모두가 창작에 있어서 김정일이라는 문학예술이론가의 지도를 따르기 때문이다. 그는 문학예술이론가뿐 아니라 국방부위원장으로서 북한을 이끌어가기도 한다. 정치가로서, 예술가로서 북한 내 모든 예술인들의 인정과 숭앙을 받는 '문학예술의 천재'인 것이다.

북한 기록에 의하면 그는 '유치원 때 즉흥동요를 창작했고, 소년 시기에는 동시를, 청년시절에는 완숙한 시를, 1970년대에는 영화·가극·연극·무용·미술·문학 등에서 혁명을 일으켜 북한 문학예술에 찬란한 대전성기를 가져왔다'고 한다.[1] 동서고금을 막론하여 김정일에 준하는 예술이론가를 찾아보기 어려울 정도로 그의 이력은 화려하다.

---

[1] 최언국·홍국원·황지철, 『친애하는 지도자 김정일 동지의 문학예술업적(2): 혁명적 작품창작에서 위대한 변혁』, 평양: 문학예술출판사, 1993, 10~18쪽.

이 중 '유치원 때 동요를 창작'했다는 것은 확인 불가능하며 '찬란한 대전성기'라는 표현은 주관적 판단이기에 논외로 접어두기로 한다. 그러나 1970년대부터 김정일이 영화, 가극, 연극에서 기존의 틀과는 다른 형상화 방법을 제시한 것은 사실로 확인된다.

1969년 말 북한의 선전선동부가 문화예술부로 개칭되고 김정일이 부장의 자리에 오르면서 그는 먼저 영화에서, 1970년대 초반에는 가극에서, 1970년대 후반에는 연극에서 열정적 활동을 전개했다. 실제 김정일은 부장으로 임하면서 희곡분과에서 활동하고자 했으나, 희곡분과 예술인들이 그가 어리다는 이유로 거부함으로 영화분과로 시작했다고 한다.2) 자의와 타의로 연극은 그에게 세 번째 혁명의 대상이었고 그 혁명의 핵심, 즉 연극에 관한 김정일의 연극미학, 극작법, 형상방법론은 「연극예술에 대하여: 문화예술부문 일군들과 한 담화」(1988)에 담겨 있다.3) 이 연극론은 현재까지 북한 연극계의 성서이자 정전이다.4)

그렇다면 김정일의 「연극예술에 대하여」는 분석할 필요가 있다. 폐쇄적이든 개방적이든 북한 연극계를 30여 년 넘게 지배해 온 연극론이기 때문이다. 북한의 예술잡지인 『조선예술』이 1990년 '로작 해설' 코너에서 1년 내내 김정일의 「연극예술에 대하여」와 「가극예술에 대하여」를 해설한 것은 이에 대한 증거가 된다.5)

---

2) 초청강연: 최진이 탈북시인(한국연구재단 인문사회 기초과제 〈북한의 시학 연구〉 팀 전문가 초청 자문회 및 문화유산역사연구소 제4회 학술세미나 〈북한 문화예술과 북한의 시〉, 2010.8.26. 경원대학교 문화유산역사 연구소, 경원대학교 대학원 103호 회의실)

3) 이 글에서는 『김정일 선집』(9)에 실려 있는 「연극예술에 대하여」를 연구의 대상으로 하며, 인용의 경우 쪽수만 표기한다(김정일, 「연극예술에 대하여」, 『김정일 선집』(9), 평양: 조선로동당출판사, 1997).

4) 북한의 단행본이나 예술잡지에서 문학예술 담론은 "친애하는 지도자 김정일 동지께서는 이렇게 말씀하시였다"는 문구와 함께 김정일의 교시를 기술하며 전개된다. 이 같은 형식은 당에 의해 지침으로 내려온 것이다(초청강연: 최진이).

5) 김정일의 「연극예술에 대하여」를 해설한 『조선예술』의 1990년 글로는 2월 김광숙의 「대사

그런데 실제 「연극예술에 대하여」를 읽어보면 그 명성과 불일치한다는 인상을 강하게 받는다. 또한 북한의 연극계가 모두 추앙할 정도의 성서인지에 관해 근본적인 의문이 발생한다. 모두 3장 구성으로, 1장은 연극혁명이 이루어진 과정과 그 의미를, 2장은 극작법, 3장은 무대형상화 방법을 설명하는데, 대부분 일반화된 사실이며 개론적 수준이기 때문이다.[6] 연극예술에 대한 깊이 있는 통찰 역시 발견하기 어려우며, 논리적 전개보다는 다소 산만한 방법제시가 주를 이룬다. 물론 '산만함'이 저자의 개성일 수 있고, 일반화된 사실도 나름의 가치는 있다. 예술가에게 '기본'은 어떤 경우에도 창조의 원동력이기 때문이다. 그러나 '잘 써야 합니다', '잘 만들어 합니다' 식의 당위가 대부분이기에, 이것을 창작자의 또는 이론가의 연극론으로 인정하는 데 주저되는 것은 부인할 수 없다.

그럼에도 불구하고 흥미로운 것은 「연극예술에 대하여」의 내용이라기보다는 김정일의 논조이다. 그가 저서를 통해 강조하는 것은 이 연극론의 '새로움'이다. 「연극예술에 대하여」에는 '새로운'이라는 용

는 희곡의 기본형상수단」, 3월 동춘옥의 「양상은 극형상의 정서적색갈」, 4월 정병관의 「연출은 창조와 령도의 예술」, 5월 리성덕의 「연기는 성격창조의 예술」, 6월 홍영길의 「연극미술은 흐름식립체무대미술」, 7월 동춘옥의 「연극음악은 극형상의 중요한 수단」이 있다.

김정일의 「가극예술에 대하여」에 대한 해설로는 8월 전웅삼의 「친애하는 지도자 김정일동지의 불후의 고전적로작 「가극예술에 대하여」에 담겨진 심오한 사상리론을 깊이 학습하자」, 9월 고희순의 「가극혁명에서 원칙을 지켜야 한다」, 10월 주정숙의 「〈피바다〉식 가극은 새로운 방식의 가극이다」, 11월 김수성의 「가극대본」, 12월 김길남의 「절가는 가극의 기본형상수단이다」가 있다.

6) 김정일의 「연극예술에 대하여」의 목차는 다음과 같다.
  1. 연극혁명 1) 연극혁명은 시대와 예술발전의 요구 2) 우리 식의 새 연극을 창조하기 위한 투쟁 3) 〈성황당〉식 연극은 새형의 연극 4) 항일혁명연극은 우리 연극예술의 력사적뿌리
  2. 극문학 1) 희곡은 연극의 사상예술적기초 2) 극조직은 극작술의 기본 3) 대사는 희곡의 기본형상수단 4) 양상은 극형상의 정서적색갈
  3. 연극무대형상 1) 연출은 창도와 령도의 예술 2) 연기는 성격창조의 예술 3) 연극미술은 흐름식립체무대미술 4) 연극음악은 극형상의 중요한 수단.

어가 58여 회 등장하는데, 이는 자신의 연극론에 대한 김정일의 최종 평가를 보여준다. 그는 자신이 창안한 연극론이 '새롭다'는 것에 강한 자부심을 갖고 있는 것이다. 그렇다면 무엇이 그토록 새로운 것일까? 무엇에 비해 표나게 독특한 것일까?

북한의 견해를 따르면 김정일의 연극론은 서구에도, 사회주의 국가에도 존재하지 않는 독특하면서도 우수한, 그리고 새로운 연극론이다. 또한 '혁명'이라는 용어가 말해주듯 김정일의 연극론은 기존 북한의 연극론과도 근본적으로 차별성을 갖는 창작방법론이라고 주장된다. 이러한 북한의 주장을 염두에 두고, 비교하는 방식을 취하여 「연극예술에 대하여」가 갖는 '새로움'의 실체를 드러내고자 한다. '비교'는 김정일의 연극론이 갖는 '새로움'의 실체를 밝히기 위한 전개방식이며, 비교점에는 해방 이후부터 1950년대까지의 북한 연극론을 위치시킬 것이다. 북한 주변의 사회주의 국가나 서구와의 비교 역시 필요하지만 「연극예술에 대하여」에 대한 첫 연구로서는 북한 내 역사적 맥락에서의 탐색이 우선시 되어야 한다.

알려진 바와 같이 해방 직후부터 1950년대까지 북한 연극계의 연극론은 월북연극인들에 의해 구축되었다. 연극이론가 신고송, 무대장치가 김일영, 배우 황철은 모두 월북 연극인으로 해방 직후부터 최소 1950년대까지 북한 연극계에서 핵심적 활동을 전개했고, 특히 신고송은 1951년 북조선 국립극장총장, 1959년 국립연극학교 교장을 역임하는 등 연극계의 대부로 자리를 굳혔다.[7] 다행스러운 것은 이 시기 신고송, 황철, 김일영의 연극론을 접할 수 있는 문헌이 발견되었다는

---

7) 신고송은 1951년 북조선 국립극장총장, 1958년 '조소친선협의회 위원장'과 '조선노동당중앙위원회' 선전선동부 본부장, 1959년 국립연극학교 교장을 역임했고 1960년 민족예술극장을 관장했으며 1962년 '최고인민회' 제3기 대의원, 1963년 '조선월맹 인민투쟁지지위' 부위원장에 선출되었다. 그는 연극뿐 아니라 정치 분야에서도 입지를 굳힌 연극인이다(김봉희 편, 『신고송 문학전집』 2, 소명출판, 2008, 799~802쪽).

점이다. 1949년에 출판된 『군중문화총서: 연극써-클원의 수첩』은 대중을 위한 일종의 연극 교과서로 연기법, 연출법, 희곡법, 화장법, 무대장치 만드는 법, 무대조명, 효과, 무대의상 등을 구체적으로 설명한다.[8] 개인의 저서가 아닌 총서인 점과 20명의 저자진에 황철·김일영·신고송이 포진되어 있는 것은, 이 단행본이 당시 북한이 장려하는 연극이론과 실제를 담은 문헌임을 쉽게 짐작케 한다. 이외 1956년에 출판된 신고송의 『연극이란 무엇인가』 역시 1950년대 북한 연극의 교과서라 할 수 있다.[9] 그가 국립극장총장과 국립연극학교 교장을 역임한 사실은 이 저서 역시 현장 연극인들과 연극학교 학생들의 교과서 역할을 담당했음을 시사한다. 따라서 월북 연극인들의 연극론에는 신고송의 이론이 중심에 놓일 것이다.

이제 김정일의 「연극예술에 대하여」를 희곡작법과 무대형상화로 나누어 면밀히 읽어가면서, 해방 직후부터 1950년대까지의 연극론과 비교하여 그 차이점과 공통점을 발견해보기로 한다. 그 과정에서 김정일 연극론과 1950년대 연극론과의 공통점은 간략히 언급하고, 김정일 연극론의 특성과 '새로움'의 실체를 드러내는 데 초점을 두기로 한다. 이 글의 말미에 가면 1978년부터 현재까지 북한 연극계에서 지존의 위치를 점해온 김정일 연극론의 특성과 의미가 객관적으로 조명될 것이다.[10]

---

8) 북조선직업총동맹 군중문화부, 『군중문화총서: 연극써-클원의 수첩』, 평양: 북조선직업총동맹 군중문화부, 1949.

9) 신고송, 『연극이란 무엇인가』, 평양: 국립출판사, 1956.

10) 북한의 문헌을 인용할 경우 북한식 맞춤법과 띄어쓰기를 따르기로 한다.

2. 해방기부터 1950년대 연극론과의 관계

2.1. 인물과 언어: 전래(傳來)의 계승

1950년대 희곡에 관한 담론에는 신고송과 박태영이 가장 활발히 관여했다. 신고송은 『연극이란 무엇인가』의 6장에서, 박태영은 「희곡의 흥미에 관하여」에서 희곡의 특징과 형식, 그리고 소박하나마 극작법을 언급한 바 있다. 한편 김정일은 '2. 극문학'에서 희곡의 사명과 극작법을 다루었는데, 희곡부분에 대한 목차를 비교해 보면 표와 같다.

신고송(1956)	박태영(1956)	김정일(1988)
6. 연극과 희곡	희곡의 특성	2. 극문학
1. 연극 창조에 있어서 희곡의 위치	1. 문학으로서의 희곡	1) 희곡은 연극의 사상예술적 기초
2. 극장과 극작가	2. 희곡의 문장	2) 극조직은 극작술의 기본
3. 희곡의 제약성	3. 희곡의 전신	3) 대사는 희곡의 기본형상수단
4. 희곡의 종류	4. 희곡의 성립	4) 양상은 극형상의 정서적색갈
	5. 현대 희곡의 완성	
	6. 희곡의 사명	
	7. 희곡의 법칙	
	희곡의 형식	
	1. 희곡의 종류	
	2. 희곡의 외형	
	3. 희곡의 주제	
	4. 희곡의 소재	
	5. 희곡의 줄거리	
	6. 희곡의 구성	
	7. 희곡에서의 갈등	

이 표에서 알 수 있듯이 신고송은 연극과 관련하여 희곡의 특성과 종류에, 박태영은 문학 분류의 일반으로 희곡의 특성과 형식에, 김정

일은 극작가의 입장에서 또는 극작가를 염두에 둔 창작방법에 보다 치중하여 각각의 저서를 기술했다. 신고송과 박태영은 1950년대 동시대 연극이론가이며, 김정일은 1970년대에 등장하여 전성기를 구가한 연극 이론가인데, 희곡에 대해 신고송·박태영과 김정일의 기본 입장은 크게 다르지 않다.

이들 세 명의 기본적 주장은 크게 둘로 나누어진다. 첫째는 극중 인물이다. 희곡의 등장인물에 대해 박태영은 유형적 인물구축을 떠나 "어느 정도 존재하는 인간의 약점을 자기에게서 극복하는 투사, 공산주의의 광명한 이상을 위해 싸우는 투사"[11]와 같이 이상화된 주인공이 아닌, 이상적 주인공의 구축을 역설했다. 1950년대 극중 인물의 유형성을 지적하는 그의 글을 보기로 한다.

> 여기서 대부분의 긍정적 주인공들이 모두 제대 군인이며, 독신자이며, 생산에서의 애로를 타개하기 위하여 무엇인가 창의 고안에 열중하고 있으며, 또한 그는 반드시 과부의 아들이다. 그에게는 반드시 새로운 기술자가 방조를 주고 있으며 같은 직장에 있는 애인이 위로하고 격려한다. 그에게는 물론 대립되는 인물이 있는데 그는 반드시 일제 시대부터의 낡은 기술자이다. 그는 적당히 악역을 놀다가 적당한 시기에 깨닫고 개진하기를 맹세한다. 지배인은 대체로 애매한 원만주의자이며 당위원장은 호인형으로 적당한 제스처를 계속하다가 해결이 가까워지자 갑자기 예리해지며 사건의 재판관으로 자기 역할을 마친다.[12]

박태영은 당의 교시를 실천하기 위한 쉬운 방법으로 작가들이 극중 인물을 일정한 유형으로 고정시키는 현상을 경계한 것이다. 영웅성을

---

11) 박태영, 「희곡의 흥미에 대하여」, 『조선문학』 3, 1955.3.
12) 위의 글.

강조하기 위해 인물의 일면을 "비현실적으로 확대하는 현상은 작가가 엽기적인 자기취미를 만족시키려는 거짓 꾸밈에 지나지 않"[13]는다고 보았기 때문이다.

한편 박태영 작 〈우리나라 청년들〉에 대해 "많은 청년 영웅들의 군상을 도식과 류형에 빠지지 않고 생동하고 특징적으로 그리였다"[14]는 신고송의 평가는 그 역시 유형적, 도식적 인물구현을 경계하였음을 말해준다. 당시 문학신문에 실린 김승구의 글은 이와 같은 맥락의 인물론이 북한 연극계에 일반화되었음을 재확인시켜 준다.

> 지금 우리 창작사업에서 문제성에 관한 문제, 도식주의를 반대하는 문제는 가장 긴요한 관심사로 되고 있다. (…중략…) 〈한 가정의 이야기〉는 (…중략…) 각이한 인간 성격들의 다양한 예술적 형상을 위한 작가의 비상한 노력은 도식주의를 반대하며 예술적 기교를 가일층 련마할 데 대한 제2차 작가대회의 호소에 대하여 작가가 심오한 관심을 기울였다는 것을 말하는 것이다. (…중략…) 노력을 기울였음에도 불구하고 문제성의 제시와 예술적 기교에 대한 문제 및 도식주의를 극복하는 문제에 있어서 적지 않게 불만스러운 점이 있다는 것을 이야기 하지 않을 수 없다.[15]

김정일 또한 이와 동일한 맥락에서 극중 인물이 유형적이 아닌 전형적으로 구현될 것을 요구한다. "인간학인 문학의 기본사명은 작품의 중심에 본보기로 되는 전형적인 인간성격을 형상하여 사람들에게 생활과 투쟁의 진리를 가르쳐주는데 있"다고 강조하며, 문학이 자신

---

13) 박태영, 「드라마뚜르기야는 현실 생활에서 찾아야 한다」, 『조선문학』, 1958.
14) 신고송, 「청년들에게 주는 훌륭한 선물: 박태영 희곡집에 대하여」, 『조선문학』, 1958.3.
15) 김승구, 「〈한 가정의 이야기〉에 대하여」, 『문학신문』, 1957년 2월 28일자.

의 임무를 수행하기 위해서 무엇보다 "산 인간의 성격창조"를 우선시할 것을 역설한다(187쪽). 신고송·박태영에 비해 김정일의 서술이 다소 비전문적이지만 인물에 대한 그들의 토대는 유사하다.

둘째는 희곡의 언어이다. 해방 직후부터 북한에서 희곡의 언어는 "대중이 현실에서 사용하고 있는 소박한 언어"[16]가 모범으로 제시되었다. 물론 그들이 제시한 '소박한 언어'가 현실의 일상적 언어만을 의미하는 것은 아니다.

> '생활적 소재', '생활적 갈등', '생활적 언어' 등 그 자체는 물론 정당한 말들이다. 그러나 여기서 결론부터 말한다면 생활적이란 것은 즉 일면적 진실을 담고 산재해있는 생활적인 단편들은 그것이 아무리 많고 작품 속에 널려 있어도 생활의 진실이 될 수 없다는 것이다. 바꾸어 말한다면 작품의 중심적 갈등에 복종되지 않는 생활적인 단편들은 결코 현실의 진수를 반영하는 것으로 되지 못하는 것이다.[17]

희곡의 언어는 '시대적 감정을 조직적이고 선율적인 언어로 관객에게 호소'[18]하도록 압축적으로 가공되어 작품의 '갈등을 바로 보게 하는데 기여하는 언어'여야 했다.[19] 이 입장은 김정일 역시 동일하다. "뜻이 깊고 알기 쉬우며 들을 맛이 나는 대사가 명대사"이며, "철학적 사색을 불러일으키는 대사, 생활의 진리를 깨우쳐 주고 교훈을 주는 대사가 바로 명대사"라는 그의 주장은 이를 확실히 입증한다(211쪽). 김정일은 재차 "사상의 요점을 통속적인 말로 간명하게 표현하여

---

16) 한효, 「예술축전의 희곡들」, 『문학예술』, 1949.1.

17) 신고송, 「극문학발전을 위한 중심문제」, 『제2차 조선작가대외문헌집』, 평양: 조선작가동맹 출판사, 1956.

18) 신고송, 『청년문학』, 1953.

19) 신고송, 「극문학발전을 위한 중심문제」.

야"(212쪽) 한다며, 의미를 담는 동시에 쉬운 언어를 선택할 것을 거듭 강조한다. 인물과 언어에 대한 김정일의 이론은 1950년대의 이론과 동일한 맥락이다.

2.2. 종자의 개념: 생각·감정·공상에서 사상·철학으로

김정일은 연극을 완성도 있게 구축하기 위해서는 먼저 희곡을 완전하게 구축해야 한다고 주장한다. 그에 의하면 희곡에는 "연극의 내용을 규정하여 주는 종자와 주제사상, 인물의 성격과 인간관계는 물론, 형식을 담보하여 주는 구성과 갈등, 이야기줄거리, 양상"뿐 아니라 "연출가를 비롯한 창작가와 배우가 자기의 형상방향을 잡"을 수 있는 기초가 있어야 한다(187쪽). 작가는 독자에게 상상의 여지를 남겨주기보다는 완벽한 완성물을 제시해야 하는 것이다. 일면 근대적 극작법으로 보이는데, 주목하고자 하는 것은 김정일의 이 같은 믿음이 아니라, 이 믿음을 위해 그가 구체적으로 제시한 방법이다. 그는 구체적이면서도 모호하게 그 방법을 다음과 같이 말한다.

사상예술성이 높은 희곡을 창작하려면 종자를 바로 잡아야 합니다. (…중략…) 작품의 종자는 작자가 말하려는 기본문제가 있고 형상의 요소가 뿌리내릴 바탕이 있는 생활의 사상적알맹이입니다. (…중략…) 작품의 주제와 사상은 종자로부터 흘러 나오는것만큼 종자가 똑똑하지 못하면 결국 주제와 사상도 모호하게 됩니다. (187쪽)

작가가 극작을 위해 먼저 '종자'를 바로 잡아야 한다는 설명인데, 여기에서 1차적으로 종자를 사상적 알맹이라고 표현한 것을 보면, '종자'란 남한에서 일반적으로 통용되는 '주제' 개념과 동일한 것이다.

'사상적 알맹이'는 작가가 '말하고자 하는 핵심'이기 때문이다. 그런데 여기에서 종자와 주제를 동일한 것으로 단정하기에는 무리가 따른다. 그 다음에 나오는 김정일의 '작품의 주제와 사상이 종자에서 흘러나온다'는 2차적 설명 때문이다. 주제와 사상이 '종자'에서 흘러나온다면, 주제와 종자는 분명 다른 개념일 것이다. 그렇다면 막연히 추측해도 '종자'란 '주제'보다 더 근본적인 어떤 개념, 다시 말하면 주제가 흘러나올 수 있는, 주제보다 더 핵이 되는 개념이어야 한다. 보다 구체적으로 종자의 개념을 밝히기 위해서는 '종자'에 관한 예가 필요하다. 다음은 북한 연극계가 불후의 고전적 명작으로 손꼽는 〈성황당〉, 〈혈분만국회〉, 〈3인1당〉의 종자를 설명한 김정일의 글이다.

- 혁명연극 〈성황당〉에서는 (…중략…) 이 연극에서는 사람은 '하느님'이나 '귀신'을 믿을 것이 아니라 자기 힘을 믿어야 한다는 종자를 살리는데로 이야기가 집중되고 있습니다. (207쪽)
- 혁명연극 〈혈분만국회〉에서 일제와 미제의 책동으로 만국평화회의에 참가할수 없게 된 주인공이 우리에게는 살아서 돌아 갈 조국이 없고 죽어서 묻힐 조국이 없다고 하면서 망국노의 설음을 두고 통탄하는 대사나 배를 가르고 자결하는 마지막순간에 내 할수만 있다면 저 하늘에 이 세상 모든 사람들이 다 볼수 있도록 붉은 피로 남의 힘을 믿으면 나라가 망한다는 글을 새겨 놓고 싶다고 절절하게 부르짖는 대사에는 (…중략…) 작품의 종자가 철학적으로 심오하게 밝혀져 있습니다. (212쪽)
- 혁명연극 〈3인1당〉은 (…중략…) 파쟁과 분렬은 망국의 길이라는 작품의 종자를 체현하고 (221쪽) (강조는 필자)

이 글을 보면, 종자의 개념이 다시 한 번 흔들린다. 앞에서 언급했듯이 김정일의 2차적 설명을 보면 종자는 주제가 아닌, 주제보다 더 핵심 되는 개념이어야 한다. 그런데 그가 종자에 대해 설명하면서 예로 들은 것이 '하나님이나 귀신을 믿을 것이 아니라 자기 힘을 믿어야 한다', '남의 힘을 빌리면 나라가 망한다', '파쟁과 분렬은 망국의 길이다'라면, 일반적으로 통용되는 주제, 즉 '작가가 작품을 통해 말하려고 하는 바'와 차이점을 발견할 수 없다. 또한 이 개념은 현재 남한 연극계에서 언급되는 연극적 주제와 동일한 맥락이다. 다음은 남한 연극계에서 제시하는 연극적 주제에 대한 설명이다.

〈소〉에서 목표를 말할 때 '농촌 생활의 비참상'이라든가 '인간의 꿈과 좌절'등과 같은 표현으로 정리하려고 생각할 수 있다. 그러나 그런 표현은 문학적 수식으로는 그럴듯할지 모르지만 연극 작업의 목표로서는 매우 모호한 것이다. 그보다는 "일제하의 소작농이 지주의 수탈에 항거하여 농토를 지키려하는 저항과 좌절의 애환"이라고 정리하는 것이 바람직할 것이다.

이번에는 〈오이디푸스 왕〉의 연출목표를 생각해보자. '신과 인간의 대립' 또는 '운명에 대한 인간의 투쟁'이라는 목표는 구체적으로 배우들이 연기해야 할 행동의 근거를 마련해주지 못한다. 이 극이 처음부터 끝까지 관통하고 있는 극적 행동이 "선왕 라이오스를 살해한 자가 누구인지를 찾는 과정"이다. 그런 구체적 목표 아래 연출된 연극이 보다 구체성 있고 역동적인 모습으로 만들어질 것이다.[20] (강조는 필자)

이같이 안민수는 연극적 주제가 '신과 인간의 대립', '인간의 꿈과 좌절'이라면 '그럴 듯'해 보일 수 있지만, 추상적이기 때문에 연극적

---

20) 안민수, 『연극연출: 원리와 기술』, 집문당, 1998, 123쪽.

주제로는 적합하지 않음을 강조한다. 김정일이 제시한 '사람은 하느님이나 귀신을 믿을 것이 아니라 자기의 힘을 믿어야 한다'와 안민수가 제시한 '선왕 라이오스를 살해한 자가 누구인지를 찾는 과정'은 모두 동일하게 문학적 주제가 아닌, 가상의 시공간에서 배우의 움직임을 염두에 둔 주제이다. 문학적 주제의 탐색이 아닌, 연극적 주제를 탐색해야 한다는 면에서 김정일의 이론은 현재 남한과도 유사성이 발견되는 것이다.

앞에서도 언급했지만 김정일은 종자에 대한 2차적 설명에서 '작품의 주제와 사상이 종자에서 흘러나온다'라고 하면서 명백히 주제와 사상, 종자를 구분한 바 있다. 따라서 북한에서 희곡작가는 김정일의 표현을 빌려 '종자를 바로 잡아야' 한다. 그런데 그가 친절하게 3차적으로 종자를 다시 설명하면서 예로 들은 '종자'의 예를 살펴보면, 주제·사상·종자의 차이는 발견되지 않는다.[21] 그렇다면 김정일의 「연극예술에 대하여」에서 언급된 '종자'는 그가 의도하든, 의도하지 않았든 '주제'와 동일한 개념이며, 조금 더 확장해도 소재·주제·사상을 연결한 개념이다.

그렇다면 이러한 주장이 문학예술이론가 김정일의 독창적 이론일까? '종자'라는 용어 역시 김정일이 창안해 낸 용어일까? 다음 신고송의 글은 이 질문에 대한 단서가 될 수 있다.

쓰따니쓸라브스끼는 희곡의 초목표에 대하여 다음과 같이 말하였다. 종자에서 식물이 자라나듯이 작가의 개별적인 생각과 감정들에서 그의 작품은 자라난다. 작가의 개별적인 생각들, 감정들, 생활적인 공상들은 그

---

21) 북한에서 '종자'는 연극뿐 아니라 모든 문학예술 창작법에 적용되는 용어이다. 각 장르와 시기에 따라 '종자'의 개념이 다를 수 있으나 이 글에서는 김정일의 「연극예술에 대하여」에서 언급된 '종자'의 개념만을 다루고자 한다.

의 전생애를 통하여 시종 일관하게 꿰뚫고 있으며 창작시에 그를 인도한다. 그는 이것들을 희곡의 토대에 놓으며 이 종자를 가지고 자기의 문학작품을 길러낸다. 작가의 이 모든 생각들, 감정들, 생활적인 공상들, 영원한 고통들이나 기쁨들이 희곡의 토대가 된다. 그것들을 위하여 그는 펜을 드는 것이다. 감정, 생각, 고통, 기쁨들을 무대에서 전달하는 것이 연극의 주요 목적이다.

거의 례외없이 모든 목표들을 흡수하며 심리 생활의 원동력 및 역할을 연기하는 배우의 창작적 지향들을 자극하는 이 기본적이며 주요한, 또 모든 것을 포함하는 목표를 앞으로 작가의 작품의 초목표라고 부르기로 약속하자(『배우수업』에서).22) (강조는 필자)

이 글은 1956년에 신고송이 발표한 것이다. 그가 스타니슬라브스키의 원문을 옳게 해석했는가 아닌가를 밝히는 것은 이 글의 목적이 아니다. 중요한 점은 '종자'라는 용어가 등장한다는 것이며, 신고송이 설명하는 '종자'란 작가의 개별적인 생각·감정·공상·고통·기쁨이라는 것이다. 그리고 이 모든 것들이 자라나 희곡의 토대가 되며, 작가는 이 종자를 가지고 자기의 작품을 길러낸다는 것이다. 또한 그는 '초목표'라는 용어를 사용하는데, 이것을 그는 "그 작가의 사상적 철학적 의도"로 본다.23) 정리하면 신고송이 언급하는 '종자'란 작가의 생각·감정·공상·고통·기쁨이며, 초목표란 여기에서 자라난 '작가의 사상적 의도', 즉 주제이다. '종자'가 아직 구체적으로 개념화되지 않은 작가의 일차적 체험의 층위에 머무는 것이라면, '주제'란 그 모든 것들이 정리되어 독자(관객)에게 '전하고 싶은 작가의 사상'이다.

그렇다면 김정일이 사용하는 '종자'란 김정일이 처음 사용하는 독

---

22) 신고송, 『연극이란 무엇인가』, 173~174쪽.
23) 위의 책, 174쪽.

창적인 용어라기보다는, 북한 내에서만 살펴보아도 최소 1956년에 이미 언급되었던 용어이다. 다만 그 개념에 있어서는 차이를 갖는다. 1956년 사용되었던 '종자'는 작가의 사상뿐 아니라 정서적 측면을 포함하는 포괄적인 개념이었던 반면, 김정일이 정의하는 '종자'는 정서적 측면을 제외하고 사상적·철학적 측면을 부각시킨 개념이다. 이에 대한 가치판단은 각 개인의 몫이다. 정서를 부각시킨 희곡작법과 사상을 전면에 내세운 희곡작법 중 어느 쪽에 방점을 얹는 것은 주관적 판단이기 때문이다. 그러나 북한 연극계가 추앙하는 문학예술이론가 김정일, 그가 제시한 종자론은 '독창적'이라기보다는 1950년대 월북 연극인들에 의해 제기된 개념의 변형이다.

2.3. 희곡·연극의 표현수단: 동작·말에서 대사 중심으로

김정일은 희곡을 대사의 문학이라고 단언한다. 그에 의하면 희곡에서 인물의 성격은 소설과 같이 작가의 묘사가 아니라 인물들 사이에 주고받는 대사를 통하여 나타나며, 작품의 사회 역사적 환경, 인물 간의 극적 관계, 사건발전 역시 대사를 통해 구현된다. 희곡만을 본다면 희곡이 인물의 '대사'로 전개된다는 그의 주장에 수긍할 수 있지만, 의아한 것은 연극 역시 대사의 예술이라는 주장이다.

희곡에서 대사를 잘 써야 하는것은 연극의 특성과도 관련됩니다. 영화가 행동의 예술이라면 연극은 대사의 예술이라고 말할수 있습니다. 영화문학에서는 인물의 행동과 내면세계를 묘사하는 바탕글이 기본형상수단으로 되지만 희곡에서는 바탕글이 인물의 등장과 퇴장, 시간, 장소를 제시해 주는 보조적인 형상수단으로밖에 되지 않습니다. 희곡에서는 중요한 극적과제가 대사를 통하여 해결됩니다. (210쪽, 강조는 필자)

이 글은 김정일이 희곡뿐 아니라 연극예술 역시 대사의 예술로 간주함을 잘 말해준다. 그가 언급하는 '바탕글'은 남한의 용어로 옮기면 희곡의 '지문'이다. 영화에서는 지문이 기본형상수단이지만, 연극에서 '지문'은 보조적 역할밖에 되지 않는다는 것이다. 연극이 대사의 예술이라는 견해는 다소 협소해 보인다. 실험극으로 분류되는 비언어 연극이 아닌 경우에도, 연극의 표현매체인 배우는 자신의 몸과 소리를 통해 인물을 구현하기 때문이다. 그러나 김정일은 "대사는 얼마 없고 행동이 많으면 연극이 유치해 질수 있읍니다"(35쪽)라며 행동보다 '대사'를 중요시한다. 물론 그는 표현수단에서 '물리적 행동'의 중요성을 인정하기도 한다.

물론 인물의 성격을 극의 정황에 따라 대사를 주어 형상하는것보다 말 없는 행동으로 형상하는 것이 더 나은 때도 있읍니다. 등장인물이 깊은 사색에 잠기거나 불의에 맞다든 뜻밖의 정황에 억이 막혀 말이 나가지 않을 때에는 말 없는 행동이 몇백마디의 대사보다 낫습니다. (211쪽)

그는 상황에 따라 대사 없는 물리적 행동이 더 효과적일 수 있음을 인정한다. 그러나 결국 그는 "말없는 행동이 더 뜻깊은 것으로 되자면 그것이 다 앞뒤장면의 대사와 내적으로 밀접하게 련관되어야 하며, 그렇지 않고 행동이 순수 외적인 동작으로만 표현될 때에는 아무런 형상적 의미도 나타내지 못한다"(211쪽)는 결론을 내리며 연극은 대사의 예술임을 다시 강조한다. 이에 비해 1950년대에 북한에서 제기된 이론은 그보다 폭이 넓어 보인다. 다음은 신고송의 글이다.

연극은 행동의 예술이다. 다시 말하면 연극은 그 속에 발전되는 극적인 행동에 의하여 관객에게 작용을 주는 예술이다. 긴장된 극적 행동의 호상작용—이것을 드라마찌즘이라고 한다. 이 드라마찌즘이 관객의 심장을 두드리고 감정에 호소하여 감동과 감격을 주는 것이다.

더욱이 연극에서는 이 드라마찌즘이 배우라는 산 인간이 창조한 산 형상의 행동(동작, 말, 분장)을 통하여 전달되기 때문에 다른 예술보다도 더 직접적으로 박진력을 가지고 관객에게 작용하는 것이다.[24] (강조는 필자)

이같이 신고송은 처음부터 연극이 '행동의 예술'이라고 단언한다. 신고송이 언급하는 '행동'이 모방의 대상인지, 또는 모방의 수단인지에 대해서는 명쾌히 알 수 없다. 그 자신이 이에 대해 추가 설명을 하지 않기 때문이다. 다만 분명한 것은 후반부에 언급한 '행동'은 분명 표현의 수단이라는 점이다. '행동을 통하여'라는 그의 서술이 증명하듯 서술의 후반부에 그가 언급하는 행동은 모방의 수단, 다시 말해서 표현수단이며 여기에는 동작·말·분장이 속하는 것이다.

주목하고자 하는 것은 1950년대 북한 연극론에서 모방의 대상에 대한 명쾌한 정의는 찾아볼 수 없지만, 모방의 수단은 분명 동작·말·분장을 포함한 행동이라는 점이다. 이 같은 주장이 북한에서 언제까지 통용된 이론인지 확인할 수는 없지만, 연극계에 김정일이 등장한 이후, 모방의 일차수단은 '대사'로 축소된 것이다. "주제와 대사를 깊이있게 밝힐 수 있는 대사, 새겨 볼수록 깊은 뜻이 있고 철학적 사색을 불러일으키는 대사, 생활의 진리를 깨우쳐 주고 교훈을 주는"(210~211쪽) 대사가 동작이나 분장보다 연극에서 가장 중요한 것이다. 그가 명대사로 손꼽듯 〈성황당〉의 "빈집에 불을 지를것이 아니라 미신에 빠진 사람들의 머릿속에 불을 질러야 한다", 〈혈분만국회〉의 "내 할수만 있다면 저 하늘에 이 세상 모든 사람들이 다 볼수 있도록 붉은 피로 남의

---

24) 신고송, 『연극이란 무엇인가』, 14쪽.

힘을 믿으면 나라가 망한다는 글을 새겨 놓고 싶다"(211~212쪽)는 종자를 담은 대사이며, 그것은 희곡과 연극의 일차적 표현수단인 것이다. 이와 같이 김정일의 희곡·연극의 표현수단론은 1950년대 구축된 이론과 비교하면 축소적 성격을 갖는다.

3. 「연극예술에 대하여」의 특성

3.1. 연기(演技): 움직임·소리에서 화술로

김정일은 연극공연의 실제 중 연기에서 특히 화술을 중시한다. 희곡과 연극이 대사의 예술이라는 그의 주장을 기억할 때, 연기에서 화술이 가장 중요한 위치를 점하는 것은 새삼스럽지 않다. 그는 "연극이 잘되는가 못되는가 하는 것은 사실 배우가 대사를 어떻게 형상하는가 하는데 달려 있다고 하여도 지나친 말이 아니다"(245쪽)라고 하며, 그 의미를 다음과 같이 설명한다.

배우가 대사를 잘 형상화한다는 것은 인물의 대사를 그의 성격과 정황에 맞게 진실하게 형상한다는 것을 말합니다. (…중략…) 배우는 인물의 성격과 정황에 맞게 형상하여야 합니다. 같은 말도 성격과 정황에 따라 여러 가지 의미로 다양하게 쓰이는것만큼 대사를 성격과 정황에 맞게 형상하는 것은 연극의 진실성을 보장하는데서 매우 중요합니다. (245~246쪽)25)

---

25) 뿐만 아니라 김정일은 '인물의 독특한 말투'를 살려야 한다고 주장하지만, 실제 접할 수 있는 북한의 공연자료 〈꽃파는 처녀〉, 〈철령〉 등을 보면 극중 인물들의 화술은 각기 독특하게 구축되지 않고 리듬이나 억양이 유사하다는 점이 발견된다. 이탈주민 연극인의 증언에 의하면 '고정된 화술법이 존재하고, 모든 배우들이 그에 맞추어 연습을 진행하기 때문에,

이 같은 방법론은 실상 연기에 직접적으로 도움을 주지는 않는다. 연기를 위해 인물의 성격을 탐색하고, 그 인물로서 말하고 행동해야 한다는 것은 연극에 입문한 배우는 누구나 아는 사실이기 때문이다. 또한 대사를 위주로 연기를 구축하라는 지도는 연기 자체에 대한 축소적 시각이다. 이보다 한층 구체적이고 폭 넓은 연기법은 1950년대 북한 연극계에서 발견된다. 1949년 북한 연극계가 일반인을 위해 편찬한 『군중문화총서: 연극써-클원의 수첩』을 보기로 한다.

배우가 그 역을 훌륭히 형상화하려면 첫째로 배우는 그 희곡이 요구하는 사상성과 예술성과 모든 이데오로기를 과학적으로 세밀히 분석하고 파악해야할것이다.

둘째로 그 내적정신세계의 요구에 따라 그 인물의 모든 외형적 행동을 배우자신의 신체적 예술형식을 리용해서 훌륭히 동작하여 표정하여야 한다. 이 정신과 육체와 음성이 정밀하게 세공적으로 계획되며 융합될때 배우와 역은 일원화되는 것이며 무대위에서 생동하는 인간에로 생활하게되는 것이다. 이것은 연기예술의 기본적 창작방법이라고 할 수 있다.[26] (강조는 필자)

이같이 일반인의 연극교육을 염두에 둔 『군중문화총서』는 배우의 연기에서 중요한 표현수단으로 명백히 정신, 육체, 음성을 든다. 배우는 화술뿐 아니라 자신의 표정과 몸으로 극중 인물을 살아 있게 구축해야 한다는 것이다. 또한 이 저서는 '화술'이라는 용어대신 '음성'이

후에 다 말하는 것들이 비슷'해지기 때문이라고 한다(박미영, 〈가명-탈북자의 요청으로 가명을 사용한다. 또한 탈북자의 안전을 위해 북한에서의 활동과 인터뷰 장소는 기재하지 않으며, 인터뷰 년도만 기록하기로 한다〉, 필자와의 개인 인터뷰, 2009).

26) 북조선직업총동맹 군중문화부, 『군중문화총서: 연극써-클원의 수첩』, 95~96쪽.

라는 용어를 선택한다. 만약 화술이 '특정 언어를 말하기 위해 말할 때 그 언어의 단어를 선택한 발화(Diction)'이며,27) 음성이 '성대의 진동을 통해 만들어지는 모든 소리(Voice)'28)를 뜻한다면, 1949년에 출판된 이 이론서는 배우의 표현수단을 화술뿐 아니라 비언어적 소리(예: 호흡이나 한숨)까지 그 범위를 확대한다. 더 이상의 후속 서술이 없으므로 확신하는 것은 무리지만, 배우의 표현수단에 최소한 화술·몸동작·표정이 모두 동일한 비중으로 제시되었음은 분명하다. 그리고 이러한 관점은 1950년대에도 동일하다.

무대적 표현력은 충실하게 발견된 형상-역할의 내용과 거동을 무대적으로 표현 형식에 결합시킬 줄 아는 숙련이다. 자기의 천품들, 즉 목소리, 화술, 호흡, 얼굴의 표정, 몸동작과 총체적으로는 모든 자태의 부각성들을 리용할 줄 아는 숙련을 말하는 것이다. 무대와 장치의 범위에 대한 감촉은 무대의 매 평방메트르, 매개 계단, 평상(이중), 문설주, 창턱 장치의 모든 디테일, 가구 및 소도구들을 리용할 줄 아는 숙련이다. 의상을 착용할 줄 알며 광선을 리용하고 조명을 감각할 줄 아는 숙련도 무대적 표현력인 것이다.29) (강조는 필자)

이같이 신고송은 배우의 표현력을 언급하며 연기의 수단에 목소리·화술·호흡·표정·몸동작이 있음을 밝힌다. 특히 그는 목소리와 화술을 따로 언급하며 배우의 표현수단에 화술뿐 아니라 비언어적 소리까지 포함시킨다. 이 문헌이 출판된 3년 후인 1959년 신고송은 북한에서

---

27) 오세곤, 『배우의 화술』, 다솔, 2004, 22쪽.

28) Jeffrey C. Hahner, Martin A. Sokiloff, Sandra L. Sailisch, *Speaking Clearly: Improving Voice and Diction*, Macgraw-Hill, Inc, 1993, p. 12.

29) 신고송, 『연극이란 무엇인가』, 203쪽.

국립연극학교 교장을 역임했으므로, 그의 연극 관련 담론은 북한 연극계에 강력한 영향력을 행사했을 것이다. 해방 직후부터 최소 1950년대까지 북한 연극계에서 배우의 표현수단은 몸동작·화술·표정이었던 것이다.

물론 김정일 역시 배우의 연기수단을 화술로만 국한했던 것은 아니다. "배우는 주어진 정황에서 그 인물만이 할수 있는 하나의 대사, 하나의 행동, 하나의 표정을 찾아내야 합니다"(244쪽)라는 서술에서 알 수 있듯이 그 역시 움직임과 표정을 표현수단에 포함시켰다. 그러나 이 모든 수단 중에서 김정일은 연극의 성패는 대사의 형상화에 달려 있다고 재차 강조한다. 표현의 중요 수단을 화술로 보는 것이다. 이것은 1950년대 연기론에 비해 축소된 시각이다.

3.2. 흐르며 연기(演技)하는 무대

김정일 연극론의 가장 큰 '새로움' 중 하나는 무대에 관한 것이다. 앞에서도 언급했지만 북한에서는 김정일의 지도하에 먼저 가극에서 '혁명'이 일어났고 혁명의 중심에는 무대장치가 있었다. 이 장치는 '흐름식입체무대미술', 또는 '〈피바다〉식 무대', '〈성황당〉식 무대'라고 불린다. 간략히 요약하면 이 무대장치는 뒷 무대 배경과 장치물이 하수에서 상수로 미끄러지듯 이동하면서 새로운 배경이 무대중앙에 위치함으로 새로운 장소가 무대 뒤에 구현되는 것이다. 이 과정에서 암전은 없으며, 배우는 퇴장하지 않고 무대에 그대로 위치함으로, 등퇴장 없이 다음 장면이 전개된다. 무대가 배우 행동선과 맞물려 움직여야 한다는 것을 고려하면, 이 장치는 배우의 연기와 정확하게 일치해야 한다. 김정일이 자부심을 갖듯 "〈성황당〉식 연극의 무대미술은 최신과학기술의 성과에 의거"(250쪽)했다.

이 '흐름식입체무대미술'이 사용되기 이전, 해방 직후부터 1950년대까지 북한의 무대는 사실주의에 의거한 양식이었다. 추상적이거나 상징적인 무대는 북한의 표현을 빌려 청산의 대상이었다. 다음 『인민희곡집』에 실린 〈30년만의 외출〉의 무대 밑그림을 참고하기로 한다.[30)]

[그림 1]

[그림 1]은 〈30년만의 외출〉(1막)의 무대그림이다. 무대는 "전면좌측에 행랑방. 거기에 연하여 대문. 안대문에 달려서 목꺽는 고가. 목꺽는데를 부엌으로하고 왼편이 사랑. 바른편이 내실이다. 집둘레를 담장이 돌았고 외문이 있다".[31)] 지붕의 곡선이나 문틀에서 알 수 있듯이, 희곡에 설명되어 있는 구조의 사실적 구현이 기본 의도이다. 입체화의 수위는 확인할 수 없지만, 전반적으로 원근감을 활용하여 사실성을 더하고 있다. 그런데 플랫만으로 제작되었다고 해도 이 같은 장치는 육중하여 움직일 수 있는 장치는 아니다. 어떤 식으로든 바닥이나 무대 천정을 이용해서 고정시켜야 하며, 배경을 바꾸기 위해서

30) 문화전선사, 『인민희곡집』, 평양: 문화전선사, 1947, 40쪽.

31) 위의 책, 40쪽.

는 고정된 장치를 뜯고 플랫을 무대 밖으로 옮겨야 한다. 무대를 위해 꺾쇠와 버팀목을 사용하라는 연이은 설명은 그 같은 사실을 뒷받침해 준다.

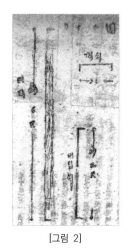

[그림 2]

[그림 2]는 해방 직후와 최소 1950년대까지 북한 연극계에서 무대 제작을 위해 플랫을 연결할 때 일반적으로 사용되었던 버팀, 버팀쇠, 꺾쇠에 대한 것이다. 이에 대한 설명을 보기로 한다.

무대를 꾸미는데 사용하는 도구로써 제13도에 표시한 버팀 버팀쇠 꺾쇠등 3종이 필요하다.

버팀=버팀은 도(圖)와 같이 기리는 4~5척 이상의 것으로 나무양 끝에 5촌 가량되는 꺾쇠를 밝아 철사로 단단히 매서 제작한 것이다.

버팀쇠= 버팀쇠는 꺾쇠의 긴 것으로 생각하면 틀림없다. 기리는 3척 내외이며 이는 관중석에서 버팀이 보이는 경우에 사용한다. 전주 나무 새김쪽 등을 세우는데는 꼭 필요하다. 꺾쇠의 기리는 세치가 적당하며 쪽과 쪽을 련결할때나 평상과 평상을 련결할 때 움직이지 않도록 밝는

데 사용한다.[32)]

플랫과 플랫을 연결하기 위해 버팀을 이용하라는 지침인데, 만약
이 같은 지도를 따랐다면 무대가 공연 도중 바뀌는 것은 불가능하다.
"꺽쇠는 무대장치의 한 장면을 꾸미는데 있어 간단한 장치면 50~60개
복잡한 장치라고하면 백 개 이상 150개 정도가 필요하다"라는 지도는
무대바닥과 플랫과의 분리를 시도했다고 해도 전환을 위한 장시간이
요구되었음을 알려준다. 물론 북한은 꺽쇠를 이용하지 않는 방법도
제시하고 있다. 아래 그림은 버팀이나 버팀쇠를 사용하지 않고 무대
를 세우는 방법이다.[33)]

[그림 3] 역시 1949년 무대 제작법에 관한 북한의 설명이다. 꺽쇠나
버팀목을 이용하지 않고 무대를 세우는 방법이다.

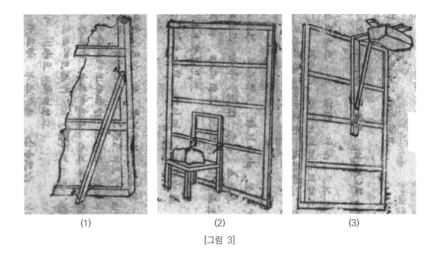

(1)   (2)   (3)

[그림 3]

---

32) 북조선직업총동맹 군중문화부, 『군중문화총서: 연극써-클원의 수첩』, 209쪽.
33) 위의 책, 208~210쪽.

버팀이 준비되지 않은 경우에는 제14도(1)([그림 3] (1) — 필자)에 표시
한 방법으로 할 수도 있다. (2)는 버팀이 준비되지 않았을때 버팀대용으
로 각재상하 못 또는 대가리가 큰 못을 박아서 쪽을 세우는 방법이다.34)

플랫은 이와 같은 방법으로 무대에 세워졌던 것이다. 그런데 만약
그림 (1)과 같이 플랫을 세운다면, 장면을 전환하기 위해 플랫을 제거
해야 할 경우 문제가 발생한다. 암전 속에서 바닥에 고정한 각목의
못을 먼저 빼고, 플랫을 옮겨야 하기 때문이다. 이외 그림 (2)와 같이
의자 위에 무거운 돌을 놓아 플랫을 고정시킨다면, 플랫의 제거는
보다 용이할 것이다. 그러나 어떤 경우에도 이 플랫 자체가 옆으로
흐르는 듯 이동하는 것은 바퀴와 같은 장치가 없는 한 불가능한 것이
다. 또한 사실주의적 무대를 지향했다고 해도, 빈번하게 장소가 바뀐
다면 각 장면을 모두 사실적으로 구현하는 것은 불가능하다. 일정부
분 생략적 사실주의로 흐르는 양상은 피할 수 없는 것이다. 다음 가극
무대에 관한 최언경·홍국원·황지철의 회고는 그 같은 양상이 불가피
했음을 말해준다.

무대의 장치물이나 배경이 실물같이 생동하고 현실처럼 변화무쌍하
게 되어야 사람들은 가극에서 그려지는 생활을 황홀하고 신비하면서도
현실로 믿고 감동깊게 받아들이게 된다. 그런데 생활을 격식화된 몇 개
의 막과 장으로 나누어놓고 이야기를 엮어나가며 장치와 배경을 양식
화, 상징화하는 낡은 가극의 무대에서는 현실처럼 진실하고 생동한 생
활이 펼쳐질수 업었다.35)

---

34) 위의 책, 209쪽.
35) 최언국·홍국원·황지철, 『친애하는 지도자 김정일 동지의 문학예술업적(2) 혁명적 작품창
   작에서 위대한 변혁』, 평양: 문학예술출판사, 1993, 162쪽.

무대바닥에 각목으로 플랫을 고정시키는 방법은 장면을 몇 개로 한정할 수밖에 없으며, 그에 따라 일부 상징적·양식적 무대의 구현은 불가피했던 것이다. 북한은 영화와 같이 무대에서도 장면이 자유자재로 변해야 사실성이 담보된다고 믿은 듯하다. 영화에 특별한 열정을 가진 김정일이[36) 영화적 장면 전환을 가극과 연극에 시도했고, 그 결과로 나타난 흐름식무대는 그의 시각에서 보면 '연극의 특성에 맞는 진실로 사실주의적'인 무대였다(247쪽). 또한 "지난 날에 연극을 공연하면서 장이 끝날 때마다 암전을 하고 장치를 바꾸느라고 뚝딱" 거림으로써 "관중의 정서와 감흥을 끊어지게 했던" 무대를 탈피할 수 있는 최상의 대안이었다(258쪽). 이외 김정일은 또 다른 각도에서 흐름식무대의 의미를 찾는다.

> 지난 날의 무대미술은 고정적이고 평면적이였기 때문에 하나의 사건을 단위로 구성되는 막과 장안에서 그 사건이 벌어지는 환경과 정황, 분위기를 보여주는데 머무르고 인물의 내면세계를 밝혀 내는데는 크게 작용하지 못하였습니다. 종래의 연극에서는 인물이 기뻐하거나 슬퍼해도 그에 관계없이 장치와 배경은 고착되고 정지된 상태에 있었습니다. 인물의 감정변화에 순응하지 못하는 무대미술로는 새 연극의 요구를 해결할수 없었습니다. (248쪽)

이 글은 주목을 요한다. 김정일은 무대의 사실주의적 구현뿐 아니라, 연기(演技)하는 무대를 구현하고자 했다. 연극공연에서 무대가 단순히 배경만을 제시하는 것이 아니라 주인공의 정서를 따라가면서 주인공의 내적세계를 보여주어야 한다는 것이다. 이 같은 의도 자체

---

36) 박미영, 필자와의 개인 인터뷰, 2009.

는 새로운 것은 아니다. 인물의 정서표현을 돕는 것은 무대요소의 일반적 기능이다. 다만 그것은 현장에서 상당부분 조명에 의존해 왔다. 그런데 김정일은 조명의 색상을 통해서가 아니라, 무대 자체가 움직임으로써 이 역할을 담당해야 한다고 주장한다. 북한에서 해방 직후부터 1950년대까지 무대가 연기(演技)를 담당해야 한다는 적극적인 담론은 발견되지 않는다. 무대가 극의 흐름에 맞추어야 한다는 원론적인 담론은 일부 제기되었지만, 무대 자체가 흐르듯 변하면서 극중 인물의 변화와 정서에 순응해야 한다는 것은 단연 김정일의 독특한 무대이론이다. 김정일이 무대에 있어서 흐르는 무대, 연기(演技)하는 무대를 실현함으로써 이전 무대의 틀을 벗어나 혁명적인 변화를 이룩한 것은 사실이다.

3.3. 무대 밖 코러스의 적극적 활용

김정일은 연극의 청각적 요소 중 특히 음악을 "다른 예술로써는 표현할 수 없는 인간의 미묘한 사상감정과 심리상태의 변화를 드러내는 힘 있는 수단"(255쪽)으로 간주하며 각별한 관심을 보인다. 북한에서 김정일이 혁명적 변화를 일으킨 음악의 형태는 '방창'이라고 명명된다.37) 북한은 방창을 "무대적위치에 서있는 등장인물들의 노래인

---

37) 방창의 사전적 의미는 다음과 같다. "방창은 가극을 비롯하여 영화, 연극, 무용 등 예술종류의 작품들에서 등장인물이 아닌 제3자가 무대밖에서 하는 성악현주형식이다. 방창은 무대노래로 할수 없는 서사적인 묘사를 할수 있을뿐아니라 극적인 묘사나 서정적인 묘사도 할수 있는 새로운 음악수단이다. 지난날의 가극음악수단에는 등장인물의 노래와 관현악밖에 없었다. 그러므로 그 가극에서는 모든 노래가 무대에서만 불리워졌으며 인물의 성격과 생활, 극적 관계도 그가 부르는 노래와 관현악에 의 해서만 형상되었다. 종래가극의 이와 같은 형상방법으로는 우리 시대 인민의 풍부한 정신적 풍모와 다양한 생활을 원만히 그려낼수 없다. (…중략…) 방창은 크게 남성방창과 녀성방창, 혼성방창으로 나누며 그 연주형식에는 독창과 2~3중창, 대중창, 소방창과 대방창, 무가사방창이 있다. 방창은 가극의 다른 노래들과 마찬가지로 절가로 되여있다. 가극을 비롯한 예술작품들에서 방창이 차지

것이 아니라 객관적 위치에 놓여 있는 제3자의 노래이며 그 형상의 주자도 역시 무대우에 펼쳐지는 생활의 직접적인 체현자인 것이 아니라 무대 밖에서 사고하고 작용하는 다른 개성"[38]으로 설명한다. 다시 말하면 배우가 아니라 일종의 합창단 또는 코러스가 부르는 노래이며, 이 합창단은 막 뒤에 위치하여 관객에게 보이지 않는다.

이 같이 음악의 중요성이 부각된 것은 1950년대 연극론과의 차이점이다. 물론 1950년대 이전에도 음악에 관한 언급은 부분적으로 발견된다. 1949년 『군중문화총서』는 "효과하는편"이라는 항목에서 음악에 대해 분명 언급한다. 그러나 서술 자체는 일반적 음악사용법에 지나지 않는다.

첫째, 음악효과: 이 음악효과는 주로 극발전에 있어 정서적인 내용을 돕고 극의 발전과 통일적인 조화밑에서 극의 박진성 완만(緩慢) 평화 행복 공포 불안 위기 고독 정적등 관객의 심리적인 공명을 재촉하여 극의 내용과 구현된 현상을 관객에게 전달하는데 연기자가 조성하는 극적 전개를 좀더 폭 넓이 그때와 장소등 생활환경 분위기의 계기와 전형적인 정겨에서 보다 높이 전달하기 위하여 관현악 또는 레코-드에 취입된 음악에서 작곡 선곡하여 사용하는 상징적인 작용을 하는 것이 음악효과의 목적일 것이다.[39] (강조는 필자)

음악이 극의 정서와 분위기를 전달하고 관객의 정서가 공명하도록 유도하고, 극의 내용을 관객에게 보다 더 잘 전달해야 한다는 설명인

하는 위치와 형상적 역할을 매우 크다."(『문학예술사전』 상/하, 평양: 과학백과출판사, 상: 1988/하: 1993)

38) 김준규, 『〈피바다〉식 가극의 방창에 관한 연구』, 평양: 사회과학출판사, 1984, 5쪽.

39) 북조선직업총동맹 군중문화부, 『군중문화총서: 연극써-클원의 수첩』, 230쪽.

데, 그 방법에 있어서는 녹음된 음악 중에서 취사선택하여 사용하라는 것이다. 합창단의 노래는 생각의 범주에 들지 않았다. 1950년대 역시 음악에 대한 입장은 크게 다르지 않다. 오히려 음악에 대한 관심이 축소된 듯, 신고송은 음악보다는 음향을 주로 언급한다.

> 어떤 때에는 음향이 거대한 의의를 가지게 되는바 연출의 부분적 모멘트들을 강화하면서 짧은 동안이나마 중요한 등장인물과 같은 정도의 역할을 수행한다.
> 쉑스피어의 연극 〈리야 왕〉을 례로 든다면 리야 왕이 통곡하는 장면에서(초원의 장면) "바람아 불어라! 얼굴이 터질 때까지 불어라!" 하는 대사에 날씨는 바람의 노호와 폭우와 뇌성, 번개로 대답하는바 이는 음향에 의해서만 표현할 수 있다.[40]

이같이 신고송은 음향이 짧은 시간 동안만 전개된다고 해도, 극적 정서를 관객에게 한층 밀접하게 전할 수 있는 중요 요소임을 강조한다. 음향 작업은 "『전기 축음기』『록음 테프 발성기』『록음 필림 발성기』 등을 이용한다"고 설명하는데,[41] 이것은 1950년대 연극 작업에서도 녹음된 음악을 사용했음을 알려준다.

그렇다면 녹음된 음악이 아닌 코러스의 합창을 연극공연에 수용해야 한다는 김정일의 주장은 확실히 새로운 것이다. 또한 그는 청각적 관점에서뿐 아니라 또 다른 측면에서 코러스의 기능을 포착한다. 그는 방창의 이점을 "주인공의 성격과 주제사상을 정서적으로 더욱 돋구어 주며, 양상을(분위기) 더 잘 살려낼 수 있으며, 극의 정서적 분위기를 돋구고 연기를 자연스럽게 이끌어주고, 극발전을 추동하여 관중

---

40) 신고송, 『연극이란 무엇인가』, 237쪽.
41) 위의 책, 240쪽.

으로 하여금 시종일관 감흥에 잠겨 극세계에로 들어가게"(258쪽) 한다고 설명한다. 다음은 이와 맥을 같이하며 방창의 형상적 기능을 언급한 김준규의 글이다.

> 방창은 등장인물들의 내면세계를 개방하고 부각시킨다.
> 방창은 극정황을 제시하며 설명하여 준다.
> 방창은 음악과 극을 조화롭게 결합시키며 연기의 진실성을 보장한다.
> 방창은 무대생활을 지속적으로 자연스럽게 보여준다.
> 방창은 관객들의 심리를 대변하면서 그들을 극의 세계에로 깊이 끌어들이다.[42]

김정일과 김준규는 방창이 인물의 성격, 작품의 분위기, 배우의 연기, 유연한 극 전개, 관객의 몰입을 도와주는 역할에 그 의미를 둔다. 북한에서 방창은 극중 인물은 아니지만 극중 인물 못지않게 극에 적극적으로 참가하는 것이다. 코러스가 배우의 정서를 드러내고 관객의 심리를 대변한다는 것은 수용자의 동화를 이끌어내고 생산자의 의도를 전달하며 그로 인해 배우 이상의 핵심적 역할을 담당한다는 의미이다. 북한의 방창은 그리스 연극의 코러스와 유사하다.

> 그리스 극에서 코러스는 다양한 기능을 담당했다. 첫째, 코러스는 극의 등장인물이다. 충고하고, 의견도 표현하고, 질문도 했으며, 때때로 적극적인 역할을 하기도 했다. 둘째, 사건의 윤리적 혹은 사회적 틀을 확립하였고 극의 행동을 심판할 기준을 제시하기도 하였다. 셋째, 코러스는 사건과 등장인물에 반응하면서 자주 극작가가 원하는 이상적인 관

---

42) 김준규, 『〈피바다〉식 가극의 방창에 관한 연구』, 평양: 사회과학출판사, 1984, 58~166쪽 요약.

객 역할을 한다. 넷째, 극적 효과를 높이기 위해 극과 개별 장면의 전반적인 분위기를 조절하는데 도움을 준다. 다섯째, 동작, 스펙터클, 노래와 춤을 더해줌으로써 극적효과에 이바지한다. 여섯째, 코러스의 합창 악절은 중요한 율동적 기능을 담당한다.[43]

이 글은 그리스 코러스의 기능에 관한 일반적 서술이다. 다소 차이점은 있지만, 극을 설명하거나 극적 효과를 높이고, 인물의 정서를 관객에게 전달한다는 점에서는 북한의 방창과 그 역할이 유사하다. 다만 그리스의 코러스가 관객이 볼 수 있는 지점에 위치하여 시각적 장관까지 연출한 반면, 북한에서 방창을 전개하는 합창단들은 막 뒤에 위치함으로 청각적 측면에서 극적 효과를 높인다는 차이점은 존재한다.

합창단은 모두 의상을 겸비하여 노래하지만, 무대 뒤에 위치함으로 그 모습은 관객에게 보이지 않는 것이다. 여기서 주목할 것은 연극에 대한 북한의 관심이 시청각 측면에서 높아지고 있다는 점이다. 해방 직후부터 현재까지 북한 연극에서 가장 중요한 것은 사상의 전달이었다. 연극이 동시대 관객들에게 무엇을 전달해야 하는지가 가장 중요한 것이다. 김정일 역시 사상의 전달이 모든 문학예술의 우선적 임무임을 강조한다. '문학과 예술은 시대의 산물'이며 연극은 '인민이 나아갈 바를 제시'해 주어야 한다고 시작하는 「연극예술에 대하여」는 이를 잘 말해준다(155쪽). 그러나 살펴본 바와 같이 '사상의 전달'과 동시에 김정일의 연극론은 이전보다 스펙터클을 한층 강조한다. 무대 위에서 플랫 자체가 흐르는 듯 움직이고, 합창이 적극적으로 개입됨으로써 관객은 볼거리와 들을 거리를 풍성하게 제공받는다. 이러한 양

---

43) 오스카 G. 브로켓·프랭클린 J. 힐디, 전준택·홍창수 옮김, 『연극의 역사 I』, 연극과인간, 2005, 58~59쪽.

상은 1950년대 북한의 연극론과 구분되는 김정일 연극론만의 특수함, 또는 '새로움'이다.

4. 축소적 계승과 스펙터클의 확장

김정일은 정치가일 뿐 아니라 문학예술이론가로서 북한의 문학·연극·영화·음악·미술 등 다방면에서 활발한 저서활동을 전개했다. 김정일 저 「영화예술론」(1973.04.11), 「연극예술에 대하여」(1988.04.20), 「무용예술론」(1990.09.11), 「음악예술론」(1991.07.17), 「건축예술론」(1991.10.23), 「미술론」(1991.10.26), 「주체문학론」(1992.05.23) 등은 문학예술에 대한 그의 각별한 애정과 정열의 결과물이다. 이 저서들에 김정일은 '새로움'이란 단어로 자부심을 표현했다.

그러나 김정일 연극론에 '새로운'이라는 형용사를 주저 없이 부여하는 것은 다소 무리이다. 계승과 새로움이 공존하기 때문이다. 먼저 계승의 측면은 희곡작법에서 발견된다. 희곡작법에서 등장인물과 언어에 관한 김정일의 주장은 1950년대 연극론의 연장선이며, 종자에 관한 그의 이론은 1950년대에 제기된 개념의 변형이다. 또한 희곡·연극예술의 표현수단이 '대사'라는 주장과, 연기에 있어서 움직임보다 화술에 치중하라는 지도는 1950년대 연극론에 비한다면 축소된 시각이다. 김정일 연극론의 1/2은 해방 직후부터 1950년대까지 북한 연극계에서 제기된 이론의 부분적 계승, 변형, 축소인 것이다. 반면 '새로움'의 측면은 무대형상화에서 확실히 발견된다. 살펴보았듯이 고정되었던 무대배경이 암전 없이 그대로 이동한다는 것은 기존 무대장치와는 분명 구분된다. 북한의 표현대로 무대에서의 '혁명'이 일어난 시기가 1970년대임을 고려할 때, 움직이는 무대는 '새로움' 그 자체였을 것이다. 뿐만 아니라 무대가 연기자의 정서적 흐름을 반영하면서 연기(演技)하도록 시도한 것은 그 성패를 떠나 시도만으로도 높이 평가할 수 있다. 이와 더불어 코러스가 적극적으로 극에 개입하여 극중 인물의 정서를 직접적으로 관객에게 전달하고, 창작자의 의도대로 관객의 반응을 유도한 점 역시 기존의 연극론과 변별성을 갖는다. 연극적으로 평가해도 무대와 음악에 관한 김정일의 이론과 실천은 시청각성의 극대화라는 의미가 있다. 김정일 연극론은 그의 주장과 같이 온전히 '새로운' 이론이라기보다는 기존 연극론의 변형적 계승이면서, 스펙터클의 확대에 초점을 둔 창작론이다.

7장 선군시대의 창작코드

1. 태양의 사망과 연극

정치와 분리될 수 없는 북한의 연극 연구에서 주목해야 할 시기 중 하나는 1990년대이다. 변화·위기·시련이 번갈아 찾아온 격동의 10년이기 때문이다. 북한에서 1990년은 변화의 진동으로 출발했다. 한 해 전인 1989년에는 문익환 목사의 평양방문, 남한의 「한민족공동체통일방안」, 베를린 장벽의 붕괴가 있었고, 이어 1990년 1월 1일 김일성은 '자유왕래와 전면개방을 실현하기 위한 남북한 최고위급이 참가하는 당국 및 정당수뇌 협상회의'를 제의했다. 이러한 기류는 1990년 제1차 남북고위급회담의 개최와 남한기업 회장의 북한방문, 1994년 6월 18일 북한의 남북정상회담 제안으로까지 이어졌고, 북한의 변화를 기대하게 했다. 그리고 1994년 7월 8일 김일성이 사망했다. 북한사회의 긴장과 방어적 정서확장은 자연스러운 수순이었다. 식량난, 자연재해(1995), 고위간부 황장엽의 망명(1997) 등도 북한사회에

파장일 수밖에 없었다. 북한이 불가항력적 파고(波高) 속에서도 강릉과(1996) 속초에(1998) 간간히 잠수함을 침투시킨 것은 존재 확인을 위한 하나의 방식이었을 것이다.

그렇다면 이 같은 희망·위기·시련·경계심이 밀려왔던 1990년대 북한 연극의 코드는 어떻게 변했을까? 연극계에서 10년은 '변화'를 기대하기에 짧은 기간이다. 인간이 표현매체인 연극은 단시간에 변하지 않는다. 인간의 한계 때문이다. 그러나 당의 방침이 모든 예술적 표현에 선행하는 북한에서 격동의 10년은 연극의 내용과 형식에서의 '변화'는 물론 새로운 연극의 '탄생'도 가능하게 하는 시간이다. 특히 1994년은 연극계의 향방을 긋는 일대 계기이다. 그들의 표현을 빌려 '태양'의 죽음이기 때문이다. 체제정비와 맞물려 1995년경 서서히 등장한 '선군정치', 1996년 '나는 과학을 중시한다'는 김정일의 선언, 1998년 9월 헌법의 개정 등은 침체된 북한사회에 활력을 주고 미래에 대한 낙관적 전망을 주려는 의지인바, 북한의 연극은 이와 보조를 맞추어야 했다.

이 글은 이를 포착하여 북한의 대표적 예술잡지인 『조선예술』에 실린 글을 통해서 1994년을 기점으로 1990년대 북한 연극의 특징을 발견하고자 한다. 연구대상 공연의 발표년도는 『조선중앙년감』을 참고했다. 공연과 관련하여 『조선예술』에 실린 글들은 한 해 이전 또는 두 해 이전의 것을 다루는 경우가 대부분이기에, 『조선예술』로써 정확한 공연 년도를 추정하는 것은 불가능하기 때문이다. 연구대상으로는 각 해에 주목받은 인형극·화술소품·만담·경희극 등 특정 극단의 공연이 아닌 무대를 전제로 전개된 모든 연극공연을 선정했다. 다각도에서 1990년대 북한 연극의 특성을 드러내고자 함이다.

2. 1994년까지: 연극부흥의 꿈

2.1. 스펙터클: 아동을 위한 인형극

북한이 1990년과 1991년에 연이어 공연한 작품 중 주목할 것은 아동극으로 인형극이다. 〈셋째의 착한 마음〉은 김정숙이 들려준 이야기를 바탕으로 한 작품으로 1990년 초연 이후 오픈런에 들어갔는데, 이와 관련된 1991년에 4월의 관평, 4편의 창조수기, 좌담회는 이 작품의 위상을 말해준다.[1] 1990년 새해 결의에서 국립연극단 예술부단장 윤찬희는 "'연극대풍'을 일으키겠다"며 "'불후의 명작'을 〈성황당〉식 혁명연극으로 무대에 올리고, 수령형상화 작품계열의 〈조국산천에 안개 개인다〉, 〈승리의 기치따라〉를 준비하며, 사회주의를 건설하기 위해 현실주제의 작품들을 공연하고, 소품들도 창작하며, 지방공연과 해외공연을 적극적으로 추진"하겠다는 포부를 밝혔지만[2] 『조선중앙년감』을 참고하면 1990년에는 준비 중인 것으로 판단된다.

1990년 공연된 국립인형극단의 〈셋째의 착한마음〉은 "김정숙이 들려주신 옛이야기를 내용"[3]으로 만든 작품으로 "황금과도 바꿀 수 없는

---

1) 〈셋째의 착한 마음〉 관련하여 『조선예술』 1991년 4월에 실린 글에는 리종철, 「(관평) 의리와 량심에 대한 빛나는 예술적형상」; 연출가 장현달, 「(창조수기) 인형극연출에서 얻은 귀중한 경험」; 작가 정성희, 「(창작수기) 원작의 심오한 사상과 극조직에 초점을 두고」; 국립인형극단 배우 차진매, 「(창조수기) 인형의 연기는 곧 배우의 연기」, 「(좌담회) 주체예술의 대화원을 빛나게 장식한 인형극무대미술」이 있다.

2) 윤찬희, 「90년대에도 연극대풍을」, 『조선예술』, 1990.1.

3) 줄거리는 다음과 같다. "의형제를 뭇고 의좋게 살고있는 3형제는 산삼과 불로초를 캐오던 큰상을 준다는 광고를 보고 그것을 찾아 석달만에 룡바위암 동굴입구에 이른다. 셋째는 형들이 힘들어할것을 생각하고 바줄을 타고 굴속에 들어가 산삼과 불로초를 캐서 올려보낸다. 그런데 첫째와 둘째는 동굴밖에서 저마다 산삼과 불로초를 더 가지기 위해 싱갱이질을 하다가 자기들끼리 상을 타가질 욕심으로 셋째를 굴속에 버리고 마을로 내려간다. 형들이 바줄을 내려보내기를 기다리던 셋째는 구렝이의 도움으로 9년만에 굴밖으로 나오게 된다. 셋째는 아직 그 누구도 살아서 돌아오지 못했다는 무학동으로 가는 령길에 올라

것이 인간의 량심과 의리이라는 문제를 작품의 핵으로 제기"4)한다.

　　작품에서 보게 되는 셋째의 이런 형상속에서 우리는 황금을 주고도
바꿀수 없으며 죽음앞에서도 꺾이지 않는 의리야말로 참다운 의리로
된다는것을 찾아보게 될뿐만아니라 의리를 아름답게 지키고 빛내이자
면 자기를 생각하기전에 남을 먼저 생각하는 착한마음을 가져야 하며
받아안은 은혜에 꼭 보답할줄 아는 사람이 되어야 한다는 것도 찾아보
게 된다.5)

　리종철은 이와 같이 작품을 평하며 "인간생활에서 반드시 지켜야
할 량심과 의리에 대한 문제를 제기하고 그것을 생동한 예술적화폭으
로 정서적여운있게 보여줌으로써 관객들로 하여금 높은 극적감흥을
자아내게 한 점"과 "청소년교양의 참된 교과서로서의 사명을 훌륭히
수행하고" 있는 점을 거듭 상찬한다. 1989년 베를린 장벽이 무너진
후, 체제에 대한 위기 극복이 '의리 지키기'로 수렴된 것이다. 주목할
것은 작품에 대한 고평이 사회가 요구하는 이데올로기에만 한정된
것은 아니라는 점이다. 이데올로기의 대리물이라도 해도 공연이 무대
에 오른 이상 형식의 완성도 역시 중요할 터, 북한 역시 동일한 입장임
이 발견된다.

　셋째가 변신하는 마귀와 360도 회전을 하면서 싸우는 동작을 비롯하

도깨비의 음흉하고 간교한 계꾜와 악랄하고 포악한 온갖 악행을 물리치고 구렝이가 룡으
로 되게 하여 은혜를 갚으며 구렝이가 준 신기한 조롱박을 가지고 마을로 내려와 사람들을
도우며 행복하게 산다. 한편 셋째를 버리고 마을로 내려온 첫째와 둘째는 건달을 부리며
산삼과 불로초를 바치고 받은 상을 다 털어먹고 또다시 거지가 된다."(『조선중앙년감』,
1990)

4) 리종철, 「(관평) 의리와 량심에 대한 빛나는 예술적형상」, 『조선예술』, 1991.4.

5) 위의 글.

여 굴속에 있던 구렁이가 통으로 변신하는 동작, 신비스러운 표주박의 도움으로 가난하고 불쌍한 사람들에게 눈깜짝할 사이에 새옷을 갈아입히는 동작들은 실로 작품의 환상적인 세계를 잘 살려나가는 특수인형조종들이다.6)

아동을 대상으로 하는 인형극에서 지루한 전개는 피해야 할 일차 항목이다. 아동극의 기본은 다채로운 볼거리이며 아동관객의 집중을 끌어내는 것이다. 따라서 이 글은 면밀하게 읽어야 한다. 2차원적 무대를 전제로 하는 인형극에서 극중 인물인 '셋째의 360도 회전'은 3차원적 공간 전개와 '구렁이의 변신'은 특수효과의 활용을 암시하기 때문이다. 인형과 의상의 '변신'은 하나의 인형으로는 불가능하다. 한 인형인물을 위해 여러 개의 인형이 필요한 것이다. 다음은 이에 대한 장현달의 글이다.

때문에 연출형상에서는 인형조종에서 특수기교를 씀으로써 기상천외의 힘과 날래고 민첩한 재간을 가지고있는 주인공 셋째와 우악스럽기는 하나 조화무쌍한 마술을 가지고있는 도개비와의 대결장면을 해결할 수 있었다. 인형극 〈셋째의 착한 마음〉 7장에서 보는것처럼 주인공 셋째가 폭풍에 날려가다가 되돌아 날아오는 장면, 자기를 향하여 부서져내리는 벼랑바위를 되받아 도개비에게 던지는 장면, 그리고 도개비가 천 길 벼랑우를 자유롭게 날아오르고 날아내리는 장면, 자기 몸을 팽이처럼 돌리면서 마술을 쓰는 장면 등은 모두가 다 인물 하나에 여러개의 인형을 민첩하게 바꾸어가면서 조종하는 특수조종기교에 의하여 창조된 장면들이다. 환상적인 수법과 인형조종에서 특수기교를 씀으로써 이

---

6) 위의 글.

장면이 작품의 절정장면답게 통쾌하고도 격렬한 장면으로 형상할 수가 있었다.[7]

인물들에게는 서로의 적과 싸우는 장면이 주어졌다. 인형들은 폭풍우에 날려가다가도 되돌아오고, 몸을 '팽이'처럼 돌리고 벼랑 위를 자유롭게 날아오르는 장대한 스펙터클을 소화해내야 했다. 흥미로운 것은 이를 위해 분명 "여러개의 인형을 민첩하게 바꾸"었다는 설명이다. 일종의 '눈속임'이며 스펙터클의 구현이다. 물론 〈셋째의 착한마음〉의 창작자들이 우선적으로 집중한 것은 북한의 모든 예술이 그러하듯이 작품의 메시지이다. 이것은 더 이상 발견해야 할 항목이 아니라 전제되어야 한다. 보다 중요한 것은 어떠한 방식을 통해 구현했는가이다. 인형극에서 그들은 "연막을 터쳐서 관객의 눈을 가리워"가는 시각적 환상을 선택했다. 물론 극중 인물의 입체적 움직임과 눈속임은 무대와 이어졌다.

종래의 낡은 관념을 완전히 마사버리고 립체적으로 제작된 창치물과 두겹으로 드리운 드림장치를 훌륭히 조화시켜 깊고깊은 수림속을 현실에서 보는것처럼 진실하게 형상한 2장 수림속장면의 무대미술 형상, 배경막은 무대위에만 치는 것으로 알고있던 낡은 격식화된 무대구성법에서 탈피하여 배경막을 무대앞에 치고 그것을 아래우로 오르내리게 하여 동굴안장면과 동굴밖장면을 지속적으로 보여준 3장 룡바위 동굴장면의 무대미술, 불구를 타래치는 배경에 장치들이 웅장하게 회전함으로써 룡이 하늘로 올라가는 신비스럽고 장쾌한 모습을 부각시킨 9장 룡바위동굴 앞장면의 무대미술의 형상 등은 모두다 〈피바다〉식 가극과

7) 연출가 장현달, 「(창조수기) 인형극연출에서 얻은 귀중한 경험」, 『조선예술』, 1991.4.

〈성황당〉식 연극의 무대미술을 인형극적특성에 맞게 구현한 산 실례로 되는것이다.[8]

무대는 2중으로 제작되었다. 무대 앞과 뒤쪽에 배경막을 치고 장면 전환을 위해 앞막의 상승하강을 활용한 것이다. 여기에 무대는 회전이 가능하게 고안되었다. 그들의 기록과 같이 "립체화된 무대장치가 흐름식으로 무대전환"[9]을 보여주었을 것이다. 아동의 정서와 감정, 심리적 특성을 고려하여 시청각적으로 화려하게 극이 진행된 것이다. 어릴 때 이 작품을 관람한 탈북인이 현재까지도 "아주 재미있었던"[10] 작품으로 기억하듯이 강렬한 스펙터클은 아동관객의 마음을 사로잡았다. 작품의 주제는 밝힌 바와 같이 "의리를 지키자"이며, 의리를 지키는 인간은 북한 차세대에게 요구되는 인간형이다. 사상의 내면화에 효과적인 것은 인형이다. 표정이 고정된 인형은 역설적으로 "관객으로 하여금 자신의 인격으로 참여하는 몫을 유난히 증가"시키고, 관람하는 관객이 "자신의 정신을 독촉하여 외부로 연장"시키도록 한다.[11] 북한은 인형극의 특성을 활용하여 생경한 구호가 아닌 스펙터클에 교훈을 담는 방식을 선택한 것이다.

2.2. 서정성과 친밀감: 수령형상 작품

1990년 초 국립연극단 예술부 단장 윤찬희가 계획한 〈승리의 기치 따라〉의 공연은 1992년 실현되었고[12] 이를 이어 1994년 〈소원〉이

8) 위의 글.
9) 좌담회, 「주체예술의 대화원을 빛나게 장식한 인형극무대미술: 국립인형극단 무대미술창작가들과 나눈 이야기」, 『조선예술』, 1991.4.
10) 이화여자대학교, 북한학협동과정수업, 북한사회론, 탈북인과의 만남, 2011년 4월.
11) 김청자 편역, 『인형예술의 재발견』, 대원사, 1989, 54쪽.

창조되었다.[13] 〈승리의 기치따라〉를 관람한 김정일이 1992년 5월 23일 '새로운 5대 혁명연극을 창조'[14]하라고 지시한 것은 연극인들의 "심장을 태"우기에 충분했다.[15] 연극인들은 1995년까지 〈소원〉의 500회 공연을 계획했고, 이 작품은 김일성을 그리워하는 "로동자들의 심장을 완전히 틀어잡아 공연할 때 어버이수령님께서 나오시는 장면마다 감격과 눈물의 파도로 관람석이 설레"이게 했다.[16] 그러나 아쉬

---

12) 1992년 공연된 〈승리의 기치따라〉에 관련된 글로는 『조선예술』 1993년 8월에 관평 1, 평론 1, 창작수기 1, 창조수기 3편으로 총 6편의 글이 실렸다. 준박사 조명철, 「(관평) 백전백승의 기치를 펼쳐보인 불멸의 화폭」; 박사, 부교수 류만, 「(평론) 수령형상창조에 관한 우리 당의 주체적문예리론을 폭넓고 깊이있게 구현한 혁명적대작」; 연출가 리몽훈, 「(창작수기) 창작적주견은 어디서 생기는가」; 배우 리지영, 「(창조수기) 주인공 강석의 성격을 바로 찾기까지」; 배우 백승란, 「(창조수기) 녀군의역을 형상하면서」; 배우 리용덕, 「(창조수기) 마음먹고 달라붙으니 되었다」.

13) 〈소원〉(희곡 서남준, 연출 김동범)의 줄거리는 다음과 같다. "월봉협동농장 3대혁명소조원이였던 설란은 새로운 벼종자를 연구하는 농장원 철익이를 소조기간을 연장하여 도와주다가 관리부위원장의 권유에 못이겨 평양에 있는 집으로 돌아온다. 집에 온 그는 농업위원회 부위원장으로 사업하는 아버지로부터 위대한 수령님께서와 경애하는 김정일동지께서 농사일을 두고 늘 마음 쓰신다는 말을 듣게 된다. 아버지의 말에서 커다란 충격을 받은 설란은 대지에 부리를 내릴 결심을 하고 우러봉협동농장에 다시 내려가 철익이의 벼육종사업을 더 적극적으로 도와준다. 산에 올라가 온실을 지을 나무를 찍던 어느날 설란은 오매에도 그립던 어버이 수령님을 산판에서 만나뵙는 영광을 지니게 된다. 위대한 수령님께서는 설란에게 크나큰 믿음과 사랑을 안겨주시며 벼육종사업에서 나서는 제반문제를 일일이 풀어주시고 위대한 김정일동지를 잘 받들어 모셔야 한다고 뜨겁게 말씀하신다. 어버이수령님의 크나큰 사랑과 믿음을 받아안은 설란은 철익의 연구사업을 더 정열적으로 도와주며 그가 눈을 다쳐 볼수 없게 되였을 때에는 자기의 눈에서 각막을 떼내여 이식해준다. 설란은 그후 철익이와 한 가정을 이루고 새로운 벼종사를 끝내 찾아낸다. 새 품종으로 만풍년을 맞이하게 된 가을 어느날 그들은 어버이 수령님을 또다시 만나게 된다. 위대한 수령님께서는 설란이와 철익이의 연구성과를 높이 평가해주시고 새로 연구한 벼종사의 이름을 그들의 이름을 따서 〈철란종〉이라고 부르자고 말씀하시며 기념사진도 찍어주신다. 이날 위대한 수령님께서는 김정일동지의 운명은 곧 조국의 운명이라고 하시면서 그이를 잘 모셔야 한다고 뜻깊은 말씀을 주신다. 설란을 비롯한 농장원들은 더욱 번영할 조국의 찬란한 미래를 그리며 일편단심 위대한 령도자 김정일동지께 충성과 효성을 다할 결의를 굳게 다진다."(『조선중앙년감』, 1995)

14) 신경애, 「혁명가극건설에서 이룩한 성과를 창작실천에 구현하자: 친애하는 지도자 김정일 동지의 고전적로작 〈혁명가극건설에서 이룩한 성과를 공고발전시킬데 대하여〉 표 20돐에 즈음하여」, 『조선예술』, 1993.3.

15) 국립연극단 단장 김병옥, 「연극혁명의 불길높이」, 『조선예술』, 1993.1.

16) 본사기자 김광수, 「(당창건 50돐을 앞두고) 10월의 연극무대를 마련해가는 예술인들」,

운 것은 1994년 김일성의 사망이 조선예술의 공백기를 가져와 〈소원〉
의 창작 관련 글을 찾을 수 없다는 점이다. 조선예술에 실린 한두
편의 글17)로 논의를 전개하기는 것은 무리이기에 여기에서는 〈승리
의 기치따라〉를 살펴보고자 한다.

〈승리의 기치따라〉는 한국전쟁을 승리로 이끈 김일성을 형상화한
작품이다. 1992년 김정일 탄생 50돐에 공연되었으며, 이후 1993년까
지 중앙뿐 아니라 지방 예술단체들도 이 작품을 공연했다. 북한 기록
에 의하면 관객 수는 300여만 명이며, 공연회수는 5,100여 회라고 한
다.18) 김정일은 "희곡작업에서 무대형상화까지 16차례의 세심한 가
르침"을 줄 정도로 각별한 관심을 쏟았고,19) 연극계는 "수령의 위대한
풍모를 보여주기 위하여서는 수령의 혁명력사와 업적을 체계적으로,
전면적으로 깊이있게 그려야 한다"는 김정일의 지침을 따랐다. 이
작품의 목적은 "조국과 인민의 운명을 판가리하는 준엄한 시련의 나
날 전쟁의 중하를 한몸에 지니시고 우리 인민의 정의의 해방전쟁을
빛나는 승리의 한길로 이끄시여 조국의 존엄과 인민의 운명을 지켜주
신 경애하는 수령 김일성동지의 거룩한 영상을 무대에 모시고 그이께
서 이룩하신 불멸의 업적을 실재한 력사적사실그대로 펼쳐보이"는
것이다.20) 북한이 수령형상 작품에서 김일성의 업적을 극대화하고
미화한다는 것은 익숙한 일이다. 주목하고자 하는 것은 김일성의 '영
웅적' 모습 이외에 다른 모습이 강조되었다는 점이다. 전쟁 영웅으로

『조선예술』, 1995.6.

17) 〈소원〉과 관련되어 조선예술에 실린 글에는 본사기자 김광수, 「(당창건 50돐을 앞두고)
    10월의 연극무대를 마련해가는 예술인들」, 『조선예술』, 1995.6; 김철휘, 「(연단) 수령형상
    연극창조에서 창작적개성에 관한 문제를 놓고」, 『조선예술』, 1996.8이 있다.

18) 『조선중앙년감』, 1993.

19) 국립극단연출가 리몽훈, 「(창작수기) 창작적 주견은 어디서 생기는가」, 『조선예술』, 1993.8.

20) 준박사 조명철, 「(관평) 백전백승의 기치를 펼쳐보인 불멸의 화폭: 혁명연극 〈승리의 기치
    따라〉를 보고」, 『조선예술』, 1993.8.

의 김일성뿐 아니라 ① 인민의 어버이로서의 김일성, ② 두 남매의 아버지로서의 김일성이 구현된 것이다. 인민의 어버이로서 김일성을 보여준 장면은 다음과 같다.

세포위원장과 그의 안해가 일시적인 전략적후퇴 시기에 놈들에게 희생되였다는 보고를 받으신 위대한 수령님께서는 몹시 가슴아파하시며 그 유가족들에게 한량없는 사랑을 베풀어주신다. (…중략…) 그리고 손자인 박성남에게는 부모의 원쑤를 갚아야 한다고 하시며 사랑의 기관단총을 안겨주시고 그가 적땅크 7대를 까부시고 쓰러졌을 때에는 친히 군의소에까지 찾아오시여 어떤 일이 있어도 그를 꼭 살려야 한다고 하시면서 몸소 수술립회도 서시고 친어버이사랑으로 간호까지 해주신다.[21]

김일성은 전략가일 뿐 아니라 인민의 어버이 그 자체로 형상화되었다. 그는 인민의 희생에 가슴아파하고 이 사랑으로 병간호까지 담당한다. 한국전쟁이라는 급박한 상황에서도 인민에 대한 애정을 놓지 않는 수령은 지도자 그 이상이다. 연극은 이 장면을 통해 수령과 전사, 수령과 인민의 혈연적 관계를 관객이 감성적으로 받아들이게 한다. 군림하는 김일성이 아닌, 전사들과 함께 하는 어버이 수령으로의 인물구축은 극히 과감했다. 연습과정에서 "최고사령관동지와 전사와 씨름장면도 설정해보려고도 생각해보았고 같이 식사하시는 장면도 넣어볼가 생각"했다는 기록이 발견되기 때문이다.[22] 비록 "이렇게 하면 탁월한 군사전략가로서의 풍모, 령도의 현명성을 품위있게 펼쳐 보일수는 없다"는 의견이 제시되어 실천에 옮기지는 못했지만, 1990년대 수령형상화 연극은 수령의 자애로움을 표현의 핵심으로 놓았다.

---

21) 위의 글.
22) 국립극단 연출가 리몽훈, 「(창작수기) 창작적 주견은 어디서 생기는가」.

이 인간적 수령의 모습은 4장에서 극대화된다. 4장 최고사령부집무실에서 김일성은 어린 아들과 딸의 편지를 받는다. 이때 그의 모습은 평범한 아버지와 다를 것이 없다.

삼태성도 기운 깊은 밤 부관장은 후방에 계시는 친애하는 김정일동지께서 보내오신 편지와 철이든 달래가 수북이 담긴 바구니를 들고 들어선다. 아버지장군님의 안녕과 만수무강을 축원하시는 친애하는 그이의(김정일－필자) 간절한 뜻이 담긴 편지와 장군님께서 입맛을 잃으셨을 때 메주장에 달래를 넣고 끓여올리면 식사를 잘하신다고 하시면서 어린 녀동생과 함께 온종일 학원에서 멀리 떨어진 발뚝에까지 나가시여 캐보내신 다래, 글대신 손바닥의 크기를 그려보내신 귀여운 따님의 편지23)

〈승리의 기치따라〉의 4장에서 두 아이의 아버지인 김일성은 전쟁터에서 어린 김정일과 김경희의 편지를 받는다. 김일성은 아버지의 무사귀환을 간절히 바라는 어린 아들의 편지와 자신의 손바닥을 그린 더 어린 딸의 편지를 보면서 "달래의 향기도 맡으며 그리움에 잠긴다".24) 깊은 밤으로 설정된 가상의 시간은 김일성의 그리움을 한층 배가시켰을 것이다. 물론 그는 지도자답게 그리움을 떨치고 "앞으로 큰 사람으로 키우자면 이런 때 후방이 아니라 여기에 와있어야 한다"고 하며, "최고사령부 작전대결으로" 아들을 부른다. 평범한 아버지의 사랑과 지도자로서의 남다른 선택은 서로 충돌하여 "류달리 관중들의 심금을 뜨겁게 울려"주었다.25) 여기에 지도자와 아버지로서의 입장

---

23) 조명철, 「(관평) 백전백승의 기치를 펼쳐보인 불멸의 화폭: 혁명연극 〈승리의 기치따라〉를 보고」.
24) 위의 글.
25) 위의 글.

을 섬세히 표현할 수 있는 배우의 명연기가 더해진다면 금상첨화인데, 『조선예술』은 김일성 역할을 연기한 배우를 명백하게 밝히지는 않는다. 『조선예술』 1991년 6월에 실린 한진섭 관련 글에서 "위대한 수령님을 작품의 중심에 모신 혁명연극 〈승리의 기치따라〉에서 중요한 역을 담당수행"하였다는 기록만이[26] 그가 김일성 역할을 연기했음을 추측케 한다. 다음 탈북 연극인 박경애의 구술을 참고하기로 한다.

> 봤지. 봤는데, 김일성은 한진섭 선생님이 하셨지. 리단 선생님도 하셨나? 한진섭 선생님 하시는건 봤는데, 두 분이 서타일이(스타일 – 필자) 다르셔. 리단 선생님은 아주 서마트(스마트 – 필자)하시고, 그래서 주로 레닌역을 하셨지. 아주 이성적이고, 그런 역이야. 참 잘하셨어. 레닌을 했다면 말 다한거 아니갔어? 그리고 한진섭 선생님은 또 다르셔. 김일성, 수령을 하셨어. 목소리가 울림이 좋고, 폭이 넓고, 이렇게 좀 풍채도 풍부하고 원래 그러시니까 수령을 하셨지. 키는 그렇게 크진 않으셔.[27]

구술에서 알 수 있듯이 탈북 연극인 박경애는 현재까지도 북한의 대배우 황철·리단·한진섭에 대한 존경심을 잃지 않는다. 그는 한진섭이 김일성 역을 맡았으며, 그가 음량이 풍부하고, 어감이 따뜻함으로 리단의 날카로운 이미지와 대비된다고 회고한다. 한진섭이 김일성을 연기했다면 김일성은 존재 자체로 인민을 포용하는 듯한 느낌을 주었을 것이다. 여기서 포착할 것은 수령형상 작품에서 김일성의 인간미

---

26) 본사기자 리문일, 「(위대한 스승의 손길아래) 연극계의 원로, 명망있는 배우, 연출가: 국립연극단 인민배우 한진섭」, 『조선예술』, 1991.6.

27) 박경애, 필자와의 인터뷰, 2011년 4월 2일, 대학로 오솔길 북까페, 2시 30분에서 5시, 보이스 레코더 녹음, 1:1 만남.

가 캐스팅 단계부터 강조되었다는 점이다. 작품은 소리의 울림이 좋고 음량이 풍부한 배우를 통해 김철휘의 평론과 같이 "인민의 자애로운 어버이로서의 인간적풍모"[28)를 서정적으로 드러낸 것이다. 이 서정은 음악으로 더욱 확대되었다. 2장에서 김일성이 적들에게 희생된 박성남 전사의 할머니 김씨를 만나 "희생된 아들을 대신하여 그의 가족에게 크나큰 믿음과 사랑을 안겨"줄 때 "정서적 색깔을 가지고 울린" 가사 방창[29)은 "인민들과 전사들에 대한 육친적 사랑을 지니신 수령님의 숭엄한 감정세계를 친근하면서도 매우 절절하고 격동적인 선율로써 잘 부각시켜 주"었던 것이다.[30) 방창의 가사가 "인민의 아들 되여 안기여 주신 사랑"이듯이 김씨 할머니의 아들이 된 수령은 더 이상 군림하는 지도자가 아닌 친밀한 인간으로 화한다. 1970년대 이후 제2차 연극혁명을 꿈꾸며 창조된 수령형상 작품의 코드는 '서정성'과 '친밀감'이다.

3. 1994년 이후: 체제 위기에 대한 대응

3.1. 웃음과 풍자: 군중문화

1994년 7월 8일 김일성은 사망했다.

그리고 역설적이게도 김일성 사망 이후 공연코드는 '웃음'이었다. 1995년 9월 17일 평양웃음극장에서 진행된 '전국웃음극경연'은 김일

---

28) 김철휘, 「(평론) 백전백승의 강철의 령장 김일성대원수님의 위대성에 대한 불멸의 형상」, 『조선예술』, 1996.5.
29) 2장 방창의 가사는 다음과 같다. "포화속에 꽃들은 그 모습 사라졌어도 사람들의 가슴엔 행복이 넘쳐흐르네 인민의 아들되여 안기여주신 사랑 장군님 그 사랑 한없이 자애로워라".
30) 김철휘, 「(평론) 백전백승의 강철의 령장 김일성대원수님의 위대성에 대한 불멸의 형상」.

성 사망 이후 전환된 연극의 존재방식을 드러낸다. 행사명이 말해주 듯, 경연무대에는 관객의 웃음을 목적으로 '각 도, 시, 군에서 선출된 독연극, 재담, 무언극, 촌극 등 90여 편'[31]의 작품들이 서로의 기량을 펼쳤다. 무대에는 〈건설장의 야외무대에서〉, 〈평양시 극장, 영화관 안내〉, 〈병사들의 즐거운 생활〉, 〈차내경제선동〉, 〈다 털어버리자〉, 〈주인들〉, 〈말하는 가야금〉, 〈어리광대귀신〉, 〈인심좋은 작업반장〉, 〈타승〉, 〈대통령의 특제품〉, 〈추물들의 길〉, 〈문민정권이 가는 길〉이 올랐는데, "다양한 주제의 작품들을 통하여 근로자들에게 전투적기 백을 안겨주고 그들을 당의 혁명적경제전략관철에로 힘있게 추동"하 였다는 기록과 같이 의도된 국가기획이었다. 같은 해 10월 26일과 27일 양일에 걸쳐 국립연극극장에서 진행된 전국화술소품경연대회 역시 동일한 맥락이다.[32] 도 예술단들과 연극단들의 예술인들은 재 담·촌극·짧은극 등 20여 편의 작품들을 올렸고, 대표적 작품에는 〈내 나라, 내 조국의 모습〉(함경남도예술단), 〈농포〉(황해남도예술단), 〈스위 치〉(강원도예술단), 〈온 나라가 축하한다〉, 〈파견장〉(국립연극단), 〈청 와대에 벼락을 쳐라〉(자강도예술단), 〈메리의 장례식〉(평안남도예술단), 〈꿈꾸는 자들〉(남포시예술단), 〈물에 빠진 지주〉(함경남도예술단) 등이 있다. 제목에서 알 수 있듯이 이 작품들은 당의 요구를 관철하자는, 또는 남한에 대한 비판을 본질로 하는 주제를 다룬다.

－위대한 령도자 김정일동지의 령도따라 주체혁명위업의 완성을 위하 여 힘차게 전진하는 우리 조국의 참모습과당의 농업제일주의방침관 철에 적극 떨쳐나선 농업근로자들의 확고부동한 혁명적의지, 절약하 고 절약하고 또 절약할데 대한 당의 요구를 철저히 관철해가는 근로

31) 『조선중앙년감』, 1995.

32) 『조선중앙년감』, 1996.

자들의 투쟁을 반영함 (〈내 나라, 내 조국의 모습〉)

- 우리 인민들속에서 날로 꽃펴가는 공산주의적소행과 군민일치의 전통적미풍을 형상한 촌극 (〈온나라가 축복한다〉)
- 김영삼괴뢰역도의 반인민적이며 파쑈적인 죄행과 옛지위를 되찾으려고 꿈꾸는 착취계급의 본성을 웃음과 풍자를 통하여 폭로단죄한 풍자소품 (〈청와대에 벼락을 쳐라〉)[33]

화술소품경연대회에 올라온 작품들은 경제선동공연으로 근로자들에게 '농업제일주의', '절약정신' 등 당의 사상을 각인시키거나, 남한에 대한 경멸감을 증폭시키는 기제였다. 연극은 1994년부터 줄기 시작한 배급에 따른 사회적 불만을 해소하는 출구였으며, 그 회로는 '웃음'인 것이다. 같은 해 11월 11일에 국립희극단에서도 희극소품을 공연한 것은 이를 다시 입증한다. 다음의 희극 관련 작품들에 대한 평으로 김일성 사망 1년 후 연극계의 풍경을 가늠해보기로 한다.

희극 〈웃으며 살자〉는 무엇보다도 그것이 희극임에도 불구하고 웃음 일면에만 치우치고있는것이 아니라 높은 사상적내용을 담고있는 것으로하여 사람들에게 깊은 여운을 남기고있다. (…중략…)

재담 〈그때처럼 살자〉에서는 어제날 조국과 인민을 위해 커다란 위훈을 세운 전쟁로병과 전시공로자 부부가 극중인물로 설정되여있다.

인기있는 두 배우가 출연하여 경쾌한 웃음속에 충성과 위훈으로 빛나는 전세대들의 방불한 형상은 그대로 우리 식 사회주의를 튼튼히 고수하고 빛내여나가기 위해서는 충성과 위훈의 꽃을 변함없이 꽃피워나가야 한다는 사상을 잘 보여주고있다.

---

33) 『조선중앙년감』, 1996.

그런가 하면 재담 〈제 정신을 가지고 살자〉에서는 순간이나 제 정신을 잃고 남의 품에 놀아나는 한 청년에 대한 이야기를 각이한 극중생활로 생동하게 보여줌으로써 조선민족제일주의정신을 격조높이 구가하고 있다.[34]

국립희극단의 공연은 기본적으로 사상을 담고 있어야 했지만 그 코드는 웃음이었다. '우리 식 사회주의를 튼튼히 고수하여' 나가자는 진지한 주제를 경쾌한 웃음 속에 담은 것이다. 〈제 정신을 가지고 살자〉역시 조선민족제일주의 정신을 주제로 담았지만 인용한 글에서 알 수 있듯이 한 청년이 제 정신을 잃고 남의 품에 놀아나는 모습을 다채로운 일상생활을 통해 재미있게 보여주었다. 또한 날카로운 풍자적 웃음을 유도하는 작품도 있었다.

공연은 또한 오늘 우리 사회에서 철저히 극복해야 할 비사회주의적요소들을 풍자조소하는 종목들도 생동하게 형상하고있다.

독연극 〈잡귀신〉, 막간극 〈환갑날〉, 만담 〈부모를 잘 모시자〉, 사이극 〈인심좋은 작업반장〉, 촌극 〈다같이 충고할 때〉가 바로 그러한 종목들이다.

특히 독연극 〈잡귀신〉에서는 사회주의사회의 일부 사람들속에 아직 남아있는 온갖 불건전한 사상조류들은 건전한 사회주의사상을 마비시키는 잡귀신으로 신랄히 풍자조소하고있다.

또한 막간극 〈환갑날〉에서는 아버지 환갑상에 놓을 잉어를 잡으러 온 아들과 사돈아버지의 환갑상에 놓을 잉어를 사러 나온 사람과의 극적인 장사흥정을 통하여 사람이 외화에 눈독을 들이면 종국에는 머저리

---

34) 전성일, 「(관평) 웃음속에 교훈을 주는 다양한 무대극공연」, 『조선예술』, 1996.3.

가 된다는데 대하여 통쾌하게 보여주고 있다.

사이극 〈인심좋은 작업반장〉과 촌극 〈다같이 충고할 때〉에서는 사람들속에서 혁명적 제도와 질서를 바로세우지 못하고있는데 대한 현상들을 폭로비판하면서 그것이 오늘 우리 사회에서 얼마나 백해무익한것들인가에 대하여 여실히 보여주고있다.

공연은 또한 남조선 집권자의 가련한 몰골을 드러내는 종목도 재치있게 형상하고 있다.

독연극 〈특수방탄복〉은 온갖 사기협잡, 권모술수, 패륜패덕, 부정부패로 가득찬 김영삼역도에게는 이 세상 제아무리 든든한 방탄복을 해입혀도 그 더러운 운명을 지켜내지 못하므로 오직 죽음만이 가장 적합한 특수방탄복이라는데 대해 세계 어느 방탄복회서에서 〈특수방탄복〉 전시회를 벌려놓는 사건을 통하여 재치있게 보여주고 있다.35)

희극 작품은 북한사회에서 철저히 극복해야 할 요소들을 강조했다. 사회주의를 위협하는 불건전한 사상들은 잡귀신이며, 외화에 눈독을 들이면 결국 머저리가 됨을 강조하면서 조소를 유발한 것이다. 풍자의 대상에 물론 남한의 집권자들이 빠질 수 없었을 것이다. 그들에게 남한의 집권자들은 늘 부정부패로 가득 찬 인간들이며, 그들의 관평에 의하면 작품은 이를 재치 있게 형상하여 관객의 호응을 얻어갔다. 흥미로운 것은 이에 대한 김정일의 반응이다.

경애하는 장군님께서는 (…중략…) 만담에 교양적가치가 있고 배우연기도 재미있게 잘한다고 거듭 치하하시였다.

그러시고나서 양담배를 피우는것을 비판한 재담 〈제것을 사랑하자〉

---

35) 위의 글.

와 개인리기주의를 비판한 막간극 〈국가재산 개인재산〉도 좋고 사이극 〈인심좋은 작업반장〉은 로동행정규률을 세우는데서 교양적의의가 있는 작품이라고 평가하시였다.

풍자극이라고 하여 사실과 맞지 않는 이야기를 꾸며내는 현상, 다른 나라 명곡에 제멋대로 가사를 붙이는것과 같은 작품은 없어야 한다고 일깨워주시였다.

그러나 남조선괴뢰들의 반인민적인 부패상을 폭로비판한 작품들은 얼마든지 만들어 공연할수 있다고 하시였다.

경애하는 장군님께서는 잠시 생각에 잠겨계시다가 국립희극단에서는 우리 사람들의 생활에서 나타나는 부정적인 형상들과 낡은 생활인습을 비판하는 작품을 만들어 공연하는것을 기본으로 하여야 한다고 희극단의 기본사명에 대하여 다시금 강조하시였다.[36]

김정일은 웃음만을 주는 공연이 아닌, 웃음 속에 교훈을 담는 공연을 올릴 것과 남한의 부패상을 폭로 비판할 것을 독려한다. 동시에 그는 배우들의 연기가 '재미있다'고 '거듭 치하'하면서 앞으로도 희극단이 지속적으로 이 같은 작품을 창작해야 한다고 지시한다. 김일성 사망 이후 위기에 대한 대응, 내부 불만의 외부 전환, 희극에 대한 김정일의 격려를 업고 '웃음'과 '풍자'는 연극계의 공식코드가 되었다.

3.2. 감동과 웃음: 경희극

『조선예술』이 1994년 9월호와 10월호를, 11월호와 12월호를 한데 묶어 출판했듯이 김일성의 사망은 1994년 후반부터 최소 1995년 초반

---

36) 류동남, 「(빛나는 향도) 온 나라에 웃음꽃을 피워주시려고(2)」, 『조선예술』, 1997.2.

까지 북한 예술계를 애도에 묻히게 했다. 그런데 긴 공백을 깨고 국립
연극단이 내놓은 작품은 경희극이다. 북한사전에 의하면 경희극은
"희극의 한 형태이며 시대에 뒤떨어지고 낡고 부정적인 형상들을 가
벼운 웃음을 통하여 비판개조하는 것이 특징"이다.[37] 수령 사망 1년
3개월이 지난 시점에서 주목할 국립연극단의 첫 공연이 '희극의 한
형태'라는 것은 뜻밖일 수 있다. 그러나 이것 역시 위기와 식량난을
극복하기 위한 최선의 선택이었다. 1995년 9월 6일 자연재해로 북한
은 국제사회에 긴급구호를 요청했고, "1995년~1997년 3년 동안, 정말
무수히 많이 죽었다"[38]는 탈북인들의 증언과 같이 그들은 극심한 식
량난을 견뎌야 했다. 낙관적 미래를 기다리는 것 외에 다른 길이 없었
던 시기, '웃음'은 그들을 지탱하는 도구였다. 『조선중앙년감』에서
1996년부터 1999년까지의 성과작으로 경희극 〈약속〉(1996),[39] 〈축
복〉(1997),[40] 〈편지〉(1998),[41] 〈동지〉(1999)[42]를 꼽는 것은 '웃음'이 사

37) 사회과학원 주체문학연구소, 『문학예술사전』(상), 평양: 과학백과사전종합출판사, 1988,
    182쪽.
38) 좋은 벗들 엮음, 『북한 사람들이 말하는 북한 이야기』, 정토출판, 2004, 110쪽.
39) 『조선중앙년감』은 〈약속〉에 대해 "주체 84(1995)년 2월 5일 녀성해안포중대를 찾으신
    경애하는 최고사령관동지께서 감이 익는 계절에 다시 오겠다고 하신 병사들과의 약속을
    잊이 않으시고 크나큰 은덕을 베풀어주신 실재한 이야기를 통하여 위대한 장군님을 친어
    버이로 모시고 따르는 우리 인민군 군인들의 행복한 생활을 생동하게 보여주고있다."고
    설명한다.
40) "경희극 〈축복〉은 안변청년발전소건설에서 90년대 조선의 기적을 창조한 인민군군인들의
    영웅적투쟁을 기본내용으로 하고있다. 즐거움도 웃음도 있고 눈물도 자아내는 특색있는
    경희극 〈축복〉은 우리 인민군군인들이 지니고 있는 백절불굴의 혁명적군인정신, 명랑하고
    락천적인 군인생활을 보여주면서 최고사령관과 군인들과의 위대한 혼연일체의 관계가
    혁명적군인정신을 낳게 하는 원천으로 된다는것을 철학적으로 깊이있게 해명하고 있다.
    경애하는 장군님께서는 안변청년발전소 건설장에서 설을 맞는 군인건설자들에게 사랑의
    선물을 가슴가득 안겨주시고 축복의 설인사까지 보내주신다. 이 크나큰 사랑과 은정을
    감격의 눈물속에 받아안은 군인건설자들은 하루빨리 공사를 완공할 충성의 맹세로 가슴
    불태우며 공사의 최후결사전에 한결같이 떨쳐나선다. 특히 주인공 철명(대대장)을 포함한
    4명의 군관들은 수십차례의 휴가명령을 받고도 작업장을 떠나지 않는다. 군인건설자들은
    갱이 무너져 죽음을 경각에 둔 시각에도 조금도 주저않지 않고 2월 16일을 기념하는 열병
    식을 제자리걸음으로 진행한데 이어 삶이 기다리는 갱밖으로가 아니라 경애하는 최고사령

관동지께 완공의 보고를 드릴 시각을 앞당겨오기 위해 갱막장에서 작업을 계속한다. 그런 가하면 구사일생으로 압축공기관이 열리자 밥대신 압축공기를 보내달라고 하면서 잠시도 작업을 중단하지 않는다. 경애하는 최고사령관동지께서는 이들의 소행을 보고받으시고 그들을 구원할 사랑의 조치를 취해주시고 동사를 완공하였다는 보고를 받으시고는 군인건설자 모두를 평양으로 불러주시여 기념촬영까지 해주신다. 경희극에서는 이와 함께 발전소건설에서 한몫 단단히 수행한 군관안해들의 숨은 공로에 대해서도 생동하게 펼쳐보이고 있다. 경희극 〈축복〉은 정극적인 내용을 경희극적양상에 담아 형상화함으로써 예술적감화력을 비상히 높이고 있다. 사상예술성이 높고 인식교양적의의가 큰 경희극 〈축복〉은 경애하는 최고사령관동지의 탁월한 령도밑에 사상의 강군, 신념의 강군으로 위용떨치고 있는 영웅적인민군장병들속에서 침차게 나래치고있는 수령결사옹위정신을 반영한 훌륭한 시대의 명작이다"(『조선중앙년감』, 1998).

41) "조선인민군 4.25 예술영화촬영소 창작가, 예술인들이 창조한 경희극 〈편지〉는 농업전선을 힘있게 지원할데 대한 당의 호소를 높이 받들고 영농전투에 떨쳐나섰던 인민군군인들의 영웅적투쟁이야기를 기본내용으로 하고 있다. 작품은 무엇보다도 심오하고도 풍부한 사상예술적형상을 통하여 경애하는 최고사령관동지의 명령이라면 그 어떤 어렵고 힘든 과업이라도 무조건 철저히 관철하고야마는 인민군군인들의 백절불굴의 혁명적군인정신과 우리 군대가 지니고있는 인민에 대한 헌신적복무정신을 감명깊게 보여주고있다."(『조선중앙년감』, 1999)

42) "경희극 〈동지〉(4.25 예술영화촬영소 예술인들 창조)는 경애하는 장군님께서 펼치시는 선군혁명령도의 손길 아래 전군에 차 넘치는 상하일치, 관병일치의 전통적인 미풍을 실제하고도 구체적인 생활속에 보여주면서 오늘 우리 군대가 백전백승의 기상을 긍지높이 과시하고 있는 힘의 원전이 어디에 있는가 하는것을 철학적으로 심오하게 해명해주고 있다. 극은 인민군대안에서 관병일치의 미풍을 더욱 활작 꽃 피워나갈데 대한 경애하는 장군님의 의도를 받들고 주인공이 자기의 첫 사단장사업을 설봉초소의 병사들속에 들어가 전사생활을 하는것으로부터 시작된다. 그는 각이한 성격의 병사들과 함께 병사새활을 하면서 지휘관들이 병사들을 어떻게 대하고 사랑해야 하는가를 실천적모범으로 보여준다. 그는 부모없이 남의 집에 홀로 두고 온 누이동생생각을 하면서 남몰래 속을 쓰고 있는 신입병사의 마음속 고충과 어릴적부터 영예군인인 아버지의 삼륜차를 밀어주며 한생 군복을 입고 아버지가 못다한 일을 다하리라고 맹세도 컸던 상급병사의 속마음도 다 헤아려보며 혁명동지에 대한 뜨거운 사랑과 믿음으로 그들을 따뜻이 돌보아준다. 그의 모습에서 요구성만을 높이면서 병사들을 진정으로 사랑하지 못한탓에 병사들과 어울리지 못하고 그들의 마음속문을 열지못했던 소대장, 분대장도 자신들을 심각히 뉘우치게 된다. 서로 혁명동지로 대해 주며 뜨거운 사랑을 부어 주는 동지애는 결국 전사들이 적탄이 날라오는 순간 자기의 몸을 내 대여 지휘관을 구원하는 회생정신을 낳게 하였고 지휘관은 전사를 살려내기 위하여 자기의 피를 바치게 한다. 경희극은위대한 장군님께서 적들과 방금조우전이 끝나고 포연이 가시지 않은 초소로 한몸의 위험도 생각지 않으시고 귀중한 혁명동지들이 있는곳이라면 하늘끝이라도 찾아가보아야 한다시며 직접 운전대를 잡으시고 설봉초소를 찾아주시여 친어버이사랑을 베풀어주시는데 대하여 보여주고있다. 자신에게는 최고사령관과 병사들과의 관계를 명령과 복종의 관계로 생각한적은 한번도 없다고, 자신과 병사들과의 관계를 열연적인 관계, 동지적인 관계이라고 뜨겁게 말씀하신 경애하는 장군님의 위대한 동지애의 세계를 펼쳐 보이면서 경희극은 온 사회를 하나의 동지의 세계로 만들고 혁명적동지애로 뭉친 단결의 위력으로 주체혁명위업을 끝가지 완성해 나가시려는

회적 요구였음을 잘 말해준다.

그렇지만 이 위기 상황에서 경희극은 과연 '웃음'만을 주는 연극이었을까? 이 질문에 대해 〈약속〉의 희곡작가 박호일은 다음과 같이 답한다.

> 웃음과 감동, 해학과 눈물이라는 이 감성적이며 생리적현상을 서로 분리시켜 이 작품은 웃기는 작품, 이 작품은 울리는 작품으로 울타리를 쳐놓고 서로 〈수화상극〉처럼 형태상특성만 론한다면 언제까지나 경희극은 무조건 웃기기만 해야 된다는 '대의명분' 아래 깊이있고 사색이 있으며 철학적무게가 있는 작품으로는 되지 못한다는것이 아닌가? 아니다. 보다 혁신적인 안목으로 시대를 보고 시대에 맞는 희극을 내놓아야 한다.43)

〈약속〉은 김정일이 1995년 2월 동해안 여성해안포중대를 방문하였던 실화를 바탕으로 제작되었다. 박호일은 '경희극이 노상 웃기기만 해야 된다는 것은 이젠 도식이 아닐가' 하는 의문으로 극작을 시작했다고 전한다. 웃음과 감동은 공존할 수 있다는 주장이다. 그는 이 둘이 분리되어야 할 것이 아님을 강조하면서, 심오한 소재를 선택하는 것이 감동과 웃음을 함께 주는 '새로운' 경희극의 창조비법이라 주장한다. 〈약속〉의 경우 그 심오한 주제는 "최고사령관과 전사들의 관계는 명령과 복종의 관계가 아니라 부모와 자식간의 혈연적관계, 혼연일체

장군님의 철의 의지를 생동한 화폭속에 보여주었다. 작품은 구성도 좋고 사상적대가 뚜렷할뿐아니라 인물성격과 생활세부들이 집중화, 집약화되어 사상주제적내용을 해명하는데 적극 이바지하였다. 경애하는 장군님께서는 이 작품을 친히 보아주시고 〈동지〉라는 경희극의 종자를 아주 잘 잡았다고, 이 경희극은 동지애로 시작되고 동지애로 승리하여 온 우리 혁명의 심원한 진리를 철학적으로 깊이있게 해명한 만점짜리 작품이라고 최상의 평가를 주시였다."(『조선중앙년감』, 2000)

43) 박호일, 「(창작수기) 새롭고 특색있는 경희극을 창작하기까지」, 『조선예술』, 1997.1.

의 관계이며 위대한 장군님은 우리 인민군군인들의 친어버이시라는 것"인데, 여기서 김정일이 '친어버이'로 호칭된 점이 흥미롭다. 1992년 〈승리의 기치따라〉에서 김정일은 전쟁터에 있는 아버지에게 편지를 보낸 어린 아들이었다. 그런데 불과 3년 후, '어버이'로의 변신은 당시 급박하게 돌아가는 북한사회의 일면을 여과 없이 드러낸다. 이제 당위가 된 완숙한 '김정일의 구현'은 사색과 철학적 무게를 가진 주제를 자연스럽게 요구한 것이다.

물론 '웃음' 역시 주제의 진지함으로 인해 퇴색될 수 없는 코드였다. 〈약속〉의 "창작가, 예술인들이 밝고 명랑한 군인생활을 웃음속에 펼쳐" 보였다는 총평이 말해주듯[44] 경희극에서 밝음과 명랑함은 기본이었다. "맹병도는 '위원장'으로, 오복녀는 '부위원장'으로, 배동팔이는 '서기장'으로 '직무'를 받는데, 바로 이 세 인물이 이 경희극의 웃음을 안고있는 희극적인 인물"[45]이었듯이 웃음은 인물을 통해서도 철저히 계획되어야 했다. 〈축복〉, 〈끝장을 내자〉, 〈편지〉의 작품 평을 통해 '웃음'이 무엇을 통해 구현되었는지를 살펴보기로 한다.

  - 련대후방참모 달근이 상급으로부터 받은 특별임무를 통하여 희극적 웃음을 재치있게 자아내고있다. 이외에도 4명의 군관들과 평양처녀들의 호상관계를 통한 극조직, 4명의 군관들이 호상관계를 통한 극조직에서 희극적웃음을 자아내는 좋은 경험을 보여주고있다. (경희극 〈축복〉)[46]
  - 정극적인것과 희극적인것을 적절히 배합하여 해학적웃음을 높은 수

---

44) 『조선중앙년감』, 1997.
45) 박호일, 「(창작수기) 새롭고 특색있는 경희극을 창작하기까지」.
46) 조맹덕, 「(관평) 즐거운 웃음도 있고 감동의 눈물도 있는 특색있는 예술적 형상」, 『조선예술』, 1997.7.

준에서 자아내고있는데 있다. (…중략…) 즉 희극적인것과 정극적인것을 호상 밀접히 결합시킨 상태에서 희극적웃음을 야기시키고있다. 작품은 이렇듯 인물관계를 정극적인것과 희극적인것의 밀접한 연관 속에서 맺어준데 기초하여 그것들모두가 희극적웃음을 자아내도록 하는데 하나로 복종시키고있다. (경희극 〈끝장을 보자〉)[47]

- 경희극 〈편지〉가 이룩한 높은 사상예술적성과는 (…중략…) 정극적으로 끌고 가면서도 거기에서 웃음이 자연스럽게 터져나오게 정극적인 생활과 희극적인 생활을 잘 조화시켜 경희극적 밝은 양상으로 생동하게 보여주고있는것이다. (…중략…) 여기에서 돈순호의 대사는 생활과 정황에 꼭 맞는 명대사로서 희극적인것을 웃음으로 날려버리고 정극적인 생활로 잘 전환시켜주고있다. 경희극에서 희극적인 성격은 또한 사랑에 대한 오해선들에서 찾아볼수 있다. (경희극 〈편지〉)[48]

이같이 경희극에서 '웃음'이 전개되는 양상은 다양하다. 배우가 연기하는 인물 자체, 인물 간의 관계, 진지함과 희극성의 충돌, 생활을 담은 대사, 사랑에 대한 오해 등 웃음을 위한 극적 장치는 다채롭다. 모두 감동과 웃음을 위해 고안된 것이다. "김정일에게 '만점짜리 경희극'"이라는 극찬을 받은 〈편지〉가 태풍에 맞서기 위해 "'군대와 인민'이 치열한 결사전을 벌이는 장면을 포함하는 여느 경희극과는 크게 다른 부분을" 갖고, 종장에서 "'선군령도'를 직접적으로 선동하는 강한 사상성"을 보여주지만,[49] 그것이 희극성의 약화와 동의어는 아니다. 명일식의 평론에서 알 수 있듯이 인물의 대사와 사랑의 오해선이

---

47) 리연, 「(관평) 사상예술성이 완벽한 시대의 걸작」, 『조선예술』, 1997.7.

48) 명일식, 「(평론) 높은 시대정신과 국민일치사상을 훌륭히 보여준 시대의 명작」, 『조선예술』, 1998.8.

49) 박영정, 『북한 연극/희곡의 분석과 전망』, 연극과인간, 2007, 97~99쪽.

라는 구조적 장치를 통해 희극성이 작품의 견고한 축으로 버텨주기 때문이다. 그러나 경희극 관련 글들을 섬세히 살펴볼 때, 분명 '웃음' 이외에 진지함이 한층 강조되었음을 주목해야 한다. 특히 연기 관련 글에서 이 같은 변화를 감지할 수 있다. 일반적으로 희곡자체가 담보하는 희극적 장치는 배우들이 희극임에도 불구하고 진지한 연기를 전개하게 하는 기제로 작용한다. 구조자체의 희극성은 진지한 연기와 결합될 때 그 효과를 더욱 발하기 때문이다. 일례로 〈동지〉의 "소대장 역을 담당한 배우는 부정인물의 형상을 경희극적으로가 아니라 정극적으로 가져갔"다. 또한 "경희극무대에 나타난 웃음을 동반하지 않는 부정인물형상, 이것은 하나의 새로운 발견이라 볼수 있다"는 글50)과 같이 〈동지〉에서 소대장 역할을 한 배우는 결함 있는(부정적·희극적) 인물을 연기할 때, 흔히 그래왔듯 인물을 우스꽝스럽게 보여주지 않고 진지하게 연기했다. 리월미는 이것을 새로운 발견이라고 극찬하면서 다음과 같이 그 이유를 밝힌다.

즉 작품의 중심에는 경애하는 최고사령관동지의 전사들에 대한 한없이 숭고한 동지적 의리와 사랑이 놓여있는것이다. 따라서 이러한 정극적인 사상감정, 즉 밝고 숭엄한 감정을 기본감정색채로/규정한 작품에서 큰 몫을 가지고있는 주요인물들 중의 하나인 소대장의 형상이 희극적으로 창조된다면 작품의 양상적특성이 원만히 살아날수 없는것이다. 배우가 만약 소대장의 형상에 주관적으로는 경애하는 장군님의 뜻대로 살겠다고 다짐하면서도 실지로는 욕설, 추궁으로 사업하는 부정적 측면이 있다고 하여 역인물을 희극적으로 형상하였다면 작품의 기본감정색채인 밝고 숭엄한 감정이 웃음속에 깔려 작품의 사상교양적가치를 떨구

---

50) 리월미, 「(연기평) 연기색채규정과 그 실현을 통해서 본 연기성과: 경희극 〈동지〉에 출현한 배우들의 연기형상을 놓고」, 『조선예술』, 1999.10.

게 될것이다. 이것은 참으로 심각한 문제가 아닐수없다.[51]

    '웃음'에 대한 리월미의 견해는 다소 고지식해 보인다. 그러나 그가 배우의 몸짓과 표정, 행동 등 물리성에서 비롯된 웃음을 경계한다는 점이 흥미롭다. 명료한 설명을 위해 극단적인 예를 들면, 1949년 신고송은 배우의 유형적인 연기를 경계하면서 부정적 인물인 지주를 연기한다고 해서, "의례히 바지춤이 허리에까지 미끄러져 내려오는 굵다란 배꼽이 달린 배를 노상 내놓고"[52] 있지 말기를 충고한 바 있다. 북한사회에서 부정적 인물은 해방기부터 당시까지 시청각적으로 우스꽝스럽게 구현되어 왔던 것이다. 그런데 리월미는 물리적 재미에서 오는 웃음은 극의 주제를 흐릴 수 있다고 하며, 이 같은 인물형상화가 〈동지〉에서 사라진 것을 고평한다. 그는 연이어 긍정적 인물에 대해서도 장엄함으로 일관하지 않았던 연기를 극찬한다.

    주인공 정광철역을 맡은 배우는 긍정인물이지만 일정하게나마 희극적인 색채를 가지고 연기를 해나갔다. 부정인물인 소대장역과는 달리 긍정인물인 주인공역이 희극적웃음을 자아낸것은 새로운 시도라고 볼 수 있다. 일반적으로 경희극작품에서 긍정인물은 부정인물을 교양하는 위치에 있는것으로 하여 항상 정색하고 심중한 연기를 하게 되는것이 보편적인 실례였다. 하지만 정광철역을 맡은 배우는 비록 사단장이지만 병사복을 입고 병사들속에 들어가 생활하는 작품의 내용에 맞게 웃음을 동반하는 정극적인 연기색채를 잡고 능숙하게 연기해나갔다.[53]

51) 위의 글.

52) 신고송, 『농촌연극써클운영법』, 평양: 국립인민출판사, 1949, 43~45쪽.

53) 리월미, 「(연기평) 연기색채규정과 그 실현을 통해서 본 연기성과: 경희극〈동지〉에 출현한 배우들의 연기형상을 놓고」.

리월미의 글은 배우들의 연기를 엿볼 수 있게 하는 주요 자료이다. 북한 경희극에서 통상적으로 긍정적 인물을 맡은 배우는 항상 정색으로 진지하게 연기를 하고, 부정적 인물은 시청각적으로, 다시 말하면 표정·의상·말투 등이 단순한 웃음을 유발하도록 고안되어 있었던 것이다. 그런데 리월미는 〈동지〉에서 이 같은 통념이 깨어진 것을 상찬하며, 진지한 부정적 인물과 희극적 긍정인물이 구현된 것을 고평한다. 연기적 측면에서만 본다면 북한 내에서 큰 변화임은 분명하다. 이 연기는 "작품의 기본색채인 밝고 숭엄한 감정이 웃음에 깔려 작품의 사상교양적가치를 떨구"지 않는 데 일조한 것이다. 1995년 이후 활발히 공연된 경희극은 '웃음'을 기본으로 하면서 '숭엄한 감정'을 유지하려 했고, 그것은 이전 연극의 코드였던 '웃음'에 '감동'을 더하는 방식이었다.

4. 스펙터클·서정성에서 감동·웃음으로

1990년대 북한에 밀려왔던 희망·위기·시련은 북한 연극의 정체성을 규정지었다. 1990년대 초 제2차 연극혁명을 일으키겠다는 강렬한 의지로 출발한 북한은 수령형상연극 〈승리의 기치따라〉와 〈소원〉을 완성한다. 1990년 초반 냉전해체와 변화의 분위기가 연극계에도 영향을 준 듯, 작품에서 '서정성'은 한층 강화되었다. 〈승리의 기치따라〉에서 구현된 김일성은 전쟁을 승리로 이끈 지도자의 모습으로만 고정되지 않았다. 인민의 아버지와 두 어린 남매의 아버지로 구축된 극중 인물 김일성은 친밀한 인간이었다. 1970년대 일었던 연극혁명을 제2차로 1990년대에 실현하고자 한 연극계의 의지는 연극의 형식과 내용을 '장엄함'에서 '스펙터클, 서정성, 인간미'로 그 초점을 이동시킨 것이다.

그러나 1994년 김일성의 사망은 연극계의 새로운 기조를 '일시정지'시키는 기제였다. 자연재해와 식량난도 창작의 '일시정지'를 재촉했다. 위기극복과 인민의 단결이 지상과제였기 때문이다. 북한은 이를 위해 김일성 사망 1년 후 '웃음극경연대회'를 개최한다. '태양의 죽음'과 '웃음극 경연'은 모순일 수 있지만, '웃음'과 '풍자'는 국가적 위기 속에서 그들이 선택할 수 있는 최선이었다. 이 두 요소는 인민들의 자발성과 생산력을 높이는, 또한 남한을 풍자함으로써 사회적 불만을 해소할 수 있는 회로였고 연극은 이 의무를 짊어진 것이다. 곧이어 북한 체제가 김정일 중심으로 정비될 때 연극계는 다시 옷을 갈아입어야 했다. 새로운 태양의 출발에 가벼운 웃음은 어울리지 않기 때문이다. 새로운 코드가 필요했고, 그것은 '감동'으로 수렴되었다. 경희극 〈약속〉·〈축복〉·〈편지〉·〈동지〉는 북한의 표현을 빌리면 '숭엄한 주제'를 구현한 '완벽한 연극'이었다. '웃음'을 주는 회로도 달라졌다. 이전에는 배우의 우스꽝스러운 물리적 움직임에서 웃음이 유발되었다면 경희극은 진지한 인물과 가벼운 인물의 충돌에서, 인물 간의 관계에서, 사랑에 대한 오해에서 관객의 웃음을 유도했다. 1994년 이전 서정성이나 인간미의 강조가 완전히 사라진 것은 아니지만, '웃음'과 '감동'은 1990년대 중·후반부터 연극계의 주요 코드로 자리를 확고히 한 것이다.

이와 같이 1990년 '스펙터클'과 '서정성'에서 출발한 북한 연극의 핵심코드는 1994년을 기점으로 자의에 의해서이든, 타의에 의해서이든 '웃음'과 '풍자'로 전환되고, 이후 '감동'과 '웃음'으로 종결된다. 그리고 이 '감동'과 '웃음'이라는 코드는 2000년대 북한 연극과 인접예술인 영화에도 긴밀히 연결될 것이다.

2부 북한 연극의 실제

8장 해방기 청산(淸算)대상의 연기(演技)

1. 연기법 논쟁

오늘날 북한 연극에 대한 연구는 점차 심도를 더하고 있다. 초기 북한 연극의 소개를 중심으로 시작한 연구는 현재 연극론, 문예이론, 희곡, 혁명연극 등으로 연구대상을 다양화하며 연구의 폭과 깊이를 넓혔다. 북한 연극에 대한 남한의 연구가 소개에서 연극론으로, 연극론에서 공연적 측면으로 확대된 것이다. 그런데 현재까지 북한 연극의 연기(演技)가 본격적 연구대상에서 유보되어 왔다는 점이 흥미롭다. 그 이유는 무엇일까? 첫째는 우리 연극학 연구가 연극을 공연적 관점보다는 문학적 관점에서 논의해 왔기 때문이다. 북한의 희곡, 극작가, 연극론 등의 연구가 연기연구보다 양적으로 우세한 것은 이 같은 사실을 반영한다. 연극예술의 가장 본질적 요소는 배우와 관객이며, 배우가 관객 앞에서 전개하는 '어떤 행위', 즉 연기는 연극만의 특징이다. '연기는 느낌이며, 연기는 행동이며, 연기는 환상이며, 연기는 기술이며, 연기는 창조'[1]라는 말은 연극예술에서 연기가 가장 중요 요소임을 말해준다. 개인의 관점을 반영한 연극이든, 정책에 부응하는 수단으로의 연극이든 연극이 무대에 올라간 이상 이것은 동일하다. 연기가 없는 연극은 성립할 수가 없기에 북한 연극의 연기에 대한 연구는 시급하고도 절실하다. 둘째 이유는 연기예술의 특성 때문이다. 연기는 무대에 창조되는 동시에 소멸된다. 직접 공연을 관람한 경우에도 관람 행위 자체가 주관적이기에 연기를 연구대상으로 놓는다는 것은 조심스러울 수밖에 없다. 또한 연기에 관한 자료가 남아 있는 경우에도, 희곡이나 연극론에 비해 훨씬 미진하다는 것 역시 연구를 지연시키는 이유가 된다. 그러나 이 모든 것은 어려움일 뿐 불가능을 의미하지는 않는다.

최근 남한에서 우리 연극의 연기에 대한 기초연구는 활성화되었다. 한국문화예술위원회의 〈구술로 만나는 한국예술사〉 사업을 예로 들 수 있는데, 이 사업의 구술자로 채택된 원로 연극인들은 1910년 신파극부터 우리 연극과 연기를 생생하게 증언한 바 있다. 또한 2008년 『한국 근·현대 연극 100년사(史)』[2] 편찬위원회 연기분과는 연극인들과의 간담회를 개최하였다.[3] 원로 배우 백성희가 참가하여 적극적으로 악극연기에 대해 증언하였고, 이 구술은 악극연기연구의 기초자료가 되었다. 이 같은 구술 자료와 기사에 실린 연극평, 선행 연구자들의 개인 인터뷰 자료,[4] 연기에 관한 북한문헌 등을 종합하면 남한과 근대

1) Jerry L. Crawford, *Acting*, University of Nevada, 1984, p. 3.
2) 한국 근·현대 연극 100년사 편찬위원회, 『한국 근·현대 연극 100년사』, 집문당, 2009.
3) 참석: 고향미, 김의경, 명인서, 박미영, 백성희, 유인경, 이준희, 이항나, 채승훈, 2008년 8월 1일. 대학로 예가.
4) 개인 인터뷰가 실린 논문으로는 송효숙, 「배우 백성희 연구」, 동국대학교 석사논문, 1999; 김방옥, 「한국 연극의 사실주의적 연기론 연구: 그 수용과 전개양상을 중심으로」, 『한국연극학』 제22집, 2004; 노승희, 「해방전 한국연극연출의 발전양상연구」, 동국대학교 박사논문, 2004; 김정수, 「한국연극 연기에 있어서 화술표현의 변천양태연구: 1900년대부터 1970

라는 공통분모를 가졌던 북한의 해방기 연기연구[5]는 충분히 가능한 것이다.

주영섭은 해방기 북한이 청산해야 할 연극대상을 조목조목 다섯 가지로 들었다. ① 일제잔재의 청산, ② 자연주의적 잔재의 청산, ③ 상업주의적 잔재의 청산, ④ 신파적 잔재의 청산, ⑤ 형식주의 청산이다.[6] 또한 신고송은 북한 연극계의 급선무는 무엇보다도 '형식주의적 연극인 소위 신파적 경향을 청산하는 것'이라고 거듭 밝힌다.[7] 주영섭과 신고송의 언급을 종합하여 축약하면, 북한이 청산하고자 한 연기는 신파적 연기와 형식적 연기이다.

이 글은 해방기 북한 연극계에서 제기된 청산대상 연기의 구명(究明)을 직접목적으로 하며, 청산하고자 한 연기를 토대로 북한이 지향하고자 한 연기에 접근하는 것을 간접목적으로 한다. 주지하다시피 해방기 북한의 문예이론은 '고상한 사실주의'이다. 그러나 이 글은 '사실주의'라는 사조적 개념으로 북한 연기에 접근하지 않을 것을 밝혀둔다. '사실주의 연기법'은 정의하기도 분분하며, 무엇보다 서구의

년대까지」, 동국대학교 박사논문, 2007 등이 있다.

5) 이 글은 이석만의 견해에 따라 해방 5년사를 '해방기'로 설정하고자 한다. 이석만은 '해방기'라는 용어에 대해 다음과 같이 설명한다. "8.15 직후부터 6.25 발발 직전까지에 이르는 소위 해방 5년사에 관한 용어로 사학계에서는 '미군정기'가 정설로 되어있고, 미군정기와 남한단독정부 수립 이후로 나누는 '해방기', '8.15 직후', '해방직후', '해방공간' 등의 용어가 있다. 그 중에서 역사적 혼돈기라는 중점을 둔 빈 공간으로서의 '해방 공간'이라는 용어가 많이 쓰이고 있다. (…중략…) 본고에서는 역사적 동질성을 담보한 보편적 범위로서의 '해방기'라는 용어를 선택하고자 한다. 이 '해방기'라는 용어는 문학 연구자들이 공통적으로 사용하는 용어이기도 하다. 이 시기를 8.15 직후부터 남한 단독정부수립시기인 48년 8월 15일까지로 보는 해방 3년사와 8.15 직후부터 6.25 발발 직전까지를 다루려는 해방 5년사가 있다. 여기에 8.15 직후부터 53년 휴전협정 체결까지를 한 시기로 다루는 해방 8년사가 덧붙여지는 경우도 있다. 본고에서는 당대의 문학적 과제가 통일된 민족문학을 성취하는데 있었음을 감안할 때, 8.15 직후부터 6.25 발발 직전까지의 문학활동의 주체의식이 크게 다르지 않다고 보고 해방 5년사를 '해방기'로 설정하여 연구하고자 한다."(이석만, 『해방기 연극연구』, 태학사, 1996, 9~10쪽)

6) 주영섭, 「연출과 사실주의」, 『문학예술』 2, 1948.7, 40~41쪽.

7) 신고송, 「쏘베트 연극에서 우리는 무엇을 배우는가」, 『문학예술』 9, 1949.4, 66쪽.

사조 개념을 북한 연기에 대입시키거나 연극예술을 문예이론에 종속시키는 것 자체가 무리이기 때문이다. 본문은 북한이 '어떠한 연기사조를 청산 또는 지향했는가'가 아니라 배우가 무대에서 '어떻게 말하고 움직이는 것을 청산했는가 또는 지향했는가'에 초점을 둔다. 그 과정에서 이론적이거나 관념적인 용어는 최대한 배제한다. 연기는 창작자/수용자(배우/관객)의 입장에서는 지극히 시청각적이고 물리적인 예술이기 때문이다. 이외 무형예술인 연기를 글로 설명하는 한계를 극복하기 위해 배우들의 화술을 악보화하였음을 밝혀둔다.[8] 우리 연극학계에서 화술표현을 위해 통용되는 기호는 아직 구축되어 있지 않다. 필자가 2007년 효과적인 화술설명을 위해 처음 악보를 사용한 바 있는데[9] 이외 현재까지 학계에서 화술표현에 대한 새로운 방법은 제시되지 않았다. 이에 필자는 연기(화술)표현 방법론의 필요성을 다시 제기하며, 그 방법론의 하나로 악보작업을 조심스럽게 제안한다.

한국전쟁 이후 남한과 북한이 다름의 선상에 있다면, 해방기는 '다름'과 '같음'이 공존하는 시기이다. 다름이 발아한, 동시에 같음이 존재한 해방기 북한의 연기연구가 남한과 북한이 대화하려는 하나의 시도로, 서로의 특징을 이해하려는 노력으로, 북한 연극의 의미화와 이론화를 위한 기초 작업으로 기여하기를 기대한다.[10]

---

8) 본문의 악보는 음악에서의 악보와는 구분된다. 배우들의 화술을 이해하기 위한 한 방법으로 작성한 것이므로, 박자나 마디 표시는 기재하지 않았음을 밝힌다.

9) 김정수, 「한국연극 연기에 있어서 화술표현의 변천양태연구: 1900년대부터 1970년대까지」.

10) 이 글에서 북한문헌 인용시에는 북한의 맞춤법과 띄어쓰기를 따르기로 한다. 북한의 맞춤법과 띄어쓰기는 남한과 다소 상이하다. 일례로 연출가 나웅은 북한의 문헌에서 '라웅'으로 기재되어 있다. 그러나 전체적인 맥락에서 살펴볼 때 해석과 이해에는 무리가 없어 보이기에 북한 문헌에 한해서 북한의 맞춤법을 따르고자 한다. 또한 모든 인용문헌에서의 고딕 강조된 부분은 필자가 기재한 것임을 밝혀둔다.

2. 신파의 청산: 일본적 억양과 가부키적 연기 청산

북한에서 연기에 대한 언급 중 '신파연기'를 청산하자는 논의는 여러 곳에서 발견된다. 해방 직후 북한 연극계에서 활발히 담론을 주도했던 신고송·주영섭·안영일 모두는 지면을 통해 신파연기를 청산의 제1순위로 지목했다. 다음은 주영섭의 글이다.

> 야비(野卑)하고 저속(低俗)하고 영합(迎合)적이며 퇴폐적(頹廢的)인 일초 신파적 경향을 일소해야 할 것이다. 실로 우리 연극예술에 있어서 신파에서 얻을 것은 아무것도 없다. 조선연극유산에 있어서 가면극 인형극 구극 신극 프롤레타리아연극에서 계승(繼承)섭□할것은 많지만 신파에서 계승할 것은 없다.11)

주영섭은 신파연기는 수준이 낮고 쇠퇴해갈 뿐 아니라 '야비'한 연기이기에 '청소'하듯 깨끗이 버려야 할 연기양식이라 주장한다. 북한에게 신파는 배울 것도 계승할 이유도 없는 연기인 것이다. '야비'와 '저속'이라는 표현이 다소 과격하지만 이 같은 견해는 해방기뿐 아니라 한국전쟁까지 북한 연극계의 공인된 관점이었다. 이를 입증하는 1952년 신고송의 글을 보기로 한다.

> '신파'는 현실에 대한 진실한 묘사 곧 현실의 혁명적 발전을 통하여 묘사한 대신에 비현실적 우연적 '사건성'과 '연극성'을 요구한다. 그러므로 '신파'는 현실성과 예술성과는 아무런 인연도 없으며 사상성에 대하여는 돌아보지 않는다. '신파'에는 예술적 과장이 아니라 내용 없는 형식적 과장이

---

11) 주영섭, 「연출과 사실주의」, 41쪽.

지배적이며 심각한 예술적 형상이 아니라 기교적 판박이가 지배적인 것이다.12)

신파는 형식에만 치우친 과장된 연기이며, 진지한 예술이라기보다는 기교적이고 판박이인 연기, 그 이상은 아니라는 설명이다. 그렇다면 신파라는 연기는 어떠한 화술과 움직임이었기에 이 같은 혹평을 받고 청산의 1순위로 지목되었을까? 해방기 '신파'연기의 실체를 드러내기 위해서는 1910년대부터 해방 전후까지의 신파연기 탐색이 필수적이다.

1910년대 신파연기는 "정말 같으면 아이고 라고 울지마는 일본식으로 우는 소리를 짜 낸다"13)는 기사가 말해주듯 일본식 연기와 밀접한 양식이었다. 1920년대 신파배우의 연기를 전해들은 이원경은 신파연기를 보다 구체적으로 증언해준다. 증언의 핵심은 '일본어의 억양에 한국말을 대입시킨 화술'이라는 것인데14) 보다 명료한 설명을 위해 그가 증언한 화술을 악보화하기로 한다.

〈악보 1〉

이 악보는 일본어의 '오하이오 고자이마쓰' 억양을 음표로 표시한 것이다. 악보작업은 화술에 대한 효과적 설명을 위한 편의상의 방법일

---

12) 신고송, 「연극에 있어서 형식주의 및 자연주의적 잔재와의 투쟁」, 『문학예술』, 1952.1; 이선영·김병민·김재용 편, 『현대문학비평자료집 2: 북한편』, 태학사, 1993.

13) 기사, 「눈물연극을 견한 내지부인의 감상(2)」, 『매일신보』, 1914년 6월 27일자.

14) 김정수, 「한국연극 연기에 있어서 화술표현의 변천양태연구: 1900년대부터 1970년대까지」, 32쪽.

뿐이다. 실제 일본인의 억양이나, 각 개인의 화술은 이 악보와는 다를 수 있다. 주목하고자 하는 것은 우리 배우가 '안녕하십니까'의 대사를 일본어의 억양에, 예를 들면 〈악보 1〉과 같은 억양에 맞춘다면 부자연스러울 뿐 아니라 거부감을 줄 수밖에 없다는 점이다. 1929년에 신파연기에 대해 "그 과백(科白)이 부자연하고 과백의 음조가 우리의 과백의 음조가 아니며"[15]라는 홍해성의 글은 이 같은 거부감을 잘 말해준다. 따라서 "가장 불유쾌하고 불명예하며 치욕적인 시기에 지은 민족적, 계급적 죄업을 속죄청산하기 위하야는 무자비한 비판과 장구하고 겸허(謙虛)한 노력이 필요"[16]했던 해방 직후에 일본어 모방 화술은 북한에서 비난의 1순위였다.

그런데 흥미로운 것은 신파화술의 음조가 우리의 것이 아니라는 말에 연이어 '과백의 어음(語音)의 흐름이 흡사히 불쌍한 돼지 짐승, 목에 칼을 받을 때 부르짖음 같다'라는 홍해성의 언급이다. 이 짧은 언급은 신파연기에 대한 또 다른 단서를 제공한다. '돼지가 목에 칼을 받을 때 부르짖음'이라면 단순 일본어의 억양이 아니라 그 이상의 기이한 화술을 암시하기 때문이다. 굳이 글로 옮기면 '돼지가 목에 칼을 받을 때 부르짖음'은 극렬한 외침이나 비명에 가까운 화술로 해석된다.

보다 구체적 연기양태의 탐색이 중요한데, 다행히 서연호는 신파연기의 구체적 양태를 알려준다. "강약과 완급, 투박함과 섬세함, 거침과 부드러움을 적절하게 조화시키는 가부키나 신파의 연기(일종의 定型)에 대하여 한국 신파는 자신을 드러내기 위한 과장된 연기와 즉흥

---

15) 홍해성, 「극예술 운동과 문화적 사명: 조선 민족과 신극운동」, 『동아일보』, 1929년 10월 20일자.
16) 신고송, 「연극운동과 그 조직」, 『인민』 창간호, 1945.12; 이선영·김병민·김재용 편, 『현대문학비평자료집 2: 북한편』.

성이 점차 체질화"[17]된 연기라는 것이다. 서연호의 연구는 홍해성이 지적한 '기이한 화술'이란 곧 가부키나 일본신파에 상당히 닮아 있음을 시사해준다. 그뿐 아니라 1950년 전후 우리 신파극을 직접 관람한 배우 오현경 역시 서연호와 같은 맥락에서 신파연기를 증언한다.[18] 오현경이 시연(試演)한 대사의 일부를 악보로 작성해보기로 한다.

〈악보 2〉

악보에서와 같이 화술은 일본어의 일상 억양이나 음조가 아니다. 오현경은 시연(試演)을 위해 턱을 약간 숙이고 목을 눌러 강한 힘을 주면서 발성한다. 화술은 발성 자체가 억눌리고, 음조의 격차가 큰 양태가 된다. 몸짓 역시 극히 비일상적이다. 오현경은 대사를 하면서 몸을 둥글려 왼쪽에서 오른쪽으로 반원을 긋는다. 이에 따라 머리 역시 둥글려지는데 그 리듬에 맞추어 눈빛 역시 살짝 원을 그리며 강한 빛을 발한다. 따라서 오현경의 "거 가부키랑 똑같더라고"라는 회고는 서연호의 글과 같이 놓고 판단할 때 객관성을 획득한다. 확인할 것은 북한 역시 '신파'연기를 가부키식의 연기와 동일시 하였는가 이다. 이를 위해서 북한이 언급하는 '신파극'을 살펴보기로 한다.

19세기말 일본에서 이른바 '구극'인 〈가부끼〉에 대치하여 나온 현대극 형식의 형식주의적 연극. 〈가부끼〉는 16세기말 일본에서 나온 민족극형식

---

17) 서연호, 『한국연극사: 근대편』, 연극과인간, 2004, 110~111쪽.

18) 김정수, 「한국적 움직임과 화술의 모색: 1910년부터 1920년대까지」, 한국 근·현대 연극 100년사 편찬위원회, 『한국 근·현대 연극 100년사』, 집문당, 2009, 12~13쪽.

으로서 음악적 요소와 무용적 요소, 극적 요소가 결하보던 종합예술형식이다. 〈가부끼〉에서 배우들의 연기는 일정한 격식과 틀에 박힌 도식화된 것이었다. 신파극은 〈가부끼〉의 격식화된 틀에 박힌 도식화된 것이였다. 신파극은 〈가부끼〉의 격식화된 틀을 반대하여 새로운 형식의 극을 창조한다고 하였지만 신파극제창자들 대부분이 〈가부끼〉 배우들에게서 교육을 받은 사정으로 하여 〈가부끼〉의 제한성에서 완전히 벗어나지 못하고 그의 격식화된 틀을 그대로 답습하였다. 신파극 배우들은 인물의 내면세계를 떠나 외적인 기교 일면만을 포구함으로써 류형화, 도식화된 신파연기의 특을 만들어냈다. 신파극에서는 등장인물들의 초상, 말투, 몸짓, 걸음새, 소리색갈, 웃음소리, 울음소리등이 그의 성별과 년령, 신분과 직위에 따라 일정하게 격식화되여 있었다. (…중략…) 신파극의 형식적인 경향은 우리 나라에서의 사실주의 연극예술발전에 오랜 기간에 걸쳐 적지 않은 저애를 주었다. 우리 배우들의 화술형상에서 오래동안 내려오던 신파적인 낡은 특은[19)]

이 글은 1988년 북한의 『문학예술사전』에서 발췌한 것이다. 1988년의 관점에서 보는 신파극이기에 북한이 해방기에 바라보았던 신파극과 동일한가에 대해 의문이 있을 수 있다. 그러나 '신파극의 배우들이 일본 가부키 배우들에게 배운 틀이 있는 연기'가 '우리 배우들에게 영향을 주어 우리 연극예술발전에 저애를 주었다'는 설명은, 이 글에서 언급하는 신파연기가 해방 전후 우리 연극계에 존재했던 가부키식 연기임을 알게 해준다. 또한 1956년 신고송 역시 신파연기의 발생과 형식에 대해 『문학예술사전』과 동일하게 설명하며 "조선에서 반봉건 사상 투쟁에 약간의 역할을 수행하였으나 그것은 결국 일본 제국주의

---

19) 과학백과사전종합출판사, 『문학예술사전』(상)/(하), 평양: 과학백과사전종합출판사, (상) 1988/(하)1993.

침략자들의 통치의 사상적 지반을 닦아주는 방조적 역할을 수행하였고 조선 현대극 발전에 오랫동안 지장을 주었으며, 8·15 해방 후에까지도 우리 연극에 많은 해독적인 작용을 한 연극"[20]이라고 주장한다. 또한 그는 1952년 "'신파'는 형식적으로 내용적으로 일본 제국주의적 잔재"[21]라고 동일하게 언급한다. 이 같은 신고송의 글과 『문학예술사전』의 설명은 북한이 언급하는 신파연기 역시 지금까지 살펴본 일본 가부키적 연기와 동일하다는 근거가 된다.

북한이 청산해야 할 연기로 지목한 신파연기는 ① 일본어의 억양에 한국어를 대입한 ② 가부키식의 억양과 기성(奇聲)의 ③ 가부키식의 특정 포즈를 취하며 머리를 꺾는 ④ 이유 없이 몸을 둥글게 회전하는 ⑤ 극 진행과 무관하게 눈빛을 번뜩이는 연기인 것이다.

3. 형식적 연기의 청산: 서양적 연기와 감정적 연기 청산

신파연기와 더불어 북한이 청산하고자 한 또 하나의 연기는 형식주의 연기이다. 북한은 신파 연기를 형식주의 연기의 일부로 간주하므로, 여기에서는 신파를 제외한 형식주의 연기에 주목하고자 한다. 먼저 형식주의에 대한 북한의 설명을 보기로 한다.

> 문학예술작품의 형식과 내용을 분리시키고 절대화하는 반동적부르죠아문예사조.
> (…중략…) 형식주의는 작품의 내용을 무시하고 형식에 치우친 봉건귀족 문학예술의 반사실주의적인 창작태도와 경향을 이어받아 19세기 말~20

---

20) 신고송, 『연극이란 무엇인가』, 평양: 국립출판사, 1956, 70쪽.
21) 신고송, 「연극에 있어서 형식주의 및 자연주의적 잔재와의 투쟁」.

세기 초에 자본주의 여러 나라들에서 반동적인 문학예술사조로서 널리 퍼졌다. 우리 나라에서는 1920~1930년대의 부르죠아문학예술에서 심하게 나타났다. 형식주의는 오늘 미국을 비롯한 자본주의나라들과 남조선에 류포되어있는 반동적이며 퇴폐적인 문학예술의 주되는 사조의 하나로 되고 있다.[22]

이 같은 설명을 연극의 장으로 옮기면, 형식주의 연기는 우리나라에서 1920~1930년대 '부르죠아 연극에서의 두드러진 현상'이다. 북한은 형식주의 연기를 이 문헌이 발표된 1988년 남한의 연극에서도 발견할 수 있다고 설명한다. 그러나 해방기 북한이 청산하고자 했던 '형식적 연기'는 1950년 이전의 연기를 의미하므로, 여기에서는 1950년까지로 범위를 좁혀 논의를 전개하고자 한다. 1930년대 우리 연극계에서 전개된 신극과 악극, 대중극의 연기를 면밀히 살펴본다면, 북한이 청산하고자 한 형식주의 연기를 상당부분 알 수 있다.

3.1. 그로테스크한 몸짓과 기계적 화술의 탈피

북한은 형식주의가 "예술지상주의, 기교주의와 밀접히 련관"되어 있다고 주장하며 형식주의에는 "인상주의, 상징주의, 립체주의, 미래주의, 구성주의, 초현실주의, 추상파, 다다이즘" 등이 속한다고 설명한다.[23] 거칠게 말하면, 사실주의의 대안으로서의 모더니즘 연극형식이 북한이 청산하고자 한 형식주의 연기 중 하나인 것이다.

1930년대 비사실주의, 또는 반사실주의와 관련된 연극은 극예술연구회의 번역극에서 찾아볼 수 있다. 극예술연구회는 2회 공연에서

---

22) 과학백과사전종합출판사, 『문학예술사전』(상)·(하).

23) 위의 책.

표현주의 계열의 연극 〈해전〉을 과감히 무대에 올린 바 있다. 기사는 이 작품에서 배우들이 무대에 비틀어 눕는 등 그로테스크한 형상을 연출하였다고 전한다.[24] 이러한 몸짓은 당시에는 분명 파격적인 실험이었고, 연극계에서는 〈해전〉에 대한 의견이 분분했다. 낯선 실험극의 이해를 돕기 위해 박용철은 다음과 같은 감상법을 제시하기도 했다.

> 표현파극에 잇서서는 동작과 규환이 주가 되고 대사는 극의 진행에 반주쫌박게 되지 안는 것인데 이 해전과 가티 템포빠른 극에서 극의 전체를 감상하려 하지 안코 한갓 한개 한 개의 대사만을 주으로 하다가 속히 지쳐 버려 일찍 도라간 관중들은 표현파극의 특색을 알아볼 긔회를 앗갑게도 노처 버렷고[25]

표현파극을 바로 감상하는 법은 대사의 기의에 초점을 맞추지 말고, 기표를 통해 전달되는 이미지를 감상하라는 것이다. 그러나 빠른 템포의 '조금도 알아들을 수 없는 대사'는 그 지루함으로 관객에게 '실로 고통'을 안겨주었다.[26] '보통 관중에게 상구경하는 맹인격'[27] 이어서 관객과의 공감대 형성에도 실패했다. 중요한 것은 북한에게 이 같은 연기는 '내용을 무시하고 형식을 절대화'하여 '진실한 생활의 내용'을 반영하지 않는 무의미한 연극이라는 점이다.[28] 현실과 거리가 먼 인물의 움직임, 특히 비틀린 몸짓 같은 그로테스크한 형상은 사람들의 사상과 의식을 마비시키는 독으로 간주되었기 때문이다.

---

24) 『동아일보』, 1932년 6월 26일자.

25) 박용철, 「실험무대 제2회 시연 초일을 보고」, 『동아일보』, 1932년 6월 30일자.

26) 위의 글.

27) 주영하, 「실험무대 시연 〈해전〉 극평」, 『조선일보』, 1932년 7월 1일자.

28) 과학백과사전종합출판사, 『문학예술사전』(상)·(하).

그런데 이같이 그로테스크한 또는 서양적 제스처를 모방한 연기가 1930년대 대중극에서 간혹 나타났다는 점이 재미있다. 1930년대 후반 중앙무대의 공연 평을 통해 이 같은 사실을 확인하기로 한다.

그러나 작품의 해석(解釋)이 정당했다고는 볼수 업서습니다.『17세기 기사도의 물어(物語)』가튼 감을 주엇습니다. 그리하야 크로테스크하기도 그 극(極)에 달하엿습니다. 그런데 결점(缺點)은 부자연한 포-즈미를 치중(置重)한데도 잇다고 생각합니다. 예를 들면 1막의『막절이(幕切り)』라던가 기타 역자(役者)의 일거일동입니다. 말하자면 이것은 다른 견지에서 보량이면 작자의 근본정신의 이메-지만에 집점(點)을 두엇슬뿐 기타는 흥미(興味)본위(本位)로 대중에게 영합(迎合)하려는 소극적(消極的)의도(意圖)엿는것도 가타습니다.[29]

이 글을 주목해야 하는 이유는 박향민이 우리 대중극 극단의 번역극 공연에서 전개된 배우들의 제스처를 구체적으로 알려주기 때문이다. 그는 연기의 결점으로 '부자연한 포-즈미'를 거론한다. 이것은 극의 진행과 관계없이 배우가 어느 시점에서 '정지동작' 또는 '유형적 몸짓'을 보여주었음을 시사한다. 또한 '이메-지만에 집점'을 두었다는 것은 시각적 이미지에 치중한 비현실적인 형상을 연출하였음을 의미한다. 이어지는 박향민의 글은 그 같은 연기를 한층 더 세밀하게 말해준다.

더욱 삼막에 잇서서는 속칭『노랑 목소리』그대로의 신파독백을 농(弄)하는데는 불쾌하였습니다. (…중략…) 그중 심(甚)하게 극과 동떠러

---

29) 박향민, 「중앙무대 공연을 보고」, 『비판』 65, 1938.9; 양승국, 『한국근대연극영화 비평자료집』 14, 33~34쪽.

진—말한자면 『다그라스영화』처럼 불필요한 포-즈미를 시종여일하게 유의지속(留意持續)한 것입니다. 고로 성격이 각조(刻彫)가 조곰도 나타나지 안케된 것입니다.[30]

물론 전부는 아니었겠지만, 대중극 배우들은 번역극에서 서양인의 화술을 그대로 모방하기도 했고, 인상적이었던 서양 배우의 제스처를 선택하여 반복적으로 보여주었다. 작품의 등장인물은 사라지고 서양 영화배우가 무대 위에 구현된 것이다. 따라서 일본 "〈축지소극장〉의 아오야마가 서양의 영화장면을 보여주면서 '여성과 포옹하는 법', '키스하는 방법', '죽었을 때 넘어지는 법' 등을 지도하였듯이 우리 연극인들도 서양인의 연기 관습을 지도하였을 수 있다"[31].

그렇다면 화술에 있어서 '노랑목소리'는 어떠한 양태였을가. 1930년대 극예술연구회의 번역극 중 화술과 관련된 기사를 보기로 한다.[32] 다음은 이에 대한 박용철·신고송의 글이다.

심리적 동요의 잔영이 표현되지 안코 말과 동작이 너무 직선적으로 경직한 감이 잇섯다.[33]

기계적인 연기가 많았으며 극적 동작이 인공적이며 기계적이어서 부자연스러웠다. (…중략…) 신주민군의 홀레스타곱흐는 연기의 변화가 적고 형에 틀어박힌 곳이 많다.[34]

30) 박향민, 위의 글.
31) 노승희, 「해방전 한국연극연출의 발전양상연구」, 동국대학교 박사논문, 2004, 134쪽.
32) 김정수, 「한국적 움직임과 화술로의 진입」, 28~31쪽 참조.
33) 박용철, 「실험무대 제 2회 시연초일을 보고」, 『동아일보』, 1932년 6월 30일~7월 5일자.
34) 신고송, 「실험무대의 검찰관」, 『조선일보』, 1932년 5월 12일자.

1930년대 극예술연구회는 특히 번역극에서 화술이나 동작이 "기계적, 직선적, 형에 틀혀 박힌 양식"이라는 평을 받았다. 당시 기사는 그 이유로 '얼굴이 뚱뚱한 사람'을 '뚱뚱한 얼굴을 가진 자'로 번역하는 번역의 미숙함을 지적한다.[35] 배우들이 우리에게 낯선 서양어순의 대사로 연기한 결과 '리듬상실의 대사와 동작'[36] '동작의 공식화'[37] '인형적 연기'[38]가 나타난 것이다. 이것을 단서로 화술을 악보화해보기로 한다.

〈악보 3〉

이 악보의 대사는 특히 '어색한 번역'이 드러나는 박용철 번역의 〈인형의 집〉에서 발췌한 것이며[39] 음조는 '기계적·직선적'이라는 평에 근거하여 작성한 것이다. 기계적·직선적인 화술이라면 배우는 이 악보에서와 같이 동일한 음으로 3~4음절을 대사한 후, 음을 올리거나 내려 또 다시 3~4음절을 말하는 양태가 될 것이다. 정서나 의도에 따라 음조가 변하는 것이 아니라 정해진 틀에 음조를 대입하는 현상인데, 이러한 연기는 기계적인 인상을 주어 인형이 말하는 듯 들릴 수 있다. 주목할 것은 북한이 이같이 틀 있는 연기를 형식주의로 간주하였다는 점이다. 다음은 이에 대한 라웅의 글이다.

---

35) 기사, 「극예술연구회 공연 관람기」, 『신동아』, 1932년 6월 1일자.

36) 나웅, 「실험무대 제1회 시연 초일을 보고(2)」, 『동아일보』, 1932년 5월 10일자.

37) 김광섭, 「고-고리의 검찰관가 실험무대(2)」, 『조선일보』, 1932년 5월 14일자.

38) 나웅, 「극예술연구회 제5회 공연을 보고(중)」, 『중앙일보』, 1933년 12월 8일자.

39) 박용철, 『박용철 전집』 2, 동광당서점, 1937, 516쪽.

이들은 더퍼놓고 관중에게 커다란 인상을 줄랴는 허망(虛妄)된 욕심에서 허위의 연기를 즉흥적으로 람조(濫造) 확장(擴張)하거나 낡은 무대에 있었든 것을 무비판적으로 답습(踏襲)하는데 있다고 생각한다. 이러한 연기는 산 인간감정에서 나온것이 아니라 비속한 외부적 모사에만 끝이는 것이므로 진실한 예술적 감동을 주지 못한다.[40]

이 글에서 연이어 라웅은 "현실의 환경과 조건에 맞는 산 감정을 분석 종합 체험"하려는 노력 없이 "안일한 류형적인 형태를 무의미하게 번복"하는 연기는 "배우가 관객에게 자기광고와 아첨(阿諂)에서 나온 것"이기에 "관객에게 혐오(嫌惡)의 감을 갖게 하는 것"으로 "예술의 적"이라고까지 단언한다. 주영섭 역시 "무대상의 일초 형식주의를 청산(淸算)해야 할 것"을 강조하면서 특히 "공식화한 연출 공식화한 연기를 일소(一掃)해야 한다"고 역설한다.[41] 공식(公式)이 있는 연기는 살펴보았듯이 곧 서양인의 연기관습, 인형이나 기계가 움직이고 말하는 듯한 연기이다. 북한이 청산하고자 한 형식주의 연기의 한 양태는 1930년대부터 1950년까지 특히 번역극에서 자주 나타났던 ① 그로테스크한 움직임과 속사포 대사, ② 서양인(서양배우)의 제스처, ③ 기계적(직선적) 화술인 것이다.

3.2. 음악적 화술과 움직임, 감정 과잉 분출 연기의 극복

해방기 상업주의 연극 역시 북한 연극계에서 청산의 대상이었다. 신고송은 그 이유를 다음과 같이 설명한다.

---

40) 라웅, 「사실주의적 연출 연기 체제 수립을 위하여」, 『문학예술』 9, 1949.4, 43쪽.
41) 주영섭, 「연출과 사실주의」, 41쪽.

연기자들의 일부는 우리가 가장 웅근(雄根)하고 진지한 태도로 국가 창조의 대업에 갈력해야 할 이 시기에 가장 먼저 도모(圖謀)한 것이 '땐스홀'과 '카바레'의 창설에 의하야 경도(輕度)와 부박(浮薄)의 정신부터 심으랴 하였다.[42)

북한의 시각에서 상업주의 연극은 해방 후 '새 건설'이라는 거대한 국가적 흐름에 부응하지 못하는 연극이었다. 연극 정신의 부재, 주제의 빈곤에 대한 지적인데 다음 악극단을 예로 들은 신고송의 글은 주목을 요한다.

악극단들은 일제末葉(말엽)의 퇴폐적인 가곡과 형식을 그대로 踏襲(답습)하야 저속한 무대를 보여주고 있었다. 평양의 건국좌 신생극단 삼천리악극단 평양가극단 동방가극단등과 신의주의 정춘무대 원산의 신성가극단등이 그러한 것이었다.[43)

우리나라에서는 1930년대 초 권삼천의 '삼천가극단'(1929)과 '배구자 악극단'(1930)이 등장하면서 본격적으로 악극 시대가 열렸는데, 이 악극단들은 일본의 다카라스카 소녀가극단에 직접적으로 영향을 받았다.[44) 우리 악극단이 창단 초기 일본가극단의 영향을 받는 것은 불가피한 상황이었고, 이에 따라 노래에서는 일본 가극풍이 구현되었을 가능성은 크다고 하겠다. 주목하고자 하는 것은 악극 배우들의 화술이다. 서항석이 정의하듯 악극은 "대사와 동작과 노래와 무용과 경음악으로 엮어가는 하나의 연극"이다.[45) 연기에서 노래와 '대사'의

---

42) 신고송, 「연극운동과 그 조직」.
43) 신고송, 「연극동맹」, 『문학예술』, 1949.8, 82쪽.
44) 김성희, 『한국 현대극의 형성과 쟁점』, 연극과인간, 2007, 360쪽.

혼용은 기정사실인데 이 중 노래를 제외한 배우들의 화술이 "신파적 (가부키적－필자) 연기보다는 자연스러운"[46) 양식이었다고 하는 오현경의 구술은 악극의 화술이 가부키식의 기성(奇聲)과는 다른 양태였음을 말해준다. 백성희 역시 이와 유사한 증언을 한다.

리얼리티가 있다고 하면 가극배우가 가장 리얼하다. 노래를 하잖아. "그랬습니다"하고 노래로 들어간다구. 음악하고 연결되기 때문에 독특한 조가 없어.[47)

배우 백성희는 악극 배우와 신파극 배우의 화술이 달랐음을 강조하며, 그 이유로 악극배우들이 독특한 조가 없음을 들고 있다. 오현경 역시 악극의 연기는 가부키식의 연기보다 자연스러운 양식이었다고 전함으로 백성희의 구술은 타당해 보인다. 그런데 가부키식의 화술이 아니었다고 해도 악극이 어떠한 '조'를 갖지 않았다고 단정하기에는 무리가 따른다. 1950년 극협의 〈원술랑〉에 대한 다음 기사 때문이다.

연기진에서 원술은(김동원) 높은 어조로 일관하야 억양이 없이 뉴양스가 없고 (…중략…) 공주 백성희는 어디까지나 악극형이다.[48)

원영초는 극협 〈원술랑〉에서 배우들의 연기를 조목조목 거론하면서, 특히 백성희에 대해 '악극형'이라는 표현을 한다. 이것은 당시 '악극형'이라고 통용되는 연기가 존재했음을 시사하는 중요 자료이다.

---

45) 박노홍, 「한국악극사」, 『한국연극』, 1978.6, 59쪽.
46) 김정수, 「한국연기 연기에 있어서 화술표현의 변천양태 연구: 1900년대부터 1970년대까지」, 106쪽.
47) 한국 근·현대 연극 100년사 편찬위원회, 『한국 근·현대 연극 100년사』, 58쪽.
48) 원영초, 「국립극장인상기: 원술랑을 보고」, 『조선일보』, 1950년 5월 10일자.

따라서 악극이 독특한 조가 없었다는 백성희의 구술은 가부키적 연기에 비해서 독특한 조가 없었다는 것으로, 또는 최소한 1950년 이후의 악극연기로 이해하는 것이 타당하다. 보다 객관적인 증언이 필요한데, 다행히 이원경의 구술은 악극 배우들의 화술에 대한 중요 단서를 제공한다.

악극하는 사람은 음악을 가지고 대사를 하니까 연기력이 부족한 것은 아니야. 능수능란한 것은 신파하는 사람과 같아. 악극 연기가 신파(1930년대 대중극 – 필자)랑 어떤 뚜렷한 구분이 있는 것은 아니고.[49]

이원경의 구술이 중요한 이유는 악극의 화술을 둘로 가늠할 가능성을 수기 때문이다. 하나는 음악이 동반된 화술이며, 다른 하나는 대중극과 뚜렷한 구분이 없는 화술이라는 것이다. 하나씩 살펴보면 첫째, 음악이 동반된 화술은 화술만으로 진행되는 연기에 비해 대사에 음악적 여운이 남겨진다는 점을 주목할 필요가 있다. 노래 따로, 대사 따로가 아니라 백성희의 표현을 빌려 '대사 후 음악으로 들어가는' 방식이기 때문이다. 대사 자체가 일상 회화체보다는 자연스럽게 음악을 타는 방식일 수밖에 없는 것이다. 그로 인해 백성희의 주장과 같이 독특한 조는 없을 수 있다. 그러나 이원경의 '대중극 배우들이 출렁거리는 듯한 화술을 전개'했다는[50] 구술과 같이 '조'가 없는 대신, 대사 자체가 노래인 듯한 인상을 주는 것은 불가피한 것이다. 물론 이와 함께

---

49) 김정수, 「한국연기 연기에 있어서 화술표현의 변천양태 연구: 1900년대부터 1970년대까지」, 105~106쪽. 이원경은 '신파'라는 용어를 신파극의 지칭으로도, 대중극의 지칭으로도 혼합하여 사용한다. 따라서 인터뷰의 맥락상에서, 또는 필자가 재질문한 결과를 토대로 이원경이 언급하는 신파에 대해 ( ) 안에 보충설명을 하였다.

50) 김정수, 「한국연기 연기에 있어서 화술표현의 변천양태 연구: 1900년대부터 1970년대까지」, 106쪽.

배우의 움직임 역시 일상적 움직임과는 다르게 전개될 것이다. 배우가 음악적 리듬을 타고 대사하면서 일상적 몸짓을 보여주는 것은 어렵기 때문이다. 따라서 원영초가 언급한 '악극형'이란 악극이 아닌 공연에서도 배우가 노래적인, 음악적 느낌이 흐르는 화술과 움직임을 보여준 양태라 하겠으며, 이 연기가 북한이 극복하고자 한 연기 중 하나가 된다. 둘째는, 악극과 대중극 연기가 뚜렷한 구분이 없다는 전제하에 대중극 연기를 통해 악극연기를 살펴보는 것이다. 1930년대 대중극 공연은 1997년 CD로 복원되었기에 당시 배우들의 화술은 직접 확인이 가능하다.51) CD에 수록된 대중극 공연을 들어보면, 배우들이 일상에 비해 **빠른** 화술을 일정한 악센트를 주어 전개함을 알 수 있다.52) 그런데 정서적 측면에서는 배우들의 화술이 전반적으로 상당히 감정적이라는 점이 즉시 발견된다. 이것은 대중극 화술에서 공통적으로 발견되는 현상이다. 녹음과 현장 공연은 차이가 있을 수 있지만, "극히 소수의 작품을 제하고는 어느 것이나 기교에 잇서서는 볼만한 것이 잇스나 감상적인 것이 만타"53)는 당시의 논평은 대중극에서 감정과잉의 연기가 전개되었음을 재 확인시켜준다. 또 다른 글을 보기로 한다.

　　그런데 나는 이 희곡을 읽고 또 이런 만흔 희곡의 상연을 보고 두 가지 일에 놀랏다. 첫재는 너무나 감상적이라는 것 (…중략…) 예술은 감정의 수단을 통하야 희곡사상을 전달하는 것이다. 그러나 그 감정이 과다

---

51) 유성기로 듣던 연극모음(1930년대), 신나라레코드사, 1997.

52) 대중극 배우들의 빠른 화술은 녹음상의 문제일 수 있다. 그런데 CD에 녹음된 것이라도 극예술연구회 배우들의 화술에 비해 대중극 배우들의 화술이 보다 빠름이 확인된다. 따라서 이 글에서 대중극 배우들의 화술이 빠르다는 것은 극예술연구회 배우들에 비해 상대적으로 그렇다는 것임을 밝혀둔다.

53) 村山知義, 『매일신보』, 1945년 4월 26일자; 유민영, 『한국근대연극사』, 단국대학교 출판부, 2000, 921쪽에서 재인용.

하여 이성을 일헛슬때는 그것은 감상이 된다. 조선의 희곡은 다분히 이런 경향을 가지고 잇다. 이것이 작가의 흉중에서 처나온 것이라면 비록 감상적이라 할지라도 순수미가 잇슬 것이다. 그런 억지로 관객의 감정을 일으키랴고 하야 잇슬 수 업는 성격과 사건을 맨들어 울리면 그것은 '이래도 울지 안으랴 이래도 울지 안느냐' 하는 격이 된다.54)

이 글은 외국인의 입장에서 관극소감을 서술한 글이기에 우리 연기를 객관화해볼 수 있는 재미있는 자료이다. 1945년 무라야마 토모요시(村山知義)는 조선의 배우들이 감정표현이 지나쳐 마치 관객을 향해 "이래도 울지 안으랴" 하며 눈물을 강요하는 듯한 인상을 받았다고 전한다. 이것은 언어의 한계를 갖는 외국인의 시각이기에 일면 더욱 정확할 수 있다. 기의에 대한 집중이 기표, 즉 연기의 물리적 측면과 분위기로 전환되기 때문이다. 물론 관극소감은 주관적일 수 있다. 그러나 1930년대 작품의 슬픔과 연민에 초점을 둔 "불상하고도 박명한 며누리여-당신의 차즐길은 결국 죽음박게 업섯든가요-누가-누가-그를 죽엿나"55)라는 공연소개 기사 역시 감정자극의 연기가 유행하였음을 잘 말해준다. 따라서 이 모든 자료를 종합적으로 놓고 보았을 때 대중극과 악극 배우들이 감정 분출적 연기에 주력했음은 분명하다.

이를 토대로 1930년대 악극과 대중극 배우들의 연기를 정리해보고자 한다. 1930년대 악극 배우들의 연기는 가부키적 억양과 기성(奇聲)과는 분명 구분된다. 그러나 '악극형'이라는 통용어가 있었듯이 악극 배우들의 연기 특징은 분명 존재했으며, 그것은 음악의 여운이 있는

---

54) 村山知義, 「희곡계의 現狀」, 『매일신보』, 1945년 5월 19일자; 유민영, 『한국근대연극사』, 922쪽 재인용.

55) 임서방, 「누가 그 여자를 죽엿나」, 『매일신보』, 1938년 8월 31일자.

화술과 움직임이다. 또한 악극과 대중극 배우들의 연기를 정서적 측면에서 파악해보면 감정 과잉적인, 또는 감정 분출적인 연기임이 발견된다. 북한은 거듭 반복하여 관객에게 커다란 인상을 주려는 자기 과시적인, 현실에서 볼 수 없는 움직임과 말이 전개되는 연기를 형식주의로 비판한 바 있다. 따라서 악극/대중극과 관련하여 북한이 청산하고자 했던 연기는 ① 음악적 화술과 움직임, ② 감정 과잉 분출 연기로 수렴될 수 있다.

4. 대안으로서의 연기
: 조선인의 움직임과 화술, 관찰과 논리의 연기

앞에서 밝힌 신파적 연기와 형식적 연기의 특징을 정리하면 ① 일본어의 억양에 한국어를 대입한, ② 가부키식의 억양과 기성, ③ 부키식의 특정 포즈를 취하며 머리를 꺾는, ④ 이유 없이 몸을 둥글게 회전하는, ⑤ 극 진행과 무관하게 눈빛을 번뜩이는, ⑥ 그로테스크한 움직임과 속사포 대사, ⑦ 서양인(서양배우)의 제스처 모방, ⑧ 기계적(직선적)화술, ⑨ 음악적 화술과 움직임, ⑩ 감정 과잉 분출 연기이다. 이 10가지의 연기를 청산하고 북한이 그 대안으로 제시한 연기는 어떠한 연기였을까? 알려진 바와 같이 북한은 해방 직후부터 사실주의 연기를 주장한 바 있다. 그러나 '사실주의 연기'는 정의하기 극히 광범위하고, 서구의 개념을 북한 연기에 대입시키는 것은 북한 연기 연구에 역작용이 될 수도 있다. 따라서 '사실주의 연기'로부터 시작하는 연역적 방법이 아니라 청산의 대상이 된 10가지 연기에 부정법을 대입하고 여기에 북한이 구현하고자 한 연기를 교차시키는 귀납적 방법이 북한이 지향하는 연기에의 접근에 보다 효과적이다. 예를 들면, 청산하고자 한 연기가 '일본어의 억양에 한국어를 대입한 연기'라면 부정법을 대입하여 '일본어의 억양이 아닌'과 같은 방식이다.

이 같은 방식으로 10가지 연기를 좁혀보면, 북한연기의 지향점은 ① 일본적 또는 서양적 화술과 움직임이 아닌, ② 가부키식의 기성과 움직임이 아닌, ③ 노래하듯 출렁이는 화술이 아닌, ④ 감정 과잉 분출이 아닌 연기로 축약된다. 일면 이 결과가 수학적 부정과 합산으로 보일 수 있다. 그러나 ①과 ②는 북한의 사실주의 연기는 최소한 일본적이지도, 서양적이지도 않은 연기여야 함을 분명히 알려준다. 북한 연극계에서는 조선의 연극 수립과 무대 위에 조선인을 구현하는 것이 지상과제였다. 신고송의 글이다.

> 조선의 연극은 사상적으로는 재무장을 하고 예술적으로는 백지(白紙)로 환원(還元)하야 출발함이 옳지 않을까. 우리는 아즉(피스카를)에게서도 (메이엘흐리드)에게서도 (라이로프)에게서도 또는 (란체코), (스타니스란스키이)에게서도 배흔 바도 없고 축지소극장과 신념의 아류는 있었을지는 몰으나 조선연극으로써의 한 체계를 세울만한 주류도 없었고 능력도 없었다.[56)

신고송은 우리 연극이 백지로 돌아가 처음부터 다시 시작해야 한다고 주장한다. 일본을 통해 서양의 연출법과 연극이론이 수입되었으나, 당시 우리는 실천할 여건이 부족하기에 굳이 모방하려고 노력할 필요가 없다는 것이다. 이것을 연기로 옮겨보면 더 이상 외국의 연기 스타일 모방하지 말고 백지에서 출발해 조선의 연기를 구현하자는 의지에 다름 아니다. 따라서 북한이 조선의 "생활에서 언어를 듣고

---

56) 신고송, 「연극운동과 그 조직」.

경청하여 문학작품에서 언어를 탐구하고 자기의 직업에서 언어를 배울 것"[57]을 강조한 것은 필연이었다. 언어는 조선의 객관적 현실생활에서 나온 것이어야 하며, 우연이 아닌 산 언어에서 나오는 것이어야 했다.[58] 이 같은 주장은 곧 인물의 형상화와 긴밀히 연관된다. 다음은 인물형상화에 대한 라웅의 글이다.

현실적 인관관계와 극장 내에서 연기자들을 옳게 관찰함으로써 인물창조에 있어서 옳지 못한 유형(類型) 내지(乃至) 기형(畸形)에 빠지지 않고 새로운 타입의 전형적 인간을 형상화할 수 있는 것이다.[59]

북한에게 무대 위의 인물은 상상이나 외부의 모방이 아닌, 우리의 현실에 존재하는 인간, 더 구체적으로 바로 옆의 연기자들과 같은 조선의 인물이어야 했다. 다시 말하면 조선인의 몸짓과 억양이 무대 위에 구현되어야 하는 것이다. 북한에서는 "조선 사람 특유의 심성을 놓침없이 묘사"하는 희곡이 우수한 희곡이며[60] 올바른 연기는 기본적으로 우리의 움직임과 우리 억양의 화술이었다. 이와 동시에 배우는 비현실적인 '노래하듯 출렁이는 화술', 감정 과잉 분출 연기에서도 벗어나야 했다. 다음은 라웅의 글이다.

연출가가 무대에서 인물은 명확한 성격을 부여하며 과장(誇張)한다는 것을 잘못이해하고 왕왕히 연출자의 좁은 주관적 취미(趣味)에서 그 연기자에게 한 가지 특징만을 허위에 가차울 만치 그 특징을 과장(誇張)함으

---

57) 신고송, 「연출에 대하여」, 93쪽.
58) 라웅, 「사실주의적 연출 연기 체제 수립을 위하여」, 40쪽.
59) 위의 글, 37쪽.
60) 한효, 「예술축전의 희곡들」, 『문학예술』, 1949.1, 24쪽.

로써 현실적인간이 아닌 기능적 기형(畸形)적인간을 만드는 수가 있다."[61]

북한에서 인물의 특징을 강조하기 위한 현실감 없는 연기, 즉 극적 믿음이 결여된 채 시청각적으로 관객의 관심을 끌고자 하는 연기는 기형적 연기로 간주되었다. 충실한 연기란 "무대에서 정확하고 논리적이고 일관적이며 맡은 역과 하나가 되어 생각하고 노력하고 실감하고 행동하는 것"[62]이다. 따라서 관찰과 논리에 근거하여 동작과 인물을 창조하라는 다음의 요청이 제기된 것은 필연이다.

동작이란 외부적 형식에만 끝이는 것이 아니고 내부적 활동이란 정신적 내용에 그 근저를 가지고 있다. 그러므로 연출가가 배우에게 동작을 지도할 때 그 동작이 내부적 정당성을 가지고 논리적으로 일관(一貫)시켜야 하며 레알하게 하여야 한다. (…중략…) 연기자의 최대 임무는 인물창조다. 배우는 희곡의 인물을 계급적 입장에서 현실에서 관찰하고 과학적으로 분석하고 성격지어서 깊은 연기력으로 개괄(概括)하여 무대에 형상화하는 것이다.[63]

이같이 북한에서 배우는 움직일 때 형식에 먼저 근거하는 것이 아니라 움직임의 근거에 먼저 집중해야 했다. 배우는 자신이 왜 움직여야 하는지 스스로에게 물어 움직임의 정당성을 갖고, 그것을 논리적으로 인물에 적용해야 한다. 인물창조에 있어서도 상상이 아닌 객관적 관찰을 통해 노동자는 노동자의 보편적 몸짓과 화술을, 부르주아는 부르주아의 보편적 몸짓과 화술을 연기의 출발점으로 삼아야 한

---

61) 라웅, 「사실주의적 연출 연기 체제 수립을 위하여」, 37쪽.
62) 위의 글, 45쪽.
63) 위의 글, 42쪽.

다. 근거 없이 감정을 분출하는 화술이나 자기 과시적 연기는 반드시 지양되어야 하는 것이다.

이러한 연기가 북한의 사실주의 연기이다. 사실주의 연기를 간략히 '제4의 벽을 통해 무대를 보는듯한 환영을 주는 연기'로 정의하기로 하자. 북한이 이 같은 연기를 실현했는지에 대한 판단은 극장에 대한 자료가 뒷받침되어야 가능하다. 해방기 북한의 극장에 대한 구체적 자료가 아직 발견되지 않았기에 서양의 사실주의 연기 개념이 북한에서 실현되었는지에 대해 언급하는 것은 아직 성급할 수 있다. 그러나 사조적 정의가 아닌, 북한 배우들이 도달하고자 한 연기에 대해서는 충분히 말할 수 있다. 조선인의 움직임과 화술이며 현실을 면밀히 관찰하여 인물에 논리적으로 연결시킨 연기이다.

5. 다름과 같음

해방기 북한 연극, 특히 연기에서 가장 중요한 것은 일제와 서양적 잔재의 청산이다. 이 연기양식은 신파적인 연기와 형식주의적 연기로 환언할 수 있다. 무형예술인 연기(演技)의 양태를 밝히는 것은 분명 어려운 작업이지만 북한의 문헌과 남한의 문헌, 인터뷰 자료를 통해 살펴보았을 때 신파적 연기는 ① 일본어의 억양에 한국어를 대입한, ② 가부키식의 억양과 기성(奇聲), ③ 가부키식의 특정 포즈를 취하며 머리를 꺾는, ④ 이유 없이 몸을 둥글게 회전하는, ⑤ 극 진행과 무관하게 눈빛을 번뜩이는 연기이며, 형식주의적 연기란 ① 그로테스크한 움직임과 속사포 대사, ② 서양인(서양배우)의 제스처, ③ 기계적(직선적) 화술, ④ 음악적 화술과 움직임, ⑤ 감정 과잉 분출 연기이다. 그리고 이 같은 연기를 청산한 이후 북한이 도달하고자 한 연기는 ① 일본적 또는 서양적 화술과 움직임이 아닌, ② 가부키식의 기성과 움직임이 아닌, ③ 노래하듯 출렁이는 화술이 아닌, ④ 감정 과잉 분출이 아닌 연기이다. 논의를 조금 더 전개하면 이 4가지의 연기를 토대로 북한이 전개하고자 한, 또는 전개했던 연기는 결국 조선인의 움직임과 화술이다. 해방은 북한 연극인에게 연기의 지향점을 정립시켜주는 사건이었다.

이를 토대로 조금 더 생각해보기로 하자. 그렇다면 해방기 남북한 연극계에서 '다름'은 무엇이고, '같음'은 무엇이었을까? 서양적 연기의 청산, 즉 그로테스크한 움직임과 화술의 청산이 특히 북한에서 강조된 것은 사실이다. 따라서 북한에서의 서양(미국) 번역극 공연을 발견하는 것은 어렵다. 이에 비해 남한은 서양(미국) 번역극을 상당수 무대에 올린 바 있다. 극단 신협이 공연한 〈목격자〉(맥스웰 앤더슨), 〈검둥이는 서러워〉(헤이워드 부처), 〈애국자〉(시드니 킹슬레이), 〈용사의 집〉(아더 로레츠) 등이 그 예이다.[64] 그로 인해 북한이 청산하고자 한 서양적 움직임과 화술이 남한의 무대에서는 불가피하게 잔재했다. 이것이 해방기 남북한 연극계의 '다름' 중 하나이다.

그러나 이것으로 해방기를 '다름'만에 치중하여 바라보는 것은 우리 연극계의 사실을 사실로 남기려는 시도를 희석시킨다. '조선적 연기 수립' 의지는 분명 이 시기 남북한 연극인들 모두의 과제였기 때문이다. 일례로 남한 연극인 유치진 역시 해방 이후 "하마터면 말살당할 뻔하였던 우리의 아름답고 바른말을 되찾고 배우자는"[65] 의도로 극작에 임했음을 밝힌 바 있다. 그의 의지는 〈자명고〉 등의 역사극에서 고어를 모방한 대사, 즉 '-리이까?', '-나이다'로 실천되었다.[66] 이것

---

64) 정주영, 「극단 신협사(史) 연구: 1947년부터 1973년을 중심으로」, 동국대학교 석사논문, 2004, 219~220쪽.

65) 유민영 편, 『동랑 유치진 전집』 9, 서울예술대학교 출판부, 1993, 206쪽.

은 남북한 연극인들 모두가 해방기에 우리의 말과 움직임을 찾으려 주력했음을 말해준다. 또한 '일본적 연기의 청산'이 해방 이후 북한 연극계에서 갑자기 대두된 연기론이 아니었음도 주목할 필요가 있다. 앞에서 살펴보았듯이 일본의 가부키적 연기는 해방이전부터 우리 연극계의 식자층이 우려를 표한 양식이었다. 물론 식자층의 우려와는 별도로 우리 신파극과 대중극은 대중의 호응을 토대로 발전하였으며, 존중받을 의미와 미학을 갖는다. 다만 해방 이전 좌우익 연극인 상당수가 가부키적 연기를 교정되어야 할 양식으로 간주했다는 사실이 중요하다. 이것은 해방기 남북한 연극계가 '다름'을 발아시키면서 해방이전의 '같음'을 유지하였음을 잘 말해준다.

---

66) 『유치진역사극집』(개정판), 현대공론사, 1955, 150쪽.

9장 한국전쟁 시기 연극의 인물과 연기

1. 전쟁과 연극

1945년 해방 직후 우리 연극인들은 하나가 되어 해방의 기쁨을 극화했다. 그러나 1947년을 정점으로 연극계는 좌우익으로 나누어졌고 1950년 한국전쟁이 발생했다. 남한 연극인 일부는 공연 연습 중 전쟁 소식을 접할 만큼[1] 한국전쟁은 전혀 예견치 못한 사건이었다. 후일까지도 이 시기는 예측불허의 불안과 암흑으로 기억된다.[2] 하지만 불안은 불안이고, 연극은 연극인 것일까? 한국전쟁 기간은 우리 연극사에서 독특한 시기이다. 남북한 연극인 모두가 불안과 암흑 가운데 전쟁이전만큼, 또는 그 이상으로 활발한 공연을 전개했기 때문이다. 일례로 남한의 경우 무엇을 공연하든 극장은 대만원이었다.[3] 이 같은 현상

---

1) 백성희, 「(특별기고) 6.25와 나: 나 내일 없어질 거야」, 『한국연극』, 1976.6, 40쪽.
2) 강유정, 「(특별기고) 6.25와 나: 포성속의 위문공연」, 『한국연극』, 1976.6, 44쪽.
3) 이해랑, 「남기고 싶은 이야기들: 배당금 시비」, 『중앙일보』, 1978년 12월 7일자.

은 북한 역시 동일하다. 북한 문헌에서 언급된 이 시기 공연작품은 최소 41편이다.[4]

그런데 의아한 것은 한국전쟁 시기 북한 연극에 관한 연구가 드물다는 점이다. 남한에 비해 북한 자료에의 접근이 보다 어려운 것은 사실이다. 공연대본은 거의 찾아볼 수 없으며, 북한 문헌들은 이 시기의 작품들을 '조국해방전쟁 시기 작품'이라고 서술할 뿐 정확한 년도를 생략하기도 한다. 그러나 그것이 연구의 불가능을 의미할 수는 없다. 공연대본은 아니지만 희곡과 무대사진이 발굴되었고, 희곡이 발굴되지 않은 경우에도 북한의 문헌을 면밀히 탐색하면 공연된 작품의 대사를 부분적으로 찾을 수 있으며, 1950년대 북한 배우의 분장사진역시 발견할 수 있다. 또한 북한은 1949년 『군중문화총서: 연극써-클원의 수첩』[5]을 출판한 바 있다. 이 책은 연출하는 법, 연기법, 화장법, 무대장치 만드는 법 등을 자세히 설명함으로, 북한 연극인들에게 일종의 연극교과서 역할을 한다. 저자진에는 배용·황철·태을민·한일송·한진섭·지경순·리채현·김종협·리재덕·김양춘·김일영·최창엽·최건·리수약·전근영·주영섭·리상남·리시형·한병각·신고송이 포진하고 있는데, 이들 중 다수는 전쟁 시기 공연된 작품의 연출·연기·무대를 담당했다. 일례로 최건은 〈바다가 보인다〉, 안영일은 〈탄광사람들〉, 라웅은 〈흑인소년눈송이〉의 연출을 맡았고, 배용·황철·태을민 등은 배우로 참가했으며, 김일영은 무대장치가로 활약했다. 『군중문화총서: 연극써-클원의 수첩』은 한국전쟁 시기 북한 공연의 구체적

---

4) 41편이라는 작품 수는 필자가 리령, 「해방후 연극예술의 발전」, 리령 외, 『빛나는 우리예술』, 평양: 조선예술사, 1960; 황철, 「애국주의적 사상 교양자로서의 연극예술의 사회 인식적 기능을 더욱 제고하자」, 김일영, 「무대 미술의 발전을 위하여」; 황철 외, 『생활과 무대』, 평양: 국립출판사, 1960; 신고송, 『연극이란 무엇인가』, 평양: 국립출판사, 1956; 『조선중앙년감』에서 언급된 공연작품을 모두 비교하여 종합한 것이다.

5) 북조선직업총동맹 군중문화부, 『군중문화총서 연극써-클원의 수첩』, 평양: 북조선직업총동맹 군중문화부, 1949.

인 모습과 긴밀히 연관되어 있는 것이다. 이외 신고송의『농촌연극써클운영법』6) 역시 중요한 자료이다. 전쟁 시기 북한의 연극은 크게 서울 국립극장에서의 공연과 전쟁현장을 직접 찾아가 공연하는 이동식 연극으로 나누어진다. 신고송의『농촌연극써클운영법』은 아마추어 극단을 염두에 둔 연극지도책이므로, 전문적 제작여건을 갖출 수 없었던 이동식 공연과 밀접한 관련이 있다. 이 책은 이동식 무대에서의 공연양상을 추론하는 데 결정적인 도움을 줄 것이다. 이에 더하여 북한의 연극을 직접 관람한 남한 연극인의 짧지만 중요한 구술이 남아 있으며, 특히 남한 연출가 안민수는 시연(試演)을 통해 당시 직접 관람한 북한 배우의 화술을 적극적으로 증언해주었다. 희곡은 '스타일에 대한 추정을 가능케'7) 하고, 공연장은 '관객과 배우 간의 상호관계'8)를 알려주며, 의상은 '인물과 극의 성격, 분위기, 스타일에 관한'9) 정보를 주며, 인터뷰는 연구의 질적 향상에 도움을 준다. 따라서 지금까지 언급한 모든 자료, 즉 희곡과 북한 연극인들의 글, 무대와 분장사진,『군중문화총서: 연극써-클원의 수첩』,『농촌연극써클운영법』, 남한 연극인들의 기록과 인터뷰를 종합하고 치밀하게 탐색한다면 한국전쟁 시기 북한 연극에 대한 객관적 통찰은 분명 가능할 것이다.

이 글은 북한의 공연을 크게 서울 국립극장에서의 공연과 이동식 무대에서의 공연으로 나누어 한국전쟁 시기 북한 연극의 등장인물과 연기를 공연적 관점에서 드러내고자 하며 필요할 경우 남한과 비교하는 방식을 취하고자 한다. 여기서 공연적 관점이란 시청각적 관점

---

6) 신고송,『농촌연극써클운영법』, 평양: 국립인민출판사, 1949.

7) John Harrop, *Acting with Style*; 박재완 옮김,『스타일 연기』, 게릴라, 2005, 139쪽.

8) Richard and Helen Leacroft, *Theatre and Playhouse*, Methuen London and New York, 1984, p. ix.

9) Milly S. Barranger, *Theatre: A way of Seeing*; 이재명 옮김,『연극이해의 길』, 평민사, 2002, 139쪽.

즉 어떤 분위기와 외형을 가진 인물이, 어떤 무대에서, 어떻게 말하고 움직였는가에 관한 연구를 의미한다. 그것이 이 시기 북한 연극의 의미화나 이론적 연구 이전에 선행되어야 할 기초 작업이다. 연구과 정에서는 연기에 대한 명료한 설명을 위해 화술의 악보화를, 입체적 무대 설명을 위해서는 자료를 토대로 그래픽 작업을 시도했다.10)

2. 대극장에서의 공연

북한은 1950년 7월 중순 서울해방 경축 공연으로 〈땅〉, 〈원동력〉, 〈리순신 장군〉, 〈그 여자의 길〉, 〈조국을 지키는 사람들〉, 〈제2전선의 배후〉등을 진행했다.11) 이 중 〈땅〉과 〈그 여자의 길〉은 희곡이 발견되 었고, 〈땅〉, 〈리순신 장군〉, 〈그 여자의 길〉, 〈조국을 지키는 사람들〉 은 1947년부터 1949년 사이 북한에서 먼저 공연된 바 있다. 서울에서 의 공연은 초연 이후 재공연이므로 초연 당시의 자료는 서울공연 양 상을 드러내는 데 중요 역할을 할 것이다. 〈땅〉, 〈리순신 장군〉, 〈그 여자의 길〉을 중심으로 대사, 인물, 연기를 살펴보기로 한다.

2.1. 사실적 대사, 건장한 이미지의 인물

이기영 원작, 윤세중 각색의 〈땅〉은 4막5장의 장편으로 안함광의 해석을 빌리면 "새로운 것과 낡은 것 장성하면서 있는 것과 멸망하면

---

10) 이 글에서의 그래픽 작업은 단국대학교 한국문화기술연구소 연구보조원 서진우가 작성했 다. 작업의 과정은 무대에 대한 자료를 필자와 서진우가 공통적으로 탐색한 이후, 논의를 거쳐 서진우가 작업하고 전달받는 방식이었다. 그래픽 작성 날짜는 2010년 5월 10일이다.

11) 리령, 「해방후 연극예술의 발전」, 리령 외, 『빛나는 우리예술』, 평양: 조선예술사, 1960, 50쪽.

서 있는 것의 상극투쟁을 통하여 새로운 것과 장성하면서 있는 것이 낡은 것과 멸망하면서 있는 것을 용서 없이 처물리쳐 버리고 조국 역사의 새로운 페이지를 찬연히 장식하고 있다는 사실에 대하여 정열 적으로 노래"한 작품이다.[12] 간략히 요약하면 '새로운 시대에 대한 정열과 헌신'이 주된 내용이다. 등장인물에는 곽바위, 박첨지, 박동수, 순이 등이 있는데[13] 주인공 곽바위는 "인민들에게 온갖 행복을 갖다 준 새로운 생활현실의 보다 높은 발전을 위하여 혼신의 정열을 다해 혼신분투"[14]한다. 곽바위의 대사를 보기로 한다.

> 바위: 영감님도 사람이라면 좀 들어봐요. 내가 잔뼈가 이렇게 굵두룩 머슴살이하며 쉰밥과 찬밥도 모자라서 굶주리며 살아왔다오. 또 추운 겨울 찬 구들에서 쭈구리고 밤을 세운일이 몇 번이나 되었든 가요 일년에 한번씩 주는 삵도 제대로 한번 준일이 있소?[15]

이 대사는 머슴이었던 곽바위가 자신을 고용했던 지주 고병삼에게 일침을 놓는 말이다. 대사만 보면 대사가 인물에 적합하게 구사되었 는지에 대해서는 이견이 있을 수 있다. 일반적 머슴이라기보다는 상 당히 의식 있는 머슴의 말로 보이기 때문이다. 그러나 그것은 '작가가

---

12) 안함광, 「예술축전의 성과와 교훈: 1949년도 예축을 보고」, 『문학과 현실』, 1949.12; 『안함 광 평론선집』 4, 박이정, 1998, 269쪽.

13) 〈땅〉, 『장막희곡3인집』, 평양: 문화전선사, 1949. 이 글에서는 이기영 작, 윤세중 각색의 희곡 〈땅〉을 연구대상으로 한다. 희곡의 등장인물은 곽바위(고농), 박첨지(소작농), 박동수 (첨지의 장남), 박동운(첨지의 차남), 간난이(첨지의 장녀), 리씨(첨지의 처), 고병상(부농), 고한상(병상의 종제), 고동쾌(병상의 손자), 전순옥(소작농 과부), 순이모(소농 과부), 순이 (그의 딸), 고성도(소농), 고도지(그의 아들), 권칠복(소농), 황갑산(소농), □인호(소농), 조 대모(소농), 정태수(소농), 석달호(소농), 리서방(소농), 주래로(부농), 개구장마누라, 강균 (농촌지도자), 명위원장, 고서방댁, 농민 다수이다.

14) 안함광, 「민촌 이기영 씨의 장편 『땅』」, 『안함광 평론선집』 4, 97쪽.

15) 〈땅〉, 『장막희곡3인집』, 25쪽.

설정한 머슴'에 속하는 문제이며, 이 글이 초점을 두는 것은 대사 그 자체이다. 주목할 것은 이 대사의 단어와 말투가 현실에서 '사용함직' 하다는 점이다. 일반 머슴이 곽바위같이 유창하게 자신의 의견을 피력하지 못할 수는 있다. 그렇다고 해도 이 대사 자체가 1950년대 우리 현실에 있을 수 없는 '말'인 것은 아니다. 잠시 남한과 비교해보기로 하자. 신협은 주로 셰익스피어의 작품을 무대에 올린 바 있다. 〈오델로〉의 한 대사는 다음과 같았다.

> 오델로: 오, 나의 사랑하는 데스데모나. 죽어도 이대로 있어다오, 내 어이
> 울지 않으리.
> 그러나 이 눈물은 잔인한 눈물, 아니 이 눈물을 성스러운 눈물.[16]

아내인 데스데모나를 살해한 이후 오델로가 절규하는 장면인데, 대사는 이와 같이 시적 또는 시조적으로 번역되었다. 1950년대 대중이 일반적으로 사용하는 언어와는 확실히 거리가 먼 것이다. 이에 비해 〈땅〉의 "잔뼈가 굵두룩", "찬밥과 더운밥" 등의 대사는 일반 대중이 실제로 사용하는 말이며 우리의 소박한 정서를 담고 있어 한층 현실적으로 보인다. 일면 역사극인 〈오델로〉와 현대극 〈땅〉을 비교하는 것이 형평성에서 어긋나 보일 수도 있다. 그러나 북한의 역사극인 〈리순신 장군〉의 대사와 비교해도 결과는 크게 다르지 않다. 다음은 〈리순신 장군〉의 한 장면이다.

> 일본 나라의 우두머리들은 몇 백년 전부터 조선의 국토를 넘겨다 보는 원쑤였으나 또한 몇 백 년 후까지도 이 버릇을 버리지 않고 실로 옴

---

16) 윤대성, 「내 가슴의 영원한 오델로」, 김덕환, 『예에 살다: 김동원 희수기념집』, 1992.12, 202쪽.

벌레 같이 덤빌 것이니 이는 량국의 지형과 또는 우리 국토의 너무도 아름답고 기름진 것을 탐내는 복심에서 감히 생심하는 것이다.[17]

이 대사는 〈땅〉에 비해 다소 설명적이지만, 남한 극단 신협 〈자명고〉의 "-리이까-", "-나이다" 등의 극존칭 어미보다는 한층 현실감을 준다.[18] 이것은 남북한 연극의 대사 차이는 희곡의 종류가 아니라, 등장인물의 사회적 계급에서 온다는 사실을 시사한다. 남한 역사극의 등장인물이 왕족과 귀족이었던 반면, 북한 역사극의 등장인물은 장군이었고 현대극에서는 일반대중이나 머슴이었다. 이 차이가 바로 언어의 차이를 가져온다. 북한 연극의 등장인물은 기본적으로 인민대중이기에 역사극이든 현대극이든 대사는 소박한 언어, 또는 1950년대 일반대중의 언어가 기본이었다.

등장인물에 대해 보다 구체적으로 알아보기로 하자. 〈땅〉이나 〈리순신 장군〉의 등장인물, 즉 노동자나 일반청년(현대극과 역사극 모두 포함)의 이미지는 어떤 것일까? 이에 대해서는 북한이 연극의 주인공과 관련하여 발표한 교시를 먼저 살펴볼 필요가 있다. 북한에서 해방 직후부터 한국전쟁 이전까지 연극의 주인공으로 제시된 조건은 '긍정성'이다. 안막에 의하면 이 긍정성이란 "김일성 장군께서 말씀하신 생기발랄한 민족적 특성을 가진 조선 사람의 형상"[19]이다. 이 '생기발랄한' 인물을 구체적으로 설명한 다음 글이 흥미롭다.

우리는 벌써 탄광의 주인이 되었으며 공장이 나의 것이 된 것이다. 이와같은 행복스러운 환경속에서 우리의 로동자들은 건설무대로서 일

---

17) 안함광, 『조선문학사』, 한국문화사, 1999, 414쪽.
18) 〈자명고〉, 『희곡집』(상), 민중서관, 1966, 191~244쪽.
19) 안막, 「민족문학과 민족예술 건설의 고상한 수준을 위하여」, 『문화전선』, 1947.8.

하고 있는 것이며 또한 국제국내 반동파를 반대하여 투쟁하고 있는 것이다. (…중략…) 이와같은 현실속에서 우리는 먼저 로동자들의 생활면을 탐구할 것이 아니라 오늘의 전형적인 로동자들의 심리를 파악함으로써 명랑하고 건설적인 타잎을 무대위에 표현해야 될 것이다.[20]

이 글은 극중 인물의 기본 분위기가 어떠해야 하는지를 잘 말해준다. 핵심은 '명랑함'이다. 더 이상 과거 일제의 지배하에 착취당하는 노동자가 아니라, 주인으로서의 일군이기에 노동자는 건강하고 밝아야 하는 것이다. 그렇다면 노동자의 얼굴을 분장할 때 "육색(肉色), 빨갱이, 자색을 혼합"[21]하라는 권유는 자연스럽다. 살색에 빨강색과 자색을 혼합하면 건강하게 그을린 피부색이 잘 표현되기 때문이다. 북한 연극에서 병들거나 나약한 노동자는 기본적으로 제외되는 것이다. 이 '건강함'과 '명랑함'은 노동자에게만 해당되는 조건은 아니다. 착취에서 벗어났기에 '명랑'해야 한다면, 실상 머슴인 바우를 포함하여 북한 대부분의 인민이 여기에 속한다. 명랑함과 건강함은 극중 인물의 보편적 조건이자 첫째 조건인 것이다. 두 번째 조건인 '일반 청년'에 대해서는 글을 통해 알아보기로 한다.

군고 억센 오늘의 창조적로력자의 말과 표정을 어떤 가는선으로 나약한 일제시대에 보는 연극의 주인공이 세련된것 같고 아무 투쟁정신도 없는 그런 인물로 표현한다면 누가 그것을 보고 예술이라 하겠는가.[22]

이 글의 '청년은 말과 표정이 가늘지 말아야 한다'는 지침이 재미있

---

20) 북조선직업총동맹 군중문화부, 『군중문화총서: 연극써-클원의 수첩』, 104쪽.
21) 위의 책, 110쪽.
22) 위의 책, 113쪽.

다. 북한은 주인공으로 '소리가 가늘지 않고 음량이 풍부한', '얼굴이 좁거나 턱선이 뾰족하지 않은' 인물을 원했다. 북한의 관점을 따르면 '얼굴선이 가늘고, 소리가 빈약한' 청년은 일제강점기 연극에서나 등장하는, 언뜻 보기 세련된 듯 보이지만 나약한 인물이다. 북한은 이같은 청년은 "일제하 상업극단들에서 자주 등장하는 인물로 개인주의적 연기를 하여 연극예술의 집단성을 파괴하며 사회생활을 진실히 예술적으로 보여주는 것이 아니라 노름꺼리로"[23] 판다고 보았다. 구체적으로 예를 들면 다음과 같은 인물을 경계했다.

[사진 1] 출처: 김동원 회수 기념집 〈예에 살다〉

왼쪽 사진은 신협이 공연한 〈처용의 노래〉의 한 장면이다. 남자배우는 김동원인데 사진에서 보듯이 섬세하고 여성적으로 인물을 형상화했다. 특히 그 섬세함은 배우의 자태와 손가락에서 드러난다. 율동하는 듯한 자세, 세 개만 편 손가락은 아름답게 보이기 위해 계산된 연기이다. 이 같은 연기는 그 나름의 미(美)를 갖는다. 그런데 1947년 북한의 공연작품 〈바우〉의 "바우 같이 크구 말이 없구, 바우 같이 의기가 군구"[24]라는 대사가 말해주듯, 북한의 관점에서는 이 사진과 같은 섬세한 남자인물은 무대에서 사라질 대상이다. 이것은 〈땅〉이나 〈리순신 장군〉에도 동일하게 적용된다. 극중 인물, 특히 주인공은 역사극이든 현대극이든 외적으로 강건하며 보기에 믿음직한 인물이어야 하는 것이다. 더 구체적으로 말하면 기본적으로 명랑하고 강건한 분위기의 키가 크고, 음성이 굵고, 눈썹과 입매가 굵은 모습이다.

23) 위의 책, 113쪽.
24) 〈바우〉, 『조선문학』, 1947.3, 171~212쪽.

이것이 한국전쟁 시기 북한 연극에 등장하는 인물의 기본 조건이다.

2. 삼차원적 연기: 현실에 유사한 화술과 움직임

해방 이후부터 한국전쟁 직전까지 북한 연기의 기본은 '사실성' 또는 '현실성'이다. 이를 위해 배우는 먼저 자기의 개성에서 벗어나도록 요구받았다.

> 또 어떤 배우는 배우 자신의 선천적 신체의 미를 가지고 그것으로 관중을 미혹할수도 있다. (…중략…) 이상과 같은 연기는 경험만 가지면 불구자 아닌 배우면 누구나 평범히 할 수 있는 것이다.
> 이러한 류파의 연기는 남들이 과거에 많이 창작했던 인물을 머릿속에 그리며 자기맡은 역에다 등사를 한다. 로인이면 로인 로동자면 로동자를 외면만 가져다 복사를 한다. 이것은 배우의 할 일이 아니라 사진사의 역할이다.
> 이는 희곡에 충실하다기보다 자기 개성에 충실하는 것이며 현실생활에서 전형을 창조하기보다 경험에서 비슷한 인물을 손쉽게 끄집어내여 경험주의로 연기를 하는 때도 많다. 배우는 자기를 역의 대상에 겸허하며 역의 인물 속으로 들어감으로써만이 무대에서 실감할 수 있는 것이다.[25]

이같이 북한에서는 배우 자신이 어떠한 개성을 갖고 있는가는 중요하지 않았다. 배우는 희곡에 구현된 인물에 맞게 자기 자신을 새롭게 창조해야 하기 때문이다. 이 점이 한국전쟁 시기 북한과 남한 연기의 차이점이다.

---

25) 북조선직업총동맹 군중문화부, 『군중문화총서: 연극써-클원의 수첩』, 98쪽.

이 시기 남한의 대표배우 김동원은 항상 연기에서 자기 자신의 개성을 창조의 출발점으로 삼았다. 성악을 전공한 김동원의 화술은 시를 읊는 듯한 낭독조였고 "햄릿을 공연하거나 오델로를 공연하거나 연기의 차이가 크게 있지 않"았다.26) 남한의 공연방식이 스타시스템이었기에 가능한 것인데 이 연기 역시 하나의 양식이므로 가치판단의 대상은 아니다. 주목하고자 하는 것은 이러한 연기가 북한에서 청산대상이라는 점이다. "먼저 일상적으로 언어상 행동상 모든 자신의 버릇을 청산하고 어떤 행동이든지 자유로 할 수"27) 있는 것을 배우의 기본자세로 보았기 때문이다. 배우의 올바른 태도는 "일상생활에서 가두나 직장 농장 어느 곳을 물론하고 사색적 립장에서 관찰하며 연구"28)하는 것이라는 글은 이를 다시 한 번 입증한다. 그렇다면 자신의 개성 또는 습관을 버린 연기의 지향점은 무엇일까? 무대, 의상, 분장에 대한 면밀한 탐색은, 보다 구체적 연기로의 접근을 가능하게 해준다. 다음은 〈땅〉의 공연사진이다.

[사진 2] 출처: 『장막희곡3인집』, 평양: 문화전선사, 1949, 9쪽.

26) 김정수, 「해방 이후부터 한국전쟁시기까지: 극협과 신협을 중심으로」, 『연극교육연구』 제14집, 2008, 42쪽.
27) 북조선직업총동맹 군중문화부, 『군중문화총서: 연극써-클원의 수첩』, 100쪽.
28) 위의 책, 99쪽.

이 사진은 1949년 북한에서의 공연으로 짐작된다. 1년 후인 서울국립극장에서의 공연은 이와 다를 수 있지만 불과 1년의 차이이므로 기본 틀은 유사하다고 보는 것이 타당하다. 사진을 읽어보기로 한다. 강원도 어느 산간벽촌이 기본 배경인데 무대는 경사를 만든 바닥 위에 세웠음이 확인된다. 무대 상수에 위치한 집과 하수의 퇴락한 초가집은 우리 촌의 농가를 상당수준 사실적으로 보여준다. 여기서 주목할 것은 비스듬히 하수 쪽으로 통하는 길과, 무대 뒤로 통하는 길이 배우들의 입체적 움직임을 유도한다는 점이다. 즉 무대가 좌우의 2차원이 아닌 3차원적 움직임을 하도록 고안되었다는 것이다. 사진의 인물들 역시 이 같은 움직임이 이루어졌음을 뒷받침해준다. 인물들은 쭈그려 앉아서 정면을 보기도 하며 관객 1/2 자세로 서 있다. 조금 더 확대하면 3/4자세라고 볼 수도 있다. 이것은 분명 3차원적 움직임이 이루어졌다는 단서가 되어 연기가 무대의 '사실성'과 맥을 같이하면서 사실적으로 수렴되었음을 시사한다.

〈리순신 장군〉에서의 연기 역시 이와 유사하다. 1948년 초 평양시립극장이 공연한 〈리순신 장군〉에 대해 리령은 "연출자는 시종 일관 의상과 소도구 하나하나에도 세심한 관심을 돌려 시대상의 반영에 충실"하였다고 극찬한다.[29] 그런데 연출자가 소도구 하나하나에 시대상을 반영했다는 것은 소도구로 그치는 것이 아니라 연극의 모든 요소, 즉 연기와 음악 등 모든 요소를 사실성에 기초하여 연출했음을 의미한다. 또한 〈리순신 장군〉이 "무대 미술 발전에 있어서 획기적 전벌을 가져왔는바 이는 무대 미술 형상에서 력사적 구체성을 심오하게 연구 분석한 점에서 뿐만 아니라 장치의 제작 조명의 창조적 구상 등으로부터 의상, 소도구에 이르기까지 과거의 낡은 수법과 기교로써

---

29) 리령, 「해방후 연극예술의 발전」, 44쪽.

는 도저히 형상할 수 없었던 부면들을 새로이 개척하였다"[30]는 글 역시 연기가 사실성을 지향했음을 시사한다. 또 다른 각도, 즉 분장을 통해 연기를 살펴보기로 한다.[31]

[사진 3]

왼쪽 사진은 〈리순신 장군〉에서 노장의 역을 맡은 한진섭의 사진이다. 정확하게 몇 년도의 분장인지를 확인할 수 없지만 1950년대의 사진임은 분명하기에 사진을 통해 연기를 유추해보고자 한다. 옆의 한진섭의 모습을 보면 의상과 분장이 극히 사실적임을 알 수 있다. 노인의 얼굴을 강조하기 위해 양쪽 뺨을 움푹 파이게 했으며 눈썹은 중심을 향해 올려 눈매를 전체적으로 처지게 함으로써 고생의 흔적을 보여준다. 또한 한집섭은 노인역할을 위해 신체에도 많은 변화를 기한다. 구부정한 허리와 약간 앞으로 내민 목은 기력이 쇠한 노인의 모습을 시각적으로 강조한다. 그렇다면 한집섭의 화술이나 움직임 역시 이 모습과 어울리는 현실적 또는 사실적이었음을 짐작할 수 있다. 한국전쟁 시기 남한의 대표배우 김동원과 북한의 대표배우 황철을 비교해보기로 하자. 다음은 〈리순신 장군〉에 출연한 이순신 역의 황철이며 〈햄릿〉에 출연한 김동원이다.[32]

---

30) 김일영, 「무대미술의 발전을 위하여」, 황철 외, 『생활과 무대』, 93쪽.

31) 한진섭·김수희, 『무대분장』, 평양: 조선예술사, 1959, 109~117쪽.

32) [사진 4]는 한진섭·김수희, 『무대분장』, 109쪽에서, [사진 5]는 김덕환, 『예에 살다』에서 발췌한 것이다.

[사진 4]　　　　　　　　[사진 5]

이 두 사진은 한국전쟁 시기 남북한 최고의 배우들을 한 눈에 비교
해볼 수 있는 재미있는 자료이다. 사진으로만 볼 때도 황철이 김동원
에 비해 사실적 분장을 하였음을 확인할 수 있다. 김동원의 눈썹·눈
매·코·얼굴선은 극히 과장되어 있다. 뿐만 아니라 김동원 특유의 손
가락 제스처를 보면 일상적 또는 사실적 손짓이 아닌 무용적으로 디
자인된 손짓임을 알 수 있다. 또한 김동원은 특히 햄릿을 연기할 때
등을 곧게 펴고, 다리를 모아 약간 옆으로 비스듬히 서는 자세를 유지
했다고 한다.33) 다리를 아름답게 보이기 위해서이다. 외적 자세만으
로도 소박한 황철과 대조되는데 이 같은 배우의 자세 하나는 곧 연기
비교에 결정적 단서가 된다. 황철의 연기는 앞에서 밝힌 바 있는 김동
원 식의 '시조 읊기'식 화술이나 아름답게 보이기 위해 '무용하듯 손가
락 펼치기', '비스듬히 다리 모으고 서기' 등의 자세는 분명 없는 양식
인 것이다.

---

33) 오현경, 필자와의 개인 인터뷰, 2006년 11월 21일, 장충동, 타워호텔.

보다 객관적 탐구를 위해 마지막으로 기사와 구술을 확인해보기로 하자. 원영초는 1950년 김동원이 원술랑을 맡았을 때 그의 연기에 대해 "높은 어조로 일관하야 억양이 없이 뉴양스가 없"[34]다고 평가한 바 있다. [사진 5]의 〈햄릿〉은 〈원술랑〉 이후의 공연이지만 〈햄릿〉을 직접 관람한 안민수·장민호·여석기는 김동원의 화술이 시를 읊는 듯 길게 늘어지며 느린 템포로 전개되었다고 증언한다.[35] 그런데 황철과 김동원의 연기 모두를 관람한 전정근은 김동원 식의 연기는 "꾸며대는 연기로 이북에서는 명함도 못 내미는 연기"라고 평가한다.[36] 북한의 대표배우인 황철이 한국전쟁 시기 서울국립극장에서 보여준 연기는 높은 음조로 일관하지 않는, 시조를 읊는 듯하지 않는 화술이었음이 다시 한 번 입증되는 것이다. 한국전쟁 시기 북한 배우들은 현실과 유사한, '사실적' 연기를 전개한 것이다.

3. 이동식 무대에서의 공연

서울 국립극장에서의 공연 이외에 북한은 이동식의 '기동적이고 전투적인 공연활동'을 펼쳤다.[37] 북한에 의하면 북한 연극인들은 "연극작품을 자기의 강유력한 무기로 삼고 조선 로동당과 공화국 정부의 부름에 따라서 전쟁 승리를 위하여 전선과 후방에서 헌신"했다.[38] 여기에서는 단막극 〈내 집에 돌아오다〉(1막2장), 〈명령 하나밖에 받

---

34) 원영초, 「국립극장인상기: 원술랑을 보고」, 『조선일보』, 1950년 5월 10일자.
35) 김정수, 「해방 이후부터 한국전쟁시기까지」, 51쪽.
36) 한국영상자료원, 『한국영화를 말한다: 1950년대 한국영화』, 이채, 2004, 260~261쪽.
37) 리령, 「해방후 연극예술의 발전」, 71쪽.
38) 황철, 「애국주의적 사상 교양자로서의 연극 예술의 사회 인식적 기능을 더욱 제고시키자」, 17쪽.

지 않았다〉(1막2장)와 중·장막극에 속하는 〈탄광사람들〉(4막)을 중심
으로 살펴보기로 한다.

3.1. 웅변적 대사, 강건함이 부각된 유형적 인물

〈내 집에 돌아오다〉는 1952~1953년에 걸쳐 각 극장에서 상연한
연극으로 "적의 일시적 강점 시기에 있어서 후방 인민들의 투쟁 모습
과 증산 투쟁을 묘사한"[39] 1막2장의 단막극이다. 특히 리령은 이 작품
에 대해 "작가는 주인공의 사상-성격 발전을 외'적이며 내'적인 제
모순과 투쟁 가운데서 실감 있게 형상하였다"고 상찬한다.[40] 희곡은
아직 발견되지 않았지만 리령의 기억을 빌려 대사를 보기로 한다.

아! 새파란 하늘, 따뜻한 해, 날아가는 참새들도 모두가 다정스리 나를
나를… 아! 시원하다, 바람아 실컷 불어라! 못된 꿈을 말끔히 씻어가라![41]

이 글은 리령이 회고한 〈내 집에 돌아오다〉의 한 장면이다. 주인공
민바위가 반역자로 처단될 것을 예상했지만 당의 관대한 정책에 의해
사면을 받고, 새 공민증을 받아 나오며 감격을 토로하는 장면이다.
그런데 글에서 알 수 있듯이 대사는 일상적 말이라고 보기 어렵다.
"날아가는 참새들도 모두가 다정스리 나를"이라는 대사나 "바람아
실컷 불어라!"라는 대사는 감안해서 생각해도 다분히 웅변을 위한
원고같이 느껴진다. 또한 마지막을 "웨친다"로 마무리 짓는다면 1950
년대의 일상적 대화와는 더욱 거리가 멀어진다. 또 다른 단막극 한태

---

39) 신고송, 『연극이란 무엇인가』, 90~91쪽.
40) 리령, 「해방후 연극예술의 발전」, 『빛나는 우리예술』, 67쪽.
41) 위의 글, 67쪽.

천의 〈명령 하나밖에 받지 않았다〉를 보기로 하자. 이 작품 역시 인민 군대의 영웅성을 묘사한 단막극으로 기억되고 있다.

준호는 수상 동지의 사진을 물끄러미 보며 "최고 사령관 동지! 나는 당신의 명령을 완수했습니다. 지금 나의 눈 앞에는 황금물'결치는 나무리' 벌과 부강한 우리 마을이 보입니다"라고 높은 긍지와 랑만에 사무쳐 말한 다. 그리고 그는 마지막으로 '조선 로동당 만세'를 부르며 운명한다.[42]

리령의 기억은 전쟁 시기 단막극에서 주인공의 영웅성을 극도로 확대시킨 대사를 구체적으로 알려준다. 죽어가는 그 순간 '조선 로동당 만세'를 부르는 것은 그 자체가 비현실적이며 작위적이라는 느낌을 준다. 대사 자체가 비일상적으로 "긍지와 랑만에 사무쳐"서일 것이다. 중요한 것은 이와 같은 대사를 전개하는 인물은 입체적이기보다는 '유형적'으로 굳어진다는 점이다. '조국과 임무완성'만을 강조하는 대 사를 '웨친다', '부른다'로 마무리하면, 인물의 기본 조건 자체가 '강인 한 영웅'으로 고정되기 때문이다. 그렇다면 인물의 개성을 반영한 음색 이나 어조는 사라져 유형의 탈피는 불가능해진다. 이 같은 현상이 단막극에만 국한되는 것은 아니다. 다음은 인민군대의 후방 인민들의 투쟁을 묘사한 장막극 〈탄광사람들〉[43]의 대사이다.

은순이! 당신의 고귀한 피는 인민의 혈관을 흘러 영원히 빛날 것이요! 당신이 그렇게도 아끼고 사랑하던 변압기는 당신의 맥박을 이어 힘차게 권양기를 돌릴 것이요! 저 고방산에서 줄기차게 뻗어 나간 삭도선을 타 고 소리개는 세차게 달릴 것이요![44]

---

42) 위의 글, 57쪽.
43) 한봉식 작, 안영일 연출, 강진 장치, 강익수 조명, 국립극장, 4막.

이 장면은 여성 당원 김은순이 자진하여 적의 창고를 습격하는 등 영웅적인 위훈을 세운 후 운명할 때, 한형국이라는 인물이 김은순을 향해 하는 대사이다. 죽어가면서도 조국을 원망하지 않는 김은순은 〈명령하나밖에 받지 않았다〉의 준호와 유사하다. 그들에게는 자신의 생명보다 조국이 더욱 중요하기 때문이다. 이 대사를 전개하는 한형국은 연이은 리령의 설명과 같이 '철학적이며 시적인 대사를 훌륭히 전개'했을 수는 있다. 그러나 한형국 역시 현실적·사실적 인간이 아닌 만들어진 인간, 다시 말하면 당 정책의 숭엄함을 강조하기 위해 세워진 일정한 틀이 있는 인물이다.

물론 서울 국립극장 공연에서의 등장인물도 당 정책을 반영해야 했다. 주목하고자 하는 것은 상대성이다. 서울 국립극장과 이동식 무대 인물의 차이를 크게 셋으로 나누어보기로 한다. 첫째, 앞장에서 살펴본 바와 같이 서울 국립극장의 등장인물은 리순신 장군, 노동자, 머슴 등 계급자체가 다양했다. 이에 비해 이동식 무대의 인물들은 대부분 군인, 또는 노동자 출신의 군인들이다. 인물들의 직업이 일정하게 고정되어 있고 그들은 모두 비슷한 상황에 처해 있다. 그 상황은 '열악한 전쟁터'인 것이다. 동일한 직업과 동일한 상황은 이동식 무대의 인물들이 대극장 무대의 인물들에 비해 한층 '틀 있는' 인물로 구축되는 첫 단추인 것이다. 둘째, 제작환경의 특수성을 고려할 필요가 있다. 대극장 공연은 상당수 북한에서 먼저 초연되었던 작품들이다. 이미 희곡분석이라는 과정을 거친 작품이기에 극중 인물에 대한 심도 깊은 연구가 마련되어 있는 것이다. 이에 비해 이동식 공연의 작품들은 공연된 작품보다는 새로운 작품들이 상당수를 차지한다. 충분한 연습시간이 있었다면 인물들을 입체적으로 구축할 수 있겠지만 전쟁

---

44) 리령, 「해방후 연극예술의 발전」, 65쪽.

시기 이동하면서 공연하는 상황에서 치밀한 작품분석과 상대역과의 논의를 거친 연습은 실제 불가능하다. 의식적으로, 무의식적으로 인물은 일정한 틀로 고정될 수밖에 없는 것이다. 셋째는, 연극의 목적성이다. 신고송에 의하면 "국립극장, 평양시립극장, 청년예술극장, 농민극단, 인민군예술극장, 내무성예술극장 등이 해방된 서울과 기타 신해방지구 인민들을 방문하여 8.15해방 후 공화국 정부와 조선 로동당의 시책 아래 고도로 발전된 인민 연극의 성과를 시위하였으며 전선의 자영들을 위문하였다"[45]고 한다. '위문공연'은 그 특성상 뚜렷하고 단순한 주제전달이 가장 중요하다. 전쟁을 치루는 인민들을 짧은 시간에 위로하고 격려하며 용기를 주고 승리의 확신을 심어주어야 하기 때문이다. 대사가 선동적이고 웅변적인 것은 필연적이며 그 대사로 구현된 인물역시 목적이 뚜렷한 단순한 인물로 형상화된다. 대극장 공연에 비해 상대적으로 일정한 틀이 있는 유형적 인간으로 고정되는 것이다. 이동식 공연의 인물은 대극장 무대의 인물처럼 기본적으로 밝고 강건한, 음성이나 턱선이 굵은 외형이면서 '강건함'이 부각된 유형적 인물인 것이다.

3.2. 이차원적 연기: 슈프레힛-콜 화술과 전시적 움직임

강건함이 강조된 인물들의 움직임과 화술은 어떤 양식이었을까? 먼저 신고송을 통해 극장의 형편을 살펴보기로 한다.

연극인들은 날로 강화되는 적들의 야수적 폭격 속에서 후방 강화를 위한 투쟁에 적극 참가하였다. 그들은 무대 장치 조명 기구 의상 등 일체

---

45) 신고송, 『연극이란 무엇인가』, 89쪽.

의 연극 상연의 기구들을 자기들의 등에 메고 매개 부락들과 매개 공장 광산들을 찾아가서 지하나 반 지하, 때로는 잘 은폐된 야외극장을 무대로 하여 생산에 종사하는 후방 로동자 농민들 속에 깊이 침투하였다.[46]

이같이 무대가 지하나 반지하, 야외극장이라면 서울 국립극장에서와 같은 사실적 무대를 기대할 수는 없다. 특히 무대장치·조명·의상 등을 등에 메고 후방 깊숙이 침투했다면 정교한 무대구축은 불가능했다고 보아야 한다. 이 시기 무대에 대한 구체적 기록은 찾기 어렵지만 다행스러운 것은 한국전쟁 이전 소인극(아마추어극)을 위해 출판된 북한의 연극이론서를 발견할 수 있다는 점이다. 소인극은 전문 극단을 위한 이론서라기보다는 농촌이나 탄광의 비전문적 연극인들을 위한 일종의 연극 안내서이다. 물론 한국전쟁 시기 이동식 연극을 전개한 연극인들은 전문 연극인들이다. 그러나 그들의 환경은 소인극의 환경보다도 더 열악했다. 따라서 소인극을 위한 연극이론서를 탐색한다면 전쟁 시기 이동무대에서의 공연양상에 상당부분 접근할 수 있을 것이다.

신고송은 아마추어 연극을 위해 6가지의 무대 장치법을 제안했다.[47] 그 중 이동식 무대가 가장 손쉽게 적용할 수 있는 것은 막을 치는 방법이다. 신고송의 용어에 따르면 이것은 흑막 장치법이다. 무대 뒤에 커다란 검정막을 치고 그 앞에서 연기를 하는 것이다. 이 경우 신고송은 방이나 부엌을 표현할 때 흑막에 하얀색 테이프로 방을 상징할 수 있는, 예를 들면 창문 같은 것을 상징적으로 그려 넣어 관객에게 장소를 알리라고 권한다. 전쟁 중 이동식 무대공연단이 이 지침을 따랐을 가능성은 높은데, 이 지침에 따라 무대를 만들었다면

---

46) 위의 책, 88쪽.
47) 신고송, 『농촌연극써클운영법』, 77~79쪽.

다음과 같다.

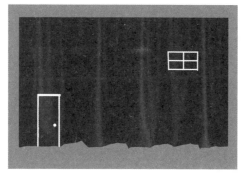

〈그래픽 1〉

　이 그래픽은 신고송의 지침을 시각화한 작업일 뿐이다. 실제 무대
는 이와 다를 수 있지만, 이동식 무대의 여건상 이 같은 무대 앞에서의
공연이 가장 타당해 보인다. 공연연습을 할 시간도 없는 전쟁기간에
무대를 정교하게 제작하는 것은 어렵기 때문이다. 〈그래픽 1〉과 같은
무대는 따로 문을 장치할 수 없기에 배우의 등퇴장은 무대의 상수와
하수로 연결된다. 주목할 것은 이것은 등퇴장뿐 아니라 배우들의 행
동선에 영향을 준다는 점이다. 물론 좌우 등퇴장의 경우에도 연출과
배우의 역량에 따라 입체적 움직임이 가능할 수 있다. 그러나 배우가
움직일 수 있는 연기공간을 같이 생각해야 한다. 이동식 무대는 배우
들의 연기공간을 염두에 둘 수 없는 지하나 반지하였다. 공간 자체가
역동적인 움직임의 전개를 불가능하게 하는 것이다. 무대 앞뒤로 움
직인다고 해도 극히 제한적일 수밖에 없고 회전을 하는 움직임 역시
장려될 수 없는 상황이다. 배우는 자연 정면으로 관객을 향해 펼쳐
보이는 연기를 전개할 수밖에 없으므로 입체적인 또는 사실적인 연기
를 기대하는 것은 불가능하다.

무대장치의 또 다른 가능성을 보기로 하자. 둘째로 신고송은 병풍을 이용하는 방법을 제시한다. 병풍은 그 자체가 세우기 간편하며 무대의 넓이에 따라 늘리거나 줄이기가 편리한 장치이다. 그래픽을 통해 구체적으로 살펴보기로 한다.

〈그래픽 2〉

이 그래픽 역시 효과적인 설명을 위한 추론의 작업일 뿐이다. 그렇지만 이와 같은 무대를 세웠다면, 이것은 흑막장치보다 더 간편할 수 있다. 만약 병풍 자체에 그림이 그려져 있다면 경우에 따라 병풍의 그림을 무대배경으로 이용할 수도 있고, 특별히 장소가 바뀐 경우에는 운반하기 쉬운 소품을 갖다놓을 수 있기 때문이다. 예를 들면 들에서 산으로 장소가 바뀔 경우 〈그래픽 2〉와 같이 병풍 앞에 간략히 바위를 놓을 수 있다. 이 같은 무대는 이동식 극단이 접근하기 쉬운 장치이다. 이 경우에도 배우의 움직임은 흑막무대와 유사해진다. 무대 자체가 2차원적이기에 행동선도 2차원적으로 유도되기 때문이다.

다음으로는 화술을 살펴보기로 하자. 섬세한 사실적 연기보다는 보이고 들리는 연기가 무엇보다 중요한데 다음 안민수의 증언은 이 같은 맥락에서 이해가 가능하다.

신불출이 하는 만담극 같은 걸 봤는데, 그 화술은 이래. "UN군이 어쩌구, 저쩌구 우리가 해방시키러." 북한 배우들이 기본적으로 멜로야. 동양극장 배우들이 올라간거니까.[48]

이 짧은 증언은 단막극 공연에서 배우들의 연기가 어떻게 전개되었는지를 알게 하는 중요 자료이다. 안민수는 한국전쟁 시기 신불출의 1인극을 '극장 같은 곳'에서 관람했다고 하며 그때 신불출의 화술을 직접 시연했다. 화술을 글로 표현하는 한계를 극복하기 위해 악보화하기로 한다.

<악보 1>

악보에서와 같이 신불출의 화술은 현실적, 또는 사실적이지 않다. 일정하고도 독특한 조가 반복된다. 이에 더해 안민수는 분명 '멜로'라는 표현을 한다. 여기에서 '멜로'라는 안민수의 표현은 슬픔과 상통하는 것이 아니라 '감정의 극대화'와 상통하는 것이다. 목적성이 강한 이동식 연극 또는 혼자 출연하는 일인극에서 북한 배우들은 자의적으로 만든 독특한 음조와 그 음조에 맞는 독특한 몸짓의 연기를 전개한 것이다.

연기의 또 다른 가능성은 공연환경 속에서 찾을 수 있다. "포연속에서도 대도구, 소도구를 제작 운반하였으며 항공 싸이렌과 폭음에 뒤섞인 속에서도 음향 효과를 구별하"[49]며 공연을 했다면 공연마다

---

48) 안민수, 필자와의 전화 인터뷰, 2009년 7월 6일.

소음이 거의 있었다고 보아야 한다. 그런데 앞장에서도 살펴보았듯이 특히 단막극일 경우 '웨친다'는 표현이 자주 나온다. 그렇다면 대사를 전개할 때 배우는 희곡의 주문대로 소음 속에서 '웨쳐야' 했을 것이다. '웨치는' 연기라면 1930년대 신고송이 제안한 슈프레힛-콜 형식이 짐작되는데,[50] 흥미로운 것은 이해랑의 증언이다. 이해랑은 이두현과의 대담에서 전쟁 직전 좌익연극인들이 분명 "슈프레히콜 같은"[51] 연기를 했음을 밝힌 바 있다. 이 짧은 증언은 전쟁 시기 이동식 연극에서의 연기를 통찰하게 하는 중요 단서이다. 이해랑의 증언에 따라 합창 형식인 슈프레힛-콜의 화술을 악보화하면 다음과 같다.

〈악보 2〉

조 선　　　　　로 동 당　　　　　만 세

거듭 밝히지만 악보작업은 추론일 뿐이다. 그러나 배우가 극의 마지막에 '조선 로동당 만세'를 대사할 때, 관객의 감정고조를 위해 점점 높은 음으로 크고 강하게 외치는 것은 당연하다. 〈악보 2〉와 반대로 높고 강한 음조로 시작해서 낮고 약한 음조로 '만세'를 마무리하는 것은 관객의 전투의지 강화에 적합하지 않기 때문이다. 관객으로 들

---

49) 김일영, 「무대 미술의 발전을 위하여」, 93쪽.

50) "슈프레히콜은 〈카프〉 연극부에서 1932년부터 제기되어 실천된 공연방법론이다. '슈프레히콜'이란 무대장치나 의상없이 여러 등장인물들이 창작된 시를 간단한 제스츄어를 곁들여 돌아가며 낭독하는 형식을 말한다. 슈프레히콜(Sprechcor)은 독일어의 '말하다(sprechen)'와 '합창(chor)'의 합성어로 독일 노동자연극의 중요한 양식이다.…일본에 처음 소개된 것은 일본 〈좌익극장〉의 제22회 공연(1931.12.31~1932.01.20)에서 선보인 것이다. 이것을 본 신고송은 슈프레히콜 형식을 우리나라에 도입하고자 소개했다."(최민아, 「신고송 연극론 연구」, 동국대학교 석사논문, 26~27쪽)

51) 대담 이두현, 『대담 한국연극이면사』, 피아, 2006, 264쪽.

어온 인민군들 모두는 흥분하여 '조선 로동당 만세'를 배우와 함께 외쳤을 것이다. 이것은 북한 연극이어서가 아니라 연극예술 자체에 배우와 관객이 함께 어우러지는 특성이 있기 때문이다. 이 경우에도 연기는 사실적이라기보다는 웅변적인, 마치 가수가 관객을 향해 노래하는 듯한 전시적(展示的)인 양식이 되는 것이다.

물론 다른 가능성도 있다. 김일영은 한국전쟁 시기 무대 예술인들이 "전시 환경 속에서 소편대 활동을 성과적으로 보장하기 위하여 이에 적응한 우수한 이동식 무대 장치들과 조명 장치들을 제작하였는바 이러한 이동식 장치들은 우리 무대 미술 력사에서 크게 자랑할 수 있는 아름다운 기록으로 된다"[52]며 당시 우수한 무대를 제작하였음을 밝힌다. 김일영의 회고는 사실일 수 있다. 이동식 공연에서 흑막이나 병풍 이상의 정교한 무대를 제작했을 수도 있다. 그러나 배우에게 무대만큼이나 중요한 것은 관객의 관람태도이다. 서울의 국립극장은 일인용 의자와 조명시설을 완비한 극장이었다. 이 같은 환경은 관객의 관람태도를 정숙하게 유도한다. 그러나 무대가 사실적이었다고 해도 객석의자가 없어서 관객이 붙어 앉거나 좁게 서서 공연을 관람하는 경우 객석은 소란스럽고 시끄러워진다. 그렇다면 배우는 소란스러운 관객을 집중시켜야 하므로 음량을 높이고 과장되게 움직여야 한다. 다음 남한 연극인 이해랑의 글은 이에 대한 배우의 입장을 설명하므로 주목을 요한다.

정원의 3~4배씩이나 몰려든 관객 앞에서 연극을 하자니 연기인들은 자연 연기의 무리가 뒤따라야 했다. 성대를 높여야 하고 연기가 과장됐다.[53]

---

52) 김일영, 「무대 미술의 발전을 위하여」, 93쪽.

53) 이해랑, 「남기고 싶은 이야기들: 배당금 시비」.

전쟁 시기 남한의 배우들은 몰려든 관객들로 인해 과장된 연기를 전개해야 했다. 정원이라는 것이 무의미한 시기였기 때문이다. 빈약한 극장이라도 극장에서의 공연이 이와 같았다면 북한의 이동식 연극 환경의 열악함은 이 이상인 것이다. 남한에서 갈 곳이 없었던 피난민들이 극장으로 몰린 이유는 "시시각각으로 육박해 오는 전쟁의 공포, 불안 속에서 생활에 시달리고 정신적으로 의지할 곳 없었던 그 시절의 사람들에겐, 더욱 이렇다 할 오락이 없었던 동란중엔 극장만이 그들의 안식처였으며 연극만이 그들이 차지할 수 있었던 오락의 전부"[54]였기 때문이다. 직접 전쟁을 치르며 내일의 생존을 알 수 없는 북한 군대 역시 이 이상으로 공포와 불안에 시달렸을 것이다. 그들에게는 더욱 연극만이 위안이자 쉼터의 전부인 것이다. 북한 연극에서의 관객 역시 정원의 몇 배 이상이었을 것이며 객석 환경은 극히 열악해지는 것이다. 그렇다면 전쟁의 신성한 의무를 강조하고 승리의 확신을 강력히 주기 위한 '독특한 조' 또는 '소리지르기', 합창식의 '슈프레힛-콜'식의 화술전개는 실상 불가피하다. 따라서 이동식 무대에서 북한 배우는 흑막의 고정무대와 병풍무대를 배경으로 2차원적 움직임을 전개하고, 시끄러운 폭격소리와 소란스러운 관객으로 인해 웅변적이고 낭만적인 연기,[55] 구체적으로 말하면 관객을 향해 전시하듯 펼쳐 보이는 움직임과 '독특한 조' 또는 '소리 지르기', '합창'식의 화술을 전개한 것이다.

---

54) 박엄, 「(특별기획) 6.25와 나―수난의 90일간」, 『한국연극』, 1976.6, 32쪽.

55) 이 글에서 언급하는 낭만적 연기란 배우들의 등장으로부터 퇴장에 이르기까지 모든 움직임이 관객을 위하여 펼쳐 보이는 형태를 말한다. 이것은 배우의 위치는 물론, 움직임이 평면적으로 전개되어 인물의 전면만을 펼쳐보이는 것이 된다. 안민수, 『연극연출: 원리와 기술』, 집문당, 1998, 196~197쪽.

4. '다름'일 뿐

　한국전쟁 시기 북한의 연극은 크게 대극장 공연과 이동식 무대 공연으로 나뉜다. 첫째, 북한은 서울 국립극장에서 전쟁 이전 북한에서 공연했던 〈땅〉, 〈원동력〉, 〈리순신 장군〉, 〈조국을 지키는 사람들〉, 〈제2전선의 배후〉, 〈금산군수〉 등을 재공연했다. 이 작품들은 1947년부터 1949년까지 북한에서 먼저 공연된 작품들이다. 이 중 〈땅〉은 희곡이 발견되었고 〈리순신장군〉은 대사에 대한 기록이 남아 있기에 부분적이나마 대사를 확인할 수 있었다. 확인 결과 대사 자체가 상당히 사실적으로 구현되어 있음이 발견되었다. 이것은 현대극이나 역사극 모두에서의 동일한 현상이다. 한편 주요 등장인물은 주로 1950년대 인민대중들인데 이 인물들의 일차조건은 발랄함과 강건함이다. 나약한 인물은 새 조국 건설을 위한 인물로 적합하지 않기 때문이다. 무대는 삼차원적 무대였으며 이 무대는 자연 배우들이 삼차원의 입체적 연기를 하도록 유도했다. 배우들은 강건한 이미지를 기본으로 하여 사실적 무대 위에서 현실에 있음직한 화술과 움직임을 전개한 것이다. 굳이 당시 남한 배우와 비교한다면 남한 대표배우인 김동원이 시를 읊는 듯한 낭송조의, 영탄조의 화술과 무용적인 움직임을 보여준 반면, 북한 배우들은 일상적 말과 움직임에 가까운 연기를 펼친 것이다. 둘째, 북한은 인민군대를 위로하기 위해 이동식 무대를 제작하여 폭격 속에서 인민군대를 찾아 위문공연을 했다. 이 경우 공연양상은 대극장에서의 공연과 크게 달라질 수밖에 없다. 이동식 공연은 기본적으로 위로와 격려가 목적이기에 대사 자체가 선동적·웅변적으로 구현되어 있고, 투쟁을 결심하며 '외치는' 장면이 상당수 포함되기 때문이다. 이것은 곧 인물의 사실적 구현이 아닌, 유형적 형상화를 유도한다. 짧은 연습시간과 일정하게 고정된 대사로 복잡하고 섬세한 인물을 구축하는 것은 실상 불가능하다. 그리고 배우들은 주로 흑막이나 병풍의 무대장치 앞에서 연기했다. 지하·반지하·야외에서 공연해야 했기에 정교한 무대를 설치할 수 없었기 때문이다. 뒷막에 출입구가 없으므로 무대의 상수와 하수를 통해 등퇴장을 해야 하는 환경은 배우의 연기를 자연 이차원적으로 유도한다. 또한 소란스러운 관객 역시 이차원적 연기를 전개하는 주요요소가 된다. 관객을 향해 등을 돌리는 삼차원적 움직임은 소란스러운 관객을 집중시키는 데 불필요하기 때문이다. 따라서 배우들은 주로 관객을 향해 전시하는 듯한 움직임으로 '소리 지르기식' 또는 '합창식'의 화술을 보여주었다.

이같이 한국전쟁 시기 북한의 연극은 남한과 다른 양상이다. 연극의 목적과 주제, 인물과 연기에서 차이를 갖기 때문이다. 전쟁 시기 북한 연극의 목적은 당 정책의 수행인 반면 남한 연극은 전쟁에 지친 일반대중을 위로 하는 것이었으며, 북한 연극의 주제는 승리에 대한 확신과 조국에 대한 헌신이었고 남한은 사랑과 낭만이었다. 또한 인물에 있어서는 북한이 1950년대에, 즉 바로 옆에 존재하는 인민들을 주인공으로 설정한 반면 남한은 몇 백 년 전의 왕족이나 귀족들을 주인공으로 설정했다. 이에 따라 북한은 현실적이고 사실적인, 그리고 합창식의 전시적 연기를 전개한 반면 남한은 낭만적이고 미적(美的)인 연기를 전개했다.

남북한의 이처럼 다른 연극양식은 '다름'일 뿐 우열로 평가할 수는 없다. 전쟁 시기에 실현해야만 하는 옳은 연극이란 존재하지 않는다. 생존을 위협받는 군대를 위로하는 연극도, 피난민들에게 쉼터를 제공하는 연극도, 연극인들의 생계유지를 위한 연극도 각기 그 나름의 가치를 갖는다. 다만 기억할 것은 전쟁 시기 남북한 연극의 '다름'이 전쟁 이후 남북한 연극계에 어떤 방식으로든 영향을 미친다는 점이다. 한국전쟁 시기 전면화된 이 '다름'은 휴전 이후 전개될 남북한 연극의 '다름'을 미리 보여준다.

10장 천리마 운동과 연극제작

1. 천리마와 연극

1960년대는 북한이 성공의 가도를 달리던 시기이다. 1956년 종파사건을 마무리 짓고 김일성은 1958년경부터 견고한 권력망을 구축했다. 더 이상 김일성의 권력에 도전할 수 있는 정치세력은 존재하지 않았다. 특히 경제 정책은 성공적이어서 1957년부터 1961년까지로 계획한 경제 5개년 계획은 1959년 6월에 앞서 달성되었고, 북한은 이 기세를 몰아 1961년부터 새로운 7개년 계획을 추진했다.

이 시기에 가장 중요한 대중 운동은 '천리마 운동'이다.[1] 실제로 '천리마 운동'은 1959년 3월 '천리마작업반 운동'으로 개시되었지만

---

[1] 북한에 의하면 천리마운동은 1956년 12월 전원회의 직후 시작되어 1958년에 본격화되었다. 1957년에서 1960년까지 세웠던 5개년 계획이 4년 만에 완성되었고, 1958년 3월 조선로동당 제1차 대표자회의에서는 종파 청산이 선언되었으며, 그해 10월부터 12월까지 천리마 운동을 대대적으로 선전하였다. 연이어 1959년에는 김일성이 청산리 협동농장 현지지도 이후, '청산리 방법'이 제시되기도 했다.

북한이 1956년 12월 당중앙위원회 전원회의를 '천리마 운동'의 기점으로 주장할 정도로 그 의미가 각별하며 북한 경제 발전의 원동력이었다.[2] 경제건설을 대중 운동으로 연결시킨 천리마 운동은 물론 연극계에도 확대되었다. 천리마와 관련된 연극 소사를 정리할 정도로 천리마 운동과 연극은 긴밀한 관련을 맺고 있었다.[3]

그런데 1960년대 서방 관찰자들이 '북한의 기적'으로까지 묘사한 천리마 운동과 관련된 북한 연극에 관한 연구가 진행되지 않았다는

---

2) 서동만, 『북조선사회주의 체제성립사 1945~1961』, 선인, 2011, 625~626쪽.

3) 북한은 다음과 같이 3단계로 천리마운동과 관련된 연극을 정리한다. "(1) 1956년 4월~1958년 9월. 이 기간은 천리마 운동이 힘차게 전개되던 시기로서 연극 분야에서 부르죠아 사상 잔재와의 투쟁, 온갖 도식주의와의 투쟁을 전개하는 한편 현실 주제의 극작품을 혁신적으로 창조하기 위한 투쟁 과정이었다. 〈위대한 힘〉, 〈그날 밤의 이야기〉, 〈우리 마을〉, 〈선구자들〉, 〈백두산은 어데서나 보인다〉, 〈생명을 위하여〉 등이 이 시기 연극 무대를 대표할 수 있는 작품들이며 특히 〈위대한 힘〉, 〈선구자들〉은 시대적 성격이 뚜렷한 작품이었다. (2) 1958년 10월~1960년 11월. 이 기간은 9월 전원 회의에서 전체 당원들에게 보낸 붉은 편지를 받들고 사회주의 건설의 대고조가 전개되고 천리마 운동이 천리마 작업반 운동으로 심화 발전되는 시기였다. 실로 이 기간은 매일 매 시각 세인을 경탄케 하는 기적의 나날이였다. 문예 분야에서는 1958년 11월에 하신 김일성 동지의 연설「공산주의 교양에 대하여」를 받들고 대렬을 정치 사상적으로 꾸리면서 이 시기에 새로 탄생하는 인간들의 정신적 풍모를 확인하는 벅찬 과업을 수행하였으며 공산주의 문학, 예술 건설을 위한 과업, 근로자들에 대한 공산주의 교양을 강력히 전개하는 투쟁을 전개하였다. 이 시기 연극 예술 창조의 주제적 방향은 두 가지로 확연히 나타났는바 하나는 항일 무장 투쟁의 력사적 현실을 재현하는 것이며 다른 하나는 사회주의 건설의 현실을 재현하는 것이였다. 연극 〈불사조〉, 〈조선의 어머니〉, 〈해바라기〉, 〈조국 산천에 안개 개인다〉, 〈분계선 마을에서〉, 〈인민의 이름으로〉, 〈새 생활의 길에서〉, 〈농민 김 제원〉, 〈리순신 장군〉 등 수다한 작품들이 이 시기에 출현하였다. 실로 이 시기에 우리 연극 무대는 항일 투사들의 형상 창조에서 비약적 성과를 달성하였다. (3) 1960년 11월~1961년 9월. 력사적인 11월 27일 교시를 접수하고 천리마 기수의 형상 창조에서 새로운 높이에로 비약한 시기였다. 이 교시를 관철하는 과정에서 조선 로동당 제4차 대회를 맞이하였으며(1961년 9월) 당의 령도 아래 연극 문화는 계속 상승하였다. 교시를 접수한 후 제4차 당 대회를 전후한 시기까지 불과 1년 남짓한 기간에 유명한 〈붉은 선동원〉을 비롯하여 〈산울림〉, 〈우리는 행복해요〉, 〈두메산 속에 꽃이 핀다〉, 〈태양의 딸〉 등이 창조되였다. 이 시기는 천리마 현실의 극적 반여에서 변모된 새로운 시대적 특질에 상응한 새로운 극작법의 탐구 과정이였다. (…중략…) 새로운 극작법의 탐구 없이는 현대성 구현에서나 특히 당의 붉은 전사이며 우리 시대의 영웅들인 천리마 기수의 전형적 형상을 진실하게 창조할 수 없었다. 이 과정에서 11월 27일 교시는 우리 연극의 빛나는 운명을 결정하였다. 편집부, 「(당을 따라 20년) 천리마 시대와 함께」, 『조선예술』, 1965.10, 40~42쪽.

점이 주목된다. 그 이유는 1960년대 중반까지의 북한 연극 관련 문헌이 국내에 드물기 때문일 것이다. 북한의 대표적 월간 예술잡지인 『조선예술』은 북한 공연에 관한 정보를 다각도에서 제공하지만, 1956년부터 출간된 이 월간지는 국내 북한자료센터에 1967년부터 소장되어 있다. 오히려 해방기 북한 연극은 『문학예술』과 『조선문학』을 통해서 그 실체를 상당부분 가늠할 수 있지만, 1950년대 후반부터 1960년대 중반까지의 북한 연극에 관한 자료는 극히 드문 것이다.

그런데 필자는 연구 과정에서 다행스럽게 이 자료를 획득할 수 있었다. 2009년부터 2013년까지 해외 북한 자료 수집 사업을 통해서 일본 동경의 조선장학회와 하버드 앤칭 도서관에 소장된 1959년부터 1966년까지의 『조선예술』을 상당수 입수하였으며, 이 자료들은 1960년대 북한 연극을 연구하는데 결정적 도움이 된다. 이에 이 글은 1960년대 중반까지 북한 연극의 제작과정에 나타난 천리마 운동의 수용 양상을 분석해보고자 한다. 이 과정에서 천리마 운동 자체의 의미나 천리마 운동과 관련된 정치·경제적 함의는 논외로 한다. 이 글이 초점을 두는 것은 북한의 기록을 빌려 "세계에 자랑하는 대비날론 공장과 황철 2호 용광로를 위시하여 천리마 조선의 기상을 떨친 가지가지의 기적들이 창조되었고 알곡 100만 통 증산의 풍년가가 온 누리에 힘차게 울려 퍼"진 1960년대에,[4] 이 천리마 정신을 북한 연극계가 희곡 창작에서, 극중 인물에서, 장면 구축에서 어떻게 적용하였는가를 밝히는 것이다. 주요 분석대상은 북한 문헌인 『조선중앙년감』이 천리마 정신을 구현한 성과작으로 자평하는 1961년의 〈붉은 선동원〉, 〈산울림〉, 1962년의 〈박길송 청년 돌격대〉, 〈청춘의 활무대〉, 〈지평선〉, 1963년의 〈새살림〉, 1964년의 〈아득령〉이다.[5]

---

4) 편집부, 「권두언 새해 여섯 개 고지 점령을 위한 무대 예술의 당면 예술적 과업」, 『조선예술』, 1962.1, 2쪽.

2. 천리마 정신: 현실체험과 집체창작

천리마 운동과 관련하여 주목할 북한의 문예담론은 단연 1960년 11월 27일 「천리마시대에 맞는 문학예술을 창조하자」라는 제목으로 내려진 김일성의 교시이다.[6] 이외에도 김일성은 1960년대 중반까지 「문화예술총동맹의 임무에 대하여」(1961.3.4), 「우리의 문학예술을 한 계단 더 높이 발전시키자」(1963.10.29), 「혁명적대작을 더 많이 창작하자」(1963.11.5), 「문학예술작품에서의 갈등문제에 대하여」(1964.1.8) 등을 발표한 바 있지만, 1960년 11월 27일 교시는 북한의 표현을 빌리면 문학예술의 "창작 생활에서 근본적인 전변을" 일으켰다.[7] 전변을 일으킨 교시를 보기로 한다.

우리의 문학과 예술은 응당 천리마의 기세로 내달리고 있는 우리 인민의 이 위대한 창조적 생활을 힘있게 형상화하여야 할 것입니다. 우리의 문학과 예술은 천리마시대 사람들의 보람찬 생활과 영웅적투쟁모습을 그려야 하며 그들의 희망과 념원을 뚜렷이 나타내야 할 것입니다.[8]

1958년에 본격화된 천리마운동, 즉 천리를 가는 말과 같이 극대의 생산성 운동에 문학예술계가 앞장서야 한다는 것이다. 이 교시에서 김일성은 '문학예술분야에서 특히 영화예술이 뒤떨어져' 있음을 지적

---

5) 부분적이지만 〈청춘의 활무대〉는 『조선예술』 1962년에, 〈지평선〉은 전 막이 『조선예술』 1963에, 〈붉은 선동원〉은 『우리나라청년들』, 평양: 조선작가동맹출판사, 1957에 실려 있다.

6) 김일성, 「천리마시대에 맞는 문학예술을 창조하자: 작가, 작곡가, 영화부문일군들과 한 담화」, 1960.11.27, 『김일성저작집』 14, 평양: 조선로동당출판사, 1981.

7) 김일성, 「(권두언) 남조선에 대한 미제의 흉포한 침략 정책을 철저히 분쇄하자!」, 『조선예술』, 1961.6, 10쪽.

8) 김일성, 「천리마시대에 맞는 문학예술을 창조하자」.

10장 천리마 운동과 연극제작　285

하며 영화에서는 볼만한 영웅적 노동자·농민이 없다고 불만을 표했다. 그렇다면 김일성은 주인공의 직업을 이미 암시해준 것이다. 구체적인 모습이 어떠하든 기본적으로 생산성의 극대화에 앞장서는 농민과 노동자가 무대의 주인공이 되어야 한다. 김일성은 더 나가 같은 글에서 연애하는 장면이 나올 경우에라도 "련애를 위한 련애를 그려서는" 안 되고, "개인적인 향락에만 몰두하는 퇴폐적인 련애를 쳐야 하며 사회주의 건설의 위대한 목표를 향하여 서로 돕고 이끌면서 투쟁하는 새형의 청년남녀들의 고상하고 아름다운 사랑을 모범으로" 내세워야 한다고 강조했다. 목표를 향해 투쟁하는 인물의 무대 등장이 재차 확인된다. 그런데 연이어 작가와 예술가들의 문제점을 지적하는 다음 글이 주목된다.

> 문학예술부문의 사업에서 주요한 결함은 첫째로 작가, 예술인들이 아직도 당정책을 깊이 체득하지 못하고 있는 것이며, 둘째로는 작가, 예술인들이 인민들의 생활속에 깊이 들어가지 못하고 있는 것이며, 셋째로는 이 부문에 대한 조직지도사업이 잘되지 않고 있다는 것입니다.9)

김일성은 작가와 예술인들이 대중의 생활 속에 깊이 들어가야 함을 강조한다. "실생활을 생동하게, 심도있게 그려낸 사실주의적 문예작품만이 사람들의 심금을 울릴 수" 있기 때문이라는 것이다.10) 이 교시는 창작 과정에 반영되었다. "작가, 예술인들이 평양에만 앉아 있어서는 아무 것도 나올 것이 없"으며, "사람을 흥분시키는 생활과 투쟁은 공장에 가야 볼 수 있으며 농촌에 가야 체험할 수 있"으므로, "로동자, 농민들과 늘 접촉하고 그들의 생활 속에 깊이 들어가야 현실을 잘

---

9) 위의 글, 452쪽.
10) 위의 글, 454쪽.

알 수 있다"는 강령은 어떤 방식으로든 연극인들의 현장체험을 필수적으로 요구한다.11) 현장 체험과 연극 제작과의 연결성이 짐작되는데 김일성의 다음 글은 이 짐작을 확신으로 바꾸어 준다.

> 오늘 우리의 작가, 예술인들이 공장이나 농촌에 내려가 특별히 관심을 돌려야 할 것은 새형의 인간들을 찾아내고 그들의 생활을 구체적으로 잘 연구하는 것입니다. 만일 우리 작가들이 한사람의 천리마기수의 행복하고 보람찬 생활을 잘 그려낸다면 그것은 수천수만의 근로자들을 교양하는 좋은 자료로 될 수 있습니다.12)

김일성은 현실의 인물을 찾아서 그 인물의 생활을 구체적으로 잘 연구하라고 강조한다. 현실에 존재하는 인간의 생활을 그려내는 것이 문학예술인들의 임무라는 것이다. 그렇다면 작가들은 현실의 인물을 소재로 극작에 임하고, 배우들은 현장에 내려가 현실의 인물을 관찰하고 인물구축에 반영했을 것이다. 김일성의 새로운 인간형인 '그들의 생활을 구체적으로 잘 연구'하고 '천리마기수의 생활을 잘 그려'내라는 강령은 극작과 인물에 대한 교시이기 때문이다. 그런데 흥미로운 것은 이와 더불어 협력을 강조하는 분위기가 포착된다는 점이다. 1961년 3월 4일에 발표된 「문화예술총동맹의 임무에 대하여: 조선문학예술총동맹 중앙위원회 집행위원들 앞에서 한 연설」을 보기로 한다.

> 일부 문학예술인들속에서 아직도 남을 시기하고 질투하는 현상이 없어지지 않고 있는데 이 것은 낡은 사상 잔재의 표현입니다. 우리나라의

---

11) 위의 글, 454~455쪽.
12) 위의 글, 454~455쪽.

모든 예술인들이 다 훌륭한 무용가가되고 음악가가 되면 좋은 일이지 결코 나쁠 것이 없습니다. (…중략…)

문예총중앙위원회 집행위원회에서는 문화예술작품들을 집체적으로 토의하여야 하며 작품들에 대한 대중의 의견도 적극 받아들여야 합니다.[13]

김일성은 이같이 문학 예술인들이 서로 시기하고 질투하는 현상이 없어지지 않고 있다고 하며 그것은 낡은 사상일 뿐이라고 단언한다. 그는 더 나가 단체적으로 작품에 대해 토론해야 하며 관객의 의견도 적극적으로 받아들여야 한다고 강변한다. 김일성의 주장을 요약하면 창작인들은 북한의 용어로 '집체'로, 남한의 용어로 '공동'으로 창작에 임해야 하는 것이다. 그렇다면 이 창작방식은 작품의 제작 과정에서 어떻게 적용되었을까? 북한에서 1960년대에 공동창작이 이루어졌을까? 이루어졌다면 어떤 방식이었을까?

3. 무대화 과정에서의 적용양상

3.1. 희곡의 공동창작

북한은 『조선중앙년감』을 통해서 그 전해의 주요 공연 작품을 기록하는데 1961년의 성과작을 기록한 1962년의 『조선중앙년감』에서 미세한 변화가 감지된다.[14] 1961년 대표작으로 〈붉은 선동원〉, 〈태양의

---

13) 김일성, 「문화예술총동맹의 임무에 대하여: 조선문학예술총동맹 중앙위원회 집행위원들 앞에서 한 연설」(1961.3.4), 『김일성저작집』 15, 평양: 조선로동당출판사, 1981, 45~46쪽.
14) 『조선중앙년감』은 북한에세 매해 발행하는 연간물로써 사회문화 분야에서 문학/영화/연극/음악/미술 등에 관련된 그 전해의 성과작을 기록한다.

딸), 〈산울림〉을 각각 국립연극극장 상연, 함흥연극극장 및 각 극장상
연, 강원도립극장을 비롯한 전국 각 극장들 상연이라고 언급할 뿐
작·연출에 대해서는 기록하지 않기 때문이다.[15] 작·연출을 언급하지
않는 것이 북한의 관행일 수도 있지만, 1960년의 대표작 13편에 대해
서는 작·연출을 꼼꼼히 기재하기에 관행으로 보는 것은 무리가 있다.
1963년의 기록 방식도 1962년과 동일하다. 북한은 1962년의 대표작으
로 〈청춘의 활무대〉, 〈청년시절〉, 〈연암 박지원〉을 들며 각 작품의
의미를 상찬하면서 작·연출을 기록하지 않는다. 그 이유는 무엇일까?
다음 〈박길송 청년 돌격대〉의 창작 과정에 대한 글은 이 의문을 푸는
실마리가 된다.

배우들은 만년산의 영웅들에 대한 연극의 창작 계획을 세워 가지고
있었지만 대담하게 돌격대 대장 김형선 동무와 선동원 김 완영 동무에
게 그 계획을 세워 줄 것을 제의했다.
　두 동무는 장면들과 막 설정, 그리고 역 인물들에 이르기까지 자기들
의 의견을 토로하엿다. 집단은 처음부터 이를 절대 존중시하였다. 현재
연극의 구성은 그들의 발기에 기초하고 있다.
　배우들은 한 막이 떨어지면 먼저 돌격대원들의 현장으로 달려갔다.
그리고 갱 속에서, 그들 앞에서 원고를 읽었다. 돌격대원들은 자기들과
같이 로동복을 입고 가슴에 '박 길송 청년 돌격대'라는 붉은 표식까지
단 로동자-배우들을 포옹하였으며 솔직한 의견을 주었다.[16]

---

15) 북한은 〈붉은 선동원〉을 "당이 제기한 알곡 증산의 과업을 수행하기 위하여 선동원 리
　선자가 낡은 사상에서 벗어나지 못한 중농, 보수주의자, 건달 군들을 얼마나 인내성 있게
　교양하여 목적을 달성하는가에 대해서 이야기되고 있으며 또한 리 선자의 당적 충실성,
　공산주의적 자각성, 로동에 대한 드높은 열의가 묘사되고 있다."로, 〈산울림〉을 "당이 주는
　임무에는 충실하나 적은 성과에 도취되어 자기 자만에 빠진 신간 지대의 한 관리 위원장의
　희극적 성격을 경희극적 수법으로 처리하여 우리 시대 희극 발전을 위하여 기여한 작품"으
　로 설명한다. 『조선중앙년감』, 평양: 조선중앙통신사, 1962.

〈박길송 청년 돌격대〉의 창작집단은 전문 극작가를 세우지 않았다. 그들은 내부적으로 일정부분 초안은 갖고 있었지만 비전문가인 돌격대 대장 김형선과 선동원 김완영에게 장면구성을 의뢰했다. 이후 장면의 윤곽이 잡힐 때 창작집단은 그 장면을 갱 속에서 노동중인 돌격대(노동자) 앞에서 읽고, 돌격대원들은 이러저러한 의견을 제시했다. 노동자와의 소박한 공동창작이 실현된 것이다. 이 방식은 〈박길송 청년 돌격대〉의 경우에만 해당되지 않는다. 다음 〈새살림〉의 창작과정을 보기로 한다.

"후에 방조를 받는 한이 있더라도 우리의 힘으로 해보자!" 집단은 결의를 단단히 다졌다. 현지에 나갔던 창작조 성원들이 총장을 중심해서 모여 앉아 프로트를 만들기 시작했다. (⋯중략⋯) 처음엔 리 오나호 동무를 창작조 성원들의 의견을 기록하는 창작 서기 격으로 정했다. 그러나 그 후에 그들은 이 서기가 단독으로도 창작조 성원들의 의견을 반영한 프로트를 만들어 낼 수 있다고 인정하게 되었다. 그리하여 그를 주필 격으로 정하고 그에게 프로트 작성 책임을 지웠다. 초보적인 프로트가 되었다. 이 무렵에 극단은 극작가 리 동춘과 작품의 문제성에 대해서 의견을 교환할 수 있는 기회를 얻었다.[17]

〈새살림〉의 극작과정에서도 공동창작의 방식이 감지된다. 〈새살림〉의 단원들은 현장에 나간 후 돌아와서 모두 모여 플롯을 만들기 시작했다. 그 과정에서 처음에 리완호가 의논된 것들을 기록하는 서기를 맡는다. 이후 리완호는 주필로 정해졌고 그는 초보적인 장면을 완성하는데, 윤곽이 잡히면 전문 극작가인 리동춘에게 다시 희곡을

---

16) 김용완, 「집단적 현실 침투와 창조」, 『조선예술』, 1962.1, 12쪽.

17) 장영구, 「생활과 연극 창조」, 『조선예술』, 1964.1, 16쪽.

보여주고 조언을 들으며 수정하는 방식이었다. 〈박길송 청년 돌격대〉에 비하면 조금 더 전문가의 손길을 허용한 것으로 보이지만, '공동창작'이라는 방식은 동일하다. 그렇다면 희곡의 공동창작이 연극계에 새로운 창작방법으로 통용된 것일까? 기성 작가가 존재하는 극단에서는 이 같은 방식이 어떻게 적용되었을까? 북한 연극계에서 지명도 있는 극작가와 관련된 자료가 필요한데, 다행히 조백령에 관한 글이 발견된다.

> 집단은 초고의 완성을 위해서 연출가를 중심한 창작 그루빠를 현지에 파견했다. 그런데 현지에서 돌아 온 그루빠는 작가에게 수정해야 할 일련의 중요한 의견을 제기했다. (…중략…) 작가는 집단의 의견에 따라서 일부 장면들과 인물들을 삭제하고 정리하면서 둘째 번 대본을 만들었다. 그러나 연출가는 둘째 번 대본 역시 대폭적으로 수정해 줄 것을 요구했다. (…중략…) 작가는 매우 당황했다. 작가는 자기의 창작 수기에서도 말하고 있는 바와 같이 그러한 작업에 익숙하지 못했었기 때문이다.[18]

조백령은 현장에 나간 단원들이 돌아와서 현장의 실상을 말하고 수정을 요구하는 새로운 방식에 익숙하지 못했던 것으로 보인다. 그러나 조백령은 이들의 요구에 따라, 정확히 말하면 김일성의 강령에 따라 공동창작을 위해 장면과 인물을 수정하려 노력했다. "작품을 4회에 걸쳐서 대폭 수정하게 되었으며 결국 6월 말에 가서 일단 작품의 완성을 보았다"면[19] 기성작가 역시 희곡의 공동창작에 적극적으

---

18) 장영구, 「성과작은 이렇게 탄생하였다: 연극 〈붉은 선동원〉 창조 과정을 중심으로」, 『조선예술』, 1962.1, 20쪽.

19) 안동학, 「연극 〈붉은 선동원〉 창조 수기: 연출 집단 작업을 중심으로」, 『조선예술』, 1962.11, 16쪽.

로 참가했음이 분명하다. 김일성의 교시에 따라 "현실 체험 사업을 광범히 조직하여 창작에서 대중들의 집체적 지혜를 백방으로 발양"하기 위해서이다.[20] 맹심에 의하면 이 모든 것은 김일성이 "1960년 11월 27일 교시에서 천리마 시대를 반영하며 천리마 기수들의 전형을 창조할 데 대하여 말씀하시면서 대중의 지혜를 창작에 적극 인입할 데 대하여 강조"했기 때문이다. 맹심의 정리와 같이 1960년대 북한의 연극 제작에 나타난 특성의 하나는 "집체적 창작"이었다.[21]

그렇다면 이 같은 공동창작에 문제점은 없었을까? 남한에서도 공동창작을 시도할 경우 인물의 일관성이나 주제의 혼선으로 어려움이 발생한다. 또한 전문 극작가가 부재할 경우, 희곡의 완성에 있어서 많은 시간을 할애해야 하는 비생산적 상황도 발생한다. 흥미로운 것은 이 같은 문제점이 북한에서도 발생했으며 그에 대한 자성이 제기되었다는 점이다. 정리일은 공동창작의 문제점을 다음과 같이 말한다.

극의 씨앗도 발견하지 못 한 채 희곡을 집체적으로 쓰는 것, 연출 계획도 갖지 못 한 채 배우와의 작업에서 강요하는 것, 집체적으로 연출하다고 하면서 여러 사람들이 련습장에서 즉흥적으로 배우와의 작업을 하는 것 등이 그러한 무원칙한 집체 창작의 표징이었다.[22]

정리일은 극의 주제도 분명하지 않은 상태에서 희곡의 공동창작이나 공동연출은 원칙이 없는 무책임한 방식이라고 지적한다. 연출가가

---

20) 박웅걸, 「(요지) 거대한 성과, 긴요한 사업: 8.15 해방 17주년 연극 부문 예술 축전 총화보고」, 『조선예술』, 1963.1, 13쪽.
21) 맹심, 「(창조경험) 우리 시대 연출가와 그의 작업 연극은 대중이 창조한다: 〈습격〉 연출 후기」, 『조선예술』, 1963.4, 13~14쪽.
22) 정리일, 「(우리 시대 연출가와 그의 작업) 연출가의 위치와 역할 문제」, 『조선예술』, 1963.5, 4쪽.

공동창작이라는 이름으로 어떤 준비도 없이 배우와 작업하고 배우에게 아이디어를 강요하는 것은 문제라는 것이다. 이듬해 한웅 역시 공동창작에서 비롯된 비생산적 토론을 비난한다. 그는 연출 역할의 과소평가를 안타까워하며 공동창작이라는 이름으로 내어놓는 논쟁에 대해 "자기의 연출적 제안들을 정당화하기 위한 고집스러운 의견들의 충돌로 되고 있으며 그 중에는 심지어 창조와는 하등의 관련도 없는 사변적인 것들도" 많은데, "이렇게 되다 보니 연출 작업은 방향이 없이 되며 시간은 무제한으로 흐르고 론쟁은 끝이 없게" 되어 "시간의 촉박을 느끼게 될 때에야 비로소 다수결에 의거하거나 지도부의 조치에 의하여 부랴부랴 창조를 다그치게 되는바 기실 이러한 연출 작업의 결과가 무엇을 낳을 것인가에 대해서는 구태여 말할 필요가 없는 것"이라 주상한다.[23] 김일성 교시로 시작된 공동창작이지만 실천에 있어서는 연극인들이 객관적으로 문제점을 직시한 것이다. 그러나 공동창작의 문제점이 부각된 것은 1963년 이후이기에 적어도 그 전까지 공동창작은 새로운 방식으로 그 의미를 과시했다. 연극인 동맹이 개최한 1963년의 좌담회에서 내려진 "집체 창작—그 자체가 공산주의적 창조 방법"이며, 그에 따라 "엄격한 공산주의적 륜리—도덕과 사상—감정이 작용해야 된다는"[24] 주장은 이를 잘 말해준다. 또한 문화상 박웅걸의 다음 글도 공동창작이 1960년대 초반 하나의 방법론으로 굳혀졌음을 입증한다.

그들은 창조 과정에서 처음부터 완성 단계에 이르기까지 현실 속에 있는 원형들과의 긴밀한 련계와 생활을 같이 함으로써 현실에 대한 지식과 무궁무진한 창조적 원천을 탐구해 내였던 것이다. 뿐만 아니라 근

---

23) 한웅, 「(평론) 연출 예술에서의 집체 창작 문제」, 『조선예술』, 1964.10, 2쪽.
24) 「(좌담회) 무대예술의 풍만한 결실을 위하여」, 『조선예술』, 1963.1.

로하는 사람들과 예술인들 간에는 배워 주며 배우는 호상 관계가 강화되었으며 예술인들 호상 간에도 고상한 동지적 관계가 수립됨으로써 창조에서 공산주의적 론리가 확립되어 가고 있다.[25]

천리마 정신을 문학예술에서 구현하라는 김일성의 교시는 북한에서 무엇보다 서로 돕는 공산주의적 윤리의 실천이기에 공산주의적 창조 방법이었다. 이 같은 공동창작이 1960년대에만 발견되는 것은 아니다. 1970년에 들어서면 북한의 혁명연극은 모두 '집체창작'으로 분류되기 때문이다. 그러나 중요한 차이점이 있다. 1970년대의 '집체창작'은 당이 희곡을 연극인들에게 내려주었다는 의미에서 희곡의 공동창작이다. 1960년대에는 희곡 자체를 연극인들과 일반인들이 공동으로 창작하였다는 의미에서 '공동창작'인 것이다. 창조과정에서 연극인들은 '하나는 전체를 위하여, 전체는 하나를 위하여'라는 천리마 구호를 적용하여 "'연출가는 배우를 위하여, 배우는 연출가를 위하여'라든가 '상대역을 위하여'라는 구호하에 전체적 형상적 리익에 개인을 복종"시켰고 "출근부의 자체 기입, 동자를 아끼는 미담들, 인민반 생활에서의 모범적인 생활 모습들, '무대 기록장'을 운영하면서 동지들의 결함을 시정해 주거나 자체의 결함을 자체로 비판 시정"했다.[26] 그리고 이 집단성 강조 정신은 창작의 구체적 과정에서 희곡의 공동창작을 가져와 북한의 자랑을 옮기면 "극작술을 새롭게 개척"한 획기적 사건이었다.[27]

25) 문화상 박웅걸, 「(요지) 거대한 성과, 긴요한 사업: 8.15 해방 17주년 연극 부문 예술 축전 총화보고」, 11쪽.
26) 장영구, 「함흥 연극 극장의 김 진연 천리마 작업반」, 『조선예술』, 1961.6, 41쪽.
27) 「천리마 시대와 우리예술: 위대한 생활력, 진실한 체험」, 『조선예술』, 1962.11, 10쪽.

3.2. 당성과 기술성 겸비의 인물

김일성은 "시대의 영웅인 천리마 기수들의 전형을 창조하는 것이 무엇보다 중요"하다고 역설한 바 있는데,[28] 이것은 연극계가 수용해야 할 등장인물과 주인공에 연결된다. 요약하면 '공산주의적 새인간'이라 하겠다. 그렇다면 공산주의적 새 인간은 구체적으로 어떤 인물일까? 먼저 〈붉은 선동원〉을 보기로 한다. 〈붉은 선동원〉은 희곡으로 주인공의 직접 확인이 가능하다. 희곡에 나타난 주인공 리선자는 완벽에 가까운 인물이다. 그는 모든 일에 솔선수범하며, 성격이 까다로운 이웃의 복선을 딸 이상으로 따뜻이 챙겨주며, 부당한 일에는 조금도 주저하지 않고 옳은 의견을 피력한다. 물론 희곡과 공연의 주인공은 다를 수 있지만 다음의 글은 희곡과 무대의 리선자가 동일했음을 잘 말해준다.

연극 〈붉은 선동원〉은 리 선자의 고귀한 성격을 창조함으로써 현대인들의 미학적 욕구에 보답하였다. 연극은 복선, 진오, 관필을 개조하는 과정에서 주인공의 계속 전진, 계속 혁신하는 사상을 보여 주었을 뿐만 아니라 그의 혁명적 락관성, 불굴의 의지를 인간에 대한 지극한 사랑을 통하여 구가하였다. 그러므로 이 연극이 대중을 투쟁으로 불러 일으키며 숭고한 혁명 정신과 공산주의적 도덕 품성으로 교양하는 것은 결코 우연한 것이 아니다.[29]

---

28) 박웅걸, 「(요지) 거대한 성과, 긴요한 사업: 8.15 해방 17주년 연극 부문 예술 축전 총화보고」, 8쪽.

29) 강성만, 「3월 11일 교시 실천을 위하여: 예술적 혁신성과 현대성의 제문제」, 『조선예술』, 1963.3, 3쪽.

주인공 리선자는 희곡에서와 동일하게 주변인물을 긍정적으로 변화시키는 인물이었다. 또한 주변인에 대한 '지극한 사랑'을 유지하기에 김일성이 강조하는 공산주의적 도덕성을 소유했고, 김일성은 극중 인물 리선자에게 대단한 만족을 표했다. 김일성은 연극이 "중농도 상공업자도 건달'군도 그 누구를 막론하고 개조할 수 있다는 것을 보여주고" 있으며 "말은 적고 내용이 깊으며 공산주의 내용이 풍부하고 감동적"이라고 칭송하고 "연극은 바로 이런 식으로 써야 한다"고까지 극찬을 아끼지 않았다.[30] 김일성이 초점을 둔 것은 리선자의 당성, 즉 당의 교시를 철저히 수행하고 확대하는 측면이다. 천리마 운동이 한참 진행되던 당시에 높은 당성을 갖춘 인물은 절대적으로 필요했던 것이다. 흡족한 김일성은 연극 〈붉은 선동원〉을 관람한 후에 "농촌에 대한 형상은 해결되였으니 인제는 로동계급 주제의 작품을 성과적으로 창조"하라고 지시했다.[31] 노동자를 주인공으로 하라는 김일성의 지시에 물론 연극계는 민감히 반응했다. 1962년 연극 부문 축전에서 노동 계급 주제의 〈지평선〉, 경희극 〈청춘의 활무대〉 등이 선보였음은 교시 실천에 대한 연극계의 신속함을 잘 말해준다.

〈지평선〉은 1961년 12월 숙천군에서 김일성이 내린 교시를 관철하기 위해 10만 톤 군 창조 운동에 궐기한 농기계 작업소 일군들의 투쟁을 형상한 작품이다. 〈지평선〉의 주인공 강춘식은 리선자와 같이 투지와 인간애를 겸비한 인물인데, 그는 당성에 있어서 결코 리선자에 뒤떨어지지 않는다.

창작가들은 중대장을 긍정 인물의 대표자로 그리면서 난관과 애로 앞에서 신중히 생각하고 타개할 방도를 찾으며 군중의 지혜에 의거해서

30) 박영신, 「(론설) 김일성 원수의 현지 교시와 우리 극장」, 『조선예술』, 1962.1, 9~10쪽.
31) 「(좌담회) 무대예술의 풍만한 결실을 위하여」, 『조선예술』, 1963.1, 3쪽.

모든 난관을 뚫고 나가는, 다시 말하면 당 정책 관철을 위한 투쟁 행정에서 성장해 나가는 인물로 묘사했으며 부정선의 대표자인 소대장을 통해서는 공명심과 낡은 작풍을 소유한 관료주의자로 그리면서도 그 자신 시대에 따라가 지 못하는 자기의 결함을 자각할 줄 알며 그를 고치여 나갈 줄 아는 인간으로 그리었다.[32]

남포 연극 극장이 창조한 연극 〈지평선〉은 김일성 동지의 숙천 교시를 받들고 농촌에서의 기술 혁명의 촉진과 로농 동맹의 강화를 위하여 투쟁하는 농촌 기계화 선구자들—농기계 작업소 로동자들의 생활을 처음으로 형상한 성과작인바 중대작 강 춘식의 형상을 통하여 오늘의 로동 계급의 전형적 특성을 훌륭히 살리고 있다.[33]

희곡에서와 같이 공연에서 〈지평선〉의 주인공 강춘식은 김일성의 숙천 교시를 받들고 농기계 작업소와 관련하여 당적 과업을 실천하기 위하여 온갖 성의와 모든 심혈을 기울이는 노동자이다. 그 과정에서 소대장과 부딪히지만 동료와의 부대낌은 높은 당성 앞에서는 사라질 갈등일 뿐이다. 당의 명령에 헌신하는 정신이 이같이 주인공의 필수 조건임은 〈청춘의 활무대〉에서도 확인된다. 어촌이 배경인 〈청춘의 활무대〉는 어로 작업의 기계화를 위한 투쟁에서 발생하는 문제들을 웃음으로 극복하는 청년 어로공들의 생활을 보여준다. 또한 〈박길송 청년 돌격대〉의 주요인물 역시 유사해 보인다. 〈박 길송 청년 돌격대〉는 희곡을 발견할 수 없는바, 관평을 통해 주인공의 모습을 유추해 보기로 한다.

---

32) 박웅걸, 「(요지) 거대한 성과, 긴요한 사업: 8.15 해방 17주년 연극 부문 예술 축전 총화보고」, 9쪽.
33) 권택무, 「(론설) 로동 계급의 보다 훌륭한 형상화를 위하여」, 『조선예술』, 1963.1, 14쪽.

연극 〈박 길송 청년 돌격대〉는 천리마 기수들의 강의한 혁명적 투지력을 수직갱 건설에 나선 탄광 청년 로동자들의 투쟁을 통하여 묘사하고 있다. 작가는 당의 호소를 받들고 모든 어려운 고비를 이겨 내며 투쟁하는 청년 돌격대원들의 성격을 창조하면서 그들이 이 고난을 어떠한 영웅적인 로력과 투쟁 속에서 어떠한 불굴의 투지를 가지고 극복하는가 하는 것을 부각하고 있다. 특히 동발 사건을 중심으로 하여 벌어지는 청년 돌격대원들의 자기 희생적인 투쟁 장면은 우리 시대 인간들의 장엄한 투지를 노래하는 좋은 화폭으로 되었다. 그러므로 이러한 화폭들이 우리 시대 인간들을 영웅적인 투쟁에로 고무하는 것이 우연하지 않다.[34]

〈박 길송 청년 돌격대〉는 희곡으로 확인할 수 없지만, 강성만의 글을 보면 수직갱을 건설하는 탄광의 젊은 청년 노동자가 주요 인물임을 알 수 있다. 이 청년들은 앞장서서 일한다는 의미에서 돌격대로 불리는데, 그들은 리선자·강춘식같이 어떤 어려움 속에서도 불굴의 투지를 고수한다. 뿐만 아니라 모두 자기희생적인 정신을 소유한다. 천리마 정신을 이어받은 작품들의 주인공은 모두 완벽한 인물에 가까운 것이다. 그런데 1962년 작품인 〈지평선〉에서는 미세하지만 추가된 인물의 조건이 발견된다. 희곡 〈지평선〉의 한 장면을 보기로 한다.

춘식: (도면 한 곳을 치며) 이게 골치거리거든.…나두 좀 생각해 봤는데…벼포기가 물써레 바퀴에 상하지 않도록 하자면 바퀴 좌우에 살을 달면 해결될 것 같기도 하구…가만 오늘 내 한 번 더 생각해 볼게 이 도면을 좀 주오…

---

34) 강성만, 「3월 11일 교시 실천을 위하여: 예술적 혁신성과 현대성의 제문제」, 『조선예술』, 4쪽.

춘식: (정열적으로) 요 부분이 해결하지 못 해서 그러는데요, 여기다 철
　　　판을 가로 달고 그 끝이 땅에 박히지 않도록 하구 그렇게 되면
　　　좁은 이랑을 타고 나갈 것 같구…그러면 벼포기가 아무리 무성해
　　　도 망개지 않을 수 있지 않을가요? 어떻소?

춘식: (도면을 말며) 어쨌든 완성 시키고야 말 터이니 두고 보우! 이게
　　　되기만 하면 기계로 논을 갈고 기계로 수직파를 하고 기계로 김을
　　　매고 기계로 수확을 할 수 있찌 않소! 그런데 이게 걸리거든!
　　　참…35)

　이 장면에서 주인공 강춘식은 기술을 소유한 인물로 나타난다. 〈붉
은 선동원〉의 리선자가 당성이 보다 강조된 반면, 강춘식은 도면을
보며 논을 기계로 갈기 위해 자신의 기술을 구체적으로 적용한다.
미세한 변화이지만 당성뿐 아니라 기술성을 겸비한 인물의 출현이
분명 감지되는 것이다. 그렇다면 당성 이외에 기술과 관련된 어떤
조건이 정책적으로 주인공에게 추가된 것일까? 권택무의 다음 글은
이에 대한 단서를 제공하기에 주목을 요한다.

　다음으로 우리 로동 계급을 당성과 기술을 겸비한 전형으로 형상하는
문제가 중요하다. (…중략…) 그러므로 우리 연극은 이러한 로동 계급을
전형화하여야 한다. (…중략…) 연극 〈지평선〉의 주요한 성과의 하나는
이 문제를 옳게 처리하고 있는 점이다.
　중대장 강 춘식은 당성이 강하고 원칙성이 있을 뿐만 아니라 기술을
소유하고 있으므로 중대 내 소대들을 당적 과업 수행에로 정확하게 동

---

35) 「희곡 지평선」, 『조선예술』, 1963.2, 36쪽.

원할 줄 알며 기술적으로 지도할 줄 안다. 그는 소대장이 감이 나지 않는다는 구실로 해안틀에서 뜨락또르를 딴 데로 돌렸을 때 그 잘못을 단언 바로잡았으며 소대 내의 일련의 기술 문제들을 직접 풀어 주고 지도해 준다. 그는 앞날을 멀리 내다보면서 기술 문제를 풀어 나가는바 50일 전투의 긴장된 시각에로 문섭이로 하여금 제초기를 창안케 하며 영준이의 대학 입학을 위해 성의 있는 노력을 다한다.[36]

권택무는 이같이 노동 계급을 묘사할 경우 당성 이외에 기술성을 강조한다. 그는 〈지평선〉이 이러한 문제를 올바르게 처리하는 성과를 올렸다고 상찬한다. 강춘식은 소대들을 기술적으로 지도하며, 주변인 물에게도 제초기를 완성하게 하여 기술성의 확대를 실현하는 것이다. 물론 〈지평선〉의 주인공 강춘식도 천리마의 대표작 〈붉은 선동원〉의 리선자와 같이 어떤 어려움에도 굴하지 않는 노동 투사이다. 그런데 강춘식은 당성, 즉 당의 명령에 철저히 헌신하는 덕성 이외에도 실무적 측면에서 뛰어난 인물이다. 흥미로운 것은 같은 글에서 권택무는 기술성이 추가된 이유를 김일성에게서 찾는다는 점이다. 김일성이 제4차 당 대회 보고에서 "사회주의적 공업화를 실시하며 인민 경제 모든 분야에서 기술 혁명을 전면적으로 실시하여야 할 과업이 7개년 계획에서 가장 중심적인 문제"라고 역설했고[37] 〈지평선〉은 그 교시에 충실했다는 것이다. 실상 기술성이 천리마 관련 작품에 나타난 주인공의 보편적 조건임을 확인하기 위해서는 모든 희곡을 탐색해야 하지만, 이 작업 자체는 접근의 한계라는 북한 자료의 특수성으로 불가능하다. 그러나 "우리 시대의 새 인간을 그린다는 그 자체가 세계를 경탄시키는 우리 당의 총 로선-천리마 운동을 구가하는 것으로

---

36) 권택무, 「(론설) 로동 계급의 보다 훌륭한 형상화를 위하여」, 14쪽.
37) 위의 글, 14쪽.

되며 그것은 천리마 기수들의 용기찬 노래로 되며 그것은 곧 7개년 계획의 승리적 진군의 박차로 되기 때문"에 김일성이 "예술인들의 창작적 위대성은 하나의 새로운 인간 전형을 통하여 수 많은 영웅을 낳게 하는데 있다고 하"였다는 글을 볼 때,[38] 당시에 절실했던 기술의 혁신, 기술 혁신에 앞장서는 모범 인물이 무대에서 무엇보다 필요했음은 충분히 짐작할 수 있다. 모범 인물을 통해 노동 헌신자를 재생산하여 산업 생산성의 극대화를 도모하는 북한의 정치적 상황을 고려할 때, 무대에서 당성이라는 기본 조건에 기술성이 추가된 현상은 필연적이다.[39]

3.3. 원형을 통한 인물·대사·장면 창조

예술인들이 현실을 알아야 한다는 김일성의 교시는 살펴본 바와 같이 실천으로 옮겨졌다. 1960년 창작된 〈우리는 행복해요〉에의 창작 방식을 보면 실제로 현장체험은 1960년 11월 27일 교시 이전부터 실행되어 왔음을 알 수 있다. 황철은 〈우리는 행복해요〉의 주인공 길확실 역으로 출연한 엄미화를 "예리한 감각과 풍부한 상상력을 소유한 재능 있는 배우"로 극찬하며, 연극 창작에 앞서 창조반 전원이 현지에 나갔을 때 엄미화가 "로력 영웅 길 확실 동무의 사업 방법과 작풍을 연구하였으며 그와 함께 생활하는 사이에 점점 연극의 본보기인 진짜

---

38) 「천리마 시대와 우리 무대예술: 위대한 생활력, 진실한 체험」, 『조선예술』, 1962.11, 7쪽.
39) 기술성을 겸비한 인물이 1960년대 중반 이후에도 주인공의 조건이었는지를 단정하는 것은 불가능하다. 1960년대 중반 이후의 북한희곡 자체가 남한에 드물기 때문이다. 또한 1967년 갑산파 숙청 이후, 연극계는 잠시 소강상태에 들어간다. 김정일이 본격적으로 문학예술에 개입하면서 가극혁명을 일으켰기 때문이다. 1978년 〈성황당〉을 기점으로 다시 연극계의 공연이 활발해졌지만, 5대 혁명연극은 1920~1930년을 배경으로 하기에, 등장인물은 하나로 규정할 수 없이 다양해졌다. 다만 1967년 갑산파 숙청 이전까지 북한의 경제정책을 고려할 때, 기술성을 겸비한 인물이, 주인공의 주요한 요건 중 하나였을 것이라 추측된다.

길확실 동무를 닮아가기 시작"한 점을 고평했다.[40] 북한 배우들은 실제 인물과 같이 생활하면서 그를 관찰하고 배웠던 것이다. 그렇다면 연극인들은 현장에 나가서 구체적으로 원형인물의 무엇을 창작에 적용했을까? 먼저 〈붉은 선동원〉에서 리선자 역을 담당한 한정숙의 현장체험을 살펴보기로 한다.

> 리 선자 역을 담당했던 한 정숙… 배우는 평상시에 쏠쏠하다는 평가를 받아 왔다. 그러나 원형과 침식을 같이하는 착실한 현실 체험은 그로 하여금 재능 있는 배우라는 평가를 받게 하였던바 그는 억양, 걸음걸이 등 외부적 행동의 세부는 물론 심리 정신 생활까지 원형-역 인물 〈그대로〉 연기했던 것이다.[41]

리선자 역을 담당한 배우 한정숙의 인물창조과정을 간략히 언급한 장영구의 글은 현장체험을 통해 북한 배우들이 구체적으로 무엇을 포착하여 창조에 적응했는지를 보여준다. 북한 배우들의 현장체험은 단기간의 관찰에 그치는 것이 아니라 1개월 이상 모델이 되는 인물과 같이 살면서 자연스럽게 그 인물의 억양·행동 등 외적 특징을 흡수하는 방식이다. 외형적 행동의 흡수는 원형의 사고방식을 내면화하는데 기여했고, 이것은 주연배우에만 한정되지 않았다. 〈붉은 선동원〉에서 당 위원장을 연기한 배우 한동성 역시 실재 인물인 안명규를 관찰하며 인물을 창조했다. 다소 길지만 다음 한동성의 수기는 인물 구축에 관한 구체적 정보를 알려주기에 인용해보기로 한다.

> 나는 과제를 맡은 즉시 8작업반 세포 위원장인 안 명규 동무를 찾아

---

40) 황철, 「(신인 소대) 오늘의 신인들」, 『조선예술』, 1961.6, 34쪽.
41) 장영구, 「함흥 연극 극장의 김 진연 천리마 작업반」, 27쪽.

갔다. 물론 그 전에도 그를 만나기는 했었지만 그의 당 사업과 사업 작품을 전면적으로 리해할 수 있을 정도로 깊이 연구하지 못 했던 내가 하루' 밤 사이에 '당 위원장'이 될 수는 없었다. (…중략…)

그 후 나의 원형과의 작업은 본격적으로 진행되였다. (…중략…)

그와 흉허물 없이 지낼 수 있게 된 나는 그가 어렸을 때는 남의 집 아이 보개로, 소몰이'군으로 전전하면서 눈물겹게 자랐다는 것도 알게 되었다.

해방과 더불어 모진 학대와 고역에서 벗어 난 그는 새 삶의 보람과 행복을 고수하려고 평화적 건설 시기에 벌써 인민 군대에 탄원하여 나갔고 조국 해방 전쟁 때는 원쑤 놈들을 무찔러 영웅적으로 싸운 영예 군인이라는 것도 알게 되었다.

나는 우선 그의 계급적 처지와 사회적 환경을 깊이 리해하는 데로부터 출발하여 그의 사생활, 성격, 언어, 행동, 심리 세계 등을 파기 시작하였다.[42]

배우들이 원형인물과 침식을 같이 하는 이유는 단순한 외적 관찰에 한정되지 않았다. 물리적 시간을 같이 보내면서 원형의 과거에 대해 들으며, 그 인물이 현재에 이른 과정을 자연스럽게 내면화하기 위해서였다. 이는 곧 인물의 자서전 구축에 직접적인 도움이 된다. 자서전 구축은 인물의 외적 모습뿐 아니라 내면세계 구축과 관련되기 때문이다. 복선 역을 맡은 공훈 배우 유경애 역시 원형을 찾아 그와 침식을 같이 하면서 그의 과거 처지를 이해해 나갔다. 〈붉은 선동원〉에서 복선 역을 맡은 배우 유경애는 복선이 개조되어야 할 대상이라는 이유로 처음에 복선을 눈을 부라리고 고래고래 소리를 지르는 인물로

---

42) 한동성, 「(배우 예술과 현대성) 원형과 역의 창조」, 『조선예술』, 1963.10, 33쪽.

형상했다고 한다. 그러나 1개월 정도의 원형과의 생활은 부정적 인물을 표면적으로가 아닌, 입체적으로 구축하는 기회가 된다.

아직 날이 밝기 전이라 사람의 형체가 한 발'자욱만 멀어져도 어둠 속에 묻혀 버리군 했다. 그러나 손더듬으로 열심히 김을 매고 있는데 멀리서 어느 한 녀성 동무가 부르는 노래 소리가 들려 왔다. 그것은 우리 극장 동무의 목소리는 아니였다.

우리들은 노래 부르는 녀동무가 어떻게 생긴 동무일가 하고 생각하였다.

그런데 갑자기 유 경애 동무가 "저게 김(원형)동무가 아니야?!…" 하고 놀란 얼굴을 하는 것이였다. 그리곤 급히 그쪽으로 달려 갔다.

그 쪽에서는 노래 소리가 끊어지더니 녀인들의 말'소리와 함께 웃음 소리가 들려 왔다.

후에 안 일이지만 유 경애 동무는 그 녀인들 속에서 자기의 원형의 개성적 특징을 포착할 수 있었던 둘도 없는 계기를 얻었었다. 그는 바로 자기의 원형이 익살을 잘 부린다는 것, 그리하여 농장원들이 그와 함께 일하면 힘든 줄 모른다는 사실을 구체적으로 파악할 수 있었던 것이다.[43)]

유경애는 희곡에 거칠게만 형상화된 복선을 인물관찰을 통해 다른 각도로 창조한 것이다. 거친 인물로 생각했던 실제의 인물은 노래하기를 즐기며 익살도 잘 부렸고 이를 포착한 유경애는 자신이 연기할 복선에 이 새로운 특성을 적용했다. 결과적으로 복선은 부정적 측면만이 강조된 평면적 인물이 아닌, 익살도 부릴 줄 아는 입체적 인물로 완성된 것이다. 〈붉은 선동원〉이 거대한 성공을 거둔 점, 중국 문화 대표단이 조선을 방문하여 평양에서 국립 연극 극장의 〈붉은 선동원〉

---

43) 강효선, 「류형성은 어데서 오는가?」, 『조선예술』, 1963.10, 38~39쪽.

304

을 감상한 사실은 공연 자체의 완성도를 충분히 입증한다.[44] 또한 주목할 것은 창작 과정에서 배우들은 실재의 원형에서 인물의 내적·외적 형상뿐만 아니라 대사창조를 위한 단서를 얻었다는 점이다. 〈박길송 청년 돌격대〉의 배우 김용완은 다음과 같이 창작과정에서의 일을 회고한다.

> 연극에는 간단하면서도 잊혀지지 않는 장면들이 있다. 례를 들자.
> 옥순: 대장 동지는 어떤 사랑을 하셨나요?
> 형석: 나? 나는 수수한 사랑 밖에 몰라. 그저 만나자마자 "삽시다" 그랬지 뭐.
> 이것은 돌격대장 김 형선 동무의 부인이 써 넣어 준 대사이다. 실제로 항선 동무는 그렇게 사랑을 맺은 것이다
> 작품이 탈고될 때까지 로동자들과 20여 차의 합평회가 있었다. 이는 20여 차의 수정을 의미한다. 배우들은 실제 주인공들이 작품을 감동적으로 접수할 때까지 열 번 스무번이고 심혈을 바쳐 고쳤다. 그것은 말 그대로 결사적이었다.[45]

이같이 현장 체험은 대사 창조와 연결되었다. 김용완에 의하면 북한 연극인들은 대사를 찾기 위해 군중 속으로 들어갔는데 그 접근은 다각도였다. "오랜 노동자 출신의 대사를 위하여 한 사람은 노동자의 가정으로 숙소를 옮기고 그 주인공이 하는 말들을 적고 다듬"었으며, 또 다른 연극인은 "농민 출신의 광부들 속으로" 들어가고, "이렇게 해서 얻어 낸 대사들이 다듬는 과정에 다시 유식한 말들로" 되기도

---

44) 황강, 「동시대인의 빛나는 형상: 조선 문학 예술 창작 사업의 새로운 성과와 발전」, 『조선예술』, 1962.11, 25쪽.
45) 김용완, 「집단적 현실 침투와 창조」, 『조선예술』, 1962.1, 12쪽.

하여 다시 대사 한 마디를 놓고 노동자들을 불러 토의하기도 했다.[46) 다시 정리하면 배우들은 현장에 나가 실제 인물의 대사를 일차적으로 메모하고, 집단토의를 거쳐 대사를 취사선택하면서 최종 대사를 결정한 것이다. 최종 대사와 배우들이 일차적으로 메모한 대사와의 차이는 있었겠지만, 현장의 대사가 무대 대사 창조에 기본이 된 것은 분명하다.

원형과의 생활은 장면구축에도 기여했다. 다음은 〈청춘의 활무대〉에서 연극인들이 현실 인물을 탐구한 기록이다.

> 우리는 취사원 봉녀의 형상도 현실 속에서 직접적으로 탐구했다. 우리는 한 저예망선을 찾아 가서 취사원을 좀 만나자고 청했다. 한 청년이 대답하기를 그 처녀는 몸이 아파서 결근했다는 것이었다. 그 이야기를 옆에서 듣고 있던 한 로파가 "처녀는 요즘 바람이 났어. 날날이 패야"라고 했다. (…중략…) 사실인즉 이 처녀는 영화 〈갈매기호 청년들〉을 보고 바다로 왔는데 다른 배들에서는 문화 오락 사업이 잘 되는데 자기가 탄 배는 그렇지 못한 것이 불만스러워 다른 배로 이동해 보겠다고 했다는 것이었다. 우리는 이 처녀의 청년다운 지향을 충분히 리해할 수 있었다. 그리하여 우리는 취사원 봉녀의 성격을 풍부화할 수 있었다.[47)

연출 정리일은 〈청춘의 활무대〉에 등장하는 취사원 봉녀의 형상을 실제 인물에서 취했다고 회고한다. 실제 인물인 취사원 처녀는 몸이 아파 결근을 했는데, 그 이유가 자신의 배에서는 문화오락 사업이 없었기 때문이었다. 이 사실 하나만으로도 실제 인물인 취사원 처녀

---

46) 위의 글, 13쪽.
47) 정리일, 「경희극 〈청춘의 활무대〉의 연출 과정을 더듬어 보면서」, 『조선예술』, 1962.11, 34~35쪽.

는 상당히 활발한 성격임을 알 수 있다. 그는 결근을 하면서 영화 상영장을 쫓아다니는 인물로 영화의 낭만을 즐기는 평범하고 활달한 처녀였다. 이 원형인물에 대한 현실체험은 그대로 장면 구축에 적용되었다. 연극을 직접 관람한 신창규의 말이다.

> 영화 〈갈매기호 청년들〉을 보고 바다로 뛰여 왔다는 이 처녀에게도 자기의 기막힌 공상과 랑만이 있다. 봉녀도 자기가 할 수 있는 일이라면 모든 것을 다하여 헌신할 수 있는 청춘의 한 성원이라고 생각하기 때문에 현재 하고 있는 일(밥 짓는 일)에 긍지를 느끼며 한시도 따분히 있기를 달가와하지 않는 명랑한 성격을 가진 녀성이다.[48]

신창규의 글과 정리일의 글을 교차해보면 배우들은 현장에 나갔고, 실제 현실에서 일어난 일을 그대로 한 장면에 적응한 것이 확실해진다. 현실의 인물과 같이 극중 인물은 공상과 낭만에 부푼 인물이며, 한시도 따분히 있지 못하는 성격으로 구축된 것이다. 이와 더불어 취사원 봉녀 역을 연기한 배우 김춘자는 취사원을 아주 인상적인 인물로 만들었는데, 그것은 김춘자가 "자기 주위의 모든 것에 깊은 관심을 가지고 대하고 있으며 '뚱뚱한' 체격으로써 '민활하게'" 움직이는 취사원의 "행실들을 흥미있게 찾아 냈"기 때문이다.[49] 현지 인물에 대한 관찰은 인물·대사·장면 창조에 모두 활용된 것이다. 현실에서 발췌하는 이 방식은 장면에 생동감을 불어넣을 뿐 아니라, 북한 연극계의 제작 환경에서 아주 유용할 수 있다. 당시 북한 연극인들에게 연극 제작 시간은 충분하지 못했다. 예를 들어 개성 시립 예술 극장 연극단이 연극 〈해바라기〉를

---

48) 신창규, 「(평론) 우리 시대를 보여준 락천적 웃음: 경희극 〈청춘의 활무대〉를 보고」, 『조선예술』, 1962.10, 32~33쪽.
49) 위의 글, 32~ 33쪽.

가지고 개풍군에 도착하면, 그들은 자발적으로 오전에 농민들의 농사일을 거들고 하루 공연 2회를 진행한 이후, 또 다른 작품인 〈형제〉를 연습한다.[50] 다음은 보다 구체적인 북한의 제작 환경을 말해준다.

현지에 도착한 다음 날부터 그들은 하루에 네댓 시간을 자는 일과를 짜고 현지 생활을 시작했다. 조합원들과 꼭같이 일하면서 현실 체험을 위한 사업들을 조직해야 하는 만큼 그래도 시간은 아깝기만 했다. 그들은 점심 시간부터 오후 5시경까지 연기 습작(에츄드)을 했고 밤에는 주로 조합원들과 담화를 했다. (…중략…) 예술인들은 남 먼저 일어 나서 힘든 일을 도맡아 하려고 애를 썼다. 어두운 새벽녘에나 해 떨어진 다음에 밭김을 매고 돌피를 뽑는 일은 실농군이 아니고서는 감당하기 어려운 일이다. 그러나 그들은 손에 닿는 촉감으로 잡초와 곡식을 분간하게까지 되었다.[51]

〈붉은 선동원〉은 국립극장 작품이다. 그러나 현장 체험을 나간 국립극장 단원들이라고 해도 그들은 조합원들과 동일하게 일하고, 점심 시간부터 연습하고, 밤이 되면 대화를 하고, 새벽이나 해가 떨어진 다음에는 밭일을 도와야 했다. 창작에 전념할 시간이 사실 절대적으로 부족했던 것이다. 이런 경우에 대사·인물·장면을 원형을 모범으로 창조하는 것은 시간적·상황적으로 도움이 된다. 이와 같이 현장체험은 각 배우들의 인물구축에 생동함으로, 창작집단의 대사와 장면구축에 현실적으로, 1960년대 북한 연극계의 제작 환경에서 효율적 작업을 위해 실용적으로 기여했다.

---

50) 편집부, 「순회 공연의 하루」, 『조선예술』, 1961.6, 20쪽.
51) 장영구, 「함흥 연극 극장의 김 진연 천리마 작업반」, 25쪽.

4. 마지막 실험

1960년대 성공의 가도를 달리던 북한에서 천리마 운동은 경제건설을 위한 대중 운동으로 북한 전역에 강력한 영향력을 행사했다. 김일성은 문학예술인들에게 천리마 시대 사람들의 영웅적 투쟁 모습을 그릴 것을 요구했고, 이 요구는 '현실체험'과 '집체창작'으로 수렴되었다. 연극계는 신속하게 김일성의 교시 실천에 앞장섰다. 그 결과 '현실체험' 과 '집체창작'은 제작 과정에 있어서 희곡의 공동창작을, 당성과 기술성 을 겸비한 공산주의적 새 인간형의 구현을, 실제 인물을 통한 대사·인 물·장면 창조라는 새로운 창작방법을 연극계에 가져왔다.

북한의 이 같은 창작방법은 긍정적일 수도, 아닐 수도 있다. 어떤 면에서는 희곡의 완성도에서 부족함이 엿보이기도 한다. 『조선예술』 에 남아 있는 당시의 희곡을 보면, 현실이 구체적으로 드러나 생동감 을 주는 반면, 현실의 나열이라는 인상을 주기도 한다. 전문 극작가의 부재로 현실에 대한 깊이 있는 성찰이나 관점 등도 미흡해 보인다. 또한 북한은 1960년대에 '사회주의적 사실주의'를 주장하지만, 작품 은 전반적으로 '사회주의적 사실주의'라기보다는 '생활적 사실주의' 에 가까워 보인다. 그러나 1960년대 북한 연극의 의미는 1964년 김정 일이 대학을 졸업하고, 정치적 출발점의 발판을 문학예술계로 지정한 상황과 함께 조명될 필요가 있다. 1967년 북한의 갑산파 숙청 이후, 김정일은 김일성의 굳건한 후계자가 되었다. 이 시기 그는 먼저 가극 혁명을 통해 '주체식' 문학예술을 주장했고, 김정일 식 창작방법은 북한 문학예술계의 유일무이한 창작법이 되었으며 현재까지 그 위력 을 과시한다. 북한 문학예술계의 40여 년을 김정일 식 창작법이 지배 해 온 것이다. 또한 김정일 식 창작법은 김정은 시대에도 한동안 이어 질 것이다.

그렇다면 1960년대 이 짧은 시기의 '공동창작'은 북한에서 자유로운·자유로웠던 마지막 창조 방법이자 실험이다. 물론 공동창작은 청산리 정신과 관련된 김일성의 교시에 의해 시작되었다. 그러나 그것을 실천하는 구체적 과정에서 원형인물의 내적·외적 행동의 관찰, 현장에서 들은 대사를 토의를 거쳐 완성하는 것, 배우들과 극작가의 공동 창작, 실제 인물의 생활을 장면으로 구상하는 것, 창작 방식의 부작용에 대한 활발한 논의 등은 분명 북한 연극인들의 창조적 발상이며 조금 더 확대시키자면 실험 정신이다. 그것이 북한 연극 70년 역사에서 이 시기가 갖는 의미이다.

11장 스타니슬라브스키 행동 분석법의 적용

1. 연출법 논쟁

우리에게 북한 연극의 대표격으로 알려져 있는 연극은 성황당식 '혁명연극'이다. 혁명연극은 무엇보다 북한이 김정일의 업적으로 앞장서 선전하는 연극이므로 혁명연극 관련의 희곡과 영상자료도 상당수 들어와 있다. 혁명연극에 관한 우리 연구가 비교적 활발한 것은 자연스러운 현상이다. 그러나 혁명연극은 북한 연극사에서 1970년대부터 시작된 하나의 공연양식일 뿐이다. 1969년 김정일이 선전선동부 부부장으로 승진한 이후 1970년대 초반 가극에서, 1970년대 후반 연극에서 적극적 활동을 전개한 시점부터인 것이다.

그렇다면 김정일이 문학예술계에 적극적으로 관여하기 이전, 북한 연극계에는 어떠한 연극, 연극적 논의, 연출법이 존재했을까? 문학예술에 대한 김정일의 개입은 넉넉히 셈해도 1960년대 중반 이후부터이다. 김정일은 1964년 대학을 졸업하고 수습 과정을 거친 후 1969년

선전선동부 부부장으로 승진하였기에, 최소 1960년대 중반까지 김정일의 연극관은 연극계에 영향을 미칠 수 없었다. 그런데 김정일이 문학예술계에 관여하지 않았던, 특히 1960년부터 1960년대 중반까지의 북한 연극 연구가 본격적으로 진행되지 않았다는 점이 주목된다. 이 짧은 시기가 각별히 의미 있는 이유는 북한이 해방기 국가건설이라는 용광로를 지나고, 한국전쟁에 따른 인적·물적 폐허를 극복하며, 정치·경제적으로 상승했던 시기이면서 획일화된 예술 담론의 지배를 받기 이전이기 때문이다. 그럼에도 불구하고 이 시기가 연구되지 못한 것은 물론 자료의 한계 때문이다. 그러나 이 글은 연구 과정에서 다행스럽게 동경의 조선장학회와 하버드 옌칭 도서관에 소장된 1959년부터 1966년까지의 『조선예술』을 상당수 입수하게 되었다. 이 자료들을 탐색하는 가운데 필자의 시선을 끈 것은 '행동 분석법'에 대한 북한 연극인들의 논쟁이다. '행동 분석법'은 1963년 3월호 『조선예술』부터 본격적으로 나타나 1963년 내내 논의가 정점에 이르다가 1965년에 이르면 점차 소강된다.[1] 행동 분석법이 1963년 문헌에서 본격적으

---

[1] 행동 분석법과 직접적으로 관련된 글은 다음과 같다. 박대서·변경환·서창식, 「(우리 시대 연출가와 그의 작업) 연극 〈두만강〉 연출수기」, 『조선예술』, 1963.3; 「(배우지식) 육체 행동의 회상이란?」, 『조선예술』, 1963.3; 정리일, 「(우리 시대 연출가와 그의 작업) 연출가의 위치와 역할 문제」, 『조선예술』, 1963.5; 최순길, 「우리 시대 연출가와 그의 작업: 행동 분석에 대한 소감」, 『조선예술』, 1963.7; 김인, 「(우리시대 연출가와 그의 작업) 연출 체계의 과학성」, 『조선예술』, 1963.8; 김기수, 「(배우 예술의 현대성) 역 형상과 배우의 창조적 개성」, 『조선예술』, 1963.8; 한백남, 「(우리 시대 연출가와 그의 작업) 련습 방법에 대한 생각(2)」, 『조선예술』, 1963.9; 김인, 「(우리시대 연출가와 그의 작업) 연출적 구도」, 『조선예술』, 1963.12; 정병관, 「(배우지식) 주어진 환경」, 『조선예술』, 1963 12; 편집부, 「(배우지식) 최고 과제」, 『조선예술』, 1964.1; 라세득, 「(연극창조체계의 과학성) 그것은 행동 분석법의 잘못이 아니다」, 『조선예술』, 1964.2; 리상화, 「(연단) 립장 문제」, 『조선예술』, 1964.3; 「(배우지식) 관통 행동」, 조선예술, 1964.3; 「(배우지식) 역의 최고 과제와 관통 행동」, 『조선예술』, 1964.5; 김근엽, 「초과제」, 『조선예술』, 1964.5; 안영일, 「연출 작업에서의 형상성과 과학성」, 『조선예술』, 1964.6; 김덕인, 「나의 연출작업(1): 탁상련습」, 『조선예술』, 1965.4; 「(연출분과 토론회에서)」, 『조선예술』, 1964.5; 김덕인, 「나의 연출작업(2)」, 1965.5; 공훈배우 김선영, 「(창조경험) 순금이를 찾아서」, 『조선예술』, 1965.6; 김순익, 「(설문) 어떻게 해야 성격이 극적으로 해명되는가」, 『조선예술』, 1965.8; 김덕인, 「(예술리론) 연출가와 행동련습」, 『조선예술』, 1965.9 등이 있다.

로 거론되었다면 최소 1961년경부터 행동 분석법은 연극계에서 언급되었을 것이다. 1965년 이후 문헌에서는 발견되지 않기에 소강 또는 북한식의 어떤 연출법으로 변용되었다고 판단해도 '행동 분석법'은 1960년대 북한 연극계에 분명 존재감을 갖는다. 북한의 행동 분석법은 남한에 익숙한 용어로는 스타니슬라브스키의 '신체적 행동법'을 의미한다. 스타니슬라브스키의 신체적 행동법은 1960년 초반부터 중반까지 북한 연극계에서 '행동 분석법'이라는 이름으로 논쟁의 중심에 서 있었던 것이다.

따라서 이 글은 북한의 행동 분석법의 실체와 제작과정에서의 적용을 구명해보고자 한다. 이 과정에서 '행동 분석법'이라는 이름으로 존재했던 북한의 연극 연출법은 무엇이며, 그 분석법은 희곡분석과 인물구축에, 그리고 연기훈련에 어떻게 적용되었는가에 초점을 둘 것이다. 문헌만으로 1960년대 북한의 연출법을 밝혀내는 것은 실제 무리일 수 있다. 그러나 이를 보완하기 위해 1960년대 북한에서 주연급 배우로 활약했던 이탈주민 연극인과의 인터뷰를 접목하고, 5~6년간에 걸쳐 출판된 60여 편의 월간잡지를 꼼꼼히 탐색한다면 그 실체에 접근할 수 있을 것이다.

2. 기존 분석법 vs 행동 분석법

완성된 희곡이 존재할 경우 일반적으로 연출가는 희곡분석으로 작업을 시작한다. 북한 역시 희곡 분석으로 작업을 시작하는데 다음 최순길이 제시한 표가 흥미롭다. 그는 두 개의 연습 일정표를 제시하면서 1960년대 북한의 기존 분석법과 행동 분석법의 차이를 알려준다.[2]

〈표 1-1〉 첫째 일정표

X	날짜	련습내용	단계구분	연출부 작업	무대 미술	문화 교양	조직 계획
1	1월 3일	탁상 련습(1장)	문학 분석 및 희곡과 역에 대한 전반적 분석, 배우의 과제 설정				
생략	생략	생략					
13	15일	탁상 련습(관통)					
14	16일	행동 련습(1장)	역의 행동 분석, 배우의 과제 확정				
생략	생략	생략					
20	22일	행동 련습(5장)					
21	23일	행동 련습(1장)	무대적 구도의 설정, 고저 장단의 확정		생략		
생략	생략	생략					
29	31일	행동 련습(관통)					
30	2월 1일	무대 련습	무대적 구도의 확정, 종합적인 정비 및 완성 단계				
생략	생략	생략					
37	8일	무대 련습(총련습)					
38	9일	시연회					

〈표 1-2〉 둘째 일정표

X	날짜	련습내용	단계구분	연출부 작업	무대 미술	문화 교양	조직 계획
1	1월 3일	탁상 련습(1장)	문학 분석 및 희곡과 역의 전반적 리해				
생략	생략	생략					
4	6일	탁상 련습(5장)					
5	7일	행동 련습(1장)	역의 행동 분석, 배우의 과제 확정				
생략	생략	생략					
29	31일	행동 련습(관통)					
30	23일	행동 련습(1장)	무대적 구도의 설정, 고저 장단의 확정		생략		
생략	생략	생략					
29	31일	행동 련습(관통)					
30	2월 1일	무대 련습(1장)	무대적 구도의 확정, 종합적인 정비 및 완성 단계				
생략	생략	생략					
34	5일	무대 련습(5장)					
35	6일	무대 련습(1장)					
생략	생략	생략	종합적인 정비 단계				
37	8일	무대 련습(총련습)					
38	9일	시연회					

2) 최순길, 「행동 분석에 대한 소감」, 『조선예술』, 1963.7.

최순길은 이와 같이 북한 연극계의 연출법을 크게 둘로 나눈다. 최순길에 의하면 첫째 일정표는 기존의 분석법과 행동 분석법을 병행한 계획표이며, 둘째 일정표는 '행동 분석법'에 보다 초점을 둔 계획표이다. 1960년대 초반 북한에서는 기존의 연출법과 새로운 연출법(행동 분석법)이 공존했던 것이다. 기존의 연출법은 13일 정도 책상에서 희곡의 문학적 분석을 진행하는 반면, 행동 분석법은 희곡 분석을 위해 기존 연출법의 1/3인 4일 정도만을 '탁상 훈련'에 할애한다. 5일째부터는 테이블·탁상을 떠나서 행동 연습에 들어가는 것이다. 이 두 연출법의 가장 큰 차이점이라면 기존 연출법은 배우의 과제 설정(인물의 목표·인물분석)을 탁상 연습에서 진행하는 반면, 행동 분석법은 그것을 행동·움직임으로 분석하는 것이다. 물론 이 '행동 분석법'은 스타니슬라브스키의 신체적 행농법과 맥이 닿아 있다. 스타니슬라브스키와 관련된 「까.에쓰.쓰따니슬랍쓰끼와 그의 예술 활동: 그의 탄생 100주년에 제하여」(1963.2)와 「체호브와 모쓰크바 예술극장」(1963.10), 스타니슬라브스키의 탄생 100주년을 기념하여 연극인 동맹 중앙위원회 위원장 인민배우 리재덕이 소련을 방문한 것 등은 이를 뒷받침한다. 그러나 북한의 행동 분석법과 스타니슬라브스키의 신체적 행동법을 비교·분석하는 것은 이 글의 관심이 아니다. 중요한 것은 북한에서 진행된 탁상 분석법과 행동 분석법의 실체와 그 차이점이다. 북한에서 탁상 분석법은 어떠한 한계를 갖는다고 인식되었기에 행동 분석법이 등장했을까? 구체적인 정보가 필요한데 다행스럽게 이에 대해 조목조목 언급한 한백남의 글이 발견된다. 주목을 요한다.

대사의 탁상 련습: 이것은 지난 시기 연극 련습에서 지배적인 자리를 차지하던 방법이다. 이전에는 의례히 배우들과 연출가의 작업의 첫 단계에서 희곡을 합독(한 사람이 랑독하고 다른 모든 사람은 자기의 대본

을 본다) 한 뒤에는 배역에 따라서 매개 배우는 자기의 대사를 서로 주고 받으며 읽어 간다. 그러면서 점차로 대사 련습에로 넘어간다.

그리하여 탁상에 둘러 앉아 대사를 익혀간다. 이 과정에 배우는 역의 '감정을 잡고' 감정이 잡힌 뒤에는 이에 적합하게 '대사에 억양을 붙인다'(' ' 안에든 인용은 당시 쓰던 말이다) 그래서 배우가 대사를 탁상에서 련습하여 가는 동안 연출가는 자기의 구상에 맞도록 배우들을 유도하기도 하며 실지 대사를 해 보여 모범을 보이기도 하며 리치와 극적 정황 그리고 인물 호상 관계들을 해석하여 주면서 방조 지도한다. 이렇게 해서 대사가 '감정이 잡히고' '억양이 붙어서' 익숙해지고 외워질 무렵에 가서 선 련습에로 넘어 간다. 즉 실내 행동 련습을 하게 된다.

이것은 과거나 현재나 동 서나를 막론하고 연극 련습 첫 단계에서 대사를 탁상에서 련습하는 경우에 생기는 형태이며 방법이다.[3]

한백남에 의하면 대사의 탁상연습이란 과거의 방법으로 배우와 연출가가 모여 한 사람이 먼저 전체 희곡을 읽고, 희곡을 두 번째 읽을 때 배우들이 자기의 역대로 대사를 서로 주고받는 방식이다. 점차 읽는 연습이 진행될 때 배우는 대사에 '감정'과 '억양'을 붙이고 대사의 감정과 억양에 익숙해지면 움직이면서 연습을 한다. 그런데 감정과 억양에 관해서 한백남이 '예전의 표현'이라고 강조하는 것을 볼 때, 감정·억양 붙이기는 북한 연극계에서 지양되어야 할 방식이었던 것으로 보인다. 한백남은 '감정·억양 붙이기'라는 표현 자체가 최근 조심스럽게 사용됨을 강조하면서 단순히 대사의 이미지에 따라 연습하는 것을 거듭 경계한다. 탁상 분석은 북한에서 배우에게 감정·억양을 고정시킬 위험이 있는 방법으로 인식된 것이다. 그렇다면 행동

---

3) 한백남, 「련습방법에 대한 생각(2)」, 『조선예술』, 1963.9.

분석은 어떠한 방법일까?

행동적 분석에 의한 련습: 이것은 련습의 첫 시간부터 배우로 하여금 무대 행동을 하는 상태에 있게 하는 것이며 역의 립장에 선 '나'로서 행동하게 하는 것이다.

이 방법을 간단히 요약해서 말한다면 다음과 같다.

련습하여야 할 장면에 대한 일정한 연구가 간단히 진행된 후 즉흥 대사로써 초벌 행동(에츄드)을 하면서 역의 진실한 행동과 말을 상대 역들과의 호상 행동 속에서 찾으며 분석한다.

실제상 이는 행동 련습의 시초로 되며 대사를 창조적으로 소화해 가는 배우의 무대 행동의 초벌 행동으로 된다.[4] (밑줄은 필자)

행동 분석법은 거의 연습의 첫 시간부터 배우가 움직이는 방식이다. 특히 주목할 것은 '나'로서 행동한다는 점이다. 북한에서 행동 분석법은 희곡 연구를 간단히 진행한 이후, 즉흥 대사와 즉흥적 움직임을 통해서 인물의 행동과 말을 분석하는 방식인 것이다. 이것이 곧 무대의 초벌 행동이 된다. 한백남은 '사람이 하는 말이란 우선 행동이며, 사람의 감정은 유기적인 행동에서 산생'되기에 행동 분석법이 보다 과학적인 방법이라고 주장한다.[5] 탁상 연습에서는 "연기자가 유기적인 행동을 하는 역 속에 〈나〉로서 살고 있는게 아니라 등장인물을 〈그〉로서 객관시하면서 〈그〉가 처해 있는 환경과 행동을 머리로서 추측해가면서 말은 자신이 하"므로, 행동 분석법은 "배우의 무대 행동이 유기적인 것으로 되기 위한 필수 조건"이라는 것이다.[6] 다시 말하

---

4) 위의 글.

5) 위의 글.

6) 위의 글.

면 탁상 분석에서 배우는 인물과 거리를 가질 수밖에 없고 이 거리를 좁히거나 없앨 수 있는 방법이 행동 분석법이다. 이 해석에 대한 옳고 그름을 논하지는 않기로 하자. 북한에서 이 행동 분석법이 어느 정도의 무게감을 가졌는지가 더욱 중요하다. 다음 글을 보기로 한다.

만일 행동 분석법에 의해서만 창조를 진행해 오던 경험 어린 일부 신인 배우(례하면 연극 대학 학생들)들에게 갑자기 오늘날 극장들에서 일반적으로 적용되고 있는 방법으로 작업할 것을 요구한다면 그들은 혼란에 빠지게될 것이며 당분간 그들의 창조는 부진 상태를 면치 못하리라는 것은 자명한 일이다. 그와 마찬가지로 종래의 창조 방법에 습관된 배우들에게 갑자기 행동 분석에 의한 창조 방법을 전면적으로 적용한다면 그것은 배우들로 하여금 기필코 혼란을 면치 못하게 할 것이다.

물론 행동 분석법은 그 자체가 확실히 가장 과학적인 작업 방법의 범주에 속한다고 생각한다. 그것은 배우들로 하여금 역 인물의 세계로 보다 쉽게 들어 갈 수 있게 하여 주며 역 인물 호상 간의 생활적 교제를 보다 절실하고 용이하게 하여 준다. 그것은 또한 배우들 속에서 아직 완전히 극복되지 못하고 있는 '배우적틀'을 마사 버리는 가장 효과적인 작업 방법이기도 하다.

우리는 지난 시기 이 작업 방법이 거둔 성과에 대하여 잘 알고 있다. 연극 영화 대학에서 상연된 일련의 작품들이 이것을 례증해 주고 있다.[7]

북한에서 행동 분석법은 연극 대학에서 젊은 연극인들을 중심으로 진행된 방법이며 국립극장을 비롯한 기성 극단에서는 아직 보편적으로 행해진 방법은 아니었다. 기성 극단은 기존의 방법으로 제작에

---

7) 최순길, 「행동 분석법에 대한 소감」.

임한 것이다. 최순길은 행동 분석법이 가장 과학적인 방법이지만 이 방법에 익숙하지 않은 배우들에게는 혼란을 가져올 것이라고 우려를 표하는데, 이로 미루어보면 행동 분석법은 그 실행에 있어서 기존 배우들과 다소간 마찰을 일으킨 것으로 짐작된다. 행동 분석법의 적용에 대해 북한 연극인들의 활발한 논쟁을 들어보기로 한다. 먼저 정리일의 말이다.

> 필자의 소견으로서는 연출가들이 우리 나라 배우 예술의 풍부한 경험을 소유함과 아울러 그에 기초해서 쓰따니슬랍쓰끼가 말년에 제기한 '행동 분석법'을 창조적으로 도입하는 것이 과학적으로 역 형상에로 접근 하는데 있어서나 연기술을 련마하는 데 있어서 커다란 의의를 가진다고 생각한다.[8]

정리일은 스타니슬라브스키의 권위를 빌려 그가 말년에 제기한 행동 분석법을 창작과정에서 창조적으로 도입할 것을 주장한다. 행동 분석법은 인물 구축뿐 아니라 배우들의 연기력을 향상시키는 데 유용하다는 것이다. 정리일은 확실히 행동 분석법의 옹호자였던 것으로 보인다. 라세득 역시 행동 분석법에 대해 "탁상 련습 방법의 일련의 제한성들을 극복하는 보다 과학적 방법이라는 것을 누구도 부정하지 않으며 이 방법이 가지는 우월성은 실천을 통하여 검증되고" 있다고 주장한다.[9] 행동 분석법은 신진 연출가들에게 상당히 각광받는 분석법이었음이 확실하다. 그렇다면 기성 연출가는 이에 대해 어떤 입장이었을까? 한백남의 행동 분석법 추종에 대해 응수하는 안영일의 글이 재미있다. 그는 한백남의 「련습 방법에 대한 생각」에 대해 다음과

---

8) 정리일, 「경희극 〈청춘위 활무대〉의 연출과정을 더듬어 보면서」, 『조선예술』, 1962.11.
9) 라세득, 「그것은 행동 분석법의 잘못이 아니다」, 『조선예술』, 1964.2.

같이 일침을 가한다.

  그러나 내가 여기서 「런습 방법에 대한 생각」에서 제기한 문제를 가
지고 론의하자고 하는 것은 첫째로 런습 첫 단계에서 행동에 의한 희곡
과 역 인물의 행동적 분석을 마치고 런습 전 과정을 지배하는 런습 방법
인 듯이 묘사한 것이요, 둘째로는 행동 분석 방법을 사실주의 연출 체계
인 것처럼 생각하는 편향이요, 셋째로 행동 분석 방법이 유일 무이한
런습 방법이라고 강요하는 점이요, 넷째로 행동 분석 방법을 심지어는
희곡을 창작하는 방법과도 같이 우상화하면서 유구한 력사를 가진 우리
나라의 사회주의적 사실주의 예술 체계와 런습 방법에 대한 심중한 고
려를 돌리지 못 하고 있다는 점이다.
  행동적 분석이란 연출가가 배우와의 작업 첫 단계에서 문학적 분석을
끝마친 다음 즉흥적인 말과 즉흥적인 행동으로써 희곡과 역을 분석하는
것이다.
  다시 말해서 행동적 분석 방법은 런습의 전 과정을 지배하는 런습
방법인 것이 아니라 런습 첫 단계에서 진행하는 분석의 방법인 것이다.
그러므로 행동적 분석 방법은 어디까지나 ‘분석의 방법’이지 구현의 방
법도 형상도 아닌 것이다.[10]

행동 분석법이 한참 위세를 떨쳤던 1963년이 지나 1964년 중반에
오면 이같이 안영일은 행동 분석법의 장점을 인정하지만, 행동 분석
법의 옹호자들이 이 방법만을 최고의 연습 방법으로까지 찬양, 안영
일의 표현을 빌리면 ‘우상화’하는 행태를 슬며시 공격한다. 그의 글에
서 드러나듯이 행동 분석법 옹호자들이 이 방법에 익숙하지 않은 연

---

10) 안영일, 「연출 작업에서의 형상성과 과학성」, 『조선예술』, 1964.6.

극인들을 구시대의 예술인으로 폄하한 데 대한 불만이다. 또한 최인상 역시 "아직도 우리 무대에는 분석이나 련습 중에 있는듯한 설'익은 인물들이 행동하고 있는바 이런 인간에게서는 그 어떤 생활적인 지향과 행동 론리의 정당성도 찾을 수 없다"고 하며 좀 더 완성된 인물의 구현을 요구한다.11) 행동 분석법의 옹호자라 할 수 있는 김인 역시 "'행동 분석'이라는 구실 밑에 배우의 자의적 창안을 방임해 둠으로써 무대적 구도의 조화미를 상실하는 혼란성을 초래하거나 때로는 자연주의적인 오유까지를 범하게 된다"며 행동 분석법의 무분별한 적용을 경계한다.12) 이 같은 다양한 대립적 논쟁의 타당성을 떠나 1960년대 초반에 북한에서 행동 분석법에 대해 기성 연극인과 신진 연극인들 사이에 열정적인 논쟁이 오고갔다는 사실이 참으로 흥미롭다. 어느 쪽의 편에 서든 행동 분석법은 1960년대 초반 북한 연극계를 뜨겁게 달구었던 연출법임에는 분명하다. 행동 분석법은 탁상 분석법에서 초래되기 쉬운 감정과 억양 붙이기, 배우와 인물 간의 거리감 등을 극복할 수 있는 대안이었다. 그렇다면 북한의 행동 분석법은 희곡과 극중 인물을 어떻게 분석하는 것이었을까? 그 실체를 곧 밝혀보기로 한다.

---

11) 최인상, 「(배우예술과 현대성) 배우 예술에서의 형상적 기능 제고를 위한 문제」, 『조선예술』, 1963.5.

12) 김인, 「우리 시대 연출가와 그의 작업: 연출적 구도」, 『조선예술』, 1963.12.

3. 행동 분석법의 실제

3.1. 초과제, 최고 과제, 관통 행동의 분석

북한 연극계의 희곡분석 단계에서 빈번하게 등장하는 용어는 주제, 사상, 초과제, 최고 과제, 관통 행동 등이다. 초과제, 최고 과제, 관통 행동은 읽기 단계에서의 주요 분석대상으로 기존 분석법과 행동 분석법의 교집합에 속한다. 그렇다면 초과제, 최고 과제, 관통 행동의 개념을 살펴볼 필요가 있는데, 다소 당황스러운 것은 북한 연극계 내에서도 이에 대해 혼선적 논쟁과 추상적 설명이 반복된다는 점이다. 예를 들면 관통 행동을 인물 분석에도, 희곡분석에도 포함하고 있다.13) 이것은 1960년대에 북한 내에서 공통된 합의가 이루어지지 않았음을 보여준다. 따라서 각 개념에 대한 명쾌한 구명 자체가 무리이므로 여기에서는 그 개략적 개념에만 접근해보고자 한다. 먼저 '초과제'에 대해 살펴보기로 한다.

'초과제'에 대한 본래의 개념을 간단히 재확인하고 넘어 가자. (…중략…) '초과제'의 내용과 기능은 본래 첫째로 작품의 씨앗으로 되는 사상의 표현이여야 하며 둘째로 작품을 쓰게 한 사상적 지향의 표현이여야

---

13) 1962년 조선예술의 편집부는 관통 행동과 초과제를 "2. 역의 분석과 성격탐구, ㄱ. 내면-정신 생활 분석-사건에 대한 립장과 견해, 관통 행동, 사상 생활의 긍정점과 부족점, 과거 성장 과정(자서전), 준비정도, 정신 사상적 특징, 초과제…"로 설명한다. 이외 초과제, 최고 과제, 관통 행동에 대한 언급으로는 다음의 글이 있다. 편집부, 「(배우지식) 배우의 연기란(쁘란)이란?」, 『조선예술』, 1962년 8월; 편집부, 「(배우지식) 체험의 예술이란?」, 『조선예술』, 1962년 10월; 편집부, 「(배우지식), 무대과제란?」, 『조선예술』, 1963년 1월; 편집부, 「(배우지식) 무대교제란?」, 『조선예술』, 1963년 2월; 최기룡, 「(배우지식) 희곡과 역에 대한 문학 분석이란?」, 『조선예술』, 1963년 8월; 최기룡, 「(배우지식) 희곡의 주제사상이란?」, 『조선예술』, 1963년 9월; 라세득, 「(우리 시대 연출가와 그의 작업) 연출 구상에 대한 몇 가지 고찰」, 『조선예술』, 1963년 10월; 김형주, 「(배우지식) 사건」, 『조선예술』, 1963년 10월.

하며 셋째로 집단의 모든 창조적 지향이 그에로 집중되는 총괄적 목적
이어야 하며 넷째로 창조 지반이 종국적으로 구현해야 할 창조 과제여
야 한다고 리해되어 왔다. 요컨대 '초과제'는 희곡 분석의 귀착점─작가
의 예술적 구상의 비밀을 알게 하는 열쇠이며 동시에 연극 창조 집단의
구상의 출발점이며 전체 창조를 인도하는 목적지이다.[14]

김순익은 초과제의 내용과 기능을 이와 같이 넷으로 나누어 설명하
지만 실제로 이 설명만으로는 '초과제'의 개념이 잡히지 않는다. 작가
의 사상일 수도 있고, 줄거리의 압축으로 보이기도 하며, 남한의 용어
를 빌리면 연극의 목표로 감지되기도 한다. 모호한 상황에서 그나마
다행스러운 것은 김순익을 보완하는 김근엽의 글이 발견된다는 점이
다. 그는 구체적으로 희곡 작품을 들면서 표를 이용해 초과제를 설명
한다.[15]

〈표 2〉

작가명	각이한 주제의 작품들	문학 분석으로서의 작품(희곡)의 사상, 작가의 사상적 표현	희곡을 인식한 연극 창조 집단의 행동 목표 '연극의 초과제'	작가의 사상적 지향(념원) 작가의 알맹이
지재룡	경희극 〈청춘의 활무대〉(바다 생활)	수산물 80만톤 고지를 기어이 점령하기 위한 투쟁에서 보수주의, 신비성을 극복하고 계속 혁신 계속 전진하려는 사상	바다를 통한 공산주의 건설을 위하여!	사회주의 락원 공산주의 건설!
	경희극(단막)〈올해에도 제비도〉(농촌 생활)	나라의 모든 일에 솔선 주인이 되려는 사상	알곡 500만톤 고지 점령을 위하여! ※ (1963년도 상연물 기준)	
리동춘	※ 원리는 우와 같다	※ 원리는 우와 같다	※ 원리는 우와 같다	

---

14) 김순익, 「초과제」, 『조선예술』, 1963.11.

15) 김근엽, 「더 밝혀야 할 것이 있다」, 『조선예술』, 1964.5.

김근엽은 직접적으로 언급하지는 않지만 희곡의 목표와 연극의 목표를 구분한다. 경희극 〈청춘의 활무대〉의 문학적 목표는 '수산물 80만톤 고지를 기어이 점령하기 위한 투쟁에서 보수주의, 신비성을 극복하고 계속 혁신 계속 전진하려는 사상'이며, 그것의 연극적 목표는 '바다를 통한 공산주의 건설을 위하여!'이며, 작가의 목표는 어떤 작품이든 '사회주의 락원 공산주의 건설!'이다. 문학적 분석이 개념적이라면 연극적 분석은 관객을 의식한 듯 '~을 위하여'로 수렴되어 보다 역동적이다. 그렇다면 북한에서 언급하는 초과제란 연극적 목표에 가깝다고 할 수 있다. 이외 최고 과제와 관통 행동 역시 희곡 분석 단계에서 이루어져야 하는 항목인데 이에 관해서는 김근엽과 『조선예술』 편집부에서 제시하는 글을 보기로 한다.

> 최고 과제: 이는 선택한 희곡 작품을 무대 우에 구현하기 위한 연극 창조 집단의 사상 예술적인 목표이며 동시에 극작가의 사상을 주장하며 긍정하는 등장인물들의 사회 계급적인 지향들과 신념들 및 정서적이며 열정적인 호소를 의미한다.[16]

> 관통 행동: 연극의 관통 행동이란—희곡에 등장한 긍정 인물들에 의하여 일관하게 수행되는 행동들과 그를 반대 혹은 저지시키려는 부정적인 인물들 간의 충돌과 발전 과정에서 형성되며 그것이 하나의 축고 같이 한 줄로 꿰뚫고 정렬된 등장인물들의 모든 행동들을 련속된 연극의 관통 행동이라고 부른다. 그러므로 연극의 관통 행동은 희곡의 기본 사상을 구현하며 기본 주제를 뚜렷하게 밝히는 수단으로서 극연의 중요 내용을 이루고 있다.[17]

---

16) 위의 글.
17) 편집부, 「(배우지식) 관통 행동」, 『조선예술』, 1964.3.

김근엽과『조선예술』편집부는 이와 같이 최고 과제와 관통 행동을 설명한다. 먼저 관통 행동을 살펴보면, 관통 행동은 남한의 용어로 치환하면 인물의 목표에 해당되는 듯하다. 최기룡이 희곡분석에 있어서 역에 대한 분석에 역의 관통 행동을 포함시킨 것은 이를 뒷받침한다.[18] 그런데 관통 행동을 "가정 부인들이 로동을 힘하게 하며 기술을 소유하게 하며, 제 발로 걸을 수 있게 해야 한다"는 것으로 정리한 리양건의 설명을 보면, 관통 행동은 작품 전체의 목표인 듯 보이기도 한다.[19] 그러나 다음 무용극 〈붉은 기발〉에서 최병훈의 역을 맡은 공훈배우 장응환의 수기를 보면 또 인물의 목표인 듯 보인다.

1막 2장에서의 최 병훈의 관통 행동은 혁명을 위해 '참아야 한다'였다.

2막 2장에 최 병훈의 관통 행동은 '약속을 수행한다'였다.

3막 1장에서의 막전 사건으로는 3천군 출동 준비, 최병훈의 관통 행동은 '떠난다'였다.

3막 2장의 막전 사건으로는 일제의 각 방면에서의 멸망, 명호의 전달이 감을 알게 된다. 최 병훈의 관통 행동은 '나는 인정 받는다'(충성하다)였다.

4막에서의 막전 사건은 백가의 출현, 옥중 해방, 유격대의 대기, 최 병훈의 관통 행동은 '나는 전사답게 싸운다'였다.[20]

이와 같이 북한에서 관통 행동은 연극배우뿐 아니라 무용배우까지 인물 분석에 적용했는데, 배우들의 실천을 보면 관통 행동의 개념은

---

18) 최기룡, 「(배우지식) 희곡과 역에 대한 문학 분석이란?」,『조선예술』, 1963.8.

19) 리양건, 「(창조경험) 〈새 살림〉을 꾸릴때까지」,『조선예술』, 1964.1.

20) 공훈배우 장응환, 「(무용극 〈붉은 기)발) 공산주의자의 심오한 내면 세계의 형상」,『조선예술』, 1962.12.

인물의 목표처럼 보인다. 그렇다면 다른 견해가 존재하지만, 북한에서 관통 행동이 가장 널리 쓰인 개념은 '인물의 목표'라 할 수 있다. 반면 최고 과제에 대한 설명은 보다 복잡하다. 최고 과제가 '연극 창조 집단의 사상 예술적인 목표'라면 초과제와 변별성이 포착되지 않기 때문이다. 북한의 글들을 면밀히 살펴보아도 이에 대해서 배우·연출가·이론가들이 서로 자신의 견해를 피력하고 있을 뿐 어느 하나로 정리되지 않음이 발견된다. 최고 과제에 대한 라세득의 설명을 보기로 한다.21)

레컨대 연극 〈해바라기〉의 '최고 과제'는 태양을 따르는 해바라기와 같이 공산주의자는 언제 어데서나 어떤 역경에 높이더라도 굴하지 말며 끝까지 혁명에 충실해야 한다는 사상이며 그로 하여 우리 근로자들을 당과 혁명에 대한 충실성으로 교양하려는데 있다.22)

라세득은 최고 과제를 작가의 사상과 맞물려 설명한다. '혁명에 충실해야 한다는 사상'이라는 설명은 희곡의 목표에 가장 근접한 것이기 때문이다. 또한 최고 과제가 "선택한 희곡 작품을 무대 우에 구현하기 위한 연극 창조 집단의 사상 예술적인 목표이며 동시에 극작가의 사상을 주장하며 긍정하는 등장인물들의 사회계급적인 지향들과 신념들 및 정서적이며 열정적인 호소를 의미한다"는 설명은 최고 과제가 작가의 사상과 맞닿아 있음을 다시 말해준다.23) 명쾌하지는 않지

---

21) 당시 북한 연극계의 지명도 있는 연출가로는 정리일, 최규형, 김인, 김덕인, 정태유, 리단, 맹심, 라세득, 김순익, 한웅, 박춘명, 안영일 등을 들을 수 있다. 그들은 1964년 5월 연출분과 토론회에 참석하여 서로 「연출 준비를 어떻게 해야 하는가?」라는 제목 하에 자신의 연출 준비 요소를 공개한 바 있다. 「(연출분과 토론회에서) 연출 준비를 어떻게 해야 하는가?」, 『조선예술』, 1964.5.

22) 라세득, 「(우리 시대 연출가와 그의 작업) 연출 구상에 대한 몇 가지 고찰」, 『조선예술』, 1963.10.

만 분명한 것은 최고 과제와 관통 행동의 분석을 북한 배우들이 적극적으로 활용했다는 점이다. 우리에게도 잘 알려진 배우 김선영의 수기를 참고하자.

연출가를 중심으로 한 작품 분석은 그 동안 온 집단의 열렬한 토론 속에 진행했습니다. 그결과 일치된 의견을 가지게 됐습니다. 여기서 저는 흥분도 하고 토론도 한 축입니다. 우리가 분석한 것을 보면

(…중략…)

최고 과제: 하루 속히 통일된 조국 땅에서 행복하게 살고 싶다.

관통 행동: 일체 외세를 반대 분쇄하고 인민을 등쳐 먹고 나라와 겨레를 반역하는 역절들을 인민의 이름으로 처단하여 두 동강이 난 조국을 통일시키기 위하여 끝까지 싸우자.[24]

김선영의 실천을 보면, 최고 과제는 희곡의 목표이기도 인물의 목표이기도 한 것으로 보이며, 관통 행동 역시 무엇으로 보아야 할지 분명하지는 않다. 분명한 것은 최고 과제, 관통 행동이 1965년에도 배우들이 분석해야 할 기본 요소에 속했다는 사실이다. 북한의 초과제, 최고 과제, 관통 행동의 개념은 이와 같이 다양하기에 보다 단순화할 필요가 있다. 어떠한 이름으로 불리든 살펴본 바를 종합하면 북한의 행동 분석법은 희곡분석을 진행하며, 주요 분석대상은 ① 작가의 사상/희곡의 주제, ② 연극의 목표, ③ 인물의 목표이다. 이 3가지는 뚜렷하게 구분되지는 않으며 연출가에 따라 합쳐지기도 분류되기도 하는데, 중요한 것은 이 3가지의 분석이 기존 분석법과 행동 분석법의 필수 요소라는 점이다.

---

23) 「(배우지식) 최고 과제」, 『조선예술』, 1964.1.
24) 공훈배우 김선영, 「(창조경험) 순금이를 찾아서」, 『조선예술』, 1965.6.

3.2. '나'에서 '역'으로의 인물구축

북한에서 행동 분석법이 탁상분석에 비해 갖는 가장 큰 장점은 배우와 인물 간의 거리를 좁힌다는 점이다. 북한의 설명에 의하면 탁상 분석은 '나'가 아니라 '그'에 대한 분석이며, 행동 분석은 '그'가 아닌 '나'로서 분석하는 방식이다. 다시 말하면 탁상 분석이 '역'에서 '나'로의 접근이라면 행동 분석은 '나'에서 '역'으로의 접근인 것이다. 그렇다면 이 같은 접근은 구체적으로 어떻게 하는 것일까? 리서향의 연출법에 관한 다음 림철홍의 글은 그 실제를 알려주기에 주목을 요한다. 리서향은 먼저 초과제, 기본 갈등, 관통 행동 등을 탁상에서 분석한 이후, 배우들에게 다음과 같은 질문을 던진다.

연출가 "당신은 어디서 김 순실을 체포하였습니까?"

황호 "오늘 새벽 전투시 우리 부대를 혼란 속에 빠뜨리고 달아나다가 막다른 벼랑에 이르러서 떨어져 죽으려는 순간 잡았습니다."

연출가 "체포할 때 광경을 말해 보시오"

황호 "물론 나의 부하들이 체포했습니다만 그것은 내가 체포한 것이나 다름이 없지요. 나는 졸병들을 앞으로 내 몰려 그 여자를 추격했습니다. (…중략…) 그 눈초리는 나로 하여금 소름이 끼치게 하였습니다. 그러나 또 보면 마치 웃고 있는 것 같기도 했습니다."

연출가 "비웃고 있는 듯 했단 말이지요?"

황호 "네. 그렇습니다. 나를 비웃는 듯이 쳐다 보았습니다."

이때 연출가는 얼른 순실이에로 질문을 돌린다.

연출가 "순실 동무! 그랬는가요?"

순실 "네! 물론 저는 그때 나의 임무를 완수했습니다. 그리고…"

연출가 "좋습니다. 그 광경을 잘 회상해 보십시오. 그리고 나중에 그것을 나에게 말씀해 주십시오."[25]

리서향은 배우 엄도순을 역의 이름인 황호로 부르며 배우 엄도순이 극중 인물에 보다 가까이 가도록 유도한다. 리서향은 배우 엄도순이 나로부터 출발하여 역 속으로 들어가도록 희곡에 제시되지 않은 부분에 대해서 질문한다. 그렇다면 배우 엄도순은 희곡에 제시된 사건인 '김순실을 체포한 것'만을 알아서는 안 된다. 구체적으로 어디에서 김순실을 체포했는지를 상상해야 한다. 더구나 리서향은 '어디서'뿐만 아니라 체포할 때의 광경까지 자세히 말할 것을 요구한다. 물론 이에 대해서는 정답이 있을 수 없으며 필요하지도 않다. 믿을 수 있는 답변이면 충분하다. 흥미로운 것은 극중 인물 황호와 순실이 같이 등장하는 장면에서는 황호뿐 아니라 순실도 동일한 체험을 해야 한다는 것이다. 예를 들면, 황호가 '순실이가 자기를 비웃었다'고 말한다면, 순실도 자신이 황호를 비웃었음을 인지해야 한다. 이를 위해서는 배우들 간의 합의가 필요하다. 두 배우의 체험이 동일해야 하기 때문이다. 합의는 근거를 필요로 하는바, 배우들 간의 근거 있는 합의는 물론 장면분석의 밀도를 높였을 것이다. 문답식의 분석은 이후 곧 행동으로 옮겨졌다. 연출가 김인의 글을 보기로 한다.

형상창조를 머리로써만이 아니라 배우의 온 유기체의 침투를 기본으로 하면서 가볍고 자유로운 유기적 행동으로부터 계속적인 행동을 통하여 희곡과 역의 형상에로 접근하는 이 길은 얼핏 보기에 자기의 사명을

25) 림철홍, 「국립 연극 극장의 연극 〈해바라기〉 창조 과정에서」, 『조선예술』, 1961.6.

상실한다고 볼 수도 있다. 허나 대략 이 단계에서 체계의 기본으로 깔려 있는 것은 낡은 체계에서 인위적으로 세워진 분석과 체현 사이에 오는 모순을 제거하는 중요한 로정이다. 이것은 역을 창조함에 있어서 '그'의 립장에서가 아니라 '나'의 립장에서 나의 의식, 나의 행동으로부터 역과 융합되어 결과적으로 '그'의 성격성을 획득하는데 기여하고 있다. (…중 략…) 이렇듯 이 단계에서는 전 단계에서 분해된 창조적 지향선을 계속 습작에서 탁상에로, 탁상에서 움직임(행동)으로 전환시키면서 형상의 토대를 다지며 성격 형상에로 접근한다. (…중략…) 이 시기 배우의 무대 적 과제에서 해결을 요하는 것은 배우의 유기적 행동과 무대 자감, 말하 자면 배우의 제반 기본 요소들을 작품과 역에 근거하여, 때로는 그와 류사한 과제를 제시한 체계적인 연기 습작을 통해서 역을 분해해 나아 감으로써 무대 태도 즉 대상에 대한 인식과 태도를 점차 가지면서 진실 과 심리의 감각을 창조하며 무대상의 진실을 낳게 하는 것이다.[26]

김인은 머리로 하는 분석의 한계를 극복하기 위해서 계속적인 행동 을 통하여 인물과 장면을 분석해야 한다고 주장한다. 이것이 '그'가 아니라 '나'로서 시작하는 길이며, 이를 통해 역과 융합되며, 인위적인 분석을 제거할 수 있다는 것이다. 김인은 "역의 성격은 배우의 전망과 역의 전망이 완연히 하나의 통일된 시대의 산아로서 뚜렷한 얼굴을 가진 '그'로 되어야" 한다고 믿었다.[27]

또한 주목할 것은 이와 같은 작업을 하면서 작품과 역에 근거하여 연출부가 과제를 제시한다는 점이다. 즉 행동 분석법은 배우가 자유 롭게 행동하도록 유도하는 작업이지만 행동의 환경을 희곡에서 발췌

26) 김인, 「(우리 시대 연출가와 그의 작업) 연출체계의 과학성」, 『조선예술』, 1963.8.
27) 김인, 「(창조수기) 나의 연출적 지향: 연극 〈지평선〉 연출을 담당하고」, 『조선예술』, 1962.12.

했다. 김인은 이 과정에서 놓치지 말아야 할 것은 "행동의 적극적인 침투와 행동의 삼대 요구로(원인, 목적, 결과)부터 출발하여 행동의 론리와 순차성과 타산 등을 따지고 나중에는 무대 임무의 세 가지 요소 즉 그는 무엇을 할 것인가? (행동) 나는 왜 이것을 하는가?(의문을 풀며), 나는 어떻게 할 것인가? (적응의 방법)을 창조하여야 한다는 점"이라고 강조한다.[28] 배우는 자유롭게 행동하는 동시에 최소한 '무엇을, 왜, 어떻게'를 의식해야 하는 것이다. 당시 북한에서 이러한 방식은 곧 하나의 문법으로 수렴되었다.

무대 과제를 수행함에 있어서 다음의 세 가지 요인에 주의를 돌려야 한다.

1. 무엇을 나는 하고 있는가? - 행동

2. 무엇 때문에 나는 하고 있는가? - 리유와 요명(배우는 우선 의식적으로 행동적 목표를 명확히 설정해야 한다.)

3. 어떻게 하고 있는가? (만일 배우가 1, 2의 질문에 옳게 적응했을 때 즉 정확히 행동했을 때 3에 대한 대답(필요한 형식)은 자연히 이루어진다.

어떤 형식으로 과제를 수행할 것인가 하는 문제는 미리 결정할 필요가 없다.[29]

『조선예술』편집부가 배우 지식에서 이와 같은 조건을 제시한 것은 당시 북한에서 '무엇을, 왜, 어떻게'의 3요소가 분석의 필수 요소였음을 잘 말해준다. 배우는 희곡에서 발췌된 장면에서 어떤 식으로 움직이든 행동의 근거를 가져야 한다. 예를 들어 문을 여는 단순한 행동일

---

28) 김인, 「(우리 시대의 연출가와 작업) 연출체계의 과학성」.

29) 편집부, 「(배우지식) 무대과제란?」, 『조선예술』, 1963.1.

경우에도 다음과 같이 분석의 과정을 거쳤다.

1. 나는 무엇을 하고 있는가? 〈나는 문을 연다〉 – 행동
2. 나는 무엇 때문에 하고 있는가? – 리'유의 모양
   ㄱ 환기시키기 위하여
   ㄴ 절망해서 나는 말'소리를 엿듣기 위하여
   ㄷ 손님을 맞이하기 위하여
   ㄹ 수상한 사람의 거동을 살피기 위하여
3. 나는 어떻게 하고 있는가?
여기에 대한 대답은 그가 '무엇 때문에 문을 여는가?'에 따라서 과제를
수행한다면 자연히 이루어진다.30)

북한은 이와 같이 '무엇을·왜·어떻게'의 예를 들어가면서 이것을
하나의 연기문법으로 고정시키고자 했는데, 실상 이 3가지 요소는
어떠한 연출법에서든지 배우들이 고민하는 기본 사항이다. 그러나
행동 분석법에서 특히 이 요소가 강조된 것은 즉흥의 특성 때문이다.
정해진 사항들이 없을 경우는 움직이는 최소한의 근거가 필수 요소이
다. '나'에서 출발하는 행동 분석법이 점차 정착되어 가는 과정이다.
그리고 이 같은 방식은 이후 보다 정교히 다듬어졌다. '환경'과 '만일'
을 강조하는 기류가 감지된다.

다시 말해서 모든 사회 현상은 시간과 공간 속에서 진행되며 주위
세계와의 상호 작용 가운데서 인간의 행동 과정과 유기적으로 련관된
구체적인 행동 론리 속에서 나타난다는 것이다. (…중략…) 그러면 주어

---

30) 위의 글.

진 환경이란 무엇인가? 그것은 극장 예술에서 사용되는 전문적 술어로서 사건, 계절, 시간, 장소 등 역 인물 앞에 주어진 일체 환경을 말한다. 그런데 이 주어진 환경은 작가의 허구에서 출발하는 가상적인 것으로서 연극에서는 장치 조명, 의상, 소도구, 사건 등으로 표현된다. (…중략…) 배우는 자기가 맡은 역 인물의 생활 환경 사건 등 일체 허구를 진실하게 믿고 움직일 때에만 인간으로서의 정상적인 상태를 유지할 수 있으며 옳은 무대 자감을 가지고 제기된 목적을 달성하기 위하여 론리적으로 또 철저하게 행동할 수 있다.[31]

연출가는 〈만일〉을 적용하면서 일련의 외면적 육체적 행동을 탐구해야 한다. 그 순간 배우들은 생활적 요구에 의해서 조성되는 자연스러운 외면적, 육체적 행동들과 무대 우에서 일부러 보여 주며, 표현하며, 소개하려고 시도하는 그것과의 현저한 차이를 발견하게 될 것이다. (…중략…)

연출가는 자기의 연출안에서 이미 지적한 무대 장치에 대해서, 말하자면, 연출가가 그날 련습하려고 하는 막 혹은 장의 행동 장소를 비롯해서 어디에 출입문이 있고, 어디에 창문이 있으며, 배치 소도구들과 이런 혹은 저런 배경들을 대체로 어디에 놓이게 되는가를 정확히 그리고 구체적으로 배우들에게 이야기해 주어야 한다.[32]

이와 같이 『조선예술』은 '주어진 환경'을 거론하며, 배우가 주어진 환경에 집중하여 연기할 것을 권고한다. 다소 '주어진 환경'을 해석하는 범위가 협소해보이지만 진실한 무대행동을 위한 적용방법의 하나이다. 또한 김덕인은 행동 분석법에서 '만일'을 적용할 것을 제안한다. 그는 '만일'을 적용할 때의 장점으로 배우들의 창조성을 유도한다는

---

31) 편집부, 「(배우지식) 주어진 환경」, 『조선예술』, 1963.12.
32) 김덕인, 「(예술 리론) 연출가의 행동 련습」, 『조선예술』, 1965.9.

점과 배우들의 내면적·외면적 자연스러움을 든다. 이 경우 연출가는 배우들의 육체적 행동들을 탐구해야 하고, 배우들은 역이 아니라 '나'로서의 행동과 일부러 보여주려 할 때의 행동과의 차이를 발견해야 한다. 이에 더하여 김덕인은 주어진 환경에 주목한다. 배우가 극중 인물로서 어떤 연기를 하려고 애쓰는 것이 아니라, 극과 동일하게 조성된 환경 속에서 움직이라는 것이다. 정리하면 행동 분석법은 물리적 환경을 희곡과 동일하게 구성하고, 그 가운데에서 '나'로서 배우가 행동함으로써 인물구축과 장면 분석에 접근하는 방식인 것이다. 그리고 이러한 작업이 갖는 또 다른 장점은 "각이한 인물들과의 관계를 통하여 전체 창조 집단의 집체적인 지혜를 더욱 무진장하게 발굴"하는 것, "배우들이 그 어느 때보다도 짧은 시간에 역 인물을 형상하게 할 수 있"는 것, "행동 련습과 무대 련습에서 과거에 종종 발로 되었던 배우의 역 인물 형상 행정에서 작가와 연출가의 의도와 어긋나는 실례를 퇴치"하는 것, "많은 시간의 절약"이었다.[33]

3.3. 현장체험을 통한 에츄드의 활용

행동으로 인물·장면을 분석하고 구축하는 행동 분석법은 '에츄드'와 연결되는데 실상 북한에서 에츄드는 행동 분석법에 의해 처음 시작된 것은 아니다.[34] 1950년대 북한 문헌에서도 에츄드에 관한 글이 발견된다. 1950년대에 북한은 재능 있는 청년들을 선발하여 모스크바와 레닌그라드 연극대학으로 유학을 보낸 바 있다. 공부를 마치고

---

33) 림철홍, 「국립 연극 극장의 연극 〈해바라기〉 창조 과정에서」, 『조선예술』, 1961.6.

34) 북한은 1960년대에 들어서서 작가가 완성된 희곡을 제시하는 방법과 배우들이 적극적으로 장면을 구상하는 방법을 병용한다. 후자의 방법은 공개적으로 소제목을 제시하고 이 소제 목에 맞게 배우들이 장면을 구상하는 형식이다. 『조선예술』은 지면을 통해 우수작을 선정 하기도 했다.

돌아온 청년들은 현장작업에 참여하였는데 이 중에는 1960년대 연출가로 입지를 굳힌 김덕인도 포함되었다. 행동 분석법의 옹호자인 김덕인의 1950년대 작업 기록이다.

무대련습으로 들어가면서부터는 잡다한 출입을 금하기 위해 전체 문들을 다 닫아 걸고 오직 연기자들의 출입을 위한 문만 열어 놓고 련습에 돌입했다. 그리고 련습 과정에는 연출가로부터 생생한 상상력의 발동을 위해 풍부한 생활 자료들을 제공받았으며 끊임없는 에튜드를 통하여 체험하는 연기들의 련마를 부단히 할 수 있었다.[35]

1960년대 이전부터 북한에서는 연습과정에서 에튜드가 적용되었고 이 훈련법은 배우의 즉흥성과 상상력에 기초했다. 1960년대 북한 연극계에서 주연급으로 활동한 배우 박경애와의 인터뷰는 1960년대에 실행된 북한 에튜드의 실체를 알려준다.

이렇게 했지, 극장에서 거 객석에 연출가랑 모든 배우들이 다 모였는데, 나보고 무대위에 올라가라 그래. 그래 올라갔지. 그랬더니 연출가가 '잔디밭이다, 걸어라' 그래서 걷고, 그 다음엔 뭐 '나비다, 나비를 잡아라' 그래서 금새 나비를 잡고 (…중략…) 내 다 받아먹었어. 주는 대사 다 받아먹어서 거기 모인 배우들 다들 놀랬지.[36]

---

35) 황철 외, 『생활과 무대』, 평양: 국립출판사, 1956, 117쪽.

36) 박경애, 필자와의 인터뷰, 2011년 4월 2일, 대학로 오솔길 북까페, 2시 30분~5시, 보이스레코더 녹음, 1 : 1 만남. 박경애(가명)는 탈북 연극인으로 1960년대 북한 연극계에서 주연급으로 활동했다. 박경애는 구체적으로 1960년대 북한 연극의 실제에 대해 필자에게 많은 정보를 제공하여 주었지만 탈북 연극인의 신변보호를 위해 구체적인 사항을 생략해야 하는 아쉬움을 밝힌다.

박경애는 1960년대 북한의 에쮸드 훈련을 이와 같이 구체적으로 설명한다. 모든 배우들이 모인 상황에서 연출가는 한 배우를 지명하여 무대 위에 올라가게 한 후, 즉석에서 상황을 주고 무대 위에 올라간 배우는 상상력을 발휘해 움직여야 하는 것이다. 그렇다면 이 같은 에튜드가 행동 분석법에서 어떻게 활용되었을까? 조금 우회하여 살펴볼 필요가 있다. 북한은 해방 직후부터 문학예술인들의 현장체험을 정책적으로 장려한 바 있는데, 특히 1960년대에 들어서 천리마 운동과 함께 현장체험은 더욱 강조되었다. 김일성은 교시를 통해 문학예술인들에게 "공장이나 농촌에 내려가 그들의 생활을 구체적으로 잘 연구"할 것을 거듭 강조했는데[37) 에튜드는 이러한 사회적 분위기와 맞물려 현장체험을 적극적으로 수용해 나간 것으로 보인다. 당시의 상황을 알기 위해 다소 길지만 〈붉은 선동원〉의 연기 관련 글을 인용해보기로 한다.

현지에 도착한 다음 날부터 그들은 하루에 네댓 시간을 자는 일과를 짜고 현지 생활을 시작했다. 조합원들과 꼭같이 일하면서 현실 체험을 위한 사업들을 조직해야 하는만큼 그래도 시간은 아깝기만 했다. 그들은 점심 시간부터 오후 5시경까지 연기 습작(에튜드)을 했고 밤에는 주로 조합원들과 담화를 했다. (…중략…)

—'공개 당 총회'라고 제목한 연기 습작을 하게 되어 있던 어느 날이였다. 공훈 배우 박영신(최 진오의 처 역을 담당했었다)은 민주 선전실에 먼저 와서 한 구석에 웅크리고 앉아 있었다. 느닷없이 요란스럽게 문이 열리더니 "왜 아주머니 혼자 왔소" 하는 공손치듯한 추궁조의 물음 소리가 그의 가슴을 덜컥 내려 앉게 했다. 소리를 지른 사람은 관료주의'기가

---

37) 김일성, 『김일성 저작집』 14·15·16, 평양: 조선로동당출판사, 1981, 454~455쪽.

있는 작업반장(강 로석 분)이였다. 그는 "...네, 령감이 평양갔다 온다고 하더니 아직 오지 않아서 혼자 왔시다..." 하고 더듬더듬 대답을 했다. 밖에서는 복선(유 경애 분)이가 누구인가와 또 와자지껄 싸움질을 하면서 소란스러운 분위기를 조성하고 있다.[38)]

북한의 창작단은 현지에 나가 농민과 노동자를 도우면서 연극연습을 진행했는데 에츄드가 진행되는 방식은 먼저 상황을 연출부가 제시하여 주는 것이다. 예를 들면 위의 글과 같이 '공개 당 총회'라는 제목을 연출가가 제시한다. 배우 박영신과 강로석이 만나는 장면인데 위의 글만으로는 어디까지 배우와 연출가가 합의한 것인지는 확실하지 않다. 실상 즉흥은 단일한 장면에서도 수많은 경우의 수가 가능하다. 예를 들어, "왜 아주머니 혼자 왔소"라는 대사를 연출부에서 강로석에게 줄 수도 있고, 이 대사조차 강로석이 창조한 것일 수도 있다. 그러나 어떠한 경우든 적어도 박영신은 강로석이 "왜 아주머니 혼자 왔소"라는 추궁식의 대사를 사전에 알지 못했음은 분명하다. 박영신은 웅크리고 앉아 있었고 그 가운데 갑자기 요란하게 문이 열리며 추궁조의 말을 듣자 자신도 모르게 "령감이 오지 않아서 (…중략…) 혼자 왔시다"라고 변명을 한다. 이 방식의 장점은 생동감이다. 만약 책상에서 배우가 머리로만 생각했다면, 벌컥 열린 문의 압박을 실제로 느끼지 못했을 것이며, 그에 따라 자신도 모르게 한 이 대사는 생각나지 않을 수 있다. 행동 분석을 시도한 이유는 이와 같은 생생함을 무대에 옮기고자 하는 의도였던 것이다. 그렇다면 이 같은 에츄드를 통한 대사는 공연에 반영되었을까? 〈박길송 청년 돌격대〉의 한 장면을 보기로 한다.

---

38) 본사기자, 「연극 〈붉은 선동원〉 창조과정을 중심으로」, 『조선예술』, 1962.1.

배우 집단은 이러한 비상한 각오를 가지고 창작에 참가하였다. 배우들은 상반 학기 예술 학습 제목 역시 '광산 천리마 기수'로 잡았다. 이것은 그들이 의식적으로 생활에 침투하려는 적극성의 포징이다. 그리하여 여섯 개 조로 나뉘여진 연기 습작(에츄드)조에서 탐구된 소재들에 근거하여 작품은 대담하게 구상되였다.

원래 창작 그루빠의 구상에는 3막의 집 장면이 없었다. 그런데 한 연기 습작 조에서 '돓날'이라는 장면을 들고 나왔다. 즉 주인공 형석이의 첫아들의 돌날 장면인 것이다. 아들 철이에 대한 태도를 통하여 형석의 인간성은 어떻게 발현될 것인가? 그의 동지들은 이 날을 어떻게 축하하는가? 이 모든 것이 대사화되고 연기되였다.

창작 그루빠는 이 발기를 창작에 반영하고 대담하게 구상을 뜯어 고쳤다. 이리하여 3막―집 장면은 설정되였으며 이를 통하여 지하의 영웅들의 갱 밖에서의 랑만에 찬 생활을 그리는 데로 육박하였다.[39]

〈박 길송 청년 돌격대〉의 창작인들은 몇 개 조로 나누어 각자 에츄드를 실시했다. 그 중 한 조가 '돌낮'이라는 제목으로 즉흥극을 실시했고 그 과정에서 생생한 대사를 획득할 수 있었다. 에츄드에서 획득한 대사와 행동은 대본에 없었던 한 장면의 구축까지 발전된 것이다. 김용완은 거듭하여 이 장면뿐 아니라 배우들이 창작에 있어서 기여한 사실을 고평한다. 김용완은 작품의 "창식이가 혁신자로 되기 위하여 헌신적으로 일한 뒤에 어머니가 등장하는 장면도 배우들의 실기에서 발굴된 것이며 3막에서 창식이를 타이르는 어머니의 행동도 배우들의 의도"였음을 강조하며 에츄드의 강점을 부각시킨다.[40] 최종 공연의 장면들이 에츄드에서 찾아졌다는 것이다. 물론 이 글만으로 에츄

---

39) 김용완, 「집단적 현실 침투와 창조」, 『조선예술』, 1962.1.
40) 위의 글.

드를 통한 대사와 장면 구축이 일반화되었다고 말할 수는 없다. 그러나 다음 경희극 〈청춘의 활무대〉의 연출과정 역시 에츄드의 적극적 활용을 잘 말해준다.

나는 배우들의 실기 훈련을 지도하면서 등장인물들의 성격에 더 적합한 대사들을 생각해 냈다. 나는 매장마다 배역들의 적절한 즉흥 대사와 내가 생각해 낸 대사를 낱낱이 연출 일기에 기록하여 두었다가 작가에게 넘겨 주었다. 작가는 어느 하나 거부하지 않고 다 접수하여 주었다. 나는 배우와 연출 작업에서 얻어진 대부분의 대사를 그대로 희곡에 집어 넣을 것을 제한하면서 그 뜻을 작가에게 전달하고 모든 대사를 작가의 희곡의 양상을 보장토록 하였다.[41]

이와 같이 경희극 〈청춘의 활무대〉의 연출가는 배우에게 실기 훈련을 시키고 그 과정에서 도출된 즉흥대사와 연출가 자신이 생각해낸 대사를 낱낱이 기록하였다고 한다. 그리고 이 대사를 작가에게 넘겨주어 작가는 이 모든 대사를 다 수용하면서 희곡에 반영하였다. 물론 모든 작업이 이와 같이 이루어졌다고 말할 수는 없다. 연출가와 창작 환경에 따라 다양한 변용과 적용이 있었을 것이다. 그러나 현장체험과 에츄드를 통해 도출된 생생한 대사는 직·간접적으로 공연에 반영되었음은 확실하다. 특히 "지난 시기 배우 육성을 위한 전문적 수업을 총화해보면 배우의 심리 육체 기술(배우 수업)을 배양하는 문제와 역형상 창조의 과학적 방법을 수립하는 문제, 그리고 상기 두 문제의 요구로부터 제기되는 극장 예술에 대한 과학적 리론을 확립하기 위한 과업이 필연적으로 제기"되었다는 총평은 새로운 방법이 적극적으로

---

41) 정리일, 「경희극 〈청춘의 활무대〉의 연출과정을 더듬어 보면서」.

수용·도입되었음을 시사한다.[42] 그런데 행동 분석법도 분석의 한 방법일 뿐인데 그에 대한 부작용은 없었을까? 새로운 방법에 익숙하지 않은 배우들은 불편할 수 있기 때문이다. 학교를 갓 졸업한 북한의 젊은 연출가들이 행동 분석법을 활용하면서 느낀 어려움을 보기로 한다.

우리는 행동 습작의 방법으로 자기 작업을 진행하였다.

우리는 매 장에서 작가가 그려 놓은 극적 정황과 인물 호상 관계 등에 기초하여 행동 습작의 길에 들어섰던 것이다. (…중략…)

그러나 여기에는 이 방법이 익숙지 않아 난처해 하는 동무들이 없지 않았다. 허지만 우리는 연기자들로 하여금 불원간에 이 작업 방법에 익숙될 것이며 그렇게 되면 이 방법은 이것 대로의 우월한 진가를 나타내리라는 데 대하여 굳게 확신할 수 있었다.

그것은 비록 짧은 경험이나마 우리가 대학에서 직접 해 보고 실지 무대를 통하여 실증해 온 것들이기 때문이다.[43]

박대서·변경환·서창식은 행동 분석법을 적용하는 가운데 이 방법에 익숙하지 않은 배우들을 만났고 그것은 곧 어려움이었다고 토로한다. 더욱이 "이 방법을 접수한 동무들 중에서 벌써부터 형상을 기도하며 그것대로 고정화시켜 나가려고 하는 편향"도 있어서, 이를 극복하는 또 다른 노력도 필요했다.[44] 그렇지만 이들이 행동 분석법을 계속 진행한 이유는 과학적인 창조를 위해서였다. 연극 작업에서 '과학적'이란 용어는 논란의 여지가 크다. 따라서 '과학적'이라는 본질적 질문

---

42) 신창규, 「(배우지식) 배우예술의 특성」, 『조선예술』, 1963.4.
43) 박대서, 「연극 〈두만강〉 연출수기」, 『조선예술』, 1963.3.
44) 위의 글.

보다는 북한에서 말하는 '과학적'의 의미를 보기로 하자. 다음은 연극 〈날개〉에 출연한 신인 배우에 관한 글이다.

　나는 연극 〈날개〉의 녀주인공인 한 경의 혁을 수행했습니다. (…중략…)

　그런데 내가 대사를 거침 없이 외우기 시작하던 사흘째 되던 날부터 연출가 동지의 나에 대한 요구성과 동지들의 태도는 달라졌습니다. 그들은 '왜 감정이 없는가' '왜 사색이 없는가?'고 하면서 내가 경희의 역 대사를 외울 때마다 하나하나 파고들면서 경희의 사상 감정을 세밀히 분석하는 것이었습니다. 이렇게 2~3일이 또 지나 갔습니다. (…중략…) 그는 나의 대사하나하나를 분석하면서 어느 단어에 가서 숨을 쉬고 어느 대목에 가서 힘을 주어야 하는지를 실지 행동으로써 가르쳐 주었습니다. (…중략…) 내가 행동 련습에 들어 서자마자 연출가는 '왜 얼굴에 표정이 없는가? 눈은 무엇을 생각하는가?'고 하면서 배우의 사색이 없이는 예술은 창조될 수 없다고 나무랐습니다. 나는 당황할 수밖에 없었습니다. 한 것은 내 딴에는 감정을 넣어서 하느라고 2장 강의실에 들어서면서 웃는 표정을 지었기 때문입니다. 그런데 연출가는 표정이 없다, 사색이 없다고 나무라지 않습니까? 그 순간 나는 연출가가 요구하는 표정이란 도무지 리해되지 않았습니다.[45]

북한 배우 역시 남한의 배우가 겪는 어려움을 동일하게 겪는 듯하다. 신인 배우의 '하느라고' 했는데 연출가는 '표정이 없다'고 나무랐다는 하소연이 재미있다. 연출가가 요구하는 표정이란 무엇인지 이해 못하겠다는 신인 배우의 난감함은 배우 경험이 있는 연극인이라면

---

45) 김기수, 「배우의 성장과 연출가의 역할」, 『조선예술』, 1963.3.

충분히 이해될 것이다. 김기수는 이와 같은 신인 배우의 수기를 옮기면서 다음과 같이 말한다.

> 얼마나 다급하고 무례하게 형상의결과를 강요하고 있는가? 여기에서는 (…중략…) 배우와의 작업을 통하여 그의 창조 체계와 예술적 독창성을 정성껏 가꾸어 주겠다는 교육가로서의 연출가의 고뇌는 엿보기 힘들다. (…중략…) 연출가에게 있어서 역에 대한 배우와의 작업—이는 작가의 문학적인 형상을 무대적인 형상으로 이행하는 과정이며 그와 함께 배우의 창조적 개성과 예술적 전망을 키워 주는 교육 과정이다.
> 그러므로 연출가들은 배우와의 작업에서 그를 억압하고 조급하게 자기의 연출 의도에 끌어들이는 데만 서두를 것이 아니라 사회주의 사실주의 연출 체계와 맑스-레닌주의 미학 리론에 기초한 과학적이며 론리적인 작업을 통하여 교사로서의 그의 창조를 계발시키기 위한 다각적인 방조를 주어야 할 것이다. 비과학적이며 주먹치기식 창조 현상들에 대해서는 철저히 배격할 때가 되었다고 생각된다.[46]

김기수는 배우에게 무언가를 강요하는 것은 연출가의 무례함일 뿐이라고 주장한다. 연출가는 배우의 창조적 개성을 길러주어야 하며 배우를 억압하고 연출가의 의도에 끌어들이는 것은 비과학적이라는 것이다. 연출가는 논리적인 작업을 통해서 다각도로 배우에게 도움을 주어야 하며 북한의 표현을 빌리면 주먹치기식의 강요적 연출법은 배격되어야 하는 것이다. 또한 1960년대 북한에서 지양되어야 할 연기는 "작가의 주정 토로를 구호식으로 전달하는데 머물러" 있는 연기였다.[47] 이에 비해 북한은 〈붉은 선동원〉에서 "연극의 주인공 리 선자

---

46) 위의 글.
47) 편집부, 「(천리마 시대와 우리 무대 예술) 위대한 생활력, 진실한 체험」, 『조선예술』,

(한 정숙 분)가 말하다가 돌발적으로 웃음 짓는다든가, 롱담 비슷한 허물 없는 어조로 선동 사업을 진행한다든가 무엇인가 깊이 생각할때 면 멍하니 서서 사색에 잠긴다든가 그러면서도 부정적 현상에 대해서 는 따끔하게 말하는 등의 형상적 세부"들은 도식과 유형을 벗어난 연기로 보았다.[48] 이 연기는 에츄드 작업에서 축적된 것이며, "얼빠진 사람 같은 인상을 주던 관필(강 효선 분)이가 그래도 자기 '주관'은 서 있는 청년으로 자라난 것 등"도 에츄드의 소득이었다.[49] 에츄드를 활용한 행동 분석법은 현장 체험에서 추출한 자료들을 토대로 극중 인물에 개성 있게 도달하는 방법인 동시에 배우를 억압하지 않는 '과 학적' 방법이었다.

4. 생산적 논쟁

김정일이 북한 문학예술계에 개입하기 이전, 특히 1960년부터 1960 년대 중반까지 북한 연극계에서는 새로운 연출방식인 행동 분석법이 등장하여 논쟁의 핵심이 되었다. 행동 분석법은 신진 연출가들을 중 심으로 각광받았으며 초과제, 최고 과제, 관통 행동의 분석, 나에서 역으로의 접근, 현장체험을 통한 에츄드의 활용을 그 특징으로 한다. 물론 행동 분석법은 1960년대 북한 연극계 전체에 보편적으로 행해진 연출법이라 하기에는 무리가 있다. 한백남이 "행동적 분석을 련습 첫 단계에서 적용하느냐 탁상에서 대사 련습을 적용하느냐 하는 창작 가의 태도 여하에" 따라 당시 북한 연극계의 연습법을 4가지 종류로

1962.11.
48) 본사기자, 「연극 〈붉은 선동원〉 창조 과정을 중심으로」, 『조선예술』, 1962.1.
49) 위의 글.

분류한 것을 참고하면, 행동 분석법은 4가지 연습법 중 하나일 뿐이다.50) 또한 행동 분석법의 정리와 정의도 북한 연극인들에 따라 다소의 차이점이 발견된다. 그러나 각각의 정리가 무엇이든 이 분석법에 그들이 주목한 이유는 행동 분석법이 분석 단계에서 배우와 인물 간의 거리를 좁히고, 즉흥을 통해 배우의 생생한 반응을 이끌어 내며, 배우를 강압하지 않는 과학적 방법이었기 때문이다. 1965년에 이르러 점차 소강된, 또는 북한식의 어떤 연출법으로 흡수·변용된 것으로 보이는 '행동 분석법'은 김정일이 성황당식 연극을 도입하기 이전 북한 연극계에 다양성, 끊임없는 탐구, 생산적 논쟁이 존재했음을 증명해준다.

---

50) 한백남, 「(우리 시대 연출가와 그의 작업) 런습 방법에 대한 생각(1)」, 『조선예술』, 1963.8.

12장 혁명연극의 담론과 실천

1. 담론과 감각

　북한은 김정일의 지시로 1978년 연극 〈성황당〉을 제작한 후 〈성황당〉을 모범으로 1984년부터 1988년까지 〈혈분만국회〉(1984), 〈3인1당〉(1984), 〈딸에게서 온 편지〉(1987), 〈경축대회〉(1988)를 완성한다. 이 4편의 작품은 북한에서 〈성황당〉(1978)과 함께 5대 혁명연극으로 지칭되며 김정일의 예술업적을 칭송할 때 대표 작품으로 언급된다. 이에 이 글은 〈성황당〉을 제외한 4편의 혁명연극을 공연적 관점으로, 즉 혁명연극 4작품이 창작된 시기의 문예담론을 간략히 검토하고 극중 인물, 연기, 무대적 관점에서 분석하고자 한다. 이를 위해 북한자료센터 소장의 〈3인1당〉, 〈혈분만국회〉, 〈딸에게서 온 편지〉, 〈경축대회〉의 DVD 자료를 일차적으로 탐색할 것이다. 30여 년 전의 공연을 현재의 시점에서 볼 때 평가의 객관성을 유지하는 것은 어려울 수 있다. 연기양식이나 무대장치 등에서 필자가 갖는 현 시점의 미학적 관점이 개입될 수밖에 없으며, 현재의 시점에서 본다면 대부분의 30여 년 전의 공연은 양식과 기술면에서 뒤쳐진 공연으로 읽히기 쉽다. 이를 방지하기 위해 북한 문헌을 적극적으로 활용하고자 한다. 혁명연극이 공연된 당시 북한의 평론가와 관객에게 공연은 어떻게 인식되었으며, 어떤 의미로 다가왔는지를 섬세하게 살펴본다면 객관적 분석에 접근할 수 있을 것이다. 본문은 등장인물, 연기, 무대에 초점을 두어 등장인물은 어떠한 배경과 특성을 갖는가, 배우는 어떻게 말하고 움직였는가, 무대는 어떠한 기법으로 제작되었는가에 답하며 전개될 것이다. 북한의 혁명연극을 감각적 측면에서 분석하는 이 글이 남한과 북한이 대화하려는 하나의 시도에, 서로의 특징에 대한 이해에 기여하기를 기대한다.

2. 문예담론: 주체와 민족

1980년대 북한의 문예담론에서 주목할 것은 단연 1986년 7월 15일 김정일의 「주체사상교양에서 제기되는 몇가지 문제에 대하여」이다.[1] 김정일은 주체사상과 민족을 관련지으며 주체사상의 중요성을 강조한다. 그렇다면 주체사상이란 무엇일까?

주체사상은 자주적으로 살며 발전하려는 인간의 사회적 본성에 맞게 자연과 사회와 인간을 철저히 개조하여 사람들을 세계와 자기운명의 완전한 주인으로 만들며 인류의 영원한 행복과 번영의 길을 밝혀주는 가장 완벽한 혁명 학설입니다. (…중략…)

---

1) 김정일, 「주체사상교양에서 제기되는 몇가지 문제에 대하여」, 『김정일 주체혁명위업의 완성을 위하여』 5권, 평양: 조선로동당출판사, 1988, 447~471쪽.

물질세계에서 주인의 지위를 차지하는 것은 자연이 아니라 인간입니다. 물질세계에서 인간은 유일하게 자주적 존재입니다.… 인간은 자연의 변화발전 법칙을 과학적으로 인식한 데 기초하여 자연을 자기요구에 맞게 개조하고 그것을 자기에게 복무하도록 만들어나가는 세계의 힘있는 주인입니다. 인간은 (…중략…) 자기운명을 자주적으로, 창조적으로 개척해 나가려는 사회적 존재입니다.[2]

김정일에 의하면 주체사상의 핵심은 자주성이다. 그는 동물이 자연의 한 부분이라면, 인간은 자연(환경)을 인식하고 그 환경을 자신의 의지에 따라 바꾸고 변화시키는 존재라고 설명한다. 인간은 자신의 운명을 창조해나가는 세계의 주인이며 사회적 존재라는 것이다. 물론 김정일이 주체사상을 최초로 주장한 것은 아니다. 주체사상에 대한 거의 동일한 설명은 1972년에 발견된다. 1972년 9월 일본『마이니치신문』에서 김일성은 주체사상이란 "한마디로 말하여 혁명과 건설의 주인은 인민대중이며 혁명과 건설을 추동하는 힘도 인민대중에게 있으며, 자기 운명의 주인은 자기 자신이며 자기 운명을 개척하는 힘도 자기 자신에게 있다"고 설명한 바 있다.[3] 김정일은 김일성의 주체사상을 그대로 이어간 것이다. 중요한 것은 그 맥락이 무엇이든 최근의 탈북인 역시 주체사상이 무엇이냐는 질문에 주저 없이 "내 운명의 주인은 나 자신"이라는 사상이라 답한다는 점이다.[4] 그렇다면 1970년부터 최근까지 북한에서 주체사상은 인간의 자주성, 즉 '내 운명의 주인은 나 자신'이라 믿는 철학임은 분명하다. 그런데 흥미로운 것은 동일한 글에서 '우리민족제일주의'라는 표현이 발견된다는 점이다.

---

2) 위의 글, 447~471쪽.
3) 정성장,『현대 북한의 정치: 역사·이념·권력체계』, 한울, 2011, 96쪽.
4) 김봄희(가명), 필자와의 인터뷰, 보이스레코더 녹음, 동국대학교, 2009.5.

세계혁명 앞에 우리당과 인민의 첫째가는 임무는 혁명의 민족적 임무인 조선혁명을 잘하는 것입니다. 우리나라혁명에 충실하자면 무엇보다도 자기민족을 사랑하고 귀중히 여길 줄 알아야 합니다. 나는 이런 의미에서 우리민족제일주의를 주장합니다. 우리민족이 제일이라고 하는 것은 결코 다른 민족을 깔보고 자기민족의 우월성만을 내세우라는 것이 아닙니다. (…중략…) 내가 우리민족제일주의를 주장하는 것은 자기민족을 가장 소중히 여기는 정신과 높은 민족적 자부심을 가지고 혁명과 건설을 적극적으로 해나가야 한다는 것입니다. 자기민족을 깔보고 남을 맹목적으로 숭배하는 사람들은 (…중략…) 주인다운 태도를 가질 수 없습니다.

김정일은 주체를 실현하기 위한 하나의 방편으로 우리민족제일주의를 제안한다. 그는 연이어 우리민족제일주의란 먼저 자기민족을 사랑하고 귀중하게 여기는 것, 민족에 대해서 높은 자부심을 갖는 것이라 설명한다. 남의 문화를 맹목적으로 숭배하는 것은 주인의식에 위배된다는 것이다. 북한에서 김정일의 지침은 경전 그 이상인바, 주체사상과 민족은 1980년대 북한문예계에서 핵심 코드로 부상할 수밖에 없다. 그렇다면 연극에서 주체와 민족성은 어떻게 실천되어야 했을까? 다음 글은 이에 대한 단서를 제공한다.

문학예술작품창작에서 조선민족제일주의를 구현한다는것은 우리 인민의 고유한 생활감정과 정서에 맞는 민족적형식에 인류사상발전의 최고봉을 이루는 주체사상을 담는다는것을 의미합니다. (…중략…)
조선사람에게는 조선음악이 제일이고 조선화가 제일이고 조선춤이 제일입니다. 문학예술부문에서는 우리 민족의 고유한 특성과 풍습을 무시하는 현상을 없애고 철저히 조선민족제일주의정신에 튼튼히 의거하여 우리 인민의 비위와 정서, 지향과 요구에 맞는 우리 식의 작품을 창작하여야 합니다. (…중략…)

　소설과 영화, 연극, 미술, 무용을 비롯한 다른 문학예술작품에서도 (…중략…) 우리 당의 주체사상을 구현한 민족적인것을 들고나가야[5]

　김정일은 조선민족제일주의를 구현한다는 것은 곧 문학예술작품에서 민족적 형식을 담는 것이라고 주장한다. 여기서 민족적 형식이란 전체적 맥락을 보면 우리 고유의 생활감정, 음악과 그림 등의 '전통적' 요소와 연관됨을 알 수 있다. 일례로 그는 같은 글에서 음악부분에서 조선민족제일주의를 구현하려면 민요를 발전시켜야 한다고 주장한다. 우리나라의 민요는 우리 인민의 민족적 정서와 생활감정에 맞는 대표적인 예술의 한 종류이기 때문이라는 것이다. 그는 더나가 우리 민족의 우수성을 거듭 강조하며 "우리 민족은 예로부터 정의감이 강하고 진리를 사랑하며 의리를 귀중히 여기고 동정심이 많으며 례절이 밝고 겸손한 품성"을 지녔다고 까지 역설한다. 민족에 대한 강조가 감지되는데, 2년 후인 1989년 12월에 발표된 김정일의 「조선민족제일주의정신을 높이 발양시키자」는 이와 관련하여 주목을 요한다.

　민족성은 민족이 계승하는 전통에 체현되며 그에 기초하여 높이 발양됩니다. 따라서 전통을 무시하는것은 결국 민족성을 무시하는것으로 됩니다.

　전통을 계승하는데서 가장 중요한것은 영광스러운 항일의 혁명전통

---

5) 김정일, 「작가, 예술인들 속에서 혁명적 창작기풍과 생활기풍을 세울데 대하여」, 조선로동당 선전부 책임일군들 및 문학예술부문 일군들과 한 담화, 1987.11.30; 『김정일선집』 9, 평양: 조선로동당출판사, 1997, 87쪽.

을 계승하고 구현하는것입니다. (…중략…) 우리는 우리 민족이 창조한 민족문화 유산과 전통을 오늘의 사회주의현실에 맞게 계승발전시킴으로써 민족적형식에 사회주의적내용을 담은 민족문화를 더 잘 건설하며 우리 인민의 고유한 민족성을 잘 살려나가야 하겠습니다.6)

이 글은 북한의 연극이 주체와 민족에 관련하여 어떻게 전개될지를 잘 말해준다. 김정일은 명백히 전통을 계승하면서 항일의 혁명정신을 계승하라고 지침을 내린 것이다. 연이어 그는 민족의 전통을 그대로 답습하지 말고 오늘의 현실에 맞게 발전시킬 것을 당부하며 예술작품의 형식에서 민족성을 유지하고 사회주의적 내용을 담으라고 강조한다. 이러한 담론은 북한 외부의 정치적 변화와 관련 있다. 동구 사회주의가 붕괴되던 1989년 말 조선민족제일주의의 강조는 외부의 위기를 극복하기 위한 방편이었다. 극단적으로 말하면, 외부의 변화로부터 체제를 지키기 위해 민족주의를 내세워 생존의 방향을 모색했다고 할 수 있다. 그러나 이 글이 주목하고자 하는 것은 주체와 민족이 담론으로 내세워진 배경이 아니라, 그 담론에 의해 공연의 실제에서 무엇이 어떻게 전개 되었는가 이다.

1980년대에 완성된 혁명연극 〈혈분만국회〉, 〈3인1당〉, 〈딸에게서 온 편지〉, 〈경축대회〉에서 김정일의 문예담론은 어떻게 구체화되었을까?

---

6) 김정일, 「조선민족제일주의정신을 높이 발양시키자」, 조선로동당 중앙위원회 책임일군들 앞에서 한 연설, 1989.12.28; 『김정일선집』9, 평양: 조선로동당출판사, 1997, 462~463쪽.

3. 공연에서의 실천양상: 인물(人物), 연기(演技), 무대(舞臺)

3.1. 현재적 자주성과 결함 있는 주인공

김일성과 김정일이 주장하는 주체철학은 자기 운명의 주인은 자기 자신임은 앞에서 언급한 바 있다. 그렇다면 자기 운명의 주인이 자신이라는 철학을 담은 작품이란 곧 외부의 어떤 시련에도 굴하지 않는 인물, 주제, 소재의 구현이다. 국립연극단이 공연한 〈혈분만국회〉는 주인공 리준이 독립을 위해 만국평화회의에 참석하지만 미국의 배신으로 뜻을 이루지 못하고 자결하는 내용이다. 작품을 보면 〈혈분만국회〉는 리준의 독립운동뿐 아니라 미국의 배신에 방점을 두고 있음이 확인된다. 북한의 "주인공인 애국지사 리준의 우여곡절에 찬 운명을 통하여 외세의존은 망국의 길이라는 진리를 심오히 밝혀"낸 작품이라는 설명이 말해주듯[7] 〈혈분만국회〉는 확실히 미국에 대한 반감을 의도한 국가기획이다. 그렇다면 북한의 관객은 어떻게 보았을까? 북한 관객 리대철의 글을 보기로 한다.

혁명연극 〈혈분만국회〉는 국권회복을 이룩하기 위한 참다운 길을 찾지 못하고 몸부림치던 리준이 큰 나라에 기대를 걸고 '만국평화회의'에 참가하였으나 뜻을 이루지 못하고 배를 가르는 피의 력사적교훈을 통하여 자주성을 위한 투쟁에서 무엇을 믿고 어떻게 투쟁해야 하는가 하는 문제에 심오한 예술적해답을 주고있다. 다시 말하여 연극은 외세의존은 망국의 길이며 오직 자주정신만이 나라의 자주권을 지킬수 있다는 심오한 진리를 밝히고 있다.[8]

---

7) 『조선중앙년감』, 1985.

8) 리대철, 「력사의 교훈을 통하여 자주의 진리를 밝힌 불멸의 화폭: 혁명연극 〈혈분만국회〉에

리대철에 의하면 〈혈분만국회〉가 의미 있는 이유는 역사의 교훈을 통해 자주성을 위해 투쟁하기 위해서 무엇을 믿어야 하는가에 대한 해답을 제시해 주기 때문이다. 〈혈분만국회〉의 중요성은 미국의 형상을 통하여 제국주의자들의 위선에 절대로 속지 말아야 하며 환상과 기대를 갖지 말아야 한다는 점을 밝힌 것에 있다. 그들의 표현에 의하면 '미제국주의의 위선'을 폭로한 공이 큰 것이다. 이 작품의 배경은 1900년대 초 일제 강점기이다. 적대적 대상으로 일본이 등장함은 쉽게 이해할 수 있는데 굳이 적대적 대상에 미국을 놓은 이유는 무엇일까? 또 다른 북한 관객의 관평은 이 질문에 대한 단서가 될 수 있다.

> 나는 혁명연극 〈혈분만국회〉를 보면서 (…중략…) 미일제국주의는 결코 독립을 선사하지 않는다는것과 자기 힘을 믿지 않고 남에 대한 환상을 가지면 인간이 비극적운명을 면치 못하며 민족이 망국노가 된다는 진리를 다시한번 절통하게 느끼였다. (…중략…)
>
> 오늘 미제국주의자들은 범죄적인 '두개조선' 조작책동에 집요하게 매달리면서 남조선에서 무너져가는 식민지통치를 유지하며 되살아난 일본군국주의를 본격적으로 끌어들이기 위한 책동을 더욱 악랄하게 감행하고 있다. (…중략…)
>
> 미일제국주의자들의 공모결탁에 의한 조선침략이 감행된 때로부터 많은 세월이 흘렀다. 이 기간세대는 수없이 바뀌였지만 혁명의 과녁은 결코 변하지 않았다.9)

관객 안종두는 〈혈분만국회〉를 보면서 '오늘'과 관련지어 평을 한

　　　대하여」, 『조선예술』, 1984.6, 4쪽.
9) 평양 제2사범대학 학부장 안종두, 「(반항) 세대는 바뀌였어도 혁명의 과녁은 변하지 않았다」, 『조선예술』, 1984.7, 67~68쪽.

다. 오늘도 미제국주의자들이 남한을 통치하고 있다는 것이다. 북한 문화예술지도부 장국범 역시 이와 맥을 같이 한다. 그는 〈혈분만국회〉가 시대와 역사의 진리를 깊이 밝혀주었다고 상찬하면서 "오늘 남조선은 피맺인 력사에서 교훈을 찾을 대신에 우리의 공명정대한 3자회담제한을 한사코 반대하면서 나라를 미제의 식민지로 전락시키고 분렬에로 이끌어가고" 있으며, "일제의 식민지통치하에서 신음하던 남조선인민들은 오늘은 또다시 미제의 군화밑에서 굴욕과 천대를 받으며 신음하고 있다"고 주장한다.10) 이 주장의 시비를 가리는 것은 이 글의 목적이 아니다. 이 글이 주목하는 것은 〈혈분만국회〉가 북한에서 의미 있는 이유는 북한의 입장에서 바라보는 동시대의 남북한과 남미관계를 폭로하기 때문이라는 점이다. 〈3인1당〉에서도 이 같은 맥락이 발견된다. 〈3인1당〉은 조선 말기의 당쟁을 주제로 한다. 전체적으로 배우의 희극적 연기가 돋보이며 〈혈분만국회〉와 같이 주적은 직접적으로 보이지 않는다. 그런데 북한의 김동범은 〈3인1당〉의 당쟁 해결방안을 '김일성 중심의 단결'로 결론짓는다.

위대한 수령님을 단결의 중심으로 높이 모시였기에 우리 나라는 분렬과 파쟁으로 얼룩졌던 비운의 력사에 종지부를 찍고 조선혁명의 고질적 암으로 되어오던 종파를 뿌리채 뽑아버릴수 있었으며 친애하는 김정일 동지의 현명한 령도가 있었기에 오늘 우리 인민은 위대한 수령님을 중심으로 하는 하나의 사회정치적 생명체가 되어 오직 혁명승리의 한길을 따라 힘있게 전진하고 있다. 혁명연극은 (…중략…) 목숨보다 귀중한 단결의 전통에 대하여 깊이 알게 해주며 일군들에게 혁명적 의리와 충성의 한마음을 안고 일하며 살도록 힘있게 고무해주고 있다.11)

10) 문화예술부 지도부 장국범, 「외세의존은 망국의 길이다」, 『조선예술』, 1984.7, 69쪽.
11) 홍국원, 「(관평) 력사의 교훈으로 단결의 진리를 깨우쳐주는 명작: 혁명연극 〈3인1당〉에

홍국원은 과거 분열로 얼룩진 역사가 현재 김일성에 의해서 단합되었으며 김일성과 김정일의 훌륭한 지도가 있었기에 북한은 하나의 길로 전진한다고 말한다. 그리고 〈3인1당〉은 이 점을 잘 말해주었다는 것이다. 실상 영상으로는 〈3인1당〉과 김일성을 연관시키는 것은 무리이다. 하나의 풍자극일 뿐이다. 그럼에도 북한은 굳이 김일성과 연관시키는 것이다. 그렇다면 국권회복이나 당쟁이 소재가 아닌 혁명연극 〈딸에게서 온 편지〉(1987)는 북한에서 어떻게 읽혀질까? 〈딸에게서 온 편지〉는 딸이 보낸 편지를 읽지 못하는 아버지를 희극적으로 그린 작품이다. 교원 엄정희의 글을 보기로 한다.

나는 혁명연극 〈딸에게서 온 편지〉를 보고 실로 깊은 감동을 받았다. (…중략…)

현시대는 고도로 발전된 과학기술의 시대이다 (…중략…) 나는 자라나는 새세대들에게 인류가달성한 과학과 기술을 배워줄 사명을 지닌 교원으로서 혁명하는 사람에게 있어서 학습을 첫째가는 의무로 내세울데 대한 당의 요구를 얼마나 깊이 관철했는가를 돌이켜보게 된다. (…중략…)

혁명연극 〈딸에게서 온 편지〉는 나에게 이러한 량심적가책을 안겨주면서 나의 본신혁명과업인 후대교육사업에서 성과를 거두기 위하여 우선 자신의 실무능력부터 높여야 하겠다는 결의를 다지게 한다.

그럴 때만이 내가 가르치는 학생들에게 더 많은 지식을 심어줄수 있을것이며 온 사회의 인테리화방침 관철에 힘있게 이바지할수 있을 것이다.12)

대하여」, 『조선예술』, 1984.11, 15~16쪽.

12) 김형직사범대학 교원 엄정희, 「(반향) 배움에 대한 참다운 교훈」, 『조선예술』, 1987.8, 55~56쪽.

교원 엄정희는 동시대(1980년대)를 고도로 발전된 과학기술의 시대로 본다. 북한은 1980년대에 과학과 기술교육을 강조한 바 있다. 〈딸에게서 온 편지〉는 동시대의 '배워야 한다'는 교훈과 맞물려 있는 것이다. 그럼으로써 북한 인민은 "주체사상을 높여나감으로써 어버이수령님과 친애하는 지도자동지를 충성으로 높이 우러러 모시기 위하여 억세게 싸워"[13] 나가야 한다. 그렇다면 주체사상, 즉 자주성은 1980년대 북한의 선결과제와 생존전략에 맞닿아 있는 동시대적 자주성인 것이다.

이와 더불어 재미있는 것은 주인공의 조건이다. 〈혈분만국회〉는 역사물의 일종이며, 이 작품에 대한 『조선예술』(1984.6)의 극찬은 작품의 위상을 충분히 대변한다. 그런데 북한의 관점에서 이 작품이 우수한 이유는 주인공인 독립운농가의 약점을 그대로 노출시켰기 때문이다.

혁명연극 〈혈분만국회〉는 정당하게도 리준의 사상적 및 계급적 제한성과 혁명전통의 계선밖에 놓이는 선행한 시기의 독립운동의 약점을 력사적사실 그대로 해부학적으로 보여줌으로써 우리 혁명의 력사적뿌리이며 만년초석을 이루고있는 항일혁명전통의 위대성을 가슴뜨겁게 느끼게하였다.[14]

이같이 리대철은 〈혈분만국회〉가 우수한 작품인 이유로 독립운동가의 약점 노출을 든다. 일반적으로 그려지는 주인공의 영웅적 행동이나 뛰어난 책략이 아니라 약점의 노출이 우수한 작품을 만들었다는 것이다. 그렇다면 김일성 주도의 항일운동의 위대성을 돋보이게 하기

---

13) 문화예술부 지도부 장국범, 「외세의존은 망국의 길이다」, 69쪽.
14) 리대철, 「력사의 교훈을 통하여 자주의 진리를 밝힌 불멸의 화폭: 혁명연극 〈혈분만국회〉에 대하여」, 7쪽.

위해서, 김일성 주도의 항일운동 작품과(혁명전통물) 김일성이 주도하지 않는 항일운동 작품은(일반 역사물) 구분되어야 하는 것일까? 다행스럽게 이 질문에 대한 답이 될 수 있는 글이 발견된다. 다음은 리령의 주장이다.

> 만일 일반력사물창작에서 (…중략…) 그의 반일애국사상이나 불굴의 의지 등을 일면적으로 강조하면서 그의 풍격을 마치 위대한 수령님께 무한히 충직하였던 항일혁명투사처럼 높여놓는다면 과연 어떤 결과를 가져오겠는가.
> 두말할 것도 없이 그렇게 될 때에는 일반력사물과 혁명전통물의 계선이 모호해질뿐아니라 혁명전통에 수령의 혁명력사와 인연이 없는 것이 끼여들수있으며 혁명전통의 순결성을 보장할수 없는 엄중한 후과까지 가져올수 있다.[15]

이같이 리령은 항일혁명 역사물과 일반 역사물을 확연히 구분한다. 동시에 그는 일반역사물에서 주인공의 능력과 풍격은 절대로 김일성과 동일선상에 있어서는 안 된다고 강조한다. 김일성이 등장하기 이전의 항일운동은 그 나름의 의미가 있지만 한계가 있으며 작품은 그 점을 분명히 밝혀야 한다는 것이다. 그렇지 않으면 김일성 주도의 항일운동이 순결성과 위대성을 훼손 받는다는 것이다. 혁명연극에 등장하는 인물들은 김일성과 같이 완전한 인간이 아닌 반드시 결함 있는 인간이어야 하는 것이다. 김일성의 위대함을 강조하기 위해서이다. 이같이 북한에서 혁명연극의 자주성이라는 주제는 동시대적 자주성이며 등장인물의 기본 조건은 김일성의 탁월한 지도력을 강조하기

---

15) 리령, 「혁명전통물과의 계선을 똑바로 긋고 형상하는 것은 일반력사물창작의 근본요구」, 『조선예술』, 1984.7, 46쪽.

위해 용감하고 애국적이지만 김일성보다 의식수준이 낮아야 하며 한계가 있는 인물인 것이다.

3.2. 현실적·개성적·운문적 화술의 연기

북한은 주체를 강조하는 동시에 공연에서의 민족적 정서와 현대적 미감을 강조한다. 그렇다면 연극의 꽃이라고 할 수 있는 연기(演技)에서 이 요소는 구체적으로 어떻게 실천되었을까? 영상자료로 확인할 때 〈혈분만국회〉에서 전개되는 북한 배우의 연기는 부분적 과장은 있으나 비교적 현실적이며 사실적이다. 그런데 이것은 수차례의 시행착오를 거쳐 완성된 연기라는 다음 글이 흥미롭다. 작업 초반에 주인공 리준을 구축하면서 실수를 범했다는 리령의 글을 보기로 한다.

> 우리는 리준의 (…중략…) 용감한 애국적거사를 지나치게 과대평가하면서 그의 애국적인 성격일면만을 부각하는데로 형상을 집중시키려는 연출적인 의도를 세우고 그것을 배우에게 요구하였다.
> 또한 연출작업에서 생활속에 발을 붙인 주인공을 그린것이 아니라 (…중략…) 사회적인 관계속에서만 주인공의 성격을 추구하려고 하였다.[16]

연출가 리단은 작업 초반 리준의 인물구축에서 살아 있는 인간보다는 애국적인 성격만을 지나치게 부각하였다고 고백한다. 즉, 현실성이 결여되고 영웅적 일면이 극히 강조된 비현실적 인간으로 리준은 작업 초반에 구축된 것이다. 그런데 현실적 인물 구축이 현대성이라는 북한의 주장이 주목된다. 다음 글을 보기로 한다.

---

16) 인민배우 리단, 「산 인간성격의 창조와 연출가의 자세」, 『조선예술』, 1984.6, 69쪽.

문학예술작품이 력사적사실을 반영함에 있어서 력사주의적원칙과 현대성의 원칙을 지킨다는 것은 력사적 인물과 사건을 과장하거나 왜소화함이 없이 해당시기에서의 그의 긍부정적측면을 정확히 고찰하면서 그것을 우리 시대의 요구를 해결하는데 이바지하도록 하는 견지에서 분석평가하고 현대적미감에 맞게 그린다는 것을 의미한다.[17]

이같이 김정일은 현대성의 원칙이란 '인물이나 사건을 과장하지 않는 것'이라고 주장한다. 인물에 대한 정확한 관찰과 구현이 현대적미감이라는 것이다. 그렇다면 현실에 있음직한 인물이 전개하는 연기, 보다 구체적으로 과장되지 않는 화술과 움직임은 무엇일까? 현재의 시점에서 〈혈분만국회〉의 연기를 평하면 북한이 선전할 정도의 연기라 말하기는 어렵다. 주인공 리준은 리단의 주장에도 불구하고 화술의 음조와 음색에서 영웅적 과장이 배어 있기 때문이다. 그러나 30년 전인 1984년에 제작되었음을 고려하면, 다음의 상찬은 어느 정도 인정할 수 있다.

말형상에서 배우는 처음부터 타고난 기성인물의 위치에 선 도도한 인물의 말투로 형상한것이 아니라 일제에게 주권을 빼앗긴 울분과 설음으로 땅을 치며 통곡도 하고 하늘에다 대고 웨쳐도 보는 존재없는 우국지사로서의 말로 진실하게 형상하였다. (…중략…)

배우는 땅속까지 잦아질듯 척 늘어진 몸자세와 다 풀리고 김빠진 낮은 목소리바탕에 깊은 들숨을 몰아내쉬는 한숨소리와 함께 울분섞인 소리, 느린 속도의 억양으로 대사를 형상함으로써 막전 뒤생활과 그의 심리세계를 인상적으로 부각시켰다.[18]

---

17) 장영, 「력사물창작에서 인물의 전형화 문제: 혁명연극 〈혈분만국회〉를 중심으로」, 『조선예술』, 1984.9, 69쪽.

이 글은 〈혈분만국회〉 이전의 연기와 이후의 연기를 알게 해주는 중요 자료이다. 북한 연극에서는 일반적으로 배우가 애국지사를 도도한 목소리와 장중한 움직임 등으로 연기한 듯 보인다. 그런데 영상으로 볼 때 〈혈분만국회〉에서 주인공 리준의 화술은 도도함은 벗어난다. 배우는 호흡을 이용하여 한숨소리, 울분 섞인 소리, 느린 소리 등을 구사하는데 이로써 사실적 화술에 접근한다. 화술은 물론 움직임과 함께 가는데, 사진을 통해 몸동작을 보기로 한다.

옆의 사진은 1장의 장면은 아니지만 살펴볼 가치가 충분하다. 이 장면은 리준이 국권회복에 대한 희망을 잃고 땅을 치며 통곡하는 장면이다. 배우는 무대에서 영웅적 모습으로 앉아 있지 않는다. 사진과 같이 영상에서도 바닥에 비스듬

출처: 『조선예술』, 1984.6.

히 주저앉아 현실성을 강조한다. 리준의 옆에 있는 두 인물 역시 리준을 향해 비스듬히 앉음으로 초점을 몰아주어 전체적인 장면이 자연스러워지는 데 일조한다.

이같이 비교적 다양한 화술 시도와 입체감을 주는 연기의 전개는 아내와의 대화 장면에서도 일부 드러난다. 리준의 역을 맡은 배우 김용범은 아내와의 대화 장면에서도 북한의 표현에 의하면 '소리빛갈', 남한의 표현에 의하면 '음색'을 활용한다. 배우는 음색에 적합한 떨림(vibration)을 활용하는데 화술에서 음조·떨림·볼륨의 활용은 연기의 기본인바, 북한 배우 김용범 역시 이 같은 화술의 기술을 활용하여 현실감을 증가시킨다. 화술의 기술을 사용하는 것은 주인공에 한

---

18) 조창종, 「시대와 인물의 성격에 맞는 우수한 화술형상: 혁명연극 〈혈분만국회〉의 화술형상에 대하여」, 『조선예술』, 1984.6, 63쪽.

정되지 않는다. 북한은 서대감역을 맡은 한진섭 역시 다채로운 화술을 전개했다고 주장한다. 연로한 한진섭은 "자신의 연로한 생리적 특성을 오히려 역인물의 성격에 맞게 통일시키면서 3장 서대감의 집 장면에서 대청마루의 술상을 마주하고 술을 마시며 하는 대사를 탁하게 갈린 듯한 낮은 목소리바탕에 울음 섞인 말투로, 왜놈에게 국권을 빼앗긴 울분을 상감마마의 처지를 동정하는 감정으로 형상함으로써 임금에게 '충성'다하는 그의 계급적 본질을 잘 표현"하였다고 평가받는다.[19] 실상 연기에 대한 평가는 주관성이 개입될 수밖에 없다. 영상으로 확인할 때, 이 장면에 대한 북한의 칭송은 다소 과장된다고 하겠다. 그러나 한진섭이 비교적 다채로운 소리를 활용하는 것은 인정할 수 있으며, 작품의 제작 시기를 고려한다면 '다채로움' 그 자체만으로도 주목받을 수 있었을 것이다. 다양한 화술과 움직임은 곧 인물의 개성과 연관될 터, 개성적 인물구축은 특히 〈3인1당〉에서 돋보인다.

옆의 사진은 〈3인1당〉의 한 장면이다. 사진에서 알 수 있듯이 세 정승의 움직임은 현실적·사실적이라기보다는 과장된 움직임이다. 작품 자체가 풍자극이기에 연극적 과장은 전제되어 있었을 것이다. 그런데 그 연극적 과장이 인물의 적합

출처: 『조선예술』, 1984.6.

성에 맞추어 개성 있게 구현되었다는 점을 주목한다. 영상으로도 개성 있는 인물구축이 확인되는데, 북한 역시 그 점을 높이 평가하고 있다. 다음은 홍국원의 글이다.

---

19) 위의 글, 63쪽.

혁명연극 〈3인1당〉에서 세 정승은 외형적 특징에서나 기질에서 완연히 구별되는 독특한 개성의 소유자들이다.

박정승은 체구부터가 곰같이 우람하게 생긴것처럼 행동도 우둔하고 무지막지하다. 칼부림과 완력을 좋아하는 그는 언제나 그것으로 하여 희극적인 행동을 낳게 되며 그것 때문에 망하고만다.

문정승은 체구부터 박정승과 대조된다. 수수대처럼 키가 껑두룩하고 강마른 것이 겉으로는 왕족계렬의 가문이라고 점잔을 피우고 허세를 부리지만 속은 묵은 여우처럼 간교하고 생쥐처럼 약삭바르기가 그지없다.

그리고 최정승은 난쟁이처럼 키가 작은 것이 사냥개처럼 검질기며 머리끝부터 발끝까지 교활성과 표독성으로 꽉 차있다.[20]

박정승·문정승·최정승은 모두 권력을 탐하는 유형화된 인물이다. 그런데 이 작품에서 배우들은 인물이 유형화되었다고 해서 인물들을 천편일률적으로 구축한 것이 아니라 생동감 있게 구축하려 노력한 것이다. 북한은 작업 초반에는 산 인간의 움직임이 아니라 '게발놀리듯하던 괴이한 손동작과 발동작 같은 비진실한' 행동들이 있었다고 한다.[21] 그러나 영상에는 이런 모습이 보이지 않는다. 배우들은 초반의 부족함을 극복하고 현실감 있는 연기를 완성한 것이다. 실상 공연에서 절대적인 사실성이라기보다는 상대적인 사실성이 존재한다. 풍자극이라는 일정한 양식 내에서의 사실적 연기는 그 양식의 현실감을 관객에게 전달하게 된다. 따라서 혁명연극 〈혈분만국회〉와 〈3인1당〉에서 배우는 근거 없는 과장을 피하여 개성 있고 믿을 수 있는

---

20) 홍국원, 「(관평) 력사의 교훈으로 단결의 진리를 깨우쳐주는 명작: 혁명연극 〈3인1당〉에 대하여」, 『조선예술』, 1987.11, 16쪽.

21) 「(좌담회) 당의 독창적인 문예리론을 지침으로 삼고: 혁명연극 〈3인1당〉 창조성원들과의 좌담회」, 『조선예술』, 1987.11, 31쪽.

연기를 전개했다는 북한의 자찬은 객관성을 획득한다. 북한의 현대적 미감이라는 문예담론은 현실적이고 개성적 화술과 움직임으로 실현된 것이다. 그런데 또 다시 주목할 것은 현실적 화술이 민족적 정서와 조우한다는 점이다. 〈혈분만국회〉에서는 다음과 같은 대사가 있다.

> 아, 인제야 조선의 앞날에 려명이 비껴오기 시작하는 구나.
> 헤쳐갈 망망대해 천리련듯 아득하니
> 가슴속엔 시름만이 파도처럼 밀려왔네
> 돛을 달고 노저으며 어기영차 힘을 내니
> 찾아온 이 기슭엔 꽃향기만 불어오네.

대사 자체가 산문적이라기보다는 운문적으로 구사되어 3/4조, 4/4조의 시조를 연상케 한다. 이 같은 대사 구사는 민족적 정서를 강화할 때 극작가가 자주 사용하는 방식이다. 일례로 해방 이후 남한의 극작가 유치진 역시 우리 민족의 정서를 살리기 위해 〈춘향전〉의 대사에서 운문성을 수용한 바 있다. 이 경우 대사에 맞추어 배우는 자연스럽게 리듬을 타게 되는데 리준도 이 장면에서 대사의 일부분은 가락에 맞추어, 일부분은 더 나가 노래처럼 읊는다. 그 차이가 금방 포착되지는 않지만 몇 번 반복하여 들어보면 미세하게 달라지는 것을 알 수 있다. 또한 대사의 어미가 고어로 처리되어 있는데 이 대사 역시 배우 화술의 운문성을 더욱 강화시켜 준다. 북한은 이 점을 높이 평가한다.

뿐만 아니라 배우들의 화술형상에서는 말의 끝맺음억양처리에서도 시대맛을 잘 보여주었다.
말의 맺음억양처리는 말의 뜻과 감정, 민족적정서를 나타내는데서 아주 중요하다. 맺음억양처리에서 시대맛을 더욱 돋굴수 있는것이다.

아무리 작가가 이전시대에 맞게 "한숨만 쉬시옵니까", "념려되옵니다", "하나이다" 등과 같은 맺음말로 대사를 써놓았다 해도 말소리에 억양을 살려붙이는 배우화술형상에서 지금 사람들이 말하듯 한다면 비록 옷은 옛날옷을 입었다 해도 말에서 그 시대맛을 생동하게 느낄수 없게 되는 것이다.[22]

이같이 조창종은 대사의 어미가 고어적으로 처리되었음을 강조한다. '-옵니까', '-옵니다', '-하나이다' 등으로 어미가 처리되어 배우는 이 대사에 자연스럽게 고어적 억양을 붙였는데, 그것이 민족적 정서를 나타냈다는 것이다. 사소해 보이지만, 공연의 실제에서 어미의 처리는 배우의 연기에 지대한 영향을 미친다. 연극배우 전무송의 말을 들어보기로 한다.

사극은 어떤 틀이 있다구 (…중략…) '그랬느니라'이런단 말이야. '했냐'가 아니라. 그러니까 말이 리듬을 타고 템포가 느려질 수밖에 없지. 풀어서 하고, 그러다보니까 동작까지도 말의 리듬과 템포에 따라서 움직여야 한단 말이야.[23]

남한 배우 전무송은 대사 자체가 사극의 어조로 씌어져 있을 경우에 배우는 자연스럽게 사극적 어조를 구사한다고 전한다. 물론 리듬과 템포도 이에 따라 재 조절된다. 북한 배우 역시 예외일 수는 없을 터, 배우 김용범은 '-옵니까', '-옵니다', '-하나이다' 등의 대사를 비

---

22) 조창종, 「시대와 인물의 성격에 맞는 우수한 화술형상: 혁명연극 〈혈분만국회〉의 화술형상에 대하여」, 64쪽.

23) 전무송, 필자와의 개인 인터뷰, 2006.11.24, 화정동 제노 커피숍.

교적 운율적으로 전개하고 있다. 이것은 김정일의 지침대로 공연의 형식, 특히 연기에서 민족성을 수용한 극명한 예가 된다. 민족성은 배우들의 연기에서 현실적·개성적·운문적 화술로 실현된 것이다.

3.3. 조선화 기법의 무대, 민족적 의상과 소도구

북한은 무대에서도 주체와 민족적 미감을 강조한다. 잘 알려져 있듯이 북한에서 1978년 〈성황당〉이 창작되었을 때 무대가 주목을 받았다. 북한은 김정일의 뛰어난 미적 감각과 탁월성에 의해 무대자체가 이동하는 '흐름식 무대'를 구현하였다고 주장한다. 이후 북한에서 모든 무대는 〈성황당〉을 모범으로 움직이고 흐르게 제작되어야 했다. 1980년대의 혁명연극의 무대제작에서도 움직이는 장치는 기본이었지만, 여기에서는 움직이는 무대 이외에 민족성과 관련하여 어떤 기법이 적용되었는지를 살펴보고자 한다. 먼저 〈딸에게서 온 편지〉의 무대를 보기로 한다. 이 작품은 1920년대 우리 농촌을 배경으로 한다.

북한의 국립극장은 대형무대이며 프로시니엄 양식에 속한다. 무대 자체가 폭과 깊이가 충분하므로 대형구조물이나 원근감을 주는데 유리한 것이다. 무대는 기본적으로 원근감을 주면서 단을 세우는 등 입체감을 고려하여 제작되었다. 그런데 눈에 띄는 것은 무대 상수와 하수의 나무 자체가 중심을 향해 곡선을 그리고 있다는 점이다. 따라서 전체적으로 부드러우면서 강하지 않은 느낌을 준다. 또한 영상으로 보는 색상이기에 확신할 수 없지만 색감 자체는 갈색과 짙은 청록색을 섞은 듯 하며 부분적으로 채도가 높아 선명함이 드러난다. 북한은 이 같은 기법을 조선화 기법이라고 설명한다. 조선화 기법이란 북한의 성두원에 따르면 "모든 장면들을 구성하고 있는 장치물들과 배경들이 선명하고 간결"한 것이며 "부드럽고도 연하면서도 명료한 색채"가 그 특성이다.24) 북한은 선명함과 부드러움을 민족적인 것으로 규정하고 그것을 장치의 색상과 나무의 선으로 무대 위에서 구현한 것이다.

또 다른 작품 〈혈분만국회〉의 무대를 보기로 하자. 조선화 기법을 설명한 성두원은 〈혈분만국회〉의 무대에 대해 다음과 같이 극찬한다.

> 민족수난의 비극을 말해주듯 캄캄한 하늘에 먹장구름이 드리운 가운데 광화문의 커다란 륜곽을 보이게 하고 그앞을 억사철사로 묶이운 애국투사들의 행렬이 일제놈들에게 끌리여가는 서장으로부터 시작하여 주인공 리준의 집장면을 거쳐 조선식, 왜식, 양식이 뒤섞인 '태평관'료정 장면과 이사한 리준의 집, 그리고 기준이 안해와 리별하는 한강 나루터의 장면을 비롯하여 헤그의 호텔장면에 이르기까지 연극의 기본장면들과 사이상면들은 모두 리준이 활동하고 생활하는 대상과 환경, 시가노가 조선을 현실그대로의 형식으로 보여주면서 그것이 생활과 극의 흐름을 타고 자연스럽게 전개되는 과정에 인물의 성격이 조형적으로 부각되도록 하고 있다. 따라서 이 연극의 무대미술은 무대를 고착된 몇 개의 장면으로 설정하고 거기에 인물들의 생활과 극의 흐름을 억지로 복종시킴으로써 극조직을 억제할뿐아니라 인물들의 행동을 구속한 낡은 형식의 무대미술과는 근본적으로 다르다.25)

성두원은 〈혈분만국회〉의 무대가 조선의 현실을 그대로 보여주었다고 극찬한다. 리준의 집, 태평관, 한강 나루터, 호텔 장면들에 관한 설명인데 영상으로 보면 상당한 규모의 무대장치와 사실성이 확인된다. 무대는 장소가 변함에 따라 사실성을 극대화하여 보는 재미와

---

24) 성두원, 「〈피바다〉식무대미술의 우월성을 과시한 무대화폭: 혁명연극 〈혈분만국회〉의 무대미술에 대하여」, 『조선예술』, 1984.6, 62쪽.

25) 위의 글.

제작년도를 고려할 때 일정부분 감탄을 낳게 한다. 각 장면에 대한 사진을 다 열거하는 것은 좁은 지면으로는 불가능하기에 『조선예술』에 실린 〈혈분만국회〉의 사진을 제시하기로 한다.

출처: 『조선예술』, 1984.6.

출처: 『조선예술』, 1984.6.

출처: 『조선예술』, 1984.6.

앞의 사진은 순서대로 태평관, 호텔, 리준의 집이다. 기본적으로 무대는 웅장하며 사실적 재현에 애를 썼다. 장치와 소도구를 역사성을 고려해 제작하고 공간구성에서 원근감이 나도록 무대를 넓고 깊게 쓰며, 2장인 서울 태평관 장면은 2층으로 구성되어 인물의 입체적 움직임을 가능하게 한다. 또한 만국평화회의가 열리는 회의장은 군중신에 적합한 구조를 갖는다. 무대의 웅장함과 사실성은 분명하다. 그러나 조선화의 민족적 특성을 발견하기는 어려운데, 북한은 이 무대에서도 민족적 특성을 강조한다.

> 이 연극의 무대미술은 또한 의상, 공예, 건축등 민족미술의 우수한 형식들을 시대와 인물의 성격에 맞게 널리 리용함으로써 형상전반에 민족적 특성이 진하게 발양되였다. 특히 장치미술에서는 자연풍경과 사회상을 반영한 배경그림들과 건축구조물들을 무대물로 재현함에 있어서 민족미술의 좋은 특징들이 잘 부각되였다. 장치물 및 의상, 소도구들이 력사주의적원칙에서뿐만이 아니라 우리 시대 인민들의 사상감정에 맞게 현대성의 원칙에서 옳게 형상되였다.[26]

북한의 관점에서 〈혈분만국회〉의 무대를 읽어보면 민족성이란 무대 자체뿐 아니라 소도구·의상·공예·건축에도 적용되는 것이다. 〈3인1당〉의 무대미술 역시 민족성을 갖는 것은 "고도로 세부화, 공예화하여 무대장치물과 의상, 소도구들이 력사적 구체성과 생활적 진실성을 믿음직하게 담보하고 무대예술의 민족적 특성을 보다 진하게 살려"주었고,[27] 왕궁장면 역시 "세공화된 건축 및 단청무늬, 정각과 담

---

26) 위의 글.
27) 「(좌담회) 당의 독창적인 문예리론을 지침으로 삼고: 혁명연극 〈3인1당〉 창조성원들과의 좌담회」, 『조선예술』, 1987.11, 33쪽.

정들의 돌기와들, 립체화된 석등, 아름드리나무, 정승들의 흉패, 무사들의 투구와 칼에 새겨진 무늬와 수놓아진 공예품같은 정교한 소도구들은 무대미술의 민족적 특성을 뚜렷이 보여"주었기 때문이다.28) 그렇다면 북한이 주장하는 무대미술에서의 민족성이란 조선화 기법뿐 아니라 장면의 분위기, 소도구, 의상의 고증적 제작도 포함되는 것이다. 고증적 제작이 민족성이라면 주의할 것은 북한이 의미하는 민족성이 반드시 조선적 집, 의상, 소도구에 한정되는 것이 아니라는 점이다. 김수룡의 글을 보기로 한다.

　의상, 소도구형상에서는 다음으로 민족적특성도 옳게 살리는것이 중요하다.
　혁명연극 〈경축대회〉에서 사이고는 어느때든 가보로 내려온다는 군도를 몸에서 떼놓지 않으며 장소에 고려없이 찍히면 칼을 뽑아들고 위세를 뽐낸다.
　이것을 통하여 사람들은 일제의 취약성과 략탈성, 칼부림을 즐기는 야마도민족의 야수적기질을 엿보게 되는것이다.29)

김수룡은 의상과 소도구에서 민족적 특성을 살릴 것을 강조하면서 〈경축대회〉를 예로 들어 설명한다. 일본인의 특성을 살리기 위해 군도를 제작하였는데, 이것이 민족적 특성을 옳게 살렸다는 것이다. 그렇다면 북한이 주장하는 민족성이란 조선적 특징에만 한정되는 것이 아님이 분명해진다. 적어도 공연에서의 민족성이란 각 나라의 특성에 맞는 의상과 소도구의 제작이 된다. 실상 이것은 민족성이라기보다는 시대상의 반영이라고 보는 것이 적합하다. 김수룡 역시 같은 글에서

---

28) 위의 글.
29) 김수룡, 「의상, 소도구에 비낀 시대의 특징과 민족적 특성」, 『조선예술』, 2008.2, 55쪽.

"의상, 소도구형상에서는 우선 당시 시대상을 진실하게 반영하는것이 중요하며, 사람들의 옷차림이나 물건들에 새겨진 력사의 혼적들을 정확히 찾아내여 그 특징을 선명하게 보여주어야만 인물을 시대의 전형으로 진실하게 그려낼수 있다"고 강조한다. 이후 그는 민족성과 시대상을 혼합하여 글을 전개한다. 김수룡의 주장은 다소 초점이 모호하지만 분명한 것은 북한에서 민족성은 조선적 특성의 구현뿐 아니라 각 나라의 특성에 적합한 무대·의상·소도구의 제작까지 포함하는 넓은 개념이라는 점이다. 민족성과 공연의 무대는 조선화 기법의 무대장치, 우리나라를 비롯하여 각 나라의 특성을 반영한 의상과 소도구의 제작으로 실천된 것이다.

4. 한계를 안은 다양성

북한에서 혁명연극의 창작원리는 1986년의 「주체사상교양에서 제기되는 몇 가지 문제에 대하여」, 1987년의 「작가, 예술인들 속에서 혁명적 창작기풍과 생활기풍을 세울데 대하여」, 1989년의 「온 사회에 문화정서생활기풍을 세울데 대하여」와 「조선민족제일주의정신을 높이 발양시키자」에 기인한다. 김정일은 이 글을 통해 자기 운명의 주인은 자신이라는 주체철학, 조선의 사람에게 조선음악·조선화·조선춤을 보여줄 것, 민족적 형식에 사회주의적 내용을 담을 것을 강조했다. 이 담론은 곧 연극계에 수용된다.

연극계는 주체사상과 민족성의 결합을 최대과제로 안으면서 공연의 내용과 양식에서 변화를 보였다. 1980년대 중반 완성된 혁명연극 〈혈분만국회〉, 〈3인1당〉, 〈딸에게서 온 편지〉, 〈경축대회〉는 희곡의 주제와 소재로 자주성을 중심에 놓았다. 이 자주성은 동시대와 연관된 '동시대적 자주성'이다. 북한에서 연극은 기본적으로 동시대의 인민에게 교훈을 주어야 하기 때문이다. 이 주제를 구현하는 주인공은 어떠한 경우에도 결함 있는 인물이었다. 항일투쟁을 하는 애국지사라고 해도 김일성이 등장하기 이전의 애국지사는 결함과 한계가 있어야 김일성의 업적이 부각되기 때문이다. 수령형상에 대한 북한의 강렬한 의지는 희곡에서 한계와 결함 있는 인물의 구축을 독려한 것이다.

연기에서는 민족성의 담론을 수용하며 현실적·개성적·운문적 화술이 전개되었다. 김정일은 반복하여 민족성을 고수하되 현대의 미감에 맞을 것을 요구했고, 현대적 미감은 곧 현실적·사실적 연기로 수렴된 것이다. 연기는 불필요한 과장을 삼가 해야 했고, 이는 곧 개성 있는 인물구축으로 이어졌다. 배우들은 호흡을 이용하여 한숨소리, 울분 섞인 소리 등의 사실적 화술을 발화했고 이에 맞추어 움직임 역시 다양해졌다. 음색과 음량의 다양성이 인물의 개성화에 직접적인 영향을 미친 것이다. 이외 배우들은 대사의 어미처리에 민족성을 적용했다. 대사 자체가 시조적 리듬으로 구사되었고 이에 따라 운율적인 화술을 전개한 것이다. 무대 역시 민족성의 지침을 적극적으로 수용한다. 무대배경은 선명과 간결, 부드럽고 명료한 색채가 특징인 조선화 기법으로 제작되었고 장치·의상·소도구 등은 민족의 특성과 시대상을 반영하여 구현되었다.

이 같은 창작 형식이 민족의 정서에 부합하는지, 공연 미학적으로 가치가 있는지에 대한 판단은 각자의 몫이다. 일례로 북한이 주장하는 조선화 기법의 그림은 우리의 전통에 부합할 수도, 부합하지 않을 수도 있다. 그러나 그 성과와 별도로 혁명연극에 나타난 다양성은 주목할 필요가 있다. 김정일이 1970년대부터 강조한 조선화 기법과 흐름식 무대가 북한 연극을 일정부분 획일화시킨 것은 사실이다. 또한 김일성 우상화를 위해 연극의 등장인물을 반드시 결함 있게 구축해야 한다는 지침 역시 인물의 고정화를 유도한 것도 사실이다. 그러나 주요 작품에 등장하는 인물의 배경 자체가 애국지사, 민족주의자, 평범한 농부 등으로 다양하여 이 같은 약점은 완화된다. 1980년대의 혁명연극은 상대적이기는 하지만 한계를 안은 다양성을 특징으로 한다.

13장 선군(先君)시대 경희극의 공연실제

1. 공연물에 주목하기

김정일 사망 이후 그에 대한 조명은 다각도에서 이루어지고 있다. 이 다각도의 조명 중에서 중요한 것 중 하나는 문학예술 지도자로서의 김정일이 아닐까? 북한의 기록을 빌리면 김정일은 유치원 때 즉 홍동요를 창작했고, 소년 시기에는 동시를, 청년시절에는 완숙한 시를, 1970년대에는 영화·가극·연극·무용·미술·문학 등에서 혁명을 일으킴으로써 북한 문학예술에 찬란한 대전성기를 가져왔다.[1] 김정일의 이력은 그에 준하는 예술이론가를 찾아보기 어려울 정도로 화려하다. 이 글은 이 점에 주목하여 이른바 '김정일 단독 통치 시기'(이후 김정일 시기) 북한의 문예정책에 대한 무대예술 작품의 수용양상을 분석하고자 한다. 물론 북한의 문예정책은 정치와 밀접히 연결되므

---

1) 최언국·홍국원·황지철, 『친애하는 지도자 김정일 동지의 문학예술업적(2): 혁명적 작품창작에서 위대한 변혁』, 평양: 문학예술출판사, 1993, 10~18쪽.

로 정치문화의 관점에서 북한의 공연예술을 읽어내는 것 역시 중요하다. 북한의 예술이 정치의 연장선이라는 것은 분명하기 때문이다. 다만 이러한 연구는 기존의 연구에서 진행되어 왔기에 공연물 그 자체에 주목하고자 한다. 문자의 시대를 벗어난 우리의 차세대와 일반인들을 위해 북한 무대예술 연구의 새로운 관점이 필요하다고 믿기 때문이다. 김정일 통치 시기 북한의 문예정책은 무대에서 어떻게 실천되었을까? 이 글은 공연 작품의 연기·무대·음악·춤에 초점을 두어 배우는 어떻게 말하고 움직였는가, 무대는 어떠한 기법으로 제작되었는가, 춤과 음악은 어떠한 리듬과 템포로 구현되었는가를 살펴볼 것이다.

2. 문예정책: 선군(先君), 새로운 틀, 전통

1994년 7월 8일 김일성은 사망했다. 외부적으로 사회주의권의 붕괴, 내부적으로 경제위기에 대응해야 했던 김정일은 김일성 사망 이듬해 첫날인 1995년 1월 1일 '다박솔 초소'를 방문한다. 이 횡보는 상징 이상일 터, 북한은 김정일의 단독 통치 시기를 '선군혁명노선과 선군정치·사상으로 이끌어가는 선군시대'로 규정했다. 1998년 이후 정치에 대한 북한의 담론은 '군(軍)'을 우선으로 하는 '선군(先君)'으로 수렴된 것이다. 그렇다면 문학예술계에는 어떤 새로운 담론이 수립되었을까? '선군'과 문학예술계의 접합이 쉽게 짐작되는데, 1995년 이후 문학예술에 대한 김정일의 지도 관련 글 중 다음 글은 1990년대 중반부터 진행될 북한 문학예술계의 방향을 잘 말해준다.

작가, 예술가들은 정세의 요구, 당의 요구를 똑똑히 알고 붉은기정신과

〈고난의 행군〉정신이 맥박치는 시와 소설, 영화와 미술을 비롯한 문학예술작품들을 더 많이 창작함으로써 당의 영원한 동행자, 충실한 방조자, 훌륭한 조언자로서의 영예로운 사명을 다하여야 합니다. 지금이야말로 작가, 예술인들이 피끓는 심장으로 인민들에게 불굴의 투쟁정신과 필승의 신념, 혁명적락관을 안겨 주는 문학예술작품을 많이 내놓아야 할 때입니다.[2]

북한에서 '작가와 예술가들이 당의 요구를 똑똑히 알아야' 한다는 지침은 새로운 것은 아니다. 주목할 것은 1990년대 중반에 당의 강조점이 고난의 행군 정신, 불굴의 투쟁 등 군인정신으로 모아졌다는 점이다. 1998년 10월 중앙방송은 김정일의 새로운 통치를 선군혁명령도·선군령도·선군정치로 개념화했다. 이에 작가와 예술가들은 군인정신의 중요성을 인식하고 문학예술에서 선군사상을 구현해야 했다.

우리 작가들은 지난 6년 세월 경애하는 김정일동지의 선군혁명령도의 위대성을 소리높이 노래하였으며 (…중략…) 현명한 령도와 각별한 믿음 속에서 우리 작가들은 경애하는 장군님의 위대한 선군정치에 적극 이바지하고 시대정신이 맥박치는 훌륭한 문학작품들을 련이어 써낼수 있었다. (…중략…) 장편소설 『열망』, 『백금산』, 『기관사』, 『백설령』, 연극 〈소원〉, 〈오늘을 추억하리〉를 비롯한 여러편의 작품들은 〈고난의 행군〉, 강행군을 하는 우리 인민들에게 얼마나 크나큰 힘과 용기를 주었던가.
참으로 지난 6년기간 우리 인민들에게 커다란 정신적량식을 준 1만 5,000편의 작품들에는 허리띠를 조이면서도 한치 헛눈을 팔지 않고 시대와 조국과 숨결을 같이 해온 우리 시인, 작가들의 피타는 노력과 열정

---

2) 김정일, 「문학예술부문에서 명작을 더 많이 창작하자: 조선로동당 중앙위원회 선전선동부 책임일군들과 한 담화」(1996.4.26), 『김정일선집』(14), 평양: 조선로동당출판사, 2000.

이 깃들어 있다. (…중략…) 경애하는 장군님의 선군혁명령도가 위대하기에 우리의 선군혁명문학은 더욱 개화발전할것이다.[3]

2000년 방철림은 지난 6년간(1995~2000) 문학 예술인들이 김정일의 선군혁명지도의 위대함을 찬양했으며, '선군정치'에 이바지 하는 작품들을 연이어 창작했다고 강조한다. 그는 시·소설·연극 작품을 일일이 언급하며 6년 동안 창작된 1만 5천 편의 작품을 명료히 '선군혁명문학'이라고 칭한다. 이것은 2000년에 들어서 군인정신이 '선군'으로 개념화되고, 선군이 문학의 소재이자 주제로 자리를 점했음을 보여준다.[4] 이 흐름은 문학뿐 아니라 예술계에 그대로 옮겨졌다. 2002년 12월에 조선중앙방송이 '선군혁명음악'이라는 용어를 사용한 점, 2003년 『로동신문』(1.23)이 김일성 주석의 영상을 주제로 창작된 작품을 '수령영생미술'이라 지칭하고 "선군시대 주체미술의 최고 정화"라고 주장하면서 이를 '선군혁명미술'의 하나로 분류한 점, '선군문학예술'이라는 용어가 2003년 1월 『조선예술』에서 명백히 사용된 점은 이를 입증한

---

3) 본사기자 방철림, 「위인의 손길 아래 빛나는 선군혁명문학」, 『천리마』, 2000.11, 71쪽.
4) 방형찬은 '선군혁명문학'에 대해 다음과 같이 설명한다. "선군혁명문학은 주체사실주의문학발전의 가장 높은 경지에 올라 선 문학이다. 선군혁명문학은 위대한 주체사상의 직접적이며 집중적인 발현으로 되는 혁명적군인정신을 기초로 하고있는 문학이며 혁명적군인정신이 충만된 문학이다. (…중략…) 선군혁명문학이 주체사실주의문학발전의 가장 높은 단계로 되는것은 또한 자주적인 인간전형창조에서 제기되는 주체사실주의 미학적요구를 가장 원숙하게 구현하고 있는것과 관련된다. (…중략…) 주체사실주의의 높은 단계에 올라 선 선군혁명문학은 사회정치적생명체에 영원히 자기 운명을 맡기고 혁명적군인정신으로 살며 싸우는 인간들을 가장 아름답고 숭고한 인간미의 체현자로 형상한다. (…중략…) 선군혁명문학은 집단주의적생명관과 체현자들을 형상의 중심에 세웠을뿐 아니라 그 형상화과정에서도 주체사실주의문학의 요구를 훌륭히 구현하였다. 주체사실주의는 사람을 중심으로 하여 현실을 보고 그리는 창작방법이다. 선군혁명문학은 환경과 성격과의 호상관계에서 환경을 지배하고 능동적으로 개척해 나가는 인간성격창조를 기본으로 하고있다. 여기서 환경을 지배하고 개척한다는것은 사람이 세계를 지배하며 자기의 요구와 리해관계에 맞게 새생활을 창조하여 나간다는 의미이다." (론설) 방형찬, 「선군혁명문학은 주체사실주의 문학발전의 높은 단계이다」, 『조선문학』, 2003.3.

다. 다소 길지만 인용해보기로 한다.

선군문학예술작품창작은 선군시대 우리 창작가, 예술인들이 자기의 숭고한 사명과 역할을 다하기 위한 필수적요구이다. (…중략…)

무엇보다 백두산3대장군의 불세출의 위인상과 우리 혁명의 력사적인 년대기들마다에 이룩한 불멸의 업적을 형상한 문학예술작품들을 적극 창작해야 한다. (…중략…)

다음으로 위대한 장군님의 사상과 령도를 충성으로 받드는 길에 우리가 가는 강성대국의 휘황한 래일이 앞당겨 진다는 필승의 신념과 혁명적락관주의를 안겨 주는 작품, 총대중시의 선군정치를 하는 한 우리 사상, 우리 정치체제는 보다 굳건하고 우리 식 사회주의는 끄덕 없다는 정신을 가지고 최고사령관동지의 명령에 절대복종하고 한결같이 움직이는 혁명적령군체계와 군풍을 철저히 세우며 조국과 인민, 사회주의를 목숨 바쳐 지켜 나가도록 교양하는데 적극 이바지하는 작품들을 많이 창작해야 한다. (…중략…)

지난해 우리 창작가, 예술인들은 경애하는 장군님의 현명한 령도밑에 시대의 걸작들을 훌륭히 창작형상하여 주체문학예술의 보물고를 풍부히 하는데 크게 기여하였다. (…중략…)

연극부분에서는 혁명연극 〈조국산천에 안개 개인다〉를 비롯한 20여편의 연극작품들을 창작형상하여 전국연극축전을 빛나게 장식하였다. (…중략…)

올해 우리 창작가, 예술인들이 자기 앞에 나선 창작과제를 성과적으로 수행하자면 1950년대의 영웅전사들이 발휘한 험한 진펄길을 걷는 정신, 불타는 락동강을 건느던 정신으로 혁명적창작기풍을 높이 발휘하는것이 중요하다.[5]

이같이 '선군'은 문학예술의 지침으로 확고히 자리를 점했다. 2개월 후인 2003년 3월에 『조선예술』이 '선군영화'라는 용어를 처음 사용하면서, 선군영화를 '우리 당의 총대철학, 인민군 군인들의 생활을 기본으로 그린 영화, 그들을 정치사상적으로 무장시키는데서 나서는 근본적이고 현실적인 문제들을 전면에 내세운 영화'로 정의한 점, 2003년 5월과 6월 『조선예술』이 "혁명적 군인정신과 투쟁기풍을 생동하게 반영한 군사물 주제 무용, 특히 수령결사옹위 정신 주제의 무용을 더 많이 창작할 것"을 촉구한 점, 2003년 10월 25일 『문학신문』이 "아동영화도 어린이들을 선군사상으로 교양하는 위력한 무기가 돼야 한다"고 주장한 점 등은 이를 다시 한 번 입증한다.[6] '선군(先軍)'은 예술 창작의 시작점이자 종착점으로 부상한 것이다. 그렇다면 '선군'과 맞물려 장려된 창작 방식은 무엇일까?

문학예술에서 선군혁명로선을 구현하는데서 무엇보다 중요한 것은 (…중략…) 김정일동지의 위대성과 불멸의 업적을 깊이 있게 그려내는 것이다. (…중략…) 문학예술에서 선군혁명로선을 구현하는데서 다음으로 중요하게 나서는 문제는 혁명적 군인정신을 깊이 있게 그려 내는 것이다. (…중략…) 문학예술에서 혁명적 군인정신을 구현하는데서 중요한 것은 혁명적 군인정신을 신념으로 지니고 있는 인민군군인들의 생활과 투쟁을 예술적으로 깊이 있게 그려내는 것이다. 우리의 문학예술은 이밖에도 전쟁로병들과 영예군인, 전사자 가족, 인민군대 후방가족들을 존경하고 사랑하며 적극 도와 나서는 아름다운 미풍을 생활적으로 감명

---

5) 학사 송학성, 「(론설) 전승 50돐을 맞는 뜻 깊은 올해를 선군문학예술작품창작성과로 빛내이자」, 『조선예술』, 2003.1.

6) 오양열, 「김정일 시대 북한 문예정책의 변화 양상과 향후 전망」, 『예술경영연구』 제13집, 2008, 11~12쪽.

깊게 형상한 작품들도 훌륭히 창작하도록 하여야 한다.[7]

리현순의 글은 작품의 내용과 주인공을 분명히 명시한다. 작품은
김정일의 위대성과 군인정신을 담아야 하며, 주인공은 군인, 전사자
가족, 군대의 후방 가족들이라는 것이다. 그렇다면 이 요구조건은 작
품에서 어떻게 실천되었을까? 예술 형식에 관한 조건을 주목하기로
한다. 최길상은 소설에서 '도식적인 틀을 마스고' 새로운 세기에 맞게
형상수법과 형태를 다양하게 개척해야 한다고 주장한다.[8] 더 이상
형식에 대한 구체적인 언급은 없지만, 선군시대 예술형식의 원리는
기존의 틀에서 벗어난 새로운 어떤 형식의 도입임에는 분명하다. 이
와 함께 형식을 민속 문화와 연결시킨 김정일의 글을 보기로 한다.

주체성과 민족성을 지켜 나가려는 것은 모든 나라 인민들의 공동된 요구
이며 지향이다. 자기 조국과 민족을 사랑하고 귀중히 여기지 않는 인민
은 없으며 민족의 존엄과 넋이 짓밟히고 무시 당하는 것을 좋아 할 인민
이란 있을수 없다. (…중략…)

민족성을 고수하고 구현하기 위한 투쟁에서 조선민족제일주의를 내세
운 것은 특별히 중요한 의의를 가진다. 우리 당은 혁명과 건설의 주체인
인민대중이 조선민족의 위대성에 대한 긍지와 자부심을 가지고 민족의
넋과 정기를 빛내여 나가도록 하는것을 민족성을 살려 나가기 위한 투
쟁의 기본고리로 보고 여기에 커다란 힘을 넣었다.[9]

---

7) 리현순, 「문학예술에서의 선군혁명로선의 구현」, 『조선예술』, 2001.4.

8) 최길상, 「새 세기의 선군혁명문학」, 『조선문학』, 2001.1.

9) 김정일, 「혁명과 건설에서 주체성과 민족성을 고수할데 대하여」(1997.6.19), 『김정일선집』
(14), 평양: 조선로동당출판사, 2000.

김정일은 민족성을 지키는 것이 인민들의 공통된 요구라면서, 당이 조선민족제일주의를 내세운 것은 합당하며 앞으로도 지속되어야 한다고 주장한다. 따라서 2000년대 이후 북한은 '남조선 사회의 양풍왜풍'에 맞서 정권의 정통성을 과시하고 자본주의 황색바람을 차단하기 위해 민속문화를 포함한 민족문화 전통 되살리기 운동과 전통예술 및 계몽기 문학예술의 복원과 진흥을 강조하고,[10] 2002년 신년공동사설에서 '우리 사상 제일주의'에 대해 언급하면서, 언어·풍습·생활양식 등 사회생활 전 분야에서 민족성의 구현을 촉구했다.[11]

선군시대 문학예술 기본 원리는 내용에서 김정일의 위대성과 군인정신이며, 주인공은 군인, 전사자 가족, 군대의 후방 가족들이며, 형식에 있어서는 낡은 틀에서 벗어난 새로운 형식과 전통인 것이다. 그렇다면 이 조건은 작품에서 어떻게 실천되었을까? 1990년대 경희극 〈약속〉·〈축복〉·〈편지〉·〈동지〉와 2000년대의 경희극 〈웃으며 가자〉·〈계승자들〉·〈철령〉·〈생명〉을 중심으로 살펴보고자 한다.

3. 공연작품의 특징

3.1. 연기: 진지함과 희극성의 결합

북한은 '선군' 연극 작품이 중요한 이유로 "군인들과 우리 인민에게 베풀어 주시는 경애하는 장군님의 사랑과 은정 즉 덕성이야기를 작품의 중심에 세우고 극을 전개해 나감으로써 작품의 극적견인력과 인식교양적기능을 보다 높인 것"을 든다.[12] 북한이 연극의 정치·사회적

---

10) 박영정, 『북한 문화예술 현황분석 연구』, 한국문화관광연구원, 2011, 31쪽.
11) 오양열, 「김정일 시대 북한 문예정책의 변화 양상과 향후 전망」, 16쪽.

기능을 최우선시 한다는 것은 이미 일반화된 사실이다. 그러나 북한이 연극에서 '연기'의 중요성을 간과한 것은 아니다. 그렇다면 선군담론은 연기와 어떻게 접합되었을까? '투철한 정신'이 구현되어야 하기에 '진지함'이 기본인 것은 쉽게 짐작된다.

다음은 선군 이전과 선군시대 경희극의 연기에 대해 차이를 알게 해주는 중요한 글이다.

　　지난 시기 경희극의 주인공들은 주로 사고와 행동, 의도와 실천에서 불일치를 안고 있는 인물로 형상되어 왔고 경희극의 생명이라고 할수도 있는 웃음의 색갈에서는 해학적인 색채가 기본으로 되여 왔다.

　　따라서 지난 시기 경희극창작에서는 덕성형상이 제한된 범위내에서 창조되였다.

　　그러나 선군혁명시기에 창조된 경희극작품들에서는 덕성형상이 작품의 중추를 이루고 그에 기초하여 전반적인 형상이 전개되고 있다.[13]

장명철은 지난 시기 경희극은 '웃음'과 '해학'이 작품과 연기의 기조였으며, 이에 따라 진지함이 다소 퇴색되었다고 전한다. 그러나 선군혁명 시기에 창작된 작품들은 '덕성선', 즉 김정일의 지도와 그를 따르는 인물들의 진지함이 작품의 기조라고 한다. 연기가 이에 조화를 이룬다면, 확실히 선군시대의 연기는 이전에 비해 '진지함'이 강화되어야 할 것이다. "경희극 〈약속〉에서는 인물들의 기본사상정신적지향을 경애하는 장군님에 대한 그리움으로 일관시키고 있다"는 장명철의 글은 이를 뒷받침한다. 그런데 그는 연이어 경희극 〈축복〉에서

---

12) 장명철, 「덕성형상창조에서의 새로운 발전: 선군혁명령도시기에 창조된 경희극작품들을 놓고」, 『조선예술』, 2001.12.

13) 위의 글.

"로총각군인들의 장가가는 문제를 둘러 싼 이야기를 비롯하여 경희극적인 성격과 생활이 풍만하게 그려져 있다"고 설명한다. 즉 '진지함'과 동일하게 희극성이 강조되었다는 것이다. 또한 김순영 역시 〈편지〉와 〈동지〉의 우수성을 다음과 같이 설명한다.

> 위대한 장군님의 세심한 지도밑에 창작되어 선군시대의 명작들로 인민들의 사랑을 받고 있는 경희극 〈편지〉, 〈동지〉 등의 작품들은 사회주의 현실주제의 경희극작품의 특성에 맞게 밝고 해학적인 명랑한 정서적 색채로 양상을 잘 살려 나감으로써 예술적형상의 진실성을 더욱 높이고 경희극 창작의 새로운 경지를 보여 주었다.[14]

경희극 〈편지〉와 〈동지〉가 사회주의의 현실적 주제를 잘 담으면서 '해학적'이고 '명랑한' 정서로 극을 전개해 나갔다는 고평이다. 그렇다면 희극적 연기란 구체적으로 어떻게 전개된 연기일까? 영화와 달리 '순간'의 예술인 연극에서 무형예술인 '연기'를 논하는 것은 어려운 일이다. 특히 북한 연극에서 '연기'의 실체를 파악하는 것은 자료의 한계로 더욱 어려운 일이다. 그러나 남아 있는 희곡, 연기비평, 시청각 자료를 교차 분석한다면, 경희극 연기의 실체를 드러내는 것은 어려움일 뿐 불가능한 것은 아니다. 다음 〈편지〉에 대한 명일식의 글에서 단서를 얻기로 한다.

> 경희극 〈편지〉가 이룩한 높은 사상예술적성과는 또한 시대정신과 군민일치의 사상에 대한 의의깊은 문제를 정극적으로 끌고 가면서도 거기에서 웃음이 자연스럽게 터져나오게 정극적인 생활과 의극적인 생활을

---

14) 김순영, 「예술적형상의 진실성과 그를 살리는데서 나서는 몇가지 문제」, 『조선예술』, 2003.1.

잘 조화시켜 경희극적 밝은 양상으로 생동하게 보여주고있는것이다. (…중략…)

경희극에서 기본 희극적인 생활은 생산지도원 허풍기의 성격에 있다. 허풍기는 우리 농촌에 아직 많이 남아있는 부정적현상들인 허풍과 형식주의를 전형적으로 가지고 있으면서도 제가 똑 제일인것처럼 생각하고있는 희극적성격의 체현자이다.15)

희극성은 극중 인물에서 도드라진다. 〈편지〉에서 허풍기는 대표적인 희극적 인물이다. 희곡을 통해 허풍기의 대사를 살펴보면, 조금 더 연기의 실체에 접근할 수 있다. 허풍기는 농장생산지도원으로 허로인의 동생이며, 허미옥의 아버지로 희곡에서 비교적 가벼운 인물로 나타난다. 간혹 농장의 쌀알을 훔쳐두었다가 자신이 필요한 것과 바꾸기도 하는데, 형인 허로인에게 혼나는 장면을 보기로 한다.

허로인: 옳지, 너 농장낟알을 깔구앉아있다가 바꿈질하는 그 버릇 아직 두 못고쳤구나.

풍　기: 무슨 말을 그렇게 하슈? 그 쌀을 내가 혼자 먹자구 깔구앉아있소? 다 농장을 위한 것이지…형님은 제발 젊은 사람들일에 삐치각질하지 말고 로병분조일이나 착실히 하시라구요.

허로인: 뭐가 어째?

풍　기: 아, 오죽 농사 때문에 속을 썩었으면 몇 대 안남았던 이 머리털까지 다 빠졌겠소.

허로인: 오냐, 너 그래서 젊은 아이가 재수없게스리 가을빤대가 됐구나. 가을빤대가. (손바닥으로 풍기의 빤대머리를 짝짝 때린다.16)

---

15) 명일식, 「(평론) 높은 시대정신과 국민일치사상을 훌륭히 보여준 시대의 명작: 경희극 〈편지〉에 대하여」, 『조선예술』, 1998.8.

허풍기는 외형상 '대머리'로 설정되었으며, 형인 허로인에게 지지 않고 말대답을 한다. 일반적으로 이와 같은 인물의 움직임은 진지한 인물에 비해 빠르며, 화술의 템포 역시 빠르다. 희극적 인물들에게 공통된 양상인 것이다. 연기의 희극성은 대사뿐 아니라 인물의 외모, 제스처, 화술의 리듬에서 발생되었다고 하겠다. 희극성은 허풍기에만 한정되는 것은 아니다. 허풍기의 딸인 허미옥과 순호와의 애정장면을 보기로 한다.

순호: (바싹 다가서며) 미옥이…내가…내가…좋지?
미옥: 응…오늘은 정말 고와… (순호의 옷을 살살 털어준다)
순호: 야…이거…(너무 좋아서 어쩔줄 모르다가) 미옥이! …(하며 와락
    그러안는다는것이 그만 허공중을 그러안는다.)
미옥: (허리를 굽히며 장화를 바로 신다가) 왜 그래요?[17]

이 장면은 코미디 장르 등을 통해 우리에게도 익숙한 남녀 간의 애정장면이다. 순호는 미옥을 안으려고 큰 마음을 먹고 안는데, 하 필 그때 미옥은 장화를 바로신기 위해서 몸을 굽히고 순호는 그만 허공을 끌어안는 것이다. 이 장면에서 순호의 얼굴표정과 손·몸동 작은 '당황함'과 '무한함'을 표현하기 위해서 충분히 계획되었을 것이다. 북한은 배우가 "풍부한 상상력과 함께 그 상상속에서 환기되는 감정변화상태를 눈빛과 얼굴근육, 손동작과 몸동작 등으로 신축성 있으면서도 뚜렷하게 보여 주도록 하는데로 지향해 나가"며, "자신 앞에 여러가지 정황에 따르는 물음을 제시하면서 연기형상을 숙련시"켰기 때문이다.[18] 이러한 연기양상은 〈철령〉에서 보다 확실하

---

16) 『조선예술』, 1999.9.
17) 『조선예술』, 1999.9.

게 확인된다. 〈철령〉에서도 희극적 인물인 허농달이 등장하기 때문이다.

경희극 〈철령〉에서는 주인공의 성격창조에서뿐아니라 희극적인물인 허농달의 형상도 특색있게 펼쳐보이고 있다. (…중략…)

경희극에서는 서로가 초면으로 철령에서 만나게 됨으로써 오해도 착각도 쉽게 발생할수 있는 생활적전제를 주었으며 서로 다른 성격들의 접촉인것으로 하여 성격적충돌을 가져오고 웃음을 낳게 하였다. 즉 지배인으로 사업한 전직관념으로부터 저도 모르게 '책임자'로 활동하려고 하는 주인공 박두칠의 성격과 반죽 좋은 천성을 가진 허농달의 성격에 점잖지 못한 남자를 질색하는 어금희의 드센 성격은 도무지 어울릴수 없어 충돌을 가져오며 시종 관중들의 웃음을 자아내게 한다.[19]

〈철령〉의 허농달은 〈편지〉의 허풍기와 같이 가벼운 성격이며, 필요할 때 요령을 부리는 인물이다. 이 같은 인물은 극을 경쾌하게 이끌고 나가는 데 기여한다. 또한 〈철령〉에서는 〈편지〉와 같이 허농달뿐 아니라 박두칠·어금희에 의해 웃음이 유도되기도 한다.

작품에는 군인들이 인민들에게 나누어주라고 허농달에게 맡긴 **빵**을 허농달이 중간에서 **빼돌렸다고** 박두칠이 혼을 내는 장면이 있다. 이 장면은 앞에서 언급한 〈편지〉에서 허풍기가 형인 허노인에게 혼나는 장면을 연상케 한다. 영상을 통해 허농달의 몸을 보면 상당한 유연함이 발견된다. 안정적인 다리자세와 적당히 관객을 향해 튼 1/4 포지션은 배우의 노련함을 잘 말해준다. 영상을 통해 이 장면에서

---

18) 김영옥, 「연기훈련에 효과있는 줄거리 연기습작」, 『조선예술』, 2002.3.

19) 안옥희, 「참신한 인간성격의 탐구와 인물관계조직: 경희극 〈철령〉을 보고」, 『조선예술』, 2003.8.

전개된 허농달의 화술을 들어보면, 배우가 삼가야 할 조작된 '조(調)'는 들리지 않는다. 여배우들의 경우에 '맑고 아름다운 소리'를 내기 위해 다소 부자연스러운 화술이 전개되는 양상이 있으나, 이 역시 일부 여배우들에 해당한다. 예를 들어 '어금희' 역의 배우에게는 부자연스러운 조가 거의 발견되지 않는다. 따라서 류영진·한철호·길혜성이 이 작품에 대해 배우가 "인물의 성격과 생활에 맞게 대사형상을 창조하여 박두칠의 성격적특징을 옳게 살려내"었고, "대사형상에서 자기 목소리를 바탕으로 하여 인물의 성격과 정황에 맞는 말투와 말솜씨를 독특하게 잘 살리고 있다"는 평은 공감할 수 있다.[20] 연기의 희극성이 빠른 템포와 화술, 유연한 몸동작으로 극대화된 것이다.

〈편지〉와 동일하게 〈철령〉에서도 희극성은 주연인물에만 한정되지 않는다. 〈편지〉에서 순호와 미옥의 사랑장면이 희극적 웃음을 유도한 바와 같이, 〈철령〉에서도 두 연인의 사랑 장면이 희극성에 기여하는데, 여자에게 사랑 고백을 받은 남자의 리액션(reaction)이 주목된다.

남자는 여자의 사랑고백을 받은 후, 마치 가슴에 총알을 맞은 듯한 제스처를 취한다. 사랑하는 여자의 사랑고백이 남자에게 이 같은 행복한 충격을 주었다는 것을 시각적으로 표현한 것이다. 예상할 수 있듯이 이후 여자는 남자에게 다가와서 어디가 아프냐고 묻고, 남자는 심장에 충격을 받았다고 답한다. 심장이 오른쪽에 있냐는 여자의 물음에 남자는 다소 무안해 하고, 이후 둘은 행복한 웃음으로 장면을 마무리한다. 눈보라가 치는 철령을 넘어야 하는 급박한 상황에서 연인 장면은 관객에게 긴장감을 감소시키는 역할을 하는 것이다. 총알을 맞은 듯한 몸놀림이 필수적인 이 장면에서 영상으로 확인된 배우의 움직임은 상당한 훈련을 거친 듯, 부드럽고 절제감이 있다. 배우가

---

20) 류영진·한철호·길혜성, 「인물의 성격적특징을 부가시킨 인상깊은 명연기」, 『조선예술』, 2003.12.

자신이 서 있는 한 지점을 벗어나지 않으며, 좁게 설정한 반경에서 몸을 상하좌우로 꺾는 듯이 움직여 사랑의 충격과 보는 재미를 극대화시킨다. 관객은 배우의 몸짓을 보는 즐거움과 더불어 이 장면의 희극성을 향유하는 것이다.

희극성은 물론 몸놀림만으로 발현되는 것은 아니다. 상대적으로 진지한 인물인 박두칠 역시 웃음을 유도하는데, 그것은 특별한 몸놀림이 아닌 대사 자체에 의해서이다. 김철용은 이를 '유모아'라고 표현한다.

경희극 〈철령〉의 주인공 박두칠의 성격에서 특색있는것은 그것이 유모아적인 요소가 체현된 성격이라는것이다. (…중략…)

주인공 박두칠의 성격에서 유모아적인 요소는 초면의 녀성인 어금희에게 '바싹바싹 다가드는' 세부, 계덕준이가 처녀에게 먹인것이 술인가를 확인하려고 맛을 보다가 그것이 오미자단물이라는것을 알아차리고도 마지막까지 다 마셔버리는 세부, 자기 아들벌이나 되는 허농달을 동갑이처럼 대해주는 세부, 철령을 넘는 과정에 젊은 사람들조차 지쳐 주저앉을 때 나이에 어울리지 않게 뜀뛰기동작까지 해보이면서 사람들을 고무해주는 세부 등에서 표현된다. (…중략…)

긍정적주인공의 성격속에 유모아적인 요소를 체현시키고 그것이 정극적인것과 함께 성격의 한 측면을 이루게 한것은 주인공이 새로운 경희극적성격의 인물로 될수 있는 중요한 요인으로 된다.21)

박두칠은 비교적 진지한 인물인데, 그의 대사에서 '유모아적인 요소'의 비중이 높다는 것이다. 처음 보는 여자에게 지나치게 바싹 다가

---

21) 김철룡·리상혁·김형준, 「명작에 비낀 새롭고 특색있는 성격들」, 『조선예술』, 2004.8.

서는 제스처, 술이 오미자인 것을 알면서도 다 마시는 모습, 나이에 어울리지 않게 뜀뛰기 동작을 해보이는 장면 등이 그 예이다. 이것은 특별한 제스처라기보다는 상황과 맞물려 인물 자체가 만들어낸 웃음이다. 이 같은 공연에서 희극성이 강화된 것은 '선군'담론을 무대 위에 구현할 때 자칫 굳어질 수 있는 공연의 분위기를 이완하고자 함이다. 선군의 담론은 그 원인이 어디에 있든, 연기에서 진지함·희극성·유모어를 강화시켰으며, 특히 훈련된 배우들의 계획된 슬랩스틱과 몸동작을 부각시킨 것이다.

3.2. 무대: 조선화 기법과 영상화면의 도입

선군 시대에 공연된 작품들의 서장 이후 장면은 이전과 다소 양상을 달리한다. 먼저 1997년 공연된 〈축복〉을 보기로 한다. 〈축복〉에는 "붕락된 갱에 갇힌 상태에서도 살 길을 찾아 붕락된 구간을 복구하는 것이 아니라" 김정일이 "전에 그어준 화살표방향으로 물길 굴공사를 다그쳐 나가는 군인건설자들의 투쟁모습을 보여 주는 장면이 있다".[22] 역동적인 장면이 예상되지만, 무대 위에서 물길 공사를 어떻게 보여주었을지 의문이다. 영상이 도입될 가능성이 짐작되는데, 다음의 글은 이에 대한 답을 준다.

결사전에 나선 군인들의 군상속에 세차게 내뿜는 석수와 갱안에 차넘치는 물, 육박의 총창마냥 통나무를 비껴 들고 물구멍을 향해 달리는 군인들의 모습과 떼목우에서 착암기를 틀어 잡고 발파구멍을 뚫는 군인들 그리고 물속에서 어깨로 떼를 받치는 군인들의 모습을 실사화면으로

---

22) 장명철, 「영사화면의 효과적인 리용: 선군시대에 창조된 경희극작품들을 놓고」, 『조선예술』, 2002.4.

영사하도록 하였다.[23]

갱안에 차 넘치는 물, 통나무를 들고 달리는 군인들의 모습, 물 속에서 어깨로 떼를 받치는 모습 등은 무대에서 구현하기 어려운 장면이다. 무엇보다 무대에서 물을 쓰는 것은 공연 후 무대바닥을 훼손할 염려가 있기 때문이다. 그런데 북한은 영상을 활용함으로써 실제 무대 위에서 실현하기 어려운 장면을 처리한다. 현존을 전제로 하는 연극에 영상이 들어왔을 때, 어느 정도 무대와 조화를 이루었는지를 가늠하는 것은 실상 불가능하다. 그러나 영상의 도입으로 북한이 현실적 분위기를 강조하려 한 것은 분명하며, 이러한 시도는 지속되었다. 다음은 1998년에 공연된 〈편지〉에 관한 글이다.

이밖에도 농촌의 풍요한 가을전경을 영사화면으로 보여 주면서 군민일치사상의 위력과 정당성을 보다 뚜렷이 시각화해 준 경희극 〈편지〉의 마감장면형상을 비롯하여 선군혁명시기에 창작된 많은 경희극작품들에서는 영사화면을 효과 있게 리용하여 인물들의 성격과 생활을 보다 현실감이 나면서도 두드러지게 형상하고 작품의 주제사상적내용을 명백히 력점 찍으면서도 극적견인력을 더욱 높일수 있었다.[24]

이같이 장명철은 경희극 〈편지〉의 마감장면에서도 영상을 이용하여 농촌의 풍요로운 가을 풍경을 보여주었다고 전한다. 특히 장명철은 "선군혁명시기에 대부분의 경희극 작품들이 영사화면을 효과있게 이용"했음을 강조한다. 〈편지〉의 희곡에서도 희곡 자체에 영상의 활용이 이미 전제되어 있기에, 그의 글은 객관성을 획득한다. 아래의

23) 위의 글.
24) 위의 글.

지문은 다소 길지만 〈편지〉의 영상자료를 발견할 수 없기에, 모두 인용해보기로 한다.

모두: 결사전에로 나아간다. 김정일장군님의 조국을 목숨으로 사수하자! △ 철석이와 옥심이를 선두로 하나로 굳게 뭉쳐진 군대와 인민의 대집단이 붉은 화광속에 진격하는 모습의 군상으로 굳어진다.
△ 영사막이 내려온다.(화면)
천리만길 덮쳐드는 파도, 파도…
우리 혁명의 보루를 무너뜨리려고 기승을 부리며 달려드는 원쑤들처럼 격랑을 일으키며 덤벼드는 파도와 태풍은 우리의 도로며 다리, 전주대를 덮치며 길길이 광란한다. (…중략…)
방파제에 어깨를 들이밀고 결사의 전투를 벌리는 군대와 인민의 불굴의 모습이 화면으로 흘러간다. 이상의 화면우에 울리는 철석의 목소리…
△ "아-" 방창이 터진다. 절벽을 들부시려고 덤벼들었다가 산산쪼각이 나서 부서지는 파도, 파도… 드디어 일망무제하게 펼쳐진 황금의 벼바다가 화면을 덮는다.
△ 영사막이 오른다.[25]

공연 이전에 희곡 자체가 영상을 요구하는 것이다. 위의 글을 면밀히 살펴보면, 배우들은 붉은 조명 속에 '정지(stop motion)'모습을 하고 있음을 알 수 있다. 이 기법은 연극에서 현존하는 배우와 영상을 연결시키는 일반적 방식이다. 〈편지〉 역시 이러한 기법을 활용하여 정지된 배우를 배경으로 영상을 들어오게 한 것이다. 결사적인 인민과 군인의 모습, 거친 파도는 극성을 높여주었을 것이다. 북한은 경희극

---

25) 『조선예술』, 1999.9.

〈동지〉에서도 "영사화면을 효과 있게 리용함으로써 주인공들의 성격과 생활을 보다 진실하고 감명 깊게" 그렸다고 자평하며, 이 작품에서 "사랑하는 전사들을 찾아 (…중략…) 치렬한 격전이 방금 끝난 최전연 초소에 오시는 경애하는 장군님의 숭고한 동지적사랑과 경애하는 장군님의 그 뜨거운 사랑과 믿음에 감격한 주인공들의 모습을 영사화면으로" 보여주었다고 한다.

경희극 〈동지〉의 창조자들은 영사화면을 통하여 매 인물의 구체적인 얼굴표정과 감정색채를 두드러지면서도 섬세하게 파고 듦으로써 혁명적동지애의 최고화신이신 경애하는 장군님께 끝없이 매혹된 군인들의 사상정신세계를 폭 넓고도 깊이 있게 밝혀 낼수 있었고 장면의 감정흐름을 최대로 높여 작품의 주제사상적내용을 보다 심도 있게 강조할수 있었다.[26]

1990년대 후반에 창작된 작품 〈축복〉·〈편지〉·〈동지〉에서 연출가는 영상을 통해 무대 위에 구현되기 어려운 장면을 처리하고, 더 나가 배우의 얼굴표정을 관객들에게 보여줌으로써 보다 섬세한 인물의 정서를 관객에게 전달한 것이다. 북한의 자찬과 같이 인물 크로즈업은 극적 흥분을 더욱 높여주었을 것이다. 이후 2000년대 연극작품의 영상은 자료가 발견되기에 영상의 도입을 보다 명료히 확인할 수 있다.

2005년에 창작된 〈철령〉의 첫 장면은 영상으로 처리되는데, '철령'이라는 글자가 아래에서 위로 올라오며, 옆으로 세워졌다가 위로 올라가면서 정면을 향한다. 이로써 '상승'이라는 기호를 던지며 극의 장엄함과 주제를 암시한다. 시청각을 활용하여 관객의 무의식에 기호를 심어주는

---

26) 장명철, 「영사화면의 효과적인 리용: 선군시대에 창조된 경희극작품들을 놓고」.

연극의 한 특징을 잘 반영한 대목이다. 이어 눈보라는 점점 더 거세지는데, 이 역시 영상의 화려함이 돋보인다.

첫 장면에서 여배우가 등장하여 첫 대사인 '철령에 눈사태가 났어요!'라고 외치기 전까지 무대는 조명과 더불어 다양한 모습으로 변한다. 조명은 원근감을 주면서 푸른색으로 전반적인 긴장감을 강조한다. 우리식 무대를 주장하며, 흐름식 무대를 강조했던 1980년대에 비한다면, 경제적 무대를 구현하는 것이다. 1980년대 북한은 공연에서 장면이 바뀔 때마다 무대가 움직이면서 무대배경을 변화시킨 것에 상당한 자부심을 표한 바 있다. 김정일이 고안한, 북한의 공연에만 있는 '흐름식 입체무대'인 것이다. 북한의 설명에 의하면 '흐름식 입체무대'의 장점은 암전이 없는 것이며, 그로써 관객의 감정을 끊지 않는 것이다. 그런데 선군시대 작품의 무대는, 적어도 〈철령〉에서의 무대는 거의 고정되어 있다. '흐름식 무대미술', 즉 이동하는 무대보다는 영상이라는 매체를 적극적으로 이용하는 것이다. 그리고 이것은 〈철령〉에서뿐만이 아니라 1990년대 후반의 경희극부터 점점 더 강화된 것이다. 이 양상은 '낡은 틀을 마스고' 새로운 형식을 탐색해야 한다는 정책에 대한 반응이다. 또한 고난의 시기를 극복하면서 경제적 절감을 위해 이동식 무대보다 영상의 활용으로 선회한 것이다. 이 같은 영상의 활용은 선군시대의 새로운 특징이다.

3.3. 춤과 노래: 민족성과 역동성의 결합

선군의 연극에서도 민족성은 여전히 중요한 형상원리의 하나이다. 특히 음악에서 민족적 미감을 느낄 수 있는 음악에 대한 강조는 1980년대 이후부터 선군시대까지 동일하게 적용된다. 명일식은 극예술이 사용해야 할 바람직한 음악에 대해 다음과 같이 설명한다.

가극에서 가사의 운률성과 서정성을 잘 살리자면 가사를 절가의 요구에 맞게 정형시로 써야 한다. (…중략…)

가사를 일정한 운률적인 규칙과 규범에 맞게 정형시로 쓰게 되면 시와 곡이 잘 밀착되여 가사의 사상/적내용과 풍부한 정서가 사람들의 공감을 불러 일으킬수 있는 것이다.

가극의 기본형상수단인 가사의 높은 형상성을 보장하자면 부르기 쉽고 알기 쉬운 통속성을 보장하여야 한다.

가사를 통속적으로 쓰려면 인물들의 사상감정을 꾸밈이 없이 소박하고 진실하게 표현하여야 한다. (…중략…)

또한 가사를 통속적으로 알기 쉽게 쓰려면 한문투의 까다로운 말들을 피하고 인민들속에서 널리 쓰이는 어휘들을 잘 다듬어 써야 한다.[27]

명일식이 주장하는 민족성을 위해 창작되어야 할 될 음악의 핵심을 요약하면, 가사를 정형시의 형태로 쓰는 것, 가사 자체가 운율을 내포하는 것, 쉬운 언어로 쓰는 것이다. 압축하면 쉽고 소박한 언어와 정형적 운율이다. 이 원칙은 곧 선군시대의 연극에 적용되었다. 다음은 〈동지〉의 가사이다.

△ 노래는 군인들의 합창으로 변한다.
포근한 너의 요람 지켜주신다.
온 나라 아이들을 보살피신다.
김정일장군님은 우리 아버지
아 – 아버지–[28]

---

27) 명일식, 「가극의 기본형상수단과 그 구현」, 『조선예술』, 2003.3.
28) 『조선예술』, 1999.10.

등장인물이 부르는 노래의 가사는 당의 정책을 그대로 반영한다. '포근한 너의 요람 지켜주신다'의 3/4/5 음절이 그 다음 가사인 '온 나라 아이들을 보살펴주신다'와 '김정일 장군님의 우리 아버지'에 정확히 반복된다. 또한 노래의 가사들은 일상적인 언어로 구사되고, 단순하여 기억하기 쉽게 계획되어 있다. 〈철령〉에서는 이 같은 양상이 극대화된다.

공연 도중에 여배우가 나와서 먼저 노래를 하고, 등장인물이 다 같이 노래하는 장면을 주목하기로 한다. 노래는 흥겹게 '아리-랑'이 반복된다. 후렴처럼 모든 배우들이 '아리-랑'을 반복하며, 민요적 선율로 작곡된 노래를 같이 부르는 것이다. 배우의 몸동작에서 알 수 있듯이 남녀노소 모두가 팔을 들고 민속적 춤을 춘다. 선군시대에도 연극에 민속적·민요적 음악이 구현된 것이다. 그런데 흥미로운 것은 민속적·민요적 음악 이외에 다른 방식이 실현되었다는 점이다. 〈편지〉의 희곡은 그 단서를 제공하기에 주목을 요한다.

△ "아-" 방창이 터지며 인민들의 환호에 답례를 보내시는 경애하는 장군님의 영상이 모셔진다.
군민이 감사의 마음을 담은 편지를 격조높이 랑독한다. (…중략…)
옥심: 진정 지난해의 농업전투는
　　　 장군님 사상의 만풍년이고
　　　 장군님 령도의 만풍년이며
　　　 장군님 군민일치의 만풍년입니다.
철석: 경애하는 최고사령관 동지!
　　　 최후승리를 위한 이 강행군길에
　　　 장군님 앞에도
모두: 우리를 불러주십시오.

(…중략…)

경영위원장: 장군님께서 하라고 하신대로

　　　　　기어이 두벌농사를 지어

(…중략…)

사단장: 위대한 김정일장군님의 군대와 인민은

　　　　반드시 이 땅, 이 하늘 아래에

　　　　김정일식사회주의의 성공함을

모두: 보란 듯이 쌓고야말겠습니다![29)

　　희곡에서 알 수 있듯이 이 장면에서의 가사는 통속적이고 일정한
운율을 유지한다. 그런데 작가는 분명 '랑독'이라고 기재한다. '낭독'
이란 정확히 말하면, '노래'는 아니며, 전반적인 분위기로 보면 슈프레
히콜[30) 양식의 합창이 실현된 것으로 해석된다. 등장인물 한 명이
먼저 선창을 하고, 그 다음 두 사람 정도가 같이 중창을 하고, 또 다시
독창과 중창, 독창과 합창이 반복되는 것이다. 이 슈프레히콜'은 해방
이후 좌익 연극에서 간혹 사용했던 방식으로 북한에서는 낯선 양식이
아니었다. 더 이상의 자료는 발견할 수 없기에 추측일 수밖에 없지만,
〈편지〉에서 노래의 형식을 갖춘 슈프레히콜 형식의 합창이 구현된
것은 확실해 보인다. 노래는 자연 춤을 동반하는데, 2000년대 춤에
대한 북한의 지침은 무엇일까? 다음의 글을 참고하기로 한다.

---

29) 『조선예술』, 1999.9.

30) 우리 나라에서 "슈프레히콜은 〈카프〉연극부에서 1932년부터 제기되어 실천된 공연방법론
　　이다. '슈프레히콜'이란 무대장치나 의상없이 여러 등장인물들이 창작된 시를 간단한 제스
　　츄어를 곁들여 돌아가며 낭독하는 형식을 말한다. 슈프레히콜(Sprechcor)은 독일어의 '말
　　하다(sprechen)'와 '합창(chor)'의 합성어로 독일 노동자연극의 중요한 양식이다…일본에
　　처음 소개된 것은 일본 〈좌익극장〉의 제22회 공연(1931.12.31~1932.1.20)에 선보인 것이
　　다. 이것을 본 신고송은 슈프레히콜 형식을 우리 나라에 도입하고자 소개했다." 최민아,
　　「신고송 연극론 연구」, 동국대학교 석사논문, 26~27쪽.

조선춤은 발동작을 비롯하여 하체를 많이 쓰며 빠르게 돌아가는 서유럽춤과 달리 팔놀림을 위주로 하면서 서정적으로 추는것이 특징이다.

알맞춤한 속도와 유순한 흐름을 가지면서도 근기있고 함축성있는 다리굴신, 휘감거나 뿌리치는 다양한 팔놀림으로 우아한 포물선을 그어나가는것이 조선춤의 독특한 모습이며 매력이다.

조선춤은 크고작은 동작이 적절하게 배합되어 있고 하나의 팔동작에도 률동이 어깨로부터 손끝까지 흘러 부위별동작들이 동강나지 않으며 조형적인 움직임과 자리길이 주로 곡선을 취함으로써 전반률동이 아주 부드럽고 섬세한 맛을 가진다. 이와 함께 상체의 움직임이 자연스럽게 조화되어 동작에서 무리하거나 꼬이는데가 없고 춤이 순간 정지된 상태에서도 지속되는 률동호흡으로 움직이는 감을 주는 '정중동'(멈춤속에 움직임이 있다는 뜻)의 멋을 나타낸다.

그런가 하면 어깨를 으쓱으쓱하거나 발을 들썩들썩하면서 둥실둥실 돌아가는것도 조선춤에서만 볼수 있는 건드러진 멋과 흥취이다.[31]

이 글은 북한이 이해하는 조선적·민족적 춤 개념에 대한 중요 자료이다. 박정순에 의하면 민족적 춤이란 팔놀림을 주로 하는 것, 포물선을 그리며 나가는 것, 곡선을 취하는 것 등이다. 〈편지〉의 제3장 첫 장면은 "음악속에 막이 오르면: 대단원을 이룬 군민이 홍성거리는 속에 남성군인들과 농장원처녀들이 한데 어울려 씩씩한 춤마당을 펼치고" 있으며 "박수와 환호 속에 춤이 끝난다"[32]고 설명된다. 이 지문을 보면, 경희극에서 춤은 상당히 중요한 요소 중 하나인 것으로 보인다. 안타까운 것은 이외에 〈편지〉의 춤에 대한 다른 자료가 발견되지 않는다는 점이다. 그러나 2000년대의 작품은 〈철령〉의 영상자료로

---

31) 박정순, 「춤형상에서 민족적정서를 살리기 위한 요구」, 『조선예술』, 2008.6.
32) 『조선예술』, 1999.9.

직접 춤의 모양을 확인할 수 있다.

군중장면의 춤은 분명 디자인된 춤이며, 배우들의 몸짓을 보면 전문 무용수들임이 확인된다. 무용수들은 팔을 많이 사용하며, 전체적으로 곡선을 유지한다. 이 같은 무용동작이 조선적인 것인지는 면밀한 분석이 필요하지만, 중요한 것은 북한이 '팔놀림'과 '곡선'을 조선적인 것이라 규정하고, 그것을 그대로 연극에서 구현했다는 점이다. 그런데 또 하나 주목할 것은 반드시 '곡선'만이 무용동작에 수용된 것은 아니라는 점이다.

그림은 남자 무용수들과 여자 무용수들이 혼성으로 춤을 추는 장면에서는 상당한 속도감을 보여준다. 군복을 입은 남자 무용수들은 발을 높이 듦으로써 박진감과 역동성으로 전반적 분위기를 지배한다. 그 주위를 여무용수들은 속도감 있게 돌아감으로써 회전에서 비롯되는 에너지를 발산한다. 부드럽고 곡선적이어야 할 무용에서 이 같은 변주는 어째서일까? 박정순의 글은 이에 대한 답이 될 수 있다.

무용배우들은 춤동작을 하나 하여도 선군시대의 기백이 넘치고 민족적정서가 진하게 풍기게 하여 강성대국건설에 떨쳐나선 군대와 인민에게 신심과 용기를 북돋아줄수 있는 참다운 춤형상을 창조하여야 할 것이다.[33]

박정순은 춤에서 민족적 정서가 진하게 풍기면서 동시에 '선군시대의 기백'이 넘쳐나야 한다고 강조한다. '선군'은 연극의 춤에서 '역동성·빠름·속도감'을 추가시킨 것이다. 살펴보았듯이 1980년대 민족성은 물론 그대로 유지된다. 음악의 선율은 민요적이어야 하고, 가사는

---

33) 박정순, 「춤형상에서 민족적정서를 살리기 위한 요구」, 『조선예술』, 2008.6.

운율이 맞아야 하며, 춤에서도 부드러움과 소박함이 묻어 나와야 한다. 그 위에 선군담론은 슈프레히콜 합창과 강렬한 군무를 추가한 것이다.

4. 추억·과학·스펙터클

2010년에 북한은 〈오늘을 추억하리〉와 〈산울림〉을 공연했다.[34] 〈산울림〉은 1961년 원산연극단이 강원도립예술극장에서 초연한 작품으로 1960년대 '천리마 대고조' 시기에 강원도 한 농촌마을에서 일어난 일을 소재·주제로 담고 있다. 『조선예술』은 2010년 7월부터 대대적으로 〈산울림〉 관련 기사를 실으며,[35] 작품에 대한 상세한 해설

---

34) 경희극 〈산울림〉은 2010년 4월 29일 평양 국립연극극장에서 첫 공연을 올렸으며, 9월 27일 청진공연까지 5개월간 전국순회공연으로 진행되었다. 이 작품은 10개 도시에서 180여 회 공연되었으며, 관객수 21만이라는 '대기록'을 남겼다.

35) 〈산울림〉과 관련된 『조선예술』의 글은 다음과 같다.
리문신, 「(수기) 대를 이어 영원할 〈산울림〉이 되리」, 『조선예술』, 2010.7.
최국선, 「〈산울림〉이 주는 여운은 크다」, 『조선예술』, 2010.7.
김수룡, 「인상깊은 첫시작과 여운있는 마감형상」, 『조선예술』, 2010.7.
안승천, 「세기를 넘어 울리는 산울림 충격과 감동, 웃음과 랑만」, 『조선예술』, 2010.8.
전수철, 「(관평) 시대와 더불어 만사람의 가슴에 메아리치는 〈산울림〉」, 『조선예술』, 2010.8.
김순림, 「(단평) 희극적성격과 정황의 유기적인 통일을 실현한 본보기」, 『조선예술』, 2010.8.
정리훈, 「랑만적인 리상의 대조를 통해 인물의 성격화를 실현한 명장면」, 『조선예술』, 2010.9.
김철호, 「인물의 성격을 생동하게 살려낸 인상깊은 연기형상」, 『조선예술』, 2010.9.
송경호, 「인상깊은 조명형상: 서로인의 집장면」, 『조선예술』, 2010.10.
김억철, 「연극의 극적견인력과 장면조직」, 『조선예술』, 2010.10.
리춘명, 「선군시대 배우화술의 혁신적인 면모를 보여준 화술형상」, 『조선예술』, 2010.11.
전수철, 「절세위인의 손길아래 대전성기를 펼친 우리의 극예술무대」, 『조선예술』, 2010.12.
손광수, 「김일성상계관작품 경희극 〈산울림〉의 극작술특징」, 『조선예술』, 2010.12.
정준하, 「인상깊은 두 장면을 통해 본 대비수법의 형상적 효과」, 『조선예술』, 2012.2.

을 더했다. 영상자료를 발견할 수 있으므로 공연에 대한 직접 확인이 가능하다. 무대는 영상을 활용하고 입체적으로 제작되어 있으며 무대 배경은 조선화 기법으로 처리되었다. 연기에서 희극성은 여전히 중요 요소 중 하나이며, 〈철령〉에 비해 배우들이 보다 유연하고 부드럽게 연기하고, 군중들이 보다 짜임새 있게 움직인다. 이 같은 강성대국 건설 소재·주제의, 천리마 대고조 시기에 적합한, 경희극적 양상의 연극이 2010년 이후에도 공연될 것으로 예상되는데, 2011년 12월 17 일 김정일의 사망은 북한 연극을 다소 다른 방향으로 유도한다. 다음 은 2012년 신년 공동사설이다.

선군시대 문학예술을 대표하는 연극 〈오늘을 추억하리〉와 같은 기념비 적인 무대예술 작품들이 연이어 창조되고 군중예술의 새로운 개화기가 펼쳐졌다.

(…중략…)

교육부문에서는 지식경제시대의 요구에 맞게 교육의 내용과 형식, 조 건과 환경을 높은 수준에서 보장해 나가야 한다.

문학예술부문에서는 창작도 편성도 형상도 우리 식으로 할데 대한 당 의 문예방침을 철저히 관철하며 모든 면에서 손색이 없는 명작들을 더 많이 내놓아야 한다.[36]

김정일 사망 이후 북한은 여전히 '우리 식'을 강조하면서 '추억'에 무게를 싣는다. 기억을 통해 김정은 세습의 정당화와 김일성 가계의 영웅화를 위해서이다. 〈오늘을 추억하리〉는 딸을 잃고서도 김정일에

---

36) 로동신문, 조선인민군, 청년전위 공동사설, 「위대한 김정일 동지의 유훈을 받들어 2012년을 강성부흥의 전성기가 펼쳐지는 자랑찬 승리의 해로 빛내이자」, 『로동신문』, 2012년 1월 1일자.

대한 충성으로 발전소 건설에 몰입하는 인물에 관한 이야기인데, 이 역시 김정일에 대한 충성을 김정은 시대에도 이어가자는 맥락이다. 2012년 신년 공동사설에서 이 작품이 유독 거론된 이유는 연극의 제목과 같이 과거의 고통을 딛고 희망찬 미래를 열자는 의미일 터, '추억·기억'은 김정은 시대 전개될 무대예술 작품의 한 축을 이룬다고 하겠다.

또 하나의 축으로는 '과학'을 예상해 볼 수 있다. 실상 북한에서 과학은 김정일 사망 이전부터 핵심코드로 부상한 것이다. 『조선문학』은 2009년 1월에 "근로자들과 과학자, 기술자들의 형상을 보다 참신하고 감명깊게 형상하고, 일심단결 주제, 조국통일 주제, 계급교양·혁명교양·사회주의교양 주제에 힘을 돌릴 것 등을 요구"한 바 있으며,[37] 김정일은 2009년 8월 11일 CNC 노래를 창작하라는 지시를 내린 바 있다.[38] 김정일은 사망 2해전 인민의 사랑을 받고 있던 작곡가를 불러 CNC에 대한 노래를 만들라는, 그들의 표현을 빌리면 '무겁고도 중요한 과업'을 내렸다. 작곡가는 고심 끝에 곧 기계가 돌아가는 소리를 연상케 하는 흥겨운 리듬으로 곡을 완성한다. 다음은 리호성 작사/한진옥 작곡의 〈비약의 속도 CNC바람〉이다. 작곡가는 '빠르고 들썩이게' 노래할 것을 당부한다.[39]

---

37) 「우리 당의 선군혁명영도를 높이 받들고 올해 선군문학 창작에서 앙양을 일으키자」, 『조선문학』, 2009.1.

38) 본사기자, 「CNC노래가 창작되기까지」, 『조선예술』, 2012.6.

39) 『조선예술』, 2010.11.

〈악보 1〉『조선예술』, 2010.11.

    악보에서 확인되듯 리듬의 특징은 반복성과 경쾌함이다. 작곡가가 당부했듯이 빠르고 들썩이게 부른다면 행진곡풍의 느낌이 더 강화될 것이다. 이 분위기가 연극에 반영된다면 CNC 소재·주제의 공연은 경쾌하고 밝은 분위기, 템포 빠른 화술과 움직임의 연기, 테크닉이 화려한 무대가 될 것이다. 국립교예단으로 이름을 바꾼 2012년 10월 평양교예단의 공연을 참고하기로 한다. 다음은 교예 〈춘향전〉의 공연 그림이다.[40]

---

40) https://www.youtube.com/watch?V=IJJxxIF624g 접속일: 2019년 3월 17일자.

[그림 1]　　　　　　　　　　　　[그림 2]

위의 그림과 같이 교예 〈춘향전〉은 스펙터클에 초점을 둔 공연이다. [그림 1]은 이몽룡이 관객 사이로 등장하는 장면인데, 주인공은 객석을 통해 등장함으로써 그 자체로 새로움과 장관을 연출한다. 또한 객석부터 무대까지의 거리가 어느 정도인지 확인할 수는 없지만, 이 행차는 관객 반응에서 알 수 있듯이 거리감으로 인해 관객들이 한껏 즐길 수 있는 시간을 확장해준다. 관객의 즐거움은 배가 되는 것이다. 이외 옆의 그림은 이몽룡과 춘향이가 프로시니엄 대형 무대를 한껏 활용하면서 그네를 타고 원을 그리며 무대를 도는 장면이다. 공중회전에 따른 관객 시각선의 상승과 배우의 다채로운 의상은 볼거리의 극치를 보여준다. 최근 공연에 대한 북한의 기대치가 변하고 있는 것이다. 북한의 무대 예술 작품에서 이전까지 사상과 내용이 핵심 요소였다면, 김정은 시대에는 이와 함께 스펙터클이 중요 요소이다.

5. 다양성의 상실

김정일 통치 시기 북한 문학예술을 지배하는 담론은 '선군'이었으며, 선군은 1998년 10월 중앙방송에 의해 '선군정치'로 개념화되었고, 이후 문학예술계는 스스로를 '선군혁명문학', '선군혁명음악', '선군혁명미술', '선군영화'로 지칭한다. 선군사상이 새로운 주제이자 소재로 부각된 것이다. 선군담론은 물론 연극 작품에 직접적으로 수용되었다. 1990년대부터 2000년대 중반까지의 성과작으로 꼽히는 〈약속〉·〈축복〉·〈편지〉·〈동지〉·〈웃으며가자〉·〈계승자들〉·〈철령〉·〈생명〉에서 주목되는 것은 획일화된 인물이 전개하는 연기가 유연하다는 점이다. 주연인물은 비교적 무게감 있는 연기를 전개하지만 주연 인물 역시 부분적으로 웃음을 유발하는 제스처와 화술을 보여주며, 희극적 인물은 빠른 템포의 화술과 슬랩스틱을 적극적으로 이용하여 관객의 웃음을 유도한다. 희극성을 강조한 이유는 정치적 맥락이다. '고난의 행군'을 겪어야 하는 인민들에게 공연에서나마 '웃음'을 선사하는 것은 정책적으로 장려될 수밖에 없었다. 그러나 이유가 무엇이든 희극성을 구현하는 배우들의 연기는 모두 그 기량이 돋보인다. 적합한 액션(action)과 리액션(reaction), 리듬감 있는 화술, 부드럽고 절제감 있는 몸동작 등은 연극을 흥미롭게 이끌고 가는 주요 요소이다.

무대와 음악·춤의 창작 원리에서는 1980년대의 '민족성'이 그대로 유지되어 무대는 조선화 기법을 주요 방식으로 채택한다. 그런데 선군시대 연극에서 주목할 것은 무대에서 '영상화면'이 적극적으로 도입되었다는 점이다. 군과 인민이 힘을 합해 파도를 극복하는 등의 장렬한 장면은 배우들의 정지모습(stop-motion)과 함께 영상으로 처리된다. 더 나가 영상은 개별 배우들의 얼굴을 클로즈업하면서 비장함을 극대화한다. 이에 따라 무대는 이전과 같이 움직임에서 비롯되는 스펙터클에 의존하지 않는다. 무대의 물리적 움직임에 의존했던 스펙터클은 영사화면으로 그 의존점을 옮긴 것이다. 음악과 춤 역시 '민족성'을 기본으로 한다. 음악의 가사는 3·4·5음절을 반복하면서 민요를 편곡하여 사용하며, 춤은 '팔사위'와 '선이 부드러운' 조선적 춤을 차용한다. 기본적으로 1980년대와 유사할 수 있지만 차이점 역시 존재한다. '군'의 기백을 보여주기 위해 음악에서 외치는 슈프레히콜 방식이 적극적으로 도입된 것과 춤에서 군과 인민이 어울려 역동적 춤을 구사한다는 것이다. 이 부분은 '민족성'과 다소 거리가 있다. 노래와 춤 자체가 '강렬함'을 위해 제작되었기에 북한이 말하는 '부드러운 조선적 미감'은 분명 감소된다. '선군'에 따른 문예정책은 연극에서 강력한 춤과 노래로 그 구체적 모습을 드러낸 것이다.

이 시기를 선군 이전과 비교하여 평가한다면 '상대적 다양성의 상실' 시기라 할 수 있다. 1980년대 중반부터 선군 이전까지 북한 연극은 작품의 본질적 주제는 고정되었으나 작품의 배경이 각기 달랐다. 등장인물 역시 애국지사·민족주의자·농부 등 다양하게 설정되었고 그에 따라 연기·대사·의상 등에서 제한적이지만 분명 다양성이 존재했다. 그러나 선군으로 선회한 이후 북한 연극은 주인공을 모두 군인으로 획일화함으로써 그에 따라 의상·대사·제스처 등의 표현요소에서 변화의 한계를 갖는다. 다양성이 상대적으로 축소된 것이다. 예술의 생명은 단연 '창조성'과 '다양성'에 있기에 북한의 이 같은 횡보는 일면 퇴행이라 할 수 있다. 그렇다면 김정은 시대 북한 무대예술은 어떤 방향으로 진행될까? 살펴보았듯이 김정일을 추억하며, 과학을 장려하며, 스펙터클을 강조하며 전개될 가능성이 크다. 그러나 예상은 예상일뿐이다. 북한의 무대예술은 정치의 변수와 함께 완만히, 또는 급하게 선회할 것이다.

14장 김정은 시대의 연극 읽기

1. 21세기와 북한 연극

21세기 북한은 격동의 시기이다. 1990년대 고난의 행군을 지나 어느 정도 안정감을 찾기 시작했으며, 2009년에는 김정일이 김정은의 후계구도를 정립하였고, 2012년부터는 김정은 시대가 개막했다. 21세기 북한은 김정일의 통치와 사망, 새로운 지도자의 등극이라는 격변을 맞이한다. 그렇다면 이 시기 북한 연극도 격변을 맞이했을까? 북한 정치계의 변화가 북한 연극에도 영향을 미쳤을까? 그 영향은 주제와 내용 이외에 연극적 요소에도 변화를 가져왔을까? 이것을 포착한다면 북한 연극을 보다 폭넓게 이해할 수 있지 않을까?

이 글은 김정은 시대에 중점을 두고, 김정은이 후계자로 내정된 2009년부터 2018년까지 북한에서 제작된 연극을 '인물'과 '연기'에 초점을 맞추어 분석하고자 한다. 공연적 관점으로 본다면 연극에서의 인물은 서사를 전개하는 기능 이상의 의미를 갖는다. 작가는 의식적,

무의식적으로 의미 전달에 유리한 인물의 직업, 성장배경, 성격 등을 설정하므로 '극중 인물은 의미 작용을 조직하는 기호'이다.[1] 또한 연기는 북한 정치계의 변화와 함께, 정치계의 변화와 무관하게 시대의 흐름을 반영할 수밖에 없을 터, 연기의 변화를 읽는 것은 북한 연극의 변화를 읽는 데 필수이다. 연구대상 작품은 혁명연극의 재공연을 제외한 경희극과 연극을 모두 포함하며, 북한이 성과작으로 언급하고, 희곡과 영상을 접할 수 있는 작품으로 선정했다. 이 글의 목적은 북한 연극을 희곡적 관점보다 공연적 관점에서 분석하는 것이므로 영상 확인은 필수적이다. 이에 따라 연구 대상 작품으로 김정은 후계 시대는 〈산울림〉(2010)과 〈오늘을 추억하리〉(2011), 김정은 시대는 〈백두의 청춘들〉(2016), 〈북부전역〉(2017)을 선택했다.[2] 각 작품의 희곡으로 〈백두의 청춘들〉은 『박호일 작품집 동지』(2)(2017), 〈산울림〉은 『조선예술』(2010), 〈오늘을 추억하리〉는 『조선예술』(2011), 〈북부전역〉은 『조선예술』(2017)을 참고했다.[3] 연구방법은 희곡, 북한의 공연 평론, 영상 자료를 교차하여 분석하는 것이다. 연극의 특성이 '직접성'임을 생각할 때, 영상을 분석한다고 해도 공연을 직접 관람할 수 없는 것은 한계일 수밖에 없다. 그러나 한계를 안고 진행하는 연구도 후속 연구를 위해 필요하다고 믿기에, 영상과 모든 자료를 수합하여 김정은 시대의 연극을 분석해 보고자 한다.

---

1) Steven Cohen, 임병권·이호 옮김, 『이야기하기의 이론: 소설과 영화의 문화기호학』, 한나래, 1997, 81쪽.

2) 김정은 시대에는 〈사랑〉(2012), 〈향기〉(2015), 〈백두의 청춘들〉(2016), 〈북부전역〉(2017), 〈붉은 눈이 내린다〉(2017)가 제작되었지만, 이 중 공연평과 영상을 모두 확인할 수 있는 작품은 〈백두의 청춘들〉과 〈북부전역〉이다.

3) 〈백두의 청춘들〉은 박호일, 『박호일 작품집 동지』(2), 평양: 문학예술출판사, 2017; 〈산울림〉은 『조선예술』, 평양: 문학예술출판사, 2010.7.8; 〈오늘을 추억하리〉는 『조선예술』, 평양: 문학예술출판사, 2011.11.12; 〈북부전역〉은 『조선예술』, 2017.9를 인용한다.

2. 김정은 후계 시대: 〈산울림〉, 〈오늘을 추억하리〉

2.1. 일반주민 인물, 다양한 행동목표

〈산울림〉(2010)은 서장, 4막, 종장으로 구성되어 있으며 제대군인 황석철이 현실에 자족하는 마을사람들을 일깨우고 힘을 합해 범 바위 산을 개간한다는 내용이다.[4] 먼저 주요 인물을 분석해보기로 한다.

〈표 1〉〈산울림〉 인물의 행동목표

인물	직업	행동목표	변화
황석철	제대군인	알곡증산을 위해 범 바위산을 개간한다.	마을 사람들과 힘을 합해 범 바위산을 개간한다.
리송재	조합관리위원장	알곡증산을 위해 새 땅을 개간하기보다는 4혼작이나 밭 가운데 돌각담을 활용한다.	보수주의자인 것을 깨닫고 반성한다.(4장)
함락주	리당위원장	큰 이상도 대중과 함께 할 때 가능함을 석철에게 깨우친다.	
리달수	제2작업반장	산을 개간하지 않고 4혼작을 한다.	자신의 소극성을 반성한다.(4장)
금단	마을처녀	석철을 교양하여 조합에 잘 안착시킨다.	석철을 도와 범 바위산을 개간한다.
옥음	마을처녀	마을을 떠나 배우로 성공한다.	석철을 도와 범 바위산을 개간한다.

〈산울림〉에서 흥미로운 것은 주요 인물이 모두 일반 주민이라는 점이다. 주인공 황석철도 제대군인이어서 엄밀히 말하면 민간인 신분이다. 또한 주요 인물의 행동목표는 김정일 시대에 비해 한층 다양할 뿐 아니라 갈등을 유도할 수 있도록 설정되었다. 예를 들어 제대군인 황석철은 마을 사람들의 자족감을 병이라 생각하며 바위산을 개간하고자 하지만, 리송재와 리달수는 새로운 땅을 개간하기보다는 기존의

---

4) 〈산울림〉은 1961년 년에 초연된 작품이다. 2010년 4월에서 9월까지 5개월간 전국순회공연을 진행했다. 이 작품은 북한에서 가장 많은 고평을 받은 작품 중 하나이다.

땅을 4혼작하여 알곡을 증산하고자 한다. 또한 금단은 마을에 온 석철을 조합에 잘 안착시키려는 목표를, 옥음은 마을을 떠나 배우로 성공하는 결이 다른 목표를 갖는다. 이 인물들의 목표는 '범 바위산을 개간한다'로 결국 통일되지만, 그 목표를 수행하기 전까지는 자신의 행동목표에 따라 행동하므로 개연성 있는 갈등이 발생하여 극은 한층 입체적으로 진행된다. 북한의 '인물설정에서 새로운 시도'를 하였다는 자화자찬적 평론은 어느 정도 타당하다.[5]

이러한 변화는 〈오늘을 추억하리〉에서도 발견된다. 〈오늘을 추억하리〉는 서장과 7장으로 구성되어 있으며, 어려웠던 고난의 행군 시기 중소형발전소를 건설하기 위해 투쟁하는 어느 한 산간의 주민들 이야기이다.[6] 인물의 직업과 행동목표를 분석하면 다음과 같다.

〈표 2〉〈오늘을 추억하리〉 인물의 행동목표

인물	직업	행동목표	변화
강산옥	군행정경제위원회 위원장	중소형 발전소를 건설하기 위해 할 수 있는 모든 일을 한다.	
최광천	도행정경제위원회 부위원장	쉬운 일만 하며 마을을 관광지로 꾸린다.	잘못을 뉘우치고 헌신한다.
오석태	발전소건설 시공지도원	발전소 건설을 위해 철탑의 전력을 끄지 않고 옮긴다.	
조갑	군행정경제위원회 부위원장	업적이 될 만한 일을 챙기며 발전소 건설을 미루고 마을을 관광지로 꾸린다.	
익준	군당책임비서	발전소를 건설한다.	

〈오늘을 추억하리〉의 등장인물도 〈산울림〉과 같이 모두 일반 주민이다. 특히 세 명의 주요 인물은 경제위원회 위원장이어서 김정일 시대 '혁명적 군인정신'으로 무장한 군인 인물과 차별된다. 주목할

5) 김순림, 「(단평) 희극적성격과 정황의 유기적인 통일을 실현한 본보기」, 『조선예술』, 2010.8, 24쪽.

6) 김순림, 「신념과 의지에 대한 철학적 상상력」, 『조선예술』, 2012.2, 63~64쪽.

것은 이 등장인물의 목표가 뚜렷하면서도 상반되어 갈등을 일으키기에 충분하다는 점이다.

주인공 강산옥은 (…중략…) 위대한 장군님의 가르치심대로 중소형발전소를 건설하는데 자신의 모든 것을 다 바친다. (…중략…) 작품은 광천 부위원장의 형상을 통하여서도 일군들속에서 보신주의를 극복하기 위한 투쟁은 인간의 량심과 도리를 지키고 사회주의원칙을 수호하기 위한 사활적인 문제라는 것을 예리하게 밝히고 있다.[7]

강산옥과 오석태는 발전소 건설을, 최광천과 조갑은 어려운 일을 피하는 것이 목적이다. 이 지점이 〈오늘을 추억하리〉가 〈산울림〉과는 또 다른 점이다. 〈산울림〉에서는 마을 사람들이 마을을 발전시킨다는 초목표는 동일했으나 그 방식에서 차이가 있었다. 그러나 〈오늘을 추억하리〉는 모든 것을 헌신해서 발전소를 완공하려는 인물과, 적당히 일하면서 성과만을 차지하려는 인물을 설정한다. 행동목표가 정반대이므로 인물들 간에 갈등이 더욱 첨예하게 발생하여, 그 갈등이 작품을 한층 생동감 있게 한다. 김정일 시대가 부정인물을 대부분 생각이 부족하거나 의식화되지 못하여 다소의 결함만이 있는 인물로 설정했다면, 김정은 후계 시대는 부정인물의 욕망 자체를 다르게 설정한 것이다.

△ 이윽고 산옥 빈병을 책상우에 딱 소리를 내며 올려놓는다.
산옥: (조용하나 엄엄한 어조로) 제의선 못 올린다.
광천: 엥?

7) 위의 글.

산옥: 못 올려!

광천: 뭐?!

산옥: 어쩌면 넌 그런 일군이 되었니? 장군님을 옹위하는 길에서 맹수가 되어야 할 부위원장이란 네가 어쩌면 자기자신을 위한 맹수가 되었어?

광천: 뭐, 뭐… 어따대구 〈너〉, 〈너〉 하면서 건방지게! 나가, 내 방에서 당장 나가![8]

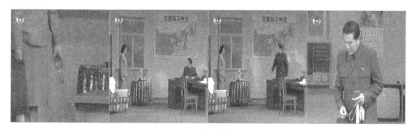

[그림 1][9]

산옥과 광천은 어릴 때 헤어진 남매이다. 산옥은 광천이 동생이라는 것을 알지만, 광천은 이 사실을 알지 못하는 상태이다. 산옥은 동생 광천을 다시 만나 기쁘지만, 동생이 자기 자신만을 생각하는 관리가 된 것을 보고 반가움을 뒤로 물린 채 '자기 자신을 위해서 맹수가 되었다'고 날카롭게 공격한다. 광천 역시 맞대응하며 나가라고 소리치는데 이것은 인물의 행동목표가 반대되고 뚜렷하기 때문에 가능한 것이다.

이와 같이 〈산울림〉과 〈오늘을 추억하리〉는 인물과 행동목표에서 김정일 시대와 다른 양상을 보여주는데 그 이유는 무엇일까? 무엇보

---

8) 『조선예술』, 2011.12, 77쪽.

9) 유튜브. https://www.youtube.com/watch?v=bIWQJaGHvPQ. 접속일 2019.1.4.

다 김정일은 2010년에 들어서 2012년 강성대국 진입을 목표로 모든 북한 주민을 경제건설에 동원하고자 했다. 김정일 시대 주인공이 대부분 군인 관련 인물로 김정일을 위해서, 김정일의 명령 수행이 목표였다면, 김정은 후계 시대인 〈산울림〉과 〈오늘을 추억하리〉에서는 강성대국 건설을 위한 '주민동원'이 중요했고, 이에 따라 자발적으로 발전소를 짓는 '일반주민'이 주요 인물로 나타난 것이다. 다음으로는 군부의 활동 축소를 들 수 있겠다. 김정일 시대에 군은 선군정치로 각종 경제활동의 핵심이 되어 영향력이 막강해졌다. 김정일이 2009년 1월 김정은을 후계자로 내정하고, 2010년 당중앙위원회 부위원장으로 임명했다고 해도 이미 견고한 권력을 가진 군부에 비해 김정은의 위치는 역부족일 수 있다. 김정일이 "장성택-김경희를 통해 조직지도부를 견제"하고 "장성택에게 군부의 무역권을 축소하고 구조 조정하는 역할을 맡긴 것"은 이를 잘 말해준다.[10] 군의 영향력 축소가 김정일의 입장에서는 절실했을 터, 이 영향으로 연극에서 늠름한 군인보다는 일반주민이 주요 인물로, 관료를 거침없이 비판하는 장면이 나타난 것이다.

2.2. 사실주의적 움직임, 화술과 몸짓의 다양화

〈산울림〉에서의 연기를 살펴보면, 김정일 시대에 비해 한층 더 밝고 리듬과 템포가 살아나는 것을 알 수 있다.[11] 배우의 대사와 대사가

---

10) 박형중, 「김정은 권력승계의 대내외 정책의 추이」, 『KDI 북한경제리뷰』 제10권, 2014, 10~23쪽.

11) 이 글에서 3차원적 연기는 사실주의적인 연기로 현실속의 인간을 구체적인 행동을 통해 재현하는 연기, 제 4의 벽을 통해서 무대를 보는 환영을 전제로 하는 연기정도로 전제하기로 한다. 김정수, 「한국연극 연기에 있어서 화술표현의 변천양태 연구」, 동국대학교 박사논문, 2007, 50쪽.

자연스럽게 맞물리고 배우들의 연기에 속도감이 붙는다. 인물구축에서 제대군인 주인공 석철을 김정일 시대의 군인과 군이 비교해본다면, 김정일 시대 군인이 명령 관철에 함몰되어 경직된 모습이라면, 〈산울림〉의 제대군인 석철은 자연스러움을 지나 '어수룩해 보이기'까지 한다.

[그림 2][12]

김정일 시대 군인 주인공이 김정일을 수호하기 위해 항상 근엄하고 정의로운 모습이었던 반면, 〈산울림〉의 제대군인 황석철은 어떤 근엄함도 갖지 않는다. 오히려 어리숙해보이기까지 하는데, 이 어리숙함이 석철과 주변인물의 몸짓과 화술을 부드럽게 만든다. 다음 장면을 보기로 한다.

송재: 안되는게 아니라 이것두 저것두 다 해버렸으니 할게 없지.
석철: 할게 없다구요?
송재: 보우. 우리 당의 12월 전원회의 정신과 북청회의정신이 우리 조합
　　　주변산마다에 꽃을 피우고있지 않소. 허지만 우린 만족하지 않아.

12) 유튜브. https://www.youtube.com/watch?v=_RbVPnh8Ac0. 접속일 2019.1.4.

어떻게 하면 더 알곡생산에 이바지할것인가, 그래서 감자, 강냉이, 콩을 삼혼작하자는 문제두 나왔구 나중엔 돌각담까지 들추자는 의견두 내놓지 않았소.

석철: 돌각담이나 들춰가지구서는….

달수: (석철의 말을 자르며) 여보게 석철이, 우리 조합은 토대가 있는 조합이야. 개척지가 아니란 말일세.13) (강조는 필자)

이 장면은 새로운 땅을 개간하자는 석철과 지금의 여건에 만족하여 땅을 개간하기보다는 기존의 땅을 활용하려는 송재의 갈등 장면이다. 인물의 행동목표가 다르므로 그에 따라 개성을 반영한 화술이 엿보이는데, 이에 대한 다음 북한의 평론이 재미있다.

연기자는 이러한 송재의 심리를 옳게 파악하고 그에 맞게 '안되는게 아니라'는 대목의 말마디들은 또박또박 번지는 말투로 나가다가 '이것두 저것두'에 그루를 박아 훈시하는 투로 가져갔으며 말 끝맺음에서 '에'하는 대사를 높은 말투로 길게 끌어줌으로써 석철의 의견을 부정하려는 인물의 심리를 잘 강조하여주었다.

연기자는 이 대사를 포전선전실 마당의자에 의젓하게 앉아 북통을 두드리는 행동연기와 잘 결합하였다. (…중략…)

다음 연기자는 얼굴에 만족스러운 웃음을 짓고 대사를 약간 흥분에 뜬 소리빛갈과 억양으로 형상하다가 갑자기 정색한 얼굴표정을 지으며 석철의 어깨를 가볍게 친다.

그리고 뒤짐을 진 상체를 뒤로 젖히며 그 어떤 의지로 충만되여있는 듯 한 표정을 짓고 "허지만 우린 만족하지 않아…"라고 자신만만하고 기

---

13) 『조선예술』, 2010.7, 71쪽.

백있는 말투로 형상함으로써 '자만자족병'에 걸려있는 자신을 보지 못하고 오히려 계속 전진하려는 사람으로 자처하고 있는 인물의 성격을 생동하게 보여주었다.14) (강조는 필자)

이와 같은 북한의 평은 다소 지나친 감이 있다. 실제 영상을 통해 공연을 보았을 때, 북한 평론가 김철호가 말하는 또박또박 번지는 말투, 높은 말투, 소리빛갈, 억양, 표정을 찾기는 쉽지 않다. 그러나 이 장면에서 배우들이 화술을 다양하게 하고, 강약완급을 조절하는 것은 알 수 있다. 김정일 시대에 비해 자연스럽게 서로 대사를 주고받음으로써 '반응하는 연기'를 전개하는 것이다.

〈오늘을 추억하리〉의 연기 역시 유사한 양상이다. 인물의 개성을 드러내는 연기가 보이는데, 그 이유는 인물의 행동복표에 개성화를 시도했기 때문이다. 특히 '부정인물'의 인물구축은 이기적이고 자기보신의 측면을 강조하여 한층 더 사실주의적 연기를 보여준다. 이번에는 연기와 관련한 북한의 평을 먼저 찾아보기로 하다.

배우는 〈낸들 어쩌겠소?〉라는 이 대사에서 〈낸들〉과 〈어쩌겠소〉에 짧은 곡선형의 어조억양을 재치있게 연결시키고 탄력있는 말소리흐름새로 다년간 습관화된 훈시조가 어린 지시적인 말투를 살려내어 단호한 태도가 엿보이게 하였다. (…중략…) 이러한 말투를 통하여 배우는 (…중략…) 보신주의, 관료주의에 물젖어 있는 광천의 부정적면모를 뚜렷이 보여주었다.

조갑위원장역을 수행한 배우의 대사형상 역시 뚜렷한 개성이 비낀 말투로 하여 매우 인상깊다. 조갑위원장은 (…중략…) 보신주의자다.

---

14) 김철호, 「인물의 성격을 생동하게 살려낸 인상깊은 연기형상」, 『조선예술』, 2010.9, 55쪽.

배우는 인물의 성격에 맞게 석심한 목소리를 바탕으로 하여 자기 리익에 부합될 때에는 활기에 넘친 소리빛갈로 빠르게 대사를 엮어나가다가도 일단 불리할 때에는 저조한 소리빛갈에 처진 소리 속도, 한숨이 섞여 있는 맥빠진 말투로 대사를 형상하였다.15) (강조는 필자)

이 평론은 부정인물의 연기에 대한 평이다. 이 평을 기억하면서 이 장면을 영상으로 다시 보았을 때, 평론의 상찬만큼 주목할 연기라고 하기에는 무리가 있다. 주영숙이 말하는 '짧은 곡선형의 어조'나 '지시적인 말투'는 미리 평을 읽어보지 않았을 때는 포착하기 어렵다. 다만 부정인물을 형상화한 배우가 연기에서 '속도'를 의식하는 것은 느낄 수 있다. 화술에서의 속도 변화는 중요하다. 속도와 강약이 조화된 화술은 입체적인 연기를 가능하게 하여 관객에게 극의 상황을 보다 정확히 전달하기 때문이다. 화술에 대한 판단은 주관적일 수 있지만 인물의 제스처는 객관화가 가능하다.

조갑이 손가락으로 이마를 다독이는데 남녀지배인이 나온다.
(…중략…)
조갑: 예? 어휴- (손끝으로 이마만 다독인다).
산옥: 거 이마는 그만 다독이세요. 그러다 이마에 떡살이 배기겠어요.
(모두 웃는다)
(…중략…)
광천: 글쎄, 전력공업부에서 안된다는걸 낸들 어찌겠소.
조갑: 어유- (이마를 다독이며 주저앉는다.)16)

---

15) 주영숙, 「(평론) 작품의 극적견인력을 더해준 부정인물들의 개성적인 연기형상」, 『조선예술』, 2012.1, 61쪽.
16) 『조선예술』, 2011.11, 72쪽.

[그림 3]¹⁷⁾

1장부터 이기주의자로 설정된 조갑은 이마를 다독이는 제스처를 보여준다. 배우가 의도적으로 인물구축을 하면서 창안한 제스처로 보이는데, 이 제스처는 조갑이 궂은일을 하기 싫거나, 딴 마음을 먹을 때 나타나 인물의 심리를 읽게 해준다. 영상으로 보아도 의도된 제스처임을 짐작할 수 있는데, 다음 글을 보기로 한다.

조갑부위원장역을 맡은 배우가 창조한 이마를 톡톡 두드리는 연기세부 역시 인상깊다.

자기 책임한계가 두려워 빠져나갈 길을 찾을 때마다 떡살이 배길 지경으로 이마를 톡톡 두드리는 연기는 그야말로 우유부단하고 요령주의적으로 사는데 습관된 조갑부위원장에게서만 볼수 있는 특색있는 세부연기로서 관중들에게 〈조가비〉라는 별명과 더불어 잊혀지지 않는 깊은 인상을 남긴다.¹⁸⁾

이와 같이 북한 평론은 이 장면을 고평하는데, 영상으로 확인했을 때 공감할 수 있는 부분이다. 인물에 맞게 제스처를 창조한다는 것은 제스처나 인물창조가 약했던 북한 연극의 커다란 변화이다. 이 맥락으

17) 유튜브. https://www.youtube.com/watch?v=bIWQJaGHvPQ. 접속일 2019.1.4.
18) 주영숙, 「(평론) 작품의 극적견인력을 더해준 부정인물들의 개성적인 연기형상」, 『조선예술』, 2012.1, 61쪽.

로 무대를 보기로 한다. 무대 역시 배우들의 사실주의적 연기를 가능하게 한다. 〈산울림〉과 〈오늘을 추억하리〉의 무대를 보기로 한다.

[그림 4] 〈산울림〉[19]

[그림 5] 〈오늘을 추억하리〉[20]

사실주의를 강조하는 북한이지만 김정일 시대에는 열악한 무대 환경으로 배우들이 사실주의적 움직임을 하는 것 자체가 불가능했다. 그런데 〈산울림〉과 〈오늘을 추억하리〉는 부분적으로 영상을 사용하지만 무대 자체를 사실주의적으로 만들어 배우들의 3차원적 움직임을 유도하는 것이다. 예를 들면 〈산울림〉에서는 작은 언덕을 만들어 배우들이 무대 상수와 하수, 뒷무대에서 앞무대로 달려나올 수 있게 했으며, 사실적 오두막을 지어 배우들이 유연하게 움직이도록 했고, 밤의 장면에서는 달과 방의 등불을 활용해 분위기 자체를 사실적으로

---

19) 유튜브. https://www.youtube.com/watch?v=_RbVPnh8Ac0. 접속일 2019.1.4.

20) 유튜브. https://www.youtube.com/watch?v=bIWQJaGHvPQ. 접속일 2019.1.4.

유도했다. 〈오늘을 추억하리〉에서도 양상은 유사하다. 장면에 따라 기와집이 나오고, 특히 관리위원장의 방을 살펴보면, 소파를 비롯한 대도구와 전화, 테이블 보, 꽃병 등의 소도구와 소품 모두가 극사실적이다. 배우는 방에 있는 가구들의 배치에 따라 움직임으로써 입체적이고 사실주의적인 연기를 보여준다.

이와 같이 김정일과 김정은 후계 시대의 연기는 확실히 과감할 정도로 3차원적이다. 연기에 대한 판단은 주관적일 수밖에 없고, 화술에 대한 판단도 객관화하기 어려울 수는 있다. 그러나 무대와 배우의 움직임은 객관적 확인이 가능하다. 이 시기 북한 연극은 제4의 벽을 떠올리게 하는 사실주의적 연기를 보여준 것이다. 그렇다면 이같이 자연스러운 입체적 연기가 전개된 것은 무엇 때문일까? 이 시기 북한은 2010년 나선시를 특별시로 격상시키고, 2011년 황금평·위화도를 새로운 경제특구로 지정했으며, 중국과 함께 나선·황금평·위화도의 공동개발을 추진했다.[21] 5.24 조치에 의해 남북경협이 위축되자, 대중국 개방을 확대하는 조치를 취하면서 나름의 활력을 모색한 것이다. 장성택의 숙청으로 공동개발은 현재까지 답보상태에 머물러 있지만, 이 시기 군부 세력의 축소와 경제적 활로 개척이라는 북한의 정치적 변화, 정치적 변화에 따른 북한사회의 유연화가 연극에서 경직된 연기를 사라지게 하는 원인이라 하겠다.

---

21) 통일부 통일교육원, 『북한이해』, 통일부 통일교육원, 2018, 139쪽.

3. 김정은 시대: ⟨백두의 청춘들⟩, ⟨북부전역⟩

3.1. 군(軍) 관련·일반주민 인물, 복수의 행동목표

⟨백두의 청춘들⟩은 서장과 종장, 5장으로 구성되어 있으며, 당창건 70돌까지 발전소 건설을 완공하기 위해 백두산영웅청년 발전소 건설장에서 헌신하는 젊은이들의 영웅담을 다룬 내용이다. 등장인물과 행동목표를 분석해보기로 한다.

⟨표 3⟩ ⟨백두의 청춘들⟩ 인물의 행동목표

인물	직업	행동목표	변화
리억철	청년돌격대원 대대장	발전소를 완공을 위해 송화와 결혼을 미룬다.	
맹도범	여단후방참모	돌격대원들을 결혼을 위해 집으로 보낸다. 억철, 송화, 순호, 라순을 결혼시킨다.	
강순호	분대장	발전소를 완공을 위해 라순과의 결혼을 미룬다.	
지학림	돌격대원, 대학졸업생	'백두청춘대학' 졸업증을 딴다.	
공달수	정양소 부소장	정양소에 온 대원들을 도망하지 못하게 하며 휴식하도록 한다.	
라순	여성소대장	발전소를 완공하기 위해 순호와의 결혼을 미룬다.	
천송화	안전참모	발전소를 완공하기 위해 억철과의 결혼을 미룬다.	
혜옥	맹도범의 아내	돌격대원에 침입하여 연인인 것을 밝혀 남편 맹도범에게 알려준다.	돌격대원의 뜻을 지켜준다.

⟨백두의 청춘들⟩의 주요인물은 다시 군 관련 인물이며 이들의 행동목표는 '발전소 완공'으로 일치한다. 초목표가 동일하므로 인물들 간에 갈등이나 첨예한 대립이 발생하지 않아 다소 극은 평면적으로 흐른다. 일면 김정일 시대로의 회귀로 보이지만 '단순회귀'로 단정하기에는 무리가 있다. 주인공 대대장 억철의 초목표가 당 창건 70주년까지 발전소 건설이며 조연인 정치부장과 여단장 역시 발전소 건설이

초목표이지만, 조연은 또 다른 목표를 갖기 때문이다. 이들은 미혼 청년들의 장부책을 보면서까지 총각처녀를 짝지어주는 것을 주요 목표로 삼는다.

경희극 〈백두의 청춘들〉의 인물설정에서의 새로운 시도는 다음으로 두 촉매적인물설정으로 인물관계를 립체감이 나도록 형상한 것이다.

경희극 〈백두의 청춘들〉은 맹도범과 공달수라는 두 촉매적인물을 서로 다른 사건속에 설정하여 그들이 제각기 청년들에 대한 인간관계를 맺도록 하였다.

지난 시기 창작공연된 경희극작품들에서 촉매적인물들은 대체로 하나의 사건속에서 자기의 형상의 몫을 가지고있는 인물로 되고있었다.[22]

북한 평론가 리진홍은 이전에는 비중 있는 조연들이 하나의 사건에서 하나의 목표만을 가졌는데, 〈백두의 청춘들〉은 각기 다른 사건을 가지면서, 각 사건에서의 목표를 갖는다는 것이 이 연극을 입체감 있게 만들었다고 주장한다. 그런데 실제 영상으로 공연을 보면, 인위적 사건이 많아 '사건을 위한 사건'을 만든다는 느낌을 받는다. 그럼에도 불구하고 북한 평론은 "경희극 〈백두의 청춘들〉에서 서로 다른 목적을 가진 두 희극적 주인공의 설정"이 참신한 형상을 가져왔다고 한다.[23] 한 인물에게서 복수의 목표를 설정함으로써 여러 사건을 배치하는 것이 김정은 시대에 참신한 극작으로 인정받는 것이다.

이러한 양상은 〈북부전역〉에서도 발견된다. 〈북부전역〉은 5장으로 구성되어 있으며, 북한의 두만강 기슭에 돌풍으로 폐허가 된 지역에 김정은의 복구명령을 따라 군이 내려와 주민과 함께 복구전투를 벌이

---

22) 리진홍, 「인물설정에서의 새로운 시도」, 『조선예술』, 2018.2, 74쪽.
23) 리정민, 「희극적주인공들의 특이한 〈협조〉 관계」, 『조선예술』, 2016.6, 75쪽.

는 내용이다. 주요인물의 행동목표를 분석해보기로 한다.

〈표 4〉〈북부전역〉 인물의 행동목표

인물	직업	행동목표	변화
국철	인민군연대장	피해복구를 위해 두만강 제방공사를 추진하고 살림집을 건설한다.	
공탁세	연대참모	주민들이 인민군대에 지원물자를 보내지 못하도록 한다.	
소행실	군인가족 (공탁세의 아내)	주민들이 지원물자를 보내는 것을 막기 위해 주민들 속에 침입하여 정보를 남편 공탁세에게 알려준다. 군인들에게 물자를 갖다 주려는 주민들을 하나씩 떨어뜨린다.	
로인배	피해지역 연로보장자	군인들을 돕기 위해 지원물자를 보낸다. 봄순이를 지킨다. 군인들에게 돼지를 보낸다.	
오봉녀	피해지역 연로보장자	군인들을 돕기 위해 지원물자를 보낸다. 주민들에게 침입한 사람이 누구인지 밝힌다.	
방정식	피해지역 청년	군인들을 위해 땔나무를 보낸다. 내부에 있는 사람을 찾아낸다.	

〈북부전역〉에서는 군 관련 인물과 일반주민이 모두 나타난다. 그런데 모든 인물의 초목표는 '피해를 복구한다'로 동일하다. 갈등 자체가 발생하기 어려운 설정인 것이다. 그런데 영상을 통해 공연을 살펴보면, 피해복구에 헌신하는 인물은 국철을 비롯한 군인에게만 한정되어 있고, 다른 인물들은 인민군을 돕기 위해 땔감을 보낸다, 돼지를 보낸다, 첩자 노릇을 한다, 봄순이를 지킨다 등등 '피해복구'와는 무관한 목표를 수행한다. 또한 국철을 비롯한 인민군의 피해복구 장면보다 주민들의 장면이 많은 비중을 차지한다.

경희극 〈북부전역〉의 희극적 주인공들로서는 병기참모 공탁세와 그의 안해 소행실, 비상설상무조성원들인 로인배아바이와 오봉녀아주머니, 돌격대출신의 방정식이다. 이 인물들 외에도 봄순이네 옆집량주까지 인입되여 극발전의 단계들마다에서 희극적주인공들의 성격을 돋구어주고 있다.

지금까지 형상한 경희극작품들에서 희극적인물들을 여러명 설정하고 형상한적이 있었지만 이렇게 많은 인물들이 등장한 적은 없었다.

이러한 인물설정자체가 지금까지 보아온 경희극 작품들과는 다른 새로운 시도이다.

희극적인물이 많이 설정된 조건에서는 모든 인물들이 엇비슷한 형상과제를 안고있다면 이것은 오히려 형상의 군더더기가 될수 있는 우려가 있다.[24]

북한의 리정민은 희극적 장면이 많아 순간순간의 웃음을 유발하는 것을 고평한다. 여러 명의 인물설정 자체가 새로운 시도이며 이것이 지금까지의 경희극과 다른 점이라는 것이다. 더 나가 이 조연급 인물들은 주인공이 목표를 수행하는 데 기여하는 평면적 인물이라기보다는 "다 자기의 뚜렷한 과제를 안고 독특한 개성을 살려나갈 수 있도록 인간관계를 치밀하게 조직"하였다고 자찬한다.[25] 그러나 실제로 영상을 통해 공연을 볼 때, 동일한 인물이 둘 이상의 행동목표를 수행하므로, 순간적인 웃음은 있으나 억지스러운 감이 발견되기도 한다.

이와 같이 김정은 시대에 주인공은 분명 군인이지만 김정일 시대와는 구분된다. 연극의 상당비중을 차지하는 것은 〈백두의 청춘들〉에서는 청년들을 결혼시키려는 맹도범, 〈북부전역〉에서는 군인들을 지원하기 위해 일을 꾸미는 주민들의 장면이기 때문이다. 더구나 몇 개의 사건 속에서 몇 개의 행동목표를 갖는 주변인물은 오히려 주인공을

---

24) 위의 글, 75쪽.
25) 위의 글, 75쪽.

약화시키기도 한다. 이러한 인물과 복수의 행동목표 설정은 아직은 정립되지 않을 수 있지만, 김정은 시대에 들어서 강조되는 '새로운 형식과 틀의 추구'라 하겠다.

3.2. 낭만주의적, 사실주의적, 슈프레히콜적 양식

김정은 시대 연극에서 주목할 것은 연기적 측면에서 이전보다 새로운 양식의 실험이 시도되었다는 점이다. 먼저 〈백두의 청춘들〉의 한 장면을 보기로 한다.

라순: 5년전 1월 3일
　　　청진항에 발전설비가 도착하였다.
순호: 헤쳐가야 할 눈보라길은 650리
　　　발전설비의 무게는 수십톤
라순: 걸음걸음 앞길을 막아나서던
　　　아흔하옵굽이의 차유령은 어떻게 넘었고
　　　감령과 삼천령은 어떻게 극복했던가
순호: 한치한치 심장으로 열어나간 그 길은
　　　항일의 선렬들이 헤쳐갔던 길
　　　백두산으로 가는 길[26)

---

26) 박호일, 『박호일 작품집 동지』(2), 평양: 문학예술출판사, 2017, 128쪽.

| 무대 위 영사막 | | |
| 영사막을 배경으로 시낭송을 하듯 대사를 하는 배우들 | | |

[그림 6][27]

　이 장면은 연인관계인 억철과 송화, 순호와 라순이 서로 어떻게 알게 되었으며 사랑하게 되었는가를 말하는 장면이다. 대화로 처리해도 될 장면에 영상이 배경으로 나타나며, 인물들이 시낭송 하듯 대사를 하여 다소 어색하게 느껴진다. 그러나 북한 평론가는 이를 "청춘이라고 하면 한마디로 시라고도 표현할 수" 있어서, 이들이 "사랑을 약속하기까지의 깊은 사연은 장황한 대사가 아니라 청춘들의 심리적 특성에 맞는 시적형상으로 펼쳐보인 것이 비약과 함축보장"의 좋은 실례라고 평가한다.[28] 배우가 대화를 하다가 관객을 향해 시낭송을 하면, 사실주의적으로 전개된 연기양식이 2차원적으로 전환된다. 필연적으로 연극에서는 2차원과 3차원의 연기가 혼용되는 것이다. 이러한 장면은 극중 곳곳에 등장한다. 학림이 나무를 자르려 하자 돌격대

---

27) 유튜브. https://www.youtube.com/watch?v=j1tOCc4uD9Y. 접속일 2019.1.4.
28) 리일범, 「대화시적형상으로 돋구어진 백두산청춘들의 숭고한 정신세계」, 『조선예술』, 2017.10, 50~51쪽.

원이 김정일 애국주의로 훈계하는 장면과 김정은이 수고하는 청년들에게 수백 톤의 물고기를 보내주자 청년들이 감동하는 장면에서 배우들은 다음과 같이 읊는다.

〈표 5〉

김정일 애국주의를 훈계하는 장면	물고기에 감동하는 장면
은별: 동무의 눈에는 혁명생애의 마지막 시기 불편하신 몸으로 멀고 험한 여기를 찾아주신 우리 장군님의 눈물겨운 헌신의 자욱이 보이지 않던가! 순호: 동무의 귀전에는 장군님 생각으로 저려드는 마음을 안고 이곳에 왔다고 하시며 영웅적인 투쟁신화 창조의 불길을 지펴주시던 우리 원수님의 절절한 당부가 울리지 않던가!	라순: 배곯을세라 추위할세라 안겨주신 사랑은 저 언제와 함께 높아만 지고 순호: 자신의 마음속 기둥이라 불러주신 그 믿음은 저 물길구로가 같이 깊어만 지거니 억철: 사랑을 주시여도 모두: 최고의 사랑을 억철: 정을 주시여도 모두: 최고의 정을 억철: 믿음을 주시여도 최고의 믿음을 통째로 안겨주시는 우리 원수님 모두: 원수님 믿음이면 우리는 지구도 든다

이 장면 역시 다소 뜬금없다. 동료를 훈계하는 장면에서 갑자기 시를 읊는다는 것도, 물고기를 받아 안고 감격에 겨워 발전소 건설 중 갑자기 시를 읊는다는 것도 전체적 맥락과 융화되지 않는다. 그러나 북한은 이 장면을 "수백톤의 물고기를 받아 안은 청년들이 감격에 넘쳐 주고받는 대화시적형상은 작품의 생리를 살리고 사상예술적품위를 한층 돋구어주고 있다"고 평가한다.[29] 이로써 작품의 비약과 함축을 적극 실현하였다는 것이다.

이러한 장면은 〈북부전역〉에서도 찾아볼 수 있다. 홍수피해로 부모님, 집, 학교를 잃었지만 당과 군의 도움으로 다시 학교에 가게 된 봄순이는 그 감격을 다음과 같이 표현한다.

---

29) 위의 글, 50~51쪽.

봄순: 아버지와 어머니가 … 나를 보시면 … 얼마나 기뻐하실가요?

국철: 그래 기뻐하구말구…

봄순: 련대장아저씨! 나 이 기쁜 날 노래를 부르고 싶어요!

국철: 그래, 불러라!

△ 흐느끼며 노래를 부르는 봄순.

하늘은 푸르고 내 마음 즐겁다

손풍금소리 울려라

사람들 화목하게 사는

내조국 한없이 좋네

△ 남녀소년단원들이 함께 부른다.

이와 같이 봄순이가 먼저 노래를 시작하자, 모든 배우들이 관객을 향해 노래를 부르기 시작한다. 2차원의 낭만주의적 연기가 전개되는 것이다. 무대는 영사막으로 대부분의 장면을 처리하여 제4의 벽은 존재하지 않는데 북한 평론가는 이러한 영사막의 활용을 극찬한다.

영화예술인들무대공연에서는 무대배경막에 그림을 그려 배경을 창조하던 종전의 방법과는 달리 시대적요구에 맞게 컴퓨터에 의한 화면형상방법을 적극 리용하고 있다.

이것은 경희극 〈백두의 청년들〉이라든가 〈북부전역〉의 무대배경을 컴퓨터에 의한 배경처리고 특색있게 창조한 것을 통해서 잘 알 수 있다.

작품에 반영된 생활내용에 따라 다양하게 펼쳐지는 경희극 〈백두의 청춘들〉이라든가 〈북부전역〉의 무대배경들은 그 하나하나가 다 컴퓨터에 의한 화면형상으로 창조된 것으로 하여 시각적으로 더욱 실감을 돋구어주고 있다.[30]

영화배우들이 연극을 하는 데 있어서 영화적 기법을 활용한 것이 우수한 면이며, 기술을 활용한 측면이 시각적으로 실감나게 했다는 것이다. 김정은 시대에 강조되는 과학기술이 연극에도 영향을 미친 것이다.

이 새로운 양식을 무엇이라 불러야 할까? 북한 연극에서 사실주의적 연기는 완숙해졌다. 앞에서 살펴본 〈산울림〉과 〈오늘을 추억하리〉에서 배우들은 3차원의 사실주의적 연기를 보여주었고, 개성 있는 인물구축도 보여주었다. 김정은 시대 〈백두의 청춘들〉이나 〈북부전역〉에서도 배우들은 모두 나름의 리듬과 템포로 강약완급을 조절한다. 예를 들어 〈백두의 청춘들〉에서 순호는 대사를 할 때마다 습관적으로 "까놓구 말해서"를 붙임으로써 '인물의 개성적 구축'을 이루어낸다. 이제 북한 연극에서 천편일률적인 인물구축은 사라진 것이다. 그렇다면 북한의 표현을 빌려 '비약과 함축'을 위해 시낭송이 들어온 것일까? 앞에서도 언급한 '새로운 형식과 틀'을 추구하라는 김정은의 지시가 이러한 변화를 가져온 것일까? 김정은 시대의 이 새로운 시도를 북한 연극의 초기에 나타났었던 '슈프레히콜' 양식의 부활이라고 한다면 앞서가는 진단일까? 김정은 시대는 지속적 관찰이 필요하지만, 김정은 시대 연극에서 낭만주의적 연기, 사실주의적 연기, 슈프레히콜적 연기의 혼용은 분명 포착된다.

---

30) 김원복, 「영화적인 것과 무대적인 것이 결합된 특색있는 무대형상」, 『조선예술』, 2018.1, 69~70쪽.

4. 새로운 형식과 틀

이제 21세기 북한 연극을 김정은 후계 시대, 김정은 시대로 나누어 정리해보기로 한다. 먼저 연극의 등장인물로 보면 김정은 후계 시대의 인물은 일반 주민이다. 이 인물들은 상반된 행동목표를 수행하므로 인물 간의 갈등이 발생하여 극은 한층 입체적으로 나타난다. 강성대국 건설을 위한 '주민동원' 지침, 군부의 영향력 축소 등 사회적 변화의 영향이라 하겠다. 김정은 시대 극중 인물은 다시 군인으로 선회한다. 그러나 이러한 양상을 김정일 시대로의 단순회귀로 단정 짓는 것은 무리이다. 김정은 시대에는 주연인 군인보다 주연급 조연 인물들의 비중이 크며, 이들은 복수의 행동목표를 수행하기 때문이다. 김정은의 '인민생활 향상'과 '새로운 형식과 틀의 추구'라는 지침에 부응하는 결과이다. 다음으로 연기적 측면에서 보면, 김정은 후계 시대의 연기는 사실주의적 연기 양식이다. 무대 자체가 사실적으로 연출되어 제4의 벽이 생성되고, 극사실적인 대도구와 소도구가 배우들의 사실주의적 연기를 유도하는 것이다. 이에 따라 무대 상수와 하수를 자유롭게 오가는 배우들은 입체적 움직임과 강약완급을 조절한 화술을 전개한다. 김정은 시대의 연기는 낭만주의적, 사실주의적, 슈프레히콜적 연기의 혼용이 특징이다. 실제 전체적 맥락에서 조화를 깨는 부분도 있지만, 김정은 시대 '과학기술'과 '새로운 형식과 틀'에 대한 요구가 이와 같은 변화를 가져온 것이다. 김정은 시대인 오늘날 북한 연극계가 김정은의 지침에 따라 '새로운 형식과 틀'을 지속적으로 추구한다면 북한 연극은 어떤 방식이든 시청각성이 부각된 양식을 보여줄 것이다.

참고문헌

1. 총서

조선중앙통신사, 『소선중앙년감』, 평양: 조선중앙통신사, 1960~1966/1980~
　　　2006.

과학백과사전종합출판사, 『문학예술사전』(상), 평양: 과학백과사전종합출판
　　　사, 1988.

과학백과사전종합출판사, 『문학예술사전』(하), 평양: 과학백과사전종합출판
　　　사, 1993.

김일성, 『김일성저작집』 2·3·6·14·15·16, 평양: 조선로동당출판사, 1979·198
　　　0·1981·1982.

김정일, 『김정일선집』 5·9, 평양: 조선로동당출판사, 1988·1997.

류만, 『조선문학사』 7, 평양: 과학백과사전종합출판사, 2000.

류만, 『조선문학사』 9, 평양: 과학백과사전종합출판사, 1995.

양승국, 『한국근대연극영화 비평자료집』 1~22, 연극과인간, 2006.

이선영·김병민·김재용 편, 『현대문학비평자료집』 1~5, 태학사, 1993.

2. 단행본

국립예술극단 편, 『인민희곡집』, 평양: 문화전선사, 1947.

국립출판사, 『문학예술과 계급성』, 평양: 국립출판사, 1955.

김균형, 『연극제작 이렇게 한다』, 예니, 1998.

김덕환, 『예에 살다: 김동원 희수 기념집』, 1992.

김봉희 편저, 『신고송 문학전집』 2, 소명출판, 2008.

김성희, 『한국 현대극의 형성과 쟁점』, 연극과인간, 2007.

김준규, 『피바다식 가극의 방창에 관한 연구』, 평양: 사회과학출판사, 1984.

김형기, 「연극비평에 관한 연극학적 고찰: 대상, 역사, 기능과 형태를 중심으로」,
『동시대 연극비평의 방법론과 실제』, 연극과인간, 2009.

김형기, 『남북관계변천사』, 연세대학교 출판부, 2010.

꼰쓰딴진 씨모노브, 『로씨야 문제』, 외국문서적출판사 모쓰크와, 1950.

끄 쓰 쓰따니쓸라브끼, 최창엽 옮김, 『배우수업: 체험과정』(하), 평양: 국립출
판사, 1954.

이두현, 『대담 한국연극이면사』, 피아, 2006.

김재용·이현식 엮음, 『안함광 평론선집』 4, 박이정, 1998.

리령 외, 『빛나는 우리 예술』, 평양: 조선예술사, 1960.

리동원, 『문학개론』, 평양: 김일성종합대학출판사, 1985.

리령 외, 『빛나는 우리예술』, 평양: 조선예술사, 1960.

리현순, 『문학형태론』, 평양: 문학예술출판사, 2007.

문화전선사, 『인민희곡집』, 평양: 문화전선사, 1947.

민병욱, 『북한연극의 이해』, 삼영사, 2001.

박림 외, 『문학예술과 계급성』, 평양: 국립출판사, 1955.

박영정, 『북한 연극/희곡의 분석과 전망』, 연극과인간, 2007.

박용철, 『박용철 전집』 2, 경성: 동광당서점, 1937.

박원종·류만, 『조선문학개관』 2, 평양: 사회과학출판사, 1986.

박태영, 『희곡 창작을 위하여』, 평양: 국립출판사, 1956.

박호일, 『박호일 작품집 칠령』(1), 평양: 문학예술출판사, 2015.

박호일, 『박호일 작품집 동지』(2), 평양: 문학예술출판사, 2017.

북조선직업총동맹 군중문화부, 『군중문화총서: 연극써-클의 수첩』, 평양: 북
　　　조선직업총동맹 군중문화부, 1949.

블라디슬로프 타타르키비츠, 이용대 옮김, 『여섯가지 개념의 역사』, 이론과실
　　　천사, 1998.

빠블로브·마르띠노브·제끄라예브 강의, 박용자 중역, 『배우 수업 강의록』, 평
　　　양: 조선예술출판사, 1958.

사회과학원 문학연구소, 『주체사상에 기초한 문예리론』, 평양: 사회과학출판
　　　사, 1975.

사회과학원 주체65문학연구소, 『문학예술사전』(상), 평양: 과학백과사전종합
　　　출판사, 1988.

사회과학원, 『극 문학 발전에 대한 리론적 고찰』, 평양: 사회과학원출판사,
　　　1966.

사회과학원문학연구소, 『조선문학사 19세기 말~1925년』, 평양: 과학백과사전
　　　출판사, 1981.

서동만, 『북조선사회주의 체제성립사 1945~1961』, 선인, 2011.

서연호, 『한국연극사: 근대편』, 연극과인간, 2004.

신고송, 「극문학 발전을 위한 중심문제」, 『제2회 조선작가대회 문헌집』, 평양:
　　　조선작가동맹출판사, 1956.

신고송, 『농촌연극써클운영법』, 평양: 국립인민출판사, 1949.

신고송, 『연극이란 무엇인가』, 평양: 국립출판사, 1956.

심지연, 『남북한 통일방안의 전개와 수렴』, 돌베개, 2001.

쏘냐 무어, 한은주 올김, 『쏘냐 무어의 스타니슬랍스키 연기수업』, 예니출판사,

2005.

안민수, 『배우수련』, 김영사, 2015.

안민수, 『연극연출: 원리와 기술』, 집문당, 1998.

안희열, 『주체적 문예리론 22: 문학예술의 종류와 형태』, 평양: 문학예술종합
　　　출판사, 1996.

언어문학연구소 문학연구실, 『조선문학통사』, 평양: 과학출판사, 1959.

오세곤, 『배우의 화술』, 다슬, 2004.

오스카 G. 브로켓·프랭클린 J. 힐디, 전준택·홍창수 옮김, 『연극의 역사』, 연극
　　　과인간, 2005.

와다 하루키, 서동만·남기정 옮김, 『북조선』, 돌베개, 2002.

유민영 편, 『동랑 유치진 전집』 9, 서울예술대학교 출판부, 1993.

유민영, 『한국근대연극사』, 단국대학교 출판부, 2000.

유민영, 『인물연극사』, 태학사, 2006.

이강렬, 『한국사회주의 연극운동사』, 동문선, 1992.

이석만, 『해방기 연극연구』, 태학사, 1996.

이종석, 『분단시대의 통일학』, 한울 아카데미, 1998.

이종석, 『새로 쓴 현대북한의 이해』, 역사비평사, 2005.

이현복, 『한국어의 표준발음』, 교육과학사, 1998.

이현주, 『해방전후 통일운동의 전개와 시련』, 지식산업사, 2008.

정성무, 『시대와 문학예술 형태』, 평양: 문예출판사, 1988.

정성장, 『현대 북한의 정치: 역사·이념·권력체계』, 한울, 2011.

좋은 벗들 엮음, 『북한 사람들이 말하는 북한 이야기』, 정토출판, 2004.

최언국·홍국원·황지철, 『친애하는 지도자 김정일 동지의 문학예술업적(2) 혁
　　　명적 작품창작에서 위대한 변혁』, 평양: 문학예술출판사, 1993.

최창호, 『민족수난기의 연극』 1, 평양: 평양출판사, 2001.

최창호, 『민족수난기의 연극』 2, 평양: 평양출판사, 2002.

통일부 통일교육원, 『북한이해』, 통일부 통일교육원, 2018.

한국 근·현대 연극 100년사 편찬위원회, 『한국 근·현대 연극 100년사』, 집문당, 2009.

한국영상자료원, 『한국영화를 말한다: 1950년대 한국영화』, 이채, 2004.

한국예술종합학교 연극원, 『발성연구와 그 활용』, 한국예술종합학교, 2000.

한명희, 『연기자를 위한 발성훈련 핸드북』, 예니, 2004.

한중모·김정웅·김준규, 『주체적문예리론의 기본』 3, 평양: 문예출판사, 1992.

한중모·정성무, 『주체의 문예이론 연구』, 평양: 사회과학출판사, 1983.

한진섭·김수희, 『무대분장』, 평양: 조선예술사, 1959.

현대공론사, 『유치진 역사극집』(개정판), 현대공론사, 1955.

황철, 『무대화술』, 평양: 조선예술사, 1959.

황철, 『문학예술과 계급성』, 평양: 국립출판사, 1955.

황철 외, 『생활과 무대』, 평양: 국립출판사, 1960.

Cicely Cerry, *Voice and the Actor*, London: George G. harrap & Co. Ltd, 1973.

Cohen, Steven, 임병권·이호 옮김, 『이야기하기의 이론: 소설과 영화의 문화기호학』, 한나래, 1997.

Elgin F. Hunt & David D. Colander, *Social Science*, Allyn & Bacon, 2011.

Francis Fergusson, *Aristotle's Poetics*, translated S. H. Butcher, Hill and Wang, New York, 1961.

Jeffrey C. Hahner, Martin A. Sokiloff, Sandra L. Sailisch, *Speaking Clearly: Improving Voice and Diction*. Macgraw-Hill Inc, 1993.

Jerry L. Crawford, *Acting in Person and in Style*, University of Nevada Las Vegas, London, 1984.

John E. Dietrich, Ralph W. Duckwall, *Play Direction*, Prentic-Hall, 1983.

John Harrop, *Acting with Style*; 박재완 옮김, 『스타일 연기』, 게릴라, 2005.

Kristin Linklater, *Freeing The natural Voice*, NY: Drama Book Publishjers, 1976.

Milly S. Barranger, *Theatre: A way of Seeing*; 이재명 옮김. 『연극이해의 길』. 평민사, 2002.

Richard and Helen Leacroft, *Theatre and Playhouse*, Methuen London and New York, 1984.

3. 논문

김겸섭, 「북한 문예정책의 변화와 북한 연극의 미학」, 『통일문제연구』 제25~26 집, 2004.

김방옥, 「한국 연극의 사실주의적 연기론 연구: 그 수용과 전개양상을 중심으로」, 『한국연극학』 제22호, 한국연극학회, 2004.

김성노, 「배우 황철의 무대화술 연구」, 경기대학교 석사논문, 2006.

김성수, 「남북한 현대문학사 인식의 거리: 북한의 일제 강점기 문학사 재검토」, 『민족문학사연구』 제42호, 2010.

김정수, 「김정은 단독 통치 시기 문화예술의 특징」, 『한국문화기술』 제15호, 한국문화기술연구소, 2013.

김정수, 「〈조선예술〉로 본 1990년대 북한연극의 핵심코드」, 『북한연구학회보』 제15권 제1호, 북한연구학회, 2011년 여름.

김정수, 「북한 문학예술의 유형분류 연구: 분류 개념과 기준을 중심으로」, 『공연문화연구』 제19집, 공연문화학회, 2009.

김정수, 「북한 연극계에서 제기된 청산(淸算)대상 연기(演技)에 관한 연구: 해방직후부터 한국전쟁 이전까지를 중심으로」, 『정신문화연구』 제33권 제2호, 한국학중앙연구원, 2010.

김정수, 「연극론 〈연극예술에 대하여〉의 특성 연구」, 『공연문화연구』 제22집, 한국공연문화학회, 2011.

김정수, 「한국전쟁시기 북한연극의 공연양상: 인물과 연기를 중심으로」, 『북한연구학회보』, 북한연구학회, 2010.8.

김정수, 「한국연기 연기에 있어서 화술표현의 변천양태 연구: 1900년대부터 1970년대까지」, 동국대학교 박사논문, 2007.

김정수, 「해방기 북한연극의 공연미학」, 『공연문화연구』 제20집, 한국공연문화학회, 2010.

김정수, 「북한 연극의 창작방법론 연구: 1950년대의 인물, 대사, 연기, 연출에 관한 담론을 중심으로」, 『한국연극학』, 한국연극학회, 2010.8.

김정수, 「해방 이후부터 한국전쟁시기까지 배우들의 연기양식: 극협과 신협을 중심으로」, 『연극교육연구』 제14집, 한국연극교육학회, 2008.

김정수, 「선군시대 북한 무대예술의 특징과 전망」, 『신안보연구』 제178집, 국가안보전략연구원, 2013.

노승희, 「해방전 한국연극연줄의 발전양상연구」, 동국대학교 박사논문, 2004.

박형중, 「김정은 권력승계의 대내와 정책의 추이」, 『KDI 북한경제리뷰』 16호, 한국경제연구원, 2014.

오양열, 「김정일 시대 북한 문예정책의 변화 양상과 향후 전망」, 『예술경영연구』 제13집, 한국예술경영학회, 2008.

오창은, 「전후복구시기 북한 노동계급의 성격화 양상: 윤세중의 〈시련속에서〉(1957)를 중심으로」, 『한국어문학』 제107집, 한국어문학회, 2010.

유진월, 「북한 문예이론의 변천과 연극」, 『한국의 민속과 문화』 제2호, 경희대학교 민속학연구소, 1999.

차범석, 「한국의 공연예술사는 다시 써야 한다: 해방공간의 연극·무용을 중심으로」, 『예술논문집』 제41집, 대한민국예술원, 2002.

최민아, 「신고송 연극론 연구」, 동국대학교 석사논문, 2001.

황희정, 「김정은 시대의 북한연극: 2011년 이후 희곡을 중심으로」, 『한국문화기술』 통권 제16호, 한국문화기술연구소, 2013.

Hazel Smith, "Bad, mad, sad or rational actor?: Why the securitization paradigm makes for poor policy analysis of north Korea", *International Affairs* Vol. 76, No. 1, 2000.

4. 잡지·신문

『매일신보』, 1938년 8월 31일자 기사.

『동아일보』, 1932년 6월 26일자 기사.

「눈물연극을 견한 내지부인의 감상(2)」, 『매일신보』, 1914년 6월 27일자.

「극예술연구회 공연 관람기」, 『신동아』, 1932년 6월 1일자.

강성만, 「3월 11일 교시 실천을 위하여: 예술적 혁신성과 현대성의 제문제」, 『조선예술』, 1963.3.

강유정, 「(특별기고) 6.25와 나: 포성속의 위문공연」, 『한국연극』, 1976.6.

강효선, 「류형성은 어데서 오는가?」, 『조선예술』, 1963.10.

공훈배우 김선영, 「(창조경험) 순금이를 찾아서」, 『조선예술』, 1965.6.

공훈배우 박영걸, 「(창조수기) 역형상창조의 기본열쇠를 틀어쥐고」, 『조선예술』, 1990.9.

공훈배우 장응환, 「(무용극) 〈붉은 기발〉 공산주의자의 심오한 내면 세계의 형상」, 『조선예술』, 1962.12.

공훈예술가 김인영, 「(창조수기) 연출가와 작품에 대한 견해문제」, 『조선예술』, 1990.9.

국립인형극단 배우 차진매, 「(창조수기) 인형의 연기는 곧 배우의 연기」, 『조선예술』, 1991.4.

권택무, 「(론설) 로동 계급의 보다 훌륭한 형상화를 위하여」, 『조선예술』, 1963.1.

김인, 「(우리 시대 연출가와 그의 작업) 연출 체계의 과학성」, 『조선예술』, 1963.8.

김인, 「(우리 시대 연출가와 그의 작업) 연출적 구도」, 『조선예술』, 1963.12.

김인, 「(창조수기) 나의 연출적 지향: 연극 〈지평선〉 연출을 담당하고」, 『조선예술』, 1962.12.

김광섭, 「고-고리의 검찰관가 실험무대(2)」, 『조선일보』, 1932년 5월 14일자.

김광수, 「(수필) 'CNC' 바람」, 『조선예술』, 2010.7.

김근엽, 「(연단) 더 밝혀야 할 것이 있다」, 『조선예술』, 1964.5.

김기수, 「(우리 시대 연출가와 그의 작업) 배우의 성장과 연출가의 역할」, 『조선예술』, 1963.3.

김기욱, 「(평론) 참된 삶의 보람과 행복에 대한 빛나는 예술적화폭: 단막극 〈우리 새세대〉를 보고」, 『조선예술』, 1990.6.

김덕인, 「(예술 리론) 연출가와 행동 련습」, 『조선예술』, 1965.9.

김수룡, 「인상깊은 첫시작과 여운있는 마감형상」, 『조선예술』, 2010.7.

김수룡, 「의상, 소도구에 비낀 시대의 특징과 민족적 특성」, 『조선예술』, 2008.2.

김순림, 「(단평) 희극적성격과 정황의 유기적인 통일을 실현한 본보기」, 『조선예술』, 2010.8.

김순영, 「예술적형상의 진실성과 그를 살리는데서 나서는 몇가지 문제」, 『조선예술』, 2003.1.

김순익, 「(우리 시대 연출가의 그의 작업) 초과제」, 『조선예술』, 1963.11.

김승구, 「〈한 가정의 이야기〉에 대하여」, 『문학신문』, 1957년 2월 28일자.

김억철, 「연극의 극적견인력과 장면조직」, 『조선예술』, 2010.10.

김영옥, 「연기훈련에 효과있는 줄거리 연기습작」, 『조선예술』, 2002.3.

김용완, 「집단적 현실 침투와 창조」, 『조선예술』, 1962.1.

김원복, 「영화적인 것과 무대적인 것이 결합된 특색있는 무대형상」, 『조선예술』, 2018.1.

김진수, 「연극수난기」, 『영화시대』 1, 1946.4.

김철룡·리상혁·김형준, 「명작에 비낀 새롭고 특색있는 성격들」, 『조선예술』, 2004.8.

김철호, 「인물의 성격을 생동하게 살려낸 인상깊은 연기형상」, 『조선예술』, 2010.9.

김철휘, 「(평론) 백전백승의 강철의 령장 김일성대원수님의 위대성에 대한 불멸의 형상」, 『조선예술』, 1996.5.

김형직사범대학 교원 엄정희, 「(반향) 배움에 대한 참다운 교훈」, 『조선예술』, 1987.8.

라웅, 「극예술연구회 제5회 공연을 보고(중)」, 『중앙일보』, 1933년 12월 8일자.

라웅, 「실험무대 제1회 시연 초일을 보고(2)」, 『동아일보』, 1932년 5월 10일자.

라웅, 「사실주의 연출 연기 수립을 위하여」, 『문학예술』 9, 1949.4.

라성덕, 「(창착 창조적수기) 새 세대에 대한 나의 관점」, 『조선예술』, 1990.6.

라세득, 「(연극창조체계의 과학성) 그것은 행동 분석법의 잘못이 아니다」, 『조선예술』, 1964.2.

라세득, 「(우리 시대 연출가와 그의 작업) 연출 구상에 대한 몇 가지 고찰」, 『조선예술』, 1963.10.

류영진·한철호·길혜성, 「인물의 성격적특징을 부가시킨 인상깊은 명연기」, 『조선예술』, 2003.12.

리대철, 「력사의 교훈을 통하여 자주의 진리를 밝힌 불멸의 화폭: 혁명연극 〈혈분만국회〉에 대하여」, 『조선예술』, 1984.6.

리대철, 「특색있는 불멸의 예술적화폭: 혁명연극 〈딸에게서 온 편지〉에 대하여」, 『조선예술』, 1987.8.

리령, 「혁명전통물과의 계선을 똑바로 긋고 형상하는 것은 일반력사물창작의 근본요구」, 『조선예술』, 1984.7.

리문신, 「(수기) 대를 이어 영원할 '산울림'이 되리」, 『조선예술』, 2010.7.

리상화, 「(연단) 립장 문제」, 『조선예술』, 1964.3.

리양건, 「(창조경험) '새 살림'을 꾸릴 때까지」, 『조선예술』, 1964.1.

리연, 「(관평) 사상예술성이 완벽한 시대의 걸작」, 『조선예술』, 1997.7.

리일범, 「대화시적형상으로 돋구어진 백두산청춘들의 숭고한 정신세계」, 『조선예술』, 2017.10.

리일현, 「(창착 창조적수기) 우리 시대 인간들의 아름다운 성격창조의 열망을 안고」, 『조선예술』, 1990.6.

리정민, 「희극적주인공들의 특이한 '협조' 관계」, 『조선예술』, 2016.6.

리종철, 「(관평) 의리와 량심에 대한 빛나는 예술적형상」, 『조선예술』, 1991.4.

리진흥, 「인물설정에서의 새로운 시도」, 『조선예술』, 2018.2.

리춘명, 「선군시대 배우화술의 혁신적인 면모를 보여준 화술형상」, 『조선예술』, 2010.11.

리현순, 「문학예술에서의 선군혁명로선의 구현」, 『조선예술』, 2001.4.

림철홍, 「(창조 경험) 국립 연극 극작의 연극 〈해바라기〉 창조 과정에서」, 『조선예술』, 1961.6.

맹심, 「(창조경험) 우리 시대 연출가와 그의 작업 연극은 대중이 창조한다: 〈습격〉 연출 후기」, 『조선예술』, 1963.4.

명일식, 「(평론) 높은 시대정신과 국민일치사상을 훌륭히 보여준 시대의 명작: 경희극 〈편지〉에 대하여」, 『조선예술』, 1998.8.

명일식, 「(평론) 높은 시대정신과 국민일치사상을 훌륭히 보여준 시대의 명작」, 『조선예술』, 1998.8.

명일식, 「가극의 기본형상수단과 그 구현」, 『조선예술』, 2003.3.

문화예술부 지도부 장국범, 「외세의존은 망국의 길이다」, 『조선예술』, 1984.7.

박엄, 「특별기획 6.25와 나: 수난의 90일간」, 『한국연극』, 1976.6.

박노홍, 「한국악극사」, 『한국연극』, 1978.6.

박대서·변경환·서창식, 「(우리 시대 연출가와 그의 작업) 연극 〈두만강〉 연출 수기」, 『조선예술』, 1963.3.

박사/부교수 류만, 「(평론) 수령형상창조에 관한 우리 당의 주체적문예리론을 폭넓고 깊이있게 구현한 혁명적대작」, 『조선예술』, 1993.8.

박영신, 「(론설) 김일성 원수의 현지 교시와 우리 극장」, 『조선예술』, 1962.1.

박용철, 「실험무대 제 2회 시연초일을 보고」, 『동아일보』, 1932년 6월 30일~7월 5일자.

박웅걸, 「(요지) 거대한 성과, 긴요한 사업: 8.15 해방 17주년 연극 부문 예술축전 총화보고」, 『조선예술』, 1963.1.

박정순, 「춤형상에서 민족적정서를 살리기 위한 요구」, 『조선예술』, 2008.6.

박태영, 「희곡의 흥미에 대하여」, 『조선문학』, 1955.3.

박태영, 「드라마뚜르기야는 현실 생활에서 찾아야 한다」, 『조선문학』, 1958.1.

박태영, 「희곡의 흥미에 대하여」, 『조선문학』, 1955.3.

박향민, 「중앙무대 공연을 보고」, 『비판』 65, 1938.9.

박호일, 「(창작수기) 새롭고 특색있는 경희극을 창작하기까지」, 『조선예술』, 1997.1.

방형찬, 「선군혁명문학은 주체사실주의 문학발전의 높은 단계이다」, 『조선문학』, 2003.3.

배우 리용덕, 「(창조수기) 마음먹고 달라붙으니 되었다」, 『조선예술』, 1993.8.

배우 리지영, 「(창조수기) 주인공 강석의 성격을 바로 찾기까지」, 『조선예술』, 1993.8.

배우 박항일, 「(창착 창조적수기) 작품의 양상문제와 연출형상」, 『조선예술』, 1990.6.

배우 백승란, 「(창조수기) 녀군의 역을 형상하면서」, 『조선예술』, 1993.8.

배우 신금철, 「(창착 창조적수기) 〈유철〉과 나」, 『조선예술』, 1990.6.

배우 최병숙, 「(창조수기) 인물성격에 맞는 화술과 연기형상을 창조하기까지」, 『조선예술』, 1991.4.

배우 신순영, 「(창착 창조적수기) 산 연기와 체험세계」, 『조선예술』, 1990.6.

백성희, 「(특별기고) 6.25와 나: 나 내일 없어질 거야」, 『한국연극』, 1976.6.

본사기자, 「성과작은 이렇게 탄생하였다: 연극 〈붉은 선동원〉 창조 과정을 중심으로」, 『조선예술』, 1962.1.

본사기자 리문일, 「(위대한 스승의 손길아래) 연극계의 원로, 명망있는 배우, 연출가: 국립연극단 인민배우 한진섭」, 『조선예술』, 1991.6.

본사기자 방철림, 「위인의 손길 아래 빛나는 선군혁명문학」, 『천리마』, 2000.11.

본사기자, 「CNC노래가 창작되기까지」, 『조선예술』, 2012.6.

성두원, 「〈피바다〉식 무대미술의 우월성을 과시한 무대화폭: 혁명연극 〈혈분만국회〉의 무대미술에 대하여」, 『조선예술』, 1984.6.

손광수, 「김일성상계관작품 경희극 〈산울림〉의 극작술특징」, 『조선예술』, 2010.12.

송경호, 「인상깊은 조명형상: 서로인의 집장면」, 『조선예술』, 2010.10.

송학성, 「(관평) 진정한 조국을 찾은 한 해외교포에 대한 감동적형상: 연극 〈동백꽃〉을 보고」, 『조선예술』, 1990.9.

송학성, 「(관평) 현실주제의 연극작품창작에서 이룩된 빛나는 결실: 전국화술소품축전을 보고」, 『조선예술』, 1990.2.

송학성, 「전승 50돐을 맞는 뜻 깊은 올해를 선군문학예술작품창작성과로 빛내이자」, 『조선예술』, 2003.1.

신고송, 「실험무대의 검찰관」, 『조선일보』, 1932년 5월 12일자.

신고송, 「쏘베트 연극에서 우리는 무엇을 배우는가」, 『문학예술』 9, 1949.4.

신고송, 「연극동맹」, 『문학예술』, 1949.8.

신고송, 「연극에 있어서 형식주의 및 자연주의적 잔재와의 투쟁」, 『문학예술』, 1952.1.

신고송, 「연극운동과 그 조직」, 『인민』 창간호, 1945.12.

신고송, 「연출에 대하여」, 『문학예술』, 1948.4.

신고송, 「청년들에게 주는 훌륭한 선물: 박태영 희곡집에 대하여」, 『조선문학』,

1958.3.

신고송, 「희곡창작과 언어문제」, 『문학예술』, 1952.10.

신창규, 「(배우지식) 배우 예술의 특성」, 『조선예술』, 1963.4.

신창규, 「(평론) 우리 시대를 보여준 락천적 웃음: 경희극 〈청춘의 활무대〉를
　　　보고」, 『조선예술』, 1962.10.

안막, 「민족문학과 민족예술 건설의 고상한 수준을 위하여」, 『문화전선』, 1947.8.

안광일, 「(평론) 우리의 위대한 현실을 격조높이 구가한 만점짜리 연극: 경희
　　　극 〈편지〉에 대하여」, 『조선예술』, 1998.6.

안동학, 「연극 〈붉은 선동원〉 창조 수기: 연출 집단 작업을 중심으로」, 『조선예
　　　술』, 1962.11.

안성룡, 「혁명연극 〈조국산천에 안개개인다〉의 무대미술이 거둔 성과」, 『조선
　　　예술』, 2004.3.

안승천, 「세기를 넘어 울리는 산울림 충격과 감동, 웃음과 랑만」, 『조선예술』,
　　　2010.8.

안영일, 「연출 작업에서의 형상성과 과학성」, 『조선예술』, 1964.6.

안옥희, 「참신한 인간성격의 탐구와 인물관계조직: 경희극 〈철령〉을 보고」,
　　　『조선예술』, 2003.8.

엄정희, 「(좌담회) 당의 독창적인 문예리론을 지침으로 삼고: 혁명연극 〈3인1
　　　당〉 창조성원들과의 좌담회」, 『조선예술』, 1987.11.

에 수르꼬프, 박덕수 옮김, 「극작법과 생활」, 『문학예술』 9, 1949.4.

연출가 리몽훈, 「(창작수기) 창작적주견은 어디서 생기는가」, 『조선예술』,
　　　1993.8.

연출가 장현달, 「(창조수기) 인형극연출에서 얻은 귀중한 경험」, 『조선예술』,
　　　1991.4.

원영초, 「국립극장인상기: 원술랑을 보고」, 『조선일보』, 1950년 5월 10일자.

윤두헌, 「극문학 상의 몇 가지 문제」, 『조선문학』, 1954.3.

이진순, 「한국연극사 제3기」, 『한국연극』, 1978.1.

이해랑, 「남기고 싶은 이야기들: 배당금 시비」, 『중앙일보』, 1978년 12월 7일자.

이해랑, 「몇 가지의 제언」, 『민성』 5, 1949.9.

이해랑, 「연극의 순수성」, 『예술조선』 2, 1948.2.

인민배우 리단, 「산 인간성격의 창조와 연출가의 자세」, 『조선예술』, 1984.6.

작가 정성희, 「(창작수기) 원작의 심오한 사상과 극조직에 초점을 두고」, 『조선예술』, 1991.4.

장명철, 「덕성형상창조에서의 새로운 발전: 선군혁명령도시기에 창조된 경희극작품들을 놓고」, 『조선예술』, 2001.12.

장명철, 「영사화면의 효과적인 리용: 선군시대에 창조된 경희극작품들을 놓고」, 『조선예술』, 2002.4.

장영, 「력사물창작에서 인물의 전형화 문세: 혁명연극 〈힐분만국회〉를 중심으로」, 『조선예술』, 1984.9.

장영구, 「함흥 연극 극장의 김 진연 천리마 작업반」, 『조선예술』, 1961.6.

전수철, 「(관평) 시대와 더불어 만사람의 가슴에 메아리치는 〈산울림〉」, 『조선예술』, 2010.8.

전수철, 「절세위인의 손길아래 대전성기를 펼친 우리의 극예술무대」, 『조선예술』, 2010.12.

정리일, 「(우리 시대 연출가와 그의 작업) 연출가의 위치와 역할 문제」, 『조선예술』, 1963.5.

정리일, 「경희극 〈청춘의 활무대〉의 연출 과정을 더듬어 보면서」, 『조선예술』, 1962.11.

정리훈, 「랑만적인 리상의 대조를 통해 인물의 성격화를 실현한 명장면」, 『조선예술』, 2010.9.

정준하, 「인상깊은 두 장면을 통해 본 대비수법의 형상적 효과」, 『조선예술』, 2012.2.

조맹덕, 「(관평) 즐거운 웃음도 있고 감동의 눈물도 있는 특색있는 예술적 형
  상」, 『조선예술』, 1997.7.

조명철, 「(연기평) 극성을 체현한 진실한 연기형상: 연극 〈동백꽃〉의 주인공의
  연기형상을 놓고」, 『조선예술』, 1990.9.

조창종, 「시대와 인물의 성격에 맞는 우수한 화술형상: 혁명연극 〈혈분만국
  회〉의 화술형상에 대하여」, 『조선예술』, 1984.6.

주영섭, 「연출과 사실주의」, 『문학예술』 2, 1949.

주영섭, 「스따니쓸라흐스끼와 그의 배우수업」, 『문학예술』 12, 1949.

주영숙, 「(평론) 작품의 극적견인력을 더해준 부정인물들의 개성적인 연기형
  상」, 『조선예술』, 2012.1.

주영하, 「실험무대 시연 〈해전〉 극평」, 『조선일보』, 1932년 7월 1일자.

준박사 조명철, 「(관평) 백전백승의 기치를 펼쳐보인 불멸의 화폭」, 『조선예술』,
  1993.8.

차범석, 「(특별기획) 6.25와 나. 별은 밤마다」, 『한국연극』, 1977.6.

村山知義, 『매일신보』, 1945년 4월 26일자.

村山知義, 「희곡계의 現狀」, 『매일신보』, 1945년 5월 19일자.

최국선, 「〈산울림〉이 주는 여운은 크다」, 『조선예술』, 2010.7.

최기룡, 「(배우지식) 희곡과 역에 대한 문학 분석이란?」, 『조선예술』, 1963.8.

최길상, 「새 세기와 선군혁명문학」, 『조선문학』, 2001.1.

최순길, 「(우리 시대 연출가와 그의 작업) 행동 분석에 대한 소감」, 『조선예술』,
  1963.7.

최인상, 「(배우예술과 현대성) 배우 예술에서의 형상적 기능 제고를 위한 문제」,
  『조선예술』, 1963.5.

편집부, 「(소식) 인형극 〈셋째의 착한 마음〉에 대한 연구토론회 진행」, 『조선예
  술』, 1991.5.

편집부, 「(좌담회) 주체예술의 대화원을 빛나게 장식한 인형극무대미술」, 『조

선예술』, 1991.5.

편집부.「(권두언) 남조선에 대한 미제의 흉포한 침략 정책을 철저히 분쇄하자!」,『조선예술』, 1961.6.

편집부,「(당을 따라 20년) 천리마 시대와 함께」,『조선예술』, 1965.10.

편집부,「(배우지식) 관통 행동」,『조선예술』, 1964.3.

편집부,「(배우지식) 무대교제란?」,『조선예술』, 1962.8.

편집부,「(배우지식) 무대과제란?」,『조선예술』, 1963.1.

편집부,「(배우지식) 배우의 연기란(쁘란)이란?」,『조선예술』, 1962.8.

편집부,「(배우지식) 주어진 환경」,『조선예술』, 1963.12.

편집부,「(배우지식) 최고 과제」,『조선예술』, 1964.1.

편집부,「(우리 시대 연출가와 그의 작업) 연출가의 위치와 역할 문제」,『조선예술』, 1963.5.

편집부,「(좌담회) 무대예술의 풍만한 결실을 위하여」,『조선예술』, 1963.1.

편집부,「(천리마 시대와 우리 무대예술) 위대한 생활력, 절실한 체험」,『조선예술』, 1962.11.

편집부,「권두언 새해 여섯 개 고지 점령을 위한 무대 예술의 당면 예술적 과업」,『조선예술』, 1962.1.

편집부,「까.에쓰.쓰따니쓸랍쓰끼와 그의 예술 활동: 그의 탄생 100주년에 제하여」,『조선예술』, 1963.2.

편집부,「성과작은 이렇게 탄생하였다: 연극〈붉은 선동원〉창조 과정을 중심으로」,『조선예술』, 1962.1.

편집부,「순회 공연의 하루」,『조선예술』, 1961.6.

편집부,「천리마 시대와 우리 무대예술: 위대한 생활력, 진실한 체험」,『조선예술』, 1962.11.

편집부,「체호브와 모쓰크바 예술 극장」,『조선예술』, 1963.10.

편집부,「초벌행동(에츄드) 현상 모집」,『조선예술』, 1964.10.

편집부, 「우리 당의 선군혁명영도를 높이 받들고 올해 선군문학 창작에서 앙 양을 일으키자」, 『조선예술』, 2009.1.

편집부, 「생활과 연극 창조」, 『조선예술』, 1964.1.

평양 제2사범대학 학부장 안종두, 「(반향) 세대는 바뀌였어도 혁명의 과녁은 변하지 않았다」, 『조선예술』, 1984.7.

한웅, 「(평론) 연출 예술에서의 집체 창작 문제」, 『조선예술』, 1964.10.

한동성, 「(배우 예술과 현대성) 원형과 역의 창조」, 『조선예술』, 1963.10.

한백남, 「(우리 시대 연출가와 그의 작업) 련습 방법에 대한 생각(1)」, 『조선예 술』, 1963.8.

한백남, 「(우리 시대 연출가와 그의 작업) 련습 방법에 대한 생각(2)」, 『조선예 술』, 1963.9.

한효, 「예술축전의 희곡들」, 『문학예술』, 1949.1.

한효, 「조선연극에의 요망」, 『인민예술』 1, 1945.12.

한효, 「예술축전의 희곡들」, 『문학예술』 1, 1949.

홍국원, 「(관평) 력사의 교훈으로 단결의 진리를 깨우쳐주는 명작: 혁명연극 〈3인1당〉에 대하여」, 『조선예술』, 1987.11.

홍국원, 「(좌담회) 당의 독창적인 문예리론을 지침으로 삼고: 혁명연극 〈3인1 당〉 창조성원들과의 좌담회」, 『조선예술』, 1987.11.

홍해성, 「극예술 운동과 문화적 사명: 조선 민족과 신극운동」, 『동아일보』, 1929년 10월 20일자.

황강, 「동시대인의 빛나는 형상: 조선 문학예술 창작 사업의 새로운 성과와 발전」, 『조선예술』, 1962.11.

황철, 「(신인 소대) 오늘의 신인들」, 『조선예술』, 1961.6.

5. 영상자료/인터뷰

DVD/VHS(북한자료센터) 〈3인1당〉, 〈혈분만국회〉, 〈딸에게서 온 편지〉, 〈경축대회〉, 〈꽃파는 처녀〉, 〈웃으며 가자〉, 〈철령〉, 〈산울림〉, 〈오늘을 추억하리〉, 〈백두의 청춘들〉, 〈북부전역〉.

김지영(가명), 필자와의 개인 인터뷰, 이화여자대학교 포스코관, 2012.6.13.

박미영(가명), 필자와의 개인 인터뷰, 보이스레코더 녹음, 동국대학교, 2009.5.

박경애(가명), 필자와의 개인 인터뷰, 2011.4.2. 대학로 오솔길 북까페, 2시 30분~5시, 보이스레코더 녹음, 1:1 만남.

이화여자대학교 북한학협동과정, 북한사회론, 북한 이탈주민과의 만남, 2011.4.

〈문학예술과 북한의 시〉, 최진이 탈북시인 초정강연, 전문가 초청 자문회 및 문화유산역사연구소 제4회 학술세미나, 경원대학교 문화유산역사 연구소, 경원대학교 대학원 103호 회의실, 2010.8.26.

전무송, 필자와의 개인 인터뷰, 2006년 11월 24일, 화정동 제노 커피숍.

안민수, 필자와의 전화 인터뷰, 2009년 7월 6일.

오현경, 필자와의 개인 인터뷰, 2006년 11월 26일, 장충동 타워호텔.

이원경, 필자와의 개인 인터뷰, 2006.12.7~8, 용인자택, 전화 인터뷰, 2007.1.10.

6. 희곡

〈나란히 선 두집〉, 송영, 『단막희곡집』, 평양: 문화전선사, 1949.

〈닭싸움〉·〈해방〉·〈고독〉, 『해방기희곡』, 평양: 조선문화협회, 1946.

〈땅〉·〈성장〉·〈투쟁의 노래〉, 『장막희곡 3인집』, 평양: 문화전선사, 1949

〈바우〉, 『조선문학』, 연변문학월간사, 1947.3.

〈북부전역〉, 박호일·조순철·장민, 『조선예술』, 2017.9.

〈붉은 선동원〉, 조백령, 『우리나라청년들』, 평양: 조선작가동맹출판사, 1957.

〈산울림〉, 리동춘, 『조선예술』, 2010.7.8.

〈선구자들〉, 신고송, 『신고송희곡집』, 평양: 조선작가동맹출판사, 1958.

〈성장〉, 백문환, 『희곡집』, 평양: 국립인민출판사, 1948.

〈오늘을 추억하리〉, 김홍기·서남준, 『조선예술』, 2011.11.12.

〈인민은 조국을 지킨다/김삿갓〉, 송영, 문화전선사, 1947.

〈태양을 기다리는 사람들〉, 박령보, 『희곡집』, 평양: 국립인민출판사, 1948.

〈해풍〉·〈30년만의 외출〉·〈새날의 설계〉·〈양반과중〉·〈좀〉, 『인민희곡집: 연극창조의 실제』, 평양: 문화전선사, 1947.

〈지평선〉, 『조선예술』, 1963.2.

7. 그래픽·음반

그래픽작업, 서진우(단국대학교 한국문화기술연구소 연구보조원).

유성기로 듣던 연극모음(1930년대), 신나라레코드사, 1997.

발표지면

1장 「북한의 연극예술 나누기」, 『북한 문학예술의 장르론적 이해』, 경진출판, 2010.

2장 「북한의 극문학사 만들기 40년: 『조선문학사(통사)』(1959), 『조선문학사』(1981), 『조선문학개관』 2(1986), 『조선문학사』 7(2000), 『조선문학사』 9(1995)의 일제강점기 극문학 서술의 변화를 중심으로」, 『민족문학사연구』 제49집, 민족문학사연구소, 2012.

3장 「해방기 비(非)천재들을 위한 북한의 연극 제작법」, 『KDI 북한경제리뷰』 제14권 제11호, KDI, 2012.

4장 「인민배우 황철의 연기훈련법」, 『선전과 교양』, 경진출판, 2013.

5장 「북한 연극의 창작방법론 연구」, 『한국연극학』 제41호, 한국연극학회, 2010.

6장 「연극론 『연극예술에 대하여』의 특성 연구」, 『공연문화연구』 제22집, 한국공연문화학회, 2011.

7장 「〈조선예술〉로 본 1990년대 북한연극의 핵심코드」, 『북한연구학회보』 제15집 제1호, 북한연구학회, 2011년 여름.

8장 「해방기 북한 연극인들의 연기법 논쟁: 청산대상의 연기」, 『해방기 북한 문학예술의 형성과 전개』, 역락, 2012.

9장 「한국전쟁시기 북한 연극의 공연양상 연구: 인물과 연기를 중심으로」, 『북한연구학회보』 제14권 제1호, 북한연구학회, 2010년 여름.

10장 「천리마 운동과 북한 연극: 연극 제작법을 중심으로」, 『한국극예술학회』 제41집, 한국극예술학회, 2013.

11장 「1960년대 북한의 연극 연출법: 행동 분석법을 중심으로」, 『한국연극학』 제50호, 한국연극학회, 2013.

12장 「북한 혁명연극에 나타난 문예정책의 공연적 실천 양상」, 『정신문화연구』 제36권 제3호, 한국학중앙연구원, 2013.

13장 「선군시대 북한 무대예술의 특징과 전망: 연극작품의 연기, 무대, 춤과 노래를 중심으로」, 『신안보연구』 제178집, 국가안보전략연구원, 2013.

14장 「21세기 북한 연극 읽기: 김정은 시대를 중심으로」, 『한국예술연구』 제22호, 한국예술연구소, 2018.

지은이 김정수

이화여대 독어독문학 학사 이후, 동국대학교 연극영화과에서 석사와 박사학위를 취득하고, 대학로에서 작·연출로 작품 활동을 했다. 이후 단국대학교 한국문화기술연구소에서 연구교수를 역임하면서, 이화여자대학교 북한학과에서 박사를 취득했다. 현재는 통일부 통일교육원 교수로 재직하며, 남북연극교류위원회 자문위원, 이화여대 북한연구회 초대회장이다. 통일교육원에서는 북한의 문예정책과 문화예술, 북한의 예술정치, 남북문화의 이해, 문화예술로 접근하는 평화통일교육 등을 강의하고 있다.

북한학 박사논문으로는 「북한 예술영화의 '행동'과 '감정' 분석」(2018), 연극영화학 박사논문으로는 「한국연기에 있어서 화술표현의 변천양태 연구」(2007)가 있다. 최근 연구에는 「21세기 북한 연극 읽기」(한국예술연구소, 2018), 「김정은 시대 예술영화에 나타난 일상정치」(문화정책논총, 2018) 등이 있으며, 저서(공동)에는 『김정은 체제: 변한 것과 변하지 않는 것』(2018), 『이데올로기의 꽃』(2014), 『선전과 교양』(2013), 『통일문화사대계』(2012), 『주체의 환영』(2011) 등이 있다.

북한 연극을 읽다
: 김일성에서 김정은 시대까지

© 김정수, 2019

1판 1쇄 인쇄__2019년 05월 01일
1판 1쇄 발행__2019년 05월 10일

지은이__김정수
펴낸이__양정섭

펴낸곳__도서출판 경진
　　　　등록__제2010-000004호
　　　　이메일__mykyungjin@daum.net
　　　　사업장주소__서울특별시 금천구 시흥대로 57길(시흥동) 영광빌딩 203호
　　　　전화__070-7550-7776 **팩스**__02-806-7282

값 32,000원
ISBN 978-89-5996-031-6 93680